降大任 著

张勇耀　王　岳　编

降大任遗著摭存

山西出版传媒集团

三晋出版社

图书在版编目（CIP）数据

降大任遗著撷存 / 张勇耀主编 . —太原：三晋出版社，2018.4
ISBN 978-7-5457-1707-5

Ⅰ . ①降… Ⅱ . ①张… Ⅲ . ①社会科学 – 文集 Ⅳ.①C53

中国版本图书馆 CIP 数据核字（2018）第 064661 号

降大任遗著撷存

著　　者：降大任

编　　者：张勇耀　王　岳

责任编辑：落馥香

装帧设计：方域文化

出 版 者：山西出版传媒集团·三晋出版社（原山西古籍出版社）

地　　址：太原市建设南路 21 号

邮　　编：030012

电　　话：0351-4922268（发行中心）

　　　　　0351-4956036（总编室）

　　　　　0351-4922203（印制部）

网　　址：http://www.sjcbs.com

经 销 者：新华书店

承 印 者：山西臣功印刷包装有限公司

开　　本：787mm×1092mm　1 /16

印　　张：28.5

字　　数：400 千字

版　　次：2018 年 4 月　第 1 版

印　　次：2018 年 4 月　第 1 次印刷

书　　号：ISBN 978-7-5457-1707-5

定　　价：128.00 元

审读书稿

西藏日报社工作照

在《晋阳学刊》主持工作照

在《三晋石刻大全·忻州市宁武县卷》首发仪式上

在《徐继畲全集》编纂启动会上，与学者陈巨锁交谈

会议发言

与古文字学家张颔先生探讨学术

凝神写字

2008 年与夫人张秋怀在美国

文献学宗师张一纯

降大任

回忆起我的大学生活，总觉得没有什么可怀念的，因为自己在那一段时日里没有学到什么东西。这倒不怪当时的授课教授、讲师没有更多地传道、受业、解惑。而是由于上世纪60年代政治运动不断，什么革命化、搞社教及至十年浩劫的"文革"，而我又不属于"红五类"出身，常常是成为班里的"运动员"，挨整不断，哪里还敢专心学习！但是，也不能说山西大学历史系里没有几位良师，让我至今印象深刻。比如张一纯先生，虽然没有给我亲授课业，但他的博学和特立独行确实是极富个性特征的。

张一纯先生身量不高，里里瘦瘦的样子，平时有点衣衫不整，有时甚至裤腿上绽开了缝，他似乎也不在乎。据说张先生是讲究美食，不顾及衣装整洁的。他对学生说，平时一定要吃好，保证身体健康，衣服打扮嘛，可以不必计较的。现在想来，上世纪60年代，莫逢那逢困机馑时期，捞点吃没可不要先顾肚子，哪里能考虑衣装打扮呢？就这样，张先生只好代先考虑饮食之道吧。张先生在当时不擅交游，似乎也不多与历史系的先生们多来往，课余时间往往总见他在校内踽踽独行，像是一只孤雁，默默前行。我的朋友上一届的杨先亮学兄一次要带我引见张先生。他说，张一纯先生被人称历史系的活字典，学问很大，咱们不妨去拜访一下。我说，好，就相伴去了张家。到了张寓门前，敲

两眼却烟火有神。

手稿

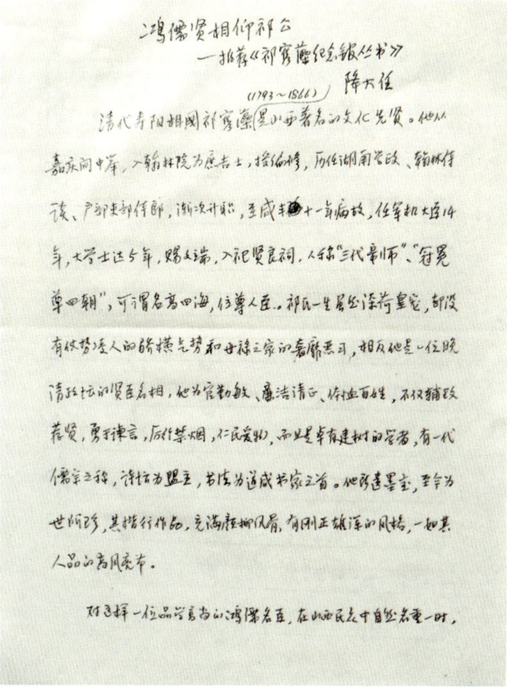

手稿

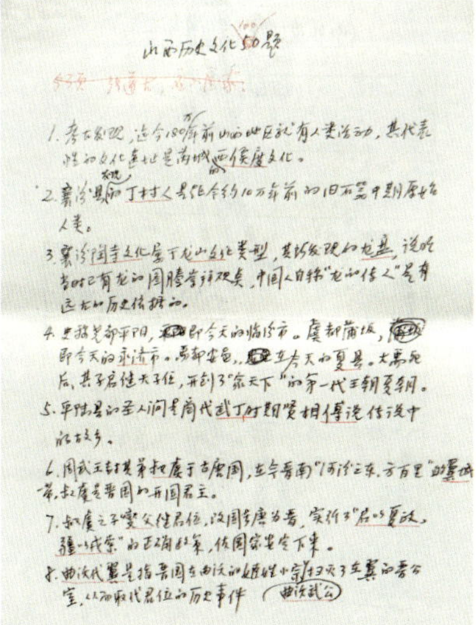

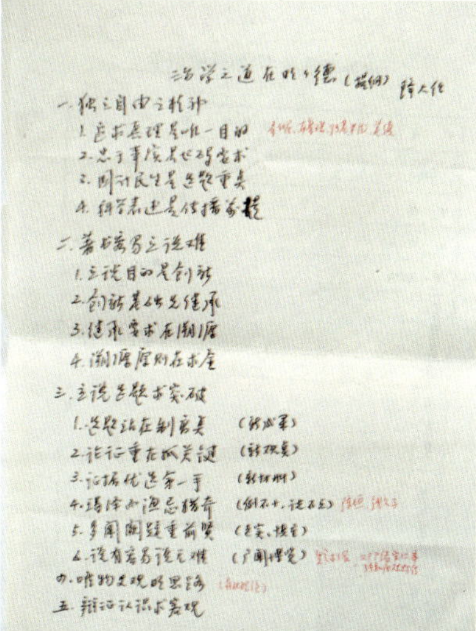

翰墨手迹

自得了機稱忙旭

萧然物外少塵糟

忻州傅山苑题联

著作书影（部分）

出版前言

降大任先生是当今山西为数不多的重要学者。2017 年 12 月 15 日，降先生病逝，这是山西学术界的重大损失，山西学人为之震惊，无数同仁、友朋扼腕痛惜。降先生一生笔耕不辍，为了较为全面地展示先生的学术成果，也为同道学人及友朋存念，张勇耀、王岳二位女士特别在先生已正式出版的专门著述之外，搜罗了散见于各处的其他著作，编为此集。除极少数文章发表于一些报刊，绝大部分未曾发表，是首次与读者见面。这是对先生最好的纪念。

应该说，我们与降先生是同行。降先生曾任《西藏日报》编辑、山西人民出版社编辑、《晋阳学刊》编辑直至主编，退休后又在三晋文化研究会参与一些系列图书的策划、审读、编写，并经常参与山西各出版社的选题论证会，是重要出版项目的审稿专家。可以说，先生一直都没有离开编辑岗位。因而，当我们细读先生的这些文章，感受更深的，是编辑的职业特点、学术视野、文化情怀，等等。由编辑而成学者且在学术上有较大成就者，国内不乏大家，如中华书局原总编辑傅璇琮先生、《读书》编辑扬之水先生等。降先生是我们身边的集编辑与学者于一身的大学问家，他在做编辑之余，著有文艺学、历史人物研究、山西文史研究等多部著作，还有如《中国现代化的症结》等思考历史与现实问题的专著。此外，还编著有《咏史诗注析》《元遗山金元史述类编》《黄河古诗词》《唐风集》等学术文献。特别是发表了学术论文百余篇，曾编为《编余论札》，后增订为《勺斋论札》。这里也能看出降先生作为编辑的良好的选题意识，能选出于时代重要的、能填补某一学术空白的选题，然后付诸行动,并尽己所学,将其高质量地完成,这本身就是一件不易的事。

作为集编辑与学者于一身的人,降先生其人其文,还有以下一些特点。

其一,家国情怀和天下意识。无论是像《中国现代化的症结》这样的专著,探讨"近代中国为什么发展慢""中国为什么还不像我们期待的那样强盛"的命题,还是追溯傅山"天下观"思想的源头,以及写作诸如《原儒学说的普世价值》《晋文化的历史形成与兄弟民族的文化融合》这类探讨中国思想史根源、促进民族融合发展的文章,都体现了这一情怀和意识。特别是因家族原因,母亲身居台湾,对台湾的回归及大陆与台湾的学术交流等有着多于常人的关注。其文多有"大言","中华民族""文化复兴""礼乐文明""多元一体的中华文化"等字眼常常见诸不同篇章。其中折射的,是降先生关注中华民族甚至全人类发展走向的宏大格局和学术情怀。他似乎更着力于将学术转化为生产力,希望学术观点与理论能够解决现实社会的问题,对当下及未来的一些发展方向提出建设性的意见和建议。这正与古代文人"经世致用"的情怀高度一致。

其二,民本观念和民生视角。降先生的文章,多为民生呼吁。如本书所收录的文章《"以民为天"考》,就是从中国古代典籍中,全面考证了"以民为天"的出处和源渊。降先生提出,这一思想早在《尚书》中就曾多次出现,《泰誓》有"天视自我民视,天听自我民听""民之所欲,天必从之"句,《皋陶谟》有"天聪明,自我民聪明;天明畏,自我民明畏"句,《尚书·五子之歌》有"民为邦本"句,认为这"明明白白是说天从民欲,民意即是天意,民才是天的主宰"。直到汉代郦食其明确提出了"古之王者以民为天,民以食为天"的话,而后世只记住了后半句。其他文章中,先生也反复申述此道,如"盛唐以来,民本派思想活跃,由隋代王通继承和弘扬的重民思想,被李世民接受,造成了贞观之治"(《关于辽金文学与文化研究的三点浅见》)。在纪念太原解放 60 周年理论学术研讨会论文中,则向市政府提出了十三条建议,其中有多条涉及民生问题,如为老年人办免费公交证建议放宽至 60 岁、煤价上涨导致供暖不力、城市道路隔离栏太远导致行人过马路不便、广场入口太窄造成行人出入拥挤、市内免费公厕太少造成行人尤其老人出门不便、就医手续太繁琐造成人民群众就医不便、街头擦鞋者遭城管驱赶断了生路、盲道多被侵占不利盲人,等等等等,看去不免有琐碎之嫌,却使先生的一片忧民之心,由历史与书本的深处,落到了现实世界的普通人民大众。

其三,乡土情结。降先生一生更多致力于山西地方文史研究,且多有著述,也曾为整理山西文史文献奔走呼吁、策划审稿。本书有专门的"三晋文史"一辑,便是先生对山西文史的学术研究与点滴思考。其中涉及的方面极广,历史人物,如程婴、司马光、元好问、傅山等;历史问题,如法显到达美洲、晋文化的历史形成与兄弟民族的文化融合、春秋晋阳之战的来龙去脉、"晋商"是否起源于"走西口"等。特别是,降先生着重从文化学角度,引经据典,探讨晋阳文化精神,去伪存真,呼吁传承。即使其他专题中的文章,亦多有着眼于三晋文史者,如"诗词研究"中的《唐诗中的晋阳文化》《太原竹枝词(55 首)疏解》等,皆反映了先生对所立足的这片土地的热爱与深情。

其四,成就他人之心。本书收录了降先生为师友所写的书评、序言多篇。他为张颔先生写传略、写序、写书评,写《侯马盟书研究》,力求将张先生高深的学问、学术的精神作真切解读,以传承后人;他为狄宝心、高春平、阎瑞峰、张星亮、张勇耀等后学写序、写书评,力求用真诚的肯定与鼓励,使年轻学人的学术成果被更多人重视,也使年轻学人能够得到更好的成长。成就他人,为他人的进步而喜,这正是一位优秀编辑的职业情怀,也是中国历史上诸多优秀学者的传统美德。仅在山西这片土地上,子夏、王通、薛瑄等大家皆有聚生徒讲学的经历,造育人才无数,降先生虽未公开讲学,然受其嘉惠的后学者颇多,这从《降大任先生纪念文集》友人的纪念文章中亦可得到印证。从这一点来说,降先生颇有范仲淹所说的"古仁人之心"。

张勇耀女士为编辑此书下了很大功夫,可谓不遗余力。但降先生的遗作内容丰富,并未搜罗殆尽,幸有降先生原同事、山西省社科院《晋阳学刊》编辑部的董小英女士,查阅档案,整理了《降大任先生文章存目》,附于书后,便于读者进一步查阅,特致谢意,在此也感谢所有为此书提供文章的各界朋友。希望这本遗著集,能够与同时出版的《降大任先生纪念文集》一起,成为此后降大任先生研究、三晋文史研究的重要参照。

三晋出版社
2018 年 4 月

目　录

第三辑　三晋文史

第四辑　题记书序

●碑记

第五辑　学术随笔

第六辑　散文书信

● 写人

● 自述

● 书信

第七辑　诗词楹联

第八辑　电视脚本

附录:

第一辑　学术发微

原儒学说的普世价值

原儒学说是指以先秦孔子、子思、孟子为代表的思想文化学说。这一文化传统在秦以后的发展中发生了歧变，一种是被帝王文化绑架、操纵成为社会主流意识形态的奴儒(小人儒)文化，成为帝王统治人民的工具；一种是被边缘化了的、为广大劳动民众所遵从、信仰的对抗帝制暴政的士君子(君子儒)文化。这其中，只有士君子文化是传承原儒文化精华，维护民众权益的思想武器。尽管历代帝王统治者总是打压、扼杀、排斥、歪曲士君子文化，但犹如"野火烧不尽，春风吹又生"，士君子文化经历代仁人志士的抗争，始终不绝如缕地传承和弘扬，顽强不屈地存续下来，体现了中华文化的真精神。

遗憾的是，百年以来经历声势浩大的"五四"批孔思潮，直到"文革"的全面批孔运动，原儒学说遭到极大的歪曲、误读和诋毁，被一概指斥为代表奴隶主、地主利益的统治阶级文化，遭到庸人的唾弃。这是一桩大冤案。如今为了建设社会主义新文化，就不应当也不能够离开对传统文化的继承和创新，不能泼脏水连孩子也倒掉。我们必须拨乱反正，重新科学地理性地审视传统文化，传承和弘扬其中的士君子文化，适应时代要求，与时俱进地加以创新。

士君子文化源于原儒学说。认真分析解读原儒学说的全部内涵，不难发现，其中并没有被批孔派指斥的那种奴儒主义教条，相反，它包含有中华文明的丰富的民主主义因素和可贵的普世价值。据笔者的研究，这些普世价值至少有以下这样一些精华部分，值得我们格外珍视。

一、人文礼治

原儒倡导的中华文化有着丰富的内涵,其重点之一是礼乐文化。原儒就是礼治主义者,以礼为中国文明的精华和核心。

礼,是依据道德理性的要求制订的典章制度与行为规范。孔子说:"不学礼,无以立。"人不知礼,就不配做人,于世无以立足。《礼记·曲礼上》云:"鹦鹉能言,不离飞鸟;猩猩能言,不离禽兽。今人而无礼,虽能言,不亦禽兽之心乎? 是故圣人作,为礼以教人,使人以有礼,知自别于禽兽。"可见,礼划定了人与动物的界限,礼是人成为文明人的标志。中华是世界上最早进入文明时代的国度之一,只是由于幅员广阔,各地发展不平衡,早期的黄河金三角地带及黄河中下游中原地区文明高度发达,四夷则相对落后,因此原儒志在维护中原文明,希望以此教化周边地区,推广人文礼治,使处于野蛮状态的四夷都能享有中原文明,共同臻于礼乐之邦。所以,孔子曾打算到九夷居住,有人说那里荒陋,怎么办? 孔子说:"君子居之,何陋之有?"因为君子就是知礼之人,在荒陋之地,可以教化民众成为文明之人,居住在那里,没有什么不可以的。

礼的另一大功能是致力于修齐治平的大目标,如同后世的宪法。《左传·昭公二十五年》记子产之言:"夫礼,天之经也,地之义也,民之行也。"同书昭公十五年载叔向言:"礼,王之大经也。"此类说法,原儒与开明政治家所言甚多,不胜枚举,讲的都是礼对社会稳定有序的重大作用。对道德修养、立身行事,礼也是为人的根本。与孔子先后的精英一致认为"礼,身之干也","人之干也。无礼,无以立"。《礼记·曲礼上》云:"行修言道,礼之质也。"同书《礼器》云:"礼也者,犹体也。体不备,君子谓之不成人。"孔子多次引用古语:"克己复礼为仁",主张"以礼让为国"。

文献记载古有吉、凶、军、宾、嘉五礼,礼数多,但有一个总要求就是主敬。《孝经》言:"礼,敬而已矣。"孔子倡导仁,但仁以礼为准绳:"人而不仁,如礼何?"孔子一生尊礼,学而不殆。孔子好学,他从小学俎豆之事,就是学礼,是礼的专家。他入太庙,每事问,人以为不知礼,孔子说:

"这正是礼。"孔子精通三代之礼,自言"夏礼吾能言之""殷礼吾能言之"。对周礼尤其看重:"周监于二代,郁郁乎文哉!吾从周。"对制礼作乐的周公最为敬服,年老以不复梦见周公为憾。认为做一个君子要"博学于文,约之以礼",甚至向野人学习礼乐,因为"先进于礼乐,野人也;后进于礼乐,君子也。如用之,则吾从先进"。他认为君王应当以礼治国,对臣下要以礼相待,"君使臣以礼","上好礼,则民易使也"。国君应当成为尊礼的榜样:"其身正,不令而行。"施政应"道之以德,齐之以礼,(民)有耻且格"。所以,他对当时礼崩乐坏的社会乱象,痛心疾首,认为只有克己复礼,天下才能归于仁。

国人多以为"博爱"是法国大革命提出的"自由、平等、博爱"三者之一,是舶来品,殊不知早在二千年前原儒就倡言"仁者爱人","泛爱众而亲仁(人)"。子夏云:"君子敬而无失,与人恭而有礼。四海之内,皆兄弟也。"博爱正是礼的内涵之一。这种爱,原儒主张不流于空洞说教,而应推己及人,从自己的亲人做起,这就是"孝",孝为人本。《弟子规》云:"凡是人,皆须爱。天同覆,地同载。"即孟子所言"老吾老,以及人之老;幼吾幼,以及人之幼"。这就是修齐治平的人生目标。推而广之,"己欲立而立人,己欲达而达人","己所不欲,勿施于人"。这同《圣经》所谓"己不欲人之待我者,即应以此待人"的说法一致。

礼是从符合人情好恶之天性立言的。孟子言"人性善",是说人心中有善的种子,要培养这种善因,使之发扬光大,要扬此善抑其恶。并不是说人自然就会成为善人,这是需要教化的。《中庸》及郭店楚简《性自命出》等对此有确切的论述,《礼记·坊记》言:"礼者,因人之情而为之节文,以民坊者也。"《毛诗序》云:"发乎情,止乎礼义。发乎情,民之性也;止乎礼义,先王之泽也。"先王之泽,即先王之礼教,非礼教培养,不能使人为正人君子。故而孔孟始终重视教育,是所谓"化民成俗"。《周易》称:"观乎人文,以化成天下。"原儒讲礼,始终把个人道德修养与治国平天下联系起来,也只有从人情出发,施行教化,礼才切实可行,不流于空言。

　　原儒讲礼内外兼修、文质彬彬、礼乐并重、知行合一、礼尚往来等诸多原则要求，难以尽述。特别是在礼制中还有许多繁缛的礼仪规定，往往难以使人一一遵行。孔子意识到这种繁难的程度，教人不要陷入繁琐哲学，要抓住礼的根本："礼，与其奢也宁俭；丧，与其易也宁戚。"对于琐屑的礼仪，《左传·昭公五年》载叔齐之言："屑焉习仪以亟，言善于礼不亦远乎？"孔子还特别强调，礼要与时损益，不必固执于一端，他举例说："麻冕，礼也；今也纯，俭，吾从众。拜下，礼也；今拜乎上，泰，虽违众，吾从下。"就是为避免骄泰而提倡节俭，要按多数人的意愿行事。

　　中国的人文礼治传统同西方人的行礼仪式不同，既并行不悖，又有中国特色。中国走上礼乐兴邦之路，不靠暴力，靠教化，是远古农业经济以农为本的治国发展道路的必然选择，它由周公在继承总结尧舜禹夏商历史文化传统与经验教训的基础上制礼作乐而奠基。礼，是中国传统文化之魂。钱穆先生说："要了解中国文化，必须站到更高来看到中国之心。中国的核心思想就是'礼'。"这是对中国文化本质的精确之论。正是这种传统的人文礼治，维系我们这一伟大民族的生命直到如今。每到春节期间，中国人路远千里也要回归家中，尊老爱幼，合家团圆，向长者拜年祝福，这是为什么？这就是以礼立身。《礼记·曲礼》言："道德仁义，非礼不成；教训正俗，非礼不备……"在两千年的古代文明长河中，礼起着最核心的作用，对政治、文化、经济、风俗产生了不可估量的影响。中华民族的复兴，既要向外学习吸收他国的优秀文化，更必须找回本位文化的价值。这一文化回归和复兴是第一位的，中国传统的人文礼治是今天最可宝贵的精神财富，岂可忽乎哉！

二、以人为本

　　中国传统文化是以人为本、直面现实的文化，这与西方文化大不相同。西方文化是宗教文化，在其中有一位万能的、无处不在的上帝。《圣经》里说,人类祖先亚当和夏娃在伊甸园偷吃了禁果,上帝大为震怒,将他们赶出伊甸园,并与亚当签订契约,规定人一生下来,灵魂里便有一种邪念,使他总想干坏事。这邪念是不学而有、不教而能、与生俱来的,因此人性本恶,这就是"原罪"。如果人管不住自己的灵魂,就会成为无恶不作的恶魔,将被打入地狱,永世不得翻身。为此,人的灵魂要交给上帝来管束,每天要祈祷,让上帝来保佑你,做错了事则要忏悔。

中国文化不是这样,不是宗教文化。在中国传统文化里,没有救世主、上帝,没有那种超世存在的万能的"唯一者",认为人性本善。人间的一切事情不求诸超自然的力量去解决,而是诉诸人本身,诉诸人自身的力量,解决人生社会问题。为什么马克思主义容易被中国人接受?原因固然很多,但有一个内在的原因,就是马克思主义也是关注现实的个人,立足于现实社会,立足于人的实践(劳动)来解释世界、改造世界。佛教原来也是有一个万能的佛祖释迦牟尼存在,由佛祖指导解决人生问题,但是传入中国后,完全演化为一种为人生的佛教,诉诸人自身的觉悟,尤其是禅宗以"明心见性,直指本心"为宗旨,依靠个人的觉悟来提升自己,使人成为智慧者,即成佛。这与原始佛教就完全不同。中国的本土道教,虽有成仙的追求,也是着眼于人的修炼,以达到现世成仙,而不是寄希望于彼岸世界。注重现实,相信人自己的力量来顺应自然、改造世界,造就了中国实事求是、不假外求的务实精神。我们从"愚公移山""精卫填海""夸父追日"的神话寓言中,不难体悟出这种人的主体性的张扬,这是中国人最具勤劳勇敢、艰苦奋斗的民族性格的体现。造成这种高尚精神和民族性格的原因,在于中国向来是以农为本的国度。在宜于农耕的黄河金三角地带,我们的先民要生存、发展、壮大,固然希求自然的风调雨顺,但老天爷往往靠不住,要靠实实在在的勤劳耕作。人勤地不懒,勤有功,非勤不能生存,所以中国人相信人定胜于天定,人的奋斗是先民最切实最可靠的保障,这就是"以人为本"。

以人为本,人的灵魂要靠自己管束,而且可以管好——因为人不同于畜生,而是万物之灵长。在中国文化里,天地之间有道德,有正义,有公道,有良知,它是维系社会健康发展的真理,也是人们管束自己灵魂的准则。孔子说:"人能弘道,非道弘人也。"人应该自强不息,这是天道的要求。因为人是天地之心,人道即天道。离开人的主体,一切都无从谈起。

以人为本,最初见于《管子》。《管子·霸言》称:"夫霸,王之所始也,以人为本,本治则国固,本乱则国危。"这一理念与孔子"仁者人也""泛爱众而亲仁"的思想一脉贯通。在先秦伟大的先贤中,孔子首先提出并张扬"仁"的观念,这是孔子对人的伟大发现。从根本上说,这是先秦中国农业生产力高度发展的产物, 但是唯有孔子对此进行了全方位的论述和发挥。孔子之学,就是"仁学",也就是"人学",前面谈的"人文礼治"便是教育引导人成为人、成为文明人的根本途径。有学者争论孔子之学的核心究竟是礼还是仁,其实,礼与仁是一致的,在仁的前提下制订了礼,在礼的规范下成就了仁。

以人为本,以礼为准,就是以人为一切事情的出发点和落脚点,爱人,尊重人,使人像人一样地活着,一切围绕人这个中心考虑问题。一切非人的存在如鬼神之类都是次要的,是不必多虑的。"子不语怪、力、乱、神",孔子排斥一切非人性的东西,所以"敬鬼神而远之"。"祭,如在;祭神,如神在",这两个"如"字,鲜明地表述了孔子对鬼神的疏远态度。"未能事人,焉能事鬼?"对流俗的鬼神之事,孔子明言,先办好人自己的事情吧,人是第一位的,鬼神之事暂缓。有弟子问孔子:"人死有知无知?"孔子回答得极有理性:"尔死自知。"即我不能回答。在先秦社会鬼神迷信流行的氛围下,孔子竭尽可能地反对鬼神迷信,突显了首重人事的思想。先秦的文化精英像这样的现实主义者不止一个孔子,而是形成了一股反迷信的社会思潮。如申繻言:"妖由人兴也。人无衅焉,妖不自作。"(《左传·襄公二十三年》)子产言:"天道远,人道迩,非所及也,何以知之?"(《左传·昭公十八年》)闵子马言:"祸福无门,唯人所召。""国将兴,听于民;国将亡,听于神。"(《左传·庄公三十二年》)在《左传》中两次记载有"夫民,神之主也"的话(《僖公十九年》与《襄公十四年》)。这些观念都是彰显人的主体性,是对原始迷信及殷商巫风大盛的否定与颠覆,是人的觉醒。这一思想解放的思潮,对中国人始终注重现实人生的民族精神具有划时代的意义。

原儒的伦理思想是仁学。对"仁"的含义,孔子有丰富的论述。《论语》中或释为忠,或释为恕,并针对不同子弟有不同的解答。《国语·周语》释为"爱亲之谓仁"。《左传·成公九年》云:"不背本,仁也。"仁是一种感情,首先始于亲情,仁是做人的根本,这显然是继承了原始氏族血亲之爱的观念,而且更联系现实的人际关系有进一步的充实和丰富。这样,仁就不是一种抽象的理念,而是可以践行的具体行为。孔子说:"仁者,人也。"表明仁是人的一种固有本质,来自人自身的内驱力,所谓"为仁由己,而由人乎哉"!仁者爱人,强调的是人对社会自觉履行的道德责任,是人一种义不容辞的社会要求。孔子明言:"夫仁者,己欲立而立人,己欲达而达人。"凡事都要推己及人,将心比心。这样一来,每个人付出与得到的是相互补偿的等同代价,整个社会就会出现一种互动相亲、共生共荣的局面。孔子认为这种认识,应是终身履行的原则。

"仁者爱人"强调行为主体必须具备克己的自觉,他引用古语"克己复礼为仁",视听言动一以礼为归宿。具体地说,从亲人之间的孝悌做起:孝悌是为人之本。"克己"的另一面是利人:"志士仁人,无求生以害仁,有杀身以成仁。"这当然是一种很高的道德要求,孔子自谦本人也难以做到:"若圣与仁,则吾岂敢!"但仁并非高不可攀的东西,人通过努力是可以接近这一目标的,孔子说:"我欲仁,斯仁至矣。"孟子也说:"人皆可以为尧舜。"这就给任何平民众庶树立了一个人生自我完善的方向,成为实现人类文明进步循序渐进的阶梯,以此修齐治平,达到社会大同的理想。以利人为己任的仁者风度,自然会得到他人的尊重;以此原则施政,自然会得到天下万国的友好拥护。所以仁是修齐治平的基础,孟子多次申明"仁者无敌",不是打遍天下无敌手,而是能化解敌意,化干戈为玉帛,得到天下人的敬重。仁者无敌,是伟大真理。

综上,孔子不迷信鬼神,但也并没有彻底否定鬼神。孔子希望人们都成为仁者,但也知道这是很难普及的。这是阶级社会中难以实现的理想,是由历史条件的局限造成的。但这一高尚的境界,始终是后世进步的人们所追求、所向往的。千百年来它激励中国人奋发向上、前仆后继,为民族复兴、中华崛起竭尽全力,一代一代地迈向光明的前途。无数先烈、志士仁人为之不懈抗争,书写了可歌可泣的历史篇章,这就是我们伟大民族不断发展、壮大的不竭精神动力。

三、以民为天

以人为本,出发点和落脚点都在人。这个"人",不是抽象的存在,而是庶民百姓。这是必须说明的。

西汉的儒者郦食其有句名言,曰古之王者,"以民为天,民以食为天"。是王者,都要以民为天,而不是霸者的信念。为什么要以民为天?因为古人一向是敬天的,古代的农业经济,限于生产力水平的发展程度,是靠天吃饭的经济,自然条件的好坏极大地制约着农业的丰歉。由于科学知识的缺乏,不能不祈盼老天爷的恩惠,所以西周初周公制订了"敬天保民"的大政方针。但是,老天爷是靠不住的,所以还必须依靠民众的力量与天奋斗、与地奋斗。所以,敬天以保民为前提,必须以民为天。

"以民为天"理念的产生,具有伟大的意义。可惜今人往往只记住"民以食为天"这句话,忽略了"以民为天"这前半句更为关键的命题。"以民为天"意味着,最高统治者号为天子,民就是天,天子者即民之子也。所以,倡导孝道的原儒就对"天子"提出了要以民为父母的要求,这与后世芝麻官自谓民之父母官完全相悖。孟子提出"民为贵,社稷次之,君为轻"的命题,正是原儒"以民为天"理念的最好说明。古人说"民心即天心,得民心者得天下",尊重民心民意是第一位的,就是这个道理。

　　孟子的民贵思想和汉儒"以民为天"的理念,不是空穴来风,而是对远古民主制遗风的继承和弘扬。有人根据《尚书》中"民为邦本"的话说这是民本思想,这是不确切的。说孟子继承了远古民主思想,是因为孔孟一向尊周公,而周公有保民的思想,这一保民思想的底蕴,就是远古民主制的精神。周公有明言,要求执政者"以父母之礼,以加于民"(《逸周书·本典解》),而《尚书》中《泰誓》篇载有周武王的明言:"民之所欲,天必从之。"后人说《尚书·泰誓》是伪书,但"民之所欲,天必从之",两次被《左传》引用,两次被《国语》引用,显见这是古语,至少这两句是真实的,并非后人伪造,更何况《尚书》中还有"天聪明,自我民聪明;天明畏,自我民明畏""天视自我民视,天听自我民听"的格言。这就是说天意来自民意,民意就是天意。周公要求"以父母之礼,以加于民",这岂不是说天子作为天的儿子,要把民当成父母一样孝顺,一切施政要听从民意,才能国泰民安么!可见,周初所谓"敬天保民",其实也就是敬民保民的意思。

　　为什么周公、周武王会有这样的理念?因为他们吸取了商纣王自命"我生不有命在天乎",残民以逞、草菅人命的暴政而覆亡的教训,同时又继承了尧舜禹时代的民主制遗风。众所周知,尧舜禹时代实行的就是氏族民主制即"禅让制",而这一直是为后儒称道不已的。周公制礼作乐,也依据的是"稽古三王之道"(《荀子·杨序》)。在西周就传承了三王的民主制,《周官》记述有政事大询于众庶的规定,其制谓乡大夫各帅民致于朝,小司寇摈以序进而问焉。其重大政务为询国危、询国迁、询立君,就是处理国之危难、决定迁都、推举首脑,必须听取多数国人的意见。《尚书》明确记载了尧舜禹移交政权的民主推荐的显例,这都是不可抹煞的史实。孟子论及国君任用贤能,国君左右及诸大夫皆曰贤,未可,"国人皆曰贤,然后察之,见贤焉然后用之",即尊重国人意见来用人。孟子还认为,君位不可垄断,贵戚之卿有责任:"君有大过则谏,反覆之而不听,则易位。"这在后世看来是大逆不道的事,所以明太祖朱元璋反感

《孟子》，要删节其书，弄出一本《孟子节本》来愚弄民众。这种易君之权，操之于诸卿之议，绝非国君擅政自决。这正是对三王民主制的弘扬。

由是，不能不考察原儒主张的君臣关系问题。孔子说："君使臣以礼，臣事君以忠。"这里的臣对君之忠，往往被人们理解为愚忠，是臣对君的绝对服从。这样的理解是错的。所谓"忠"，在原儒看来，不单指臣对君要忠心耿耿，忠于职守；而是对一切人要忠，忠是人与人相待的普遍原则。曾子曰三省吾身："为人谋而不忠乎？"《论语》称："子以四教：文、行、忠、信。""子曰：主忠信，从义，崇德也。"都是讲对弟子、常人的忠。特别要指出的是，还强调上对下，君对民对臣要忠。《左传·桓公六年》称："上思利民，忠也。"郭店楚简载子思语："恒称其君之恶者，可谓忠臣矣。"又说："友，君臣之道也。"君臣关系是朋友关系，可以合则留，不合则去，不是主仆关系。所谓，忠臣不是对国君逢迎拍马，而是要经常指出他的过恶。这都明显不同于后世"君要臣死，臣不得不死"、韩愈所谓"天王圣明，臣罪当诛"的愚忠。在汉儒董仲舒提出的"三纲五常"伦理规范中所谓的"三纲"即君为臣纲、父为子纲、夫为妻纲，在原儒那里，根本不见影子。孔子所谓"君君、臣臣"云云，不过是要求君要像个君的样子，臣要像个臣的样子，各守君臣的分际，不要越轨而已，也不是绝对服从君的权威，如此而已。"三纲"论的来源，不是儒家，而是韩非子代表的法家。《韩非子·忠孝》称："臣事君，子事父，妻事夫。三者顺，则天下治。"董仲舒继之君权至上，尤其到东汉班固作《白虎通》，三纲论才正式出笼，流毒二千年之久，为统治者所倡导利用。这个罪恶不应算到原儒的头上。至于五常，"仁、义、礼、智、信"，则是原儒倡导的，却没有什么错误。对此，今天我们仍应结合时代精神，进行合理的批判继承，也就是要根据当代的社会要求，赋予其社会主义文明的新内涵，积极地对之发扬光大。《礼记·礼器》言："忠信，礼之本也。"《荀子·强国》言："道也者何也？曰：礼让，忠信是也。"明确地表示，忠与信是天下常道，是一切人应遵行的行为规范。当今社会上出现的不讲忠信、假冒伪劣泛滥的不良行为,是与优秀的传统文化完全违背的,都不符合人民利益的基本要求,应在扫荡之列,这是毫无疑义的。

四、贵和反暴

传统的人文礼治特别重视"和"的理念。和的理念源自音乐的协调,古人主张音乐要讲求"中和之音",音乐和谐才悦耳动听,引申到人际关系,就是主张人与人相处要和谐,即和气相处。孔子曰:"礼之用,和为贵,先王之道斯为美。"只有万物和谐共存,共同发展,实现共赢,社会才能可持续发展。一切事物都有矛盾,如高下、大小、短长、刚柔,都是事物矛盾的表现,但这些矛盾又具有相济相成的同一性。《左传·昭公二十年》就有一段晏婴关于和与同异的精彩论辩,认为君臣上下要相济相成,才能"成其政"。《左传·隐公四年》众仲曰"臣闻以德和民,不闻以乱",就是倡导施政要使社会和谐,不要闹动乱,"以乱,犹治丝而棼之也"。《国语·郑语》载史伯的名言:"和实生物,同则不济。"这是世间万物存在的客观真理。大自然万物和谐生长,各遂其生,物用不匮;完全一律化,务求同一,只有死路一条,谈不上可持续发展,故而要强调和的重要性。这种尚和理念,来自农业生产正常进行的经济需要,只有自然风调雨顺,民众协力同心,和谐有序,万物共生共荣,才能人寿年丰,安居乐业,可持续发展。所以,中国人从来就是崇尚和平的民族。在历史上,中国人从来少有主动向外族发动侵略战争的事情,万里长城的修筑,成为世界一大奇迹,目的也只在防御。中国人一向是爱好和平的民族,这是历史可以证明的。

传统文化"尚和",强调世界的多元化,反对极权专制,具体的原则就是"和而不同"。允许对立面的存在,而不是强求同一,把自己的想法强加于人。因为,消灭对立面,就等于消灭自身,这是由对立统一的规律决定的。

任何强求同一的极端做法都是不可取的。中国传统文化博大精深,充满生机,就是因为中华民族是由多民族组成的多元一体大家庭,中华文化原本是诸多兄弟民族共同缔造的。正由于我们民族有博大的胸怀、宽容的气度,才能厚德载物,有容乃大,兼收并蓄,博采众长,中华文化才会如此灿烂辉煌、异彩纷呈。正如孟子所言:"充实之谓美,充实而有光辉谓之大,大而化之之谓圣。"

也正由于有这样认识,所以传统文化反对暴力征服,抗拒暴政。这就必须要慎用暴力。孔子愤怒地控诉:"苛政猛于虎。"孟子强烈谴责列国争战是"率兽食人",坚决反对滥杀无辜。《尚书·大禹谟》对刑事惩罚有这样的要求:"与其杀不辜,宁失不经。"因为"好生之德,洽于民心,兹用不犯于有司"。同篇载大禹的遗言:"德性善政,政在养民","正德、利用、厚生,惟和"。尚和,只有和,才有正义道德,使物质生产为人所用,使民生丰裕,天下太平。《论语》载,季康子问政曰:"如杀无道以就有道,何如?"孔子回答:"子为政,焉用杀?子欲善,而民善矣。君子之德风也,小人之德草也。草尚之风必偃。"意思是执政者施行善政,率先垂范,民众也就向善,用不着采用暴力杀人的手段。周穆王卿士祭公谋父言:"是先王非务武也,勤恤民隐而除其害也。"孟子认为:"以力服人者,非心服也。"故而强调:"杀一不辜而得天下,不为也。"孟子特别痛恨非正义战争,造成"征城之战,杀人盈城;征地之战,杀人盈野"的惨状。他大声疾呼"善战者服上刑",对这些战争狂人要处以重刑。即使是在先秦专门研讨军事理论的兵家,也始终强调珍惜和平,反对无谓地发动战争。先贤告诫:兵者凶器,圣人不得已而用之。因为凡有战争,大量死亡的是平民百姓,是家破人亡,流离失所,真是"一将功成万骨枯",是人类之大不幸。所以,不仅孔孟是反暴力主义者,墨子著《非政》之篇,兵圣孙武也明言:"兵者,国之大事。死生之地,存亡之道,不可不察也。"主张"不战而屈人之兵,善之善者也",是以不战而胜,为上上策。是故后人言"自古知兵非好战",倘不得不用兵,要力求减少损耗:"凡用兵之法,全国为上,破国次之","故善用兵者,屈人之兵而非战也……必以全争于天下,故兵不顿而利可全","是故胜兵先胜而后求战,败兵先败而后求胜",就是使自己立于不败之地,使敌方畏服不敢战。孙膑也言:"乐兵者亡,而利胜者辱……事备而后动。"即使战不可免,要先以防御为主。为了防止战争,墨子尤其赞同反暴力,他曾亲至楚国,与公输盘讲武论战,折服楚惠王放弃攻打宋国,并事先安排弟子研制守城武器,终于制止了楚惠王出兵的企图。

制止战争、消弭战祸,固不失良好的愿望,但进入文明时代,阶级矛盾在激化阶段,往往不可避免地发生战争。在这种情况下,对于逼上梁山的民众来说,不得不揭竿而起,奋勇抗暴。孔孟均强烈地反暴力,孔子自言"军旅之事,未之闻也",儒者也不道齐桓晋文之事,反对诸侯争霸的暴行。孟子认为"五霸"是"三王之罪人"。孔孟也一致称赞伯夷叔齐批评武王伐纣"以暴易暴"的道德主张,认为他们是圣人。孔子听了《韶》乐,称之为"尽美矣,又尽善也",因为《韶》是和平之音,而听了《武》乐即武王的军乐,却说"尽美也,未尽善也",即演奏鼓舞士气的音乐,虽美而未善。但在春秋无义战时代,战争往往不可免。而战争只能靠实力取胜,不能没有防御性。事实上,孔子未尝不懂得防止战争的必要,未尝不懂军事,这也是迫不得已。比如,在夹谷之会中,齐景公打算劫持鲁定公,孔子为鲁相,得知景公蛮横无理,强占了鲁国的田邑并戏辱定公,孔子就事先做好了军事防备,最终化解了这场冲突。所以,儒者也主张"有文事者,必有武备",文武并重,才能有备无患,维护国家的尊严和主权。至于孟子对武王伐纣却有更为客观公正的看法。当有人说伐纣是弑君之罪时,孟子则表示鲜明的反对说:"贼仁者谓之贼,贼义者谓之残。残贼之人谓之一夫,闻诛一夫纣矣,未闻弑君也。"就是说,对残民以道的独夫民贼,是应该杀的。孟子处于诸侯相斫的战国之世,亲睹了大量非人道的非正义战争,所以有如此强烈的反暴思想,这是时代使然,是可以理解的。

战争发生在非正常时期,在正常的和平年代,原儒等先秦贤哲始终坚决维护和平,尚和的思想是其意识形态的主流。《论语》载,子贡问政,问孔子在足食、足兵、民信三者之间,必不得已要去掉一项,首先去掉哪一项?孔子明确回答:"去兵。"即去掉军赋。在平时习武比赛时,孔子则认为:"君子无所争,必也射乎?揖让而升下,而饮,其争也君子。"即以君子风度比赛射箭,把它看成是一项健身游艺活动,而不是操练杀人的武艺。即使是为国家训练防御性武备,也不能随便把百姓驱赶上战场。孔子说:"善人教民七年,亦可以即戎矣。"反对"不教而战",即有七年的军事训练,才可以应付战争。又说:"善人为邦百年,亦可以胜残去杀矣。"也就是施行百年的善政,才有可能消弭战祸。可见,孔子不是不知道战争的不可避免,而是认为要消除战争的祸害,需要长期的善政教化,这是一项持之以恒、需要不懈努力的战略考量。

反对暴力需要顽强的坚忍的抗争。国家就是暴力工具,也必然会有法制刑律。在这个问题上,原儒保持着清醒的理智:为了维护正常的社会秩序,也必须有强制性的法律包括刑法。所以,孔子主张治国要"宽猛相济",在《孔子家语·刑政》中论及圣人治化,必须"刑政相参",可见他不反对法治,只是在施行法治、处理案件事务中,要求一定要明察断案,平情定谳,不可主观任意,冤枉无辜,最好是防乱于未萌,预防犯罪为主。孔子说:"君子博学于文,约之以礼,亦可以弗畔矣!"良好的道德教化,可以制止犯上作乱,破坏社会秩序。所以,他强调"道(导)之以政,齐之以刑,民免而无耻;道(导)之以德,齐之以礼,有耻且格"。对于民间诉讼,孔子曰:"听讼,吾犹人也,必也使无讼乎!"告诫法官审案要公平,"如得其情,则哀矜而勿喜"。这就是希望最好是在平时化解矛盾,把犯罪消除于未萌,不要动辄打官司;如果一旦非诉诸法律不可,法官也要实事求是,公正断案,对罪犯要有人道同情,不可幸灾乐祸,制造冤情。德治礼治教育是提高国民素质的基础,孔子有关这方面的讲述,不胜枚举。中国之所以为礼义之邦,与中国人从来重视教育的传统分不开。

要使社会伸张正义,实现公平,不单是教化平民,更重要的是要教育执政者。执政者首先要受教育,以身作则,树立榜样。原儒教育的目的是修齐治平,教育的对象是使人成为君子儒,即道德高尚的人,而不是小人儒。君子儒就是执政者的后备队。原儒认为只有有道德的君子才有执政的资格,品德恶劣的人不配做官,所以原儒施行的是精英教育,而且鼓励有道德的君子去做官,去从政,使天下人得到教化。子夏说"学而优而仕",就是这个意思。孔子还说:"学也,禄在其中。"也就是说学成君子才有资格从政为官。这样的人理应成为民众的榜样,即所谓"其身正,不令而行;其身不正,虽令不从","子欲善,而民善矣"。要求为政者,要"先之劳之","无倦",就是率先垂范,勤政无怠。他告诫为政者:"苟正其身矣,于从政乎何有?不能正其身,如正人何?""上好礼,则民莫敢不敬;上好义,则民莫敢不服;上好信,则民莫敢不用情。夫如是,则四方之民襁负其子而至矣,焉用稼?"但是原儒不认为权位可以由少数人垄断,任何人经过教化成为君子都可以从政,都有参政权。所以,孔子施政主张"有教无类"。他自言:"自行束脩以上,吾未尝无诲焉。"而且因材施教,循循善诱,进行启发式教学,故而其门下有三千弟子、七十二贤人,都是国家的栋梁。孔子之于古代教育事业,功莫大焉。他是伟大的教育家。

显然,孔子的精英从政论,同现代人人平等的社会地位和公民民主政治是有距离的,这是他生活的春秋时代的历史条件所局限的,我们不能苛求于前人。以孔子为代表的先秦原儒贤哲为社会和谐、反抗暴政以及教化众庶的治平追求,仍然是留给后人的一笔珍贵遗产,值得我们认真继承。

五、取财有道

改革开放,市场经济,极大地提高了生产力,人民生活水平大大提高,这是有目共睹的事实。但是经济市场化,也同时带来了不少负面影响,如社会上假冒商品泛滥,人们诚信缺失,道德滑坡,官员腐败现象严重,社会分配不公,两极分化扩大,等等。许多人失掉了理想信仰,信奉金钱至上,追求物质享受,就像司马迁形容的那样:"天下熙熙,皆为利来;天下攘攘,皆为利往。"令正直善良的人们痛心疾首,心内忧虑。在这样的状况下,重温原儒与先秦贤哲的教诲,明察义利之辨,十分必要而有益。

在原儒看来,明白义利之辨极为紧要,关系着人生活的重大意义。人为什么活着?是为金钱、物质的利益,还是有高尚的追求?这确实是一个大问题。孔子认为,人活着不能唯利是图,应当追求天下为公的远大理想,实现大同世界;人不能只谋求个人的利益,要为天下人求幸福。这才是最有价值的人生。为此,只有通过实行仁政、礼治,才能实现,这就是社会发展的大道。《礼记》所谓"大道之行也,天下为公",正是这个道理。

正因为这个原因,孔子自勉"笃信好学,守死善道",并为之不懈努力。他说:"士不可以不弘毅,任重而道远。仁以为己任,不亦重乎?死而后已,不亦远乎?"他一生为之奋斗,立志不改,说:"三军可夺帅也,匹夫不可夺志也。"甚至可以为之付出生命:"志士仁人,无求生以害仁,有杀身以成仁。""朝闻道,夕死可矣!"孟子也同孔子一样,孟子见梁惠王,梁惠王曰:"叟不远千里而来,亦将有利于吾国乎?"孟子对曰:"王何必曰利?亦有仁义而已矣……"与仁义之道相比,利是不足道的。他效法的是尧舜、文王和周公的仁政,乐以天下,忧以天下,认为追求个人利禄是可耻的,说:"人之所以求富贵利达者,其妻妾不羞也,而不相泣者,几希矣!"追求个人利益,连亲属也认为是可羞的。他认为,任何处境下都不能违离仁义之道:"天下有道,以道殉身;天下无道,以身殉道。"对统治者的骄奢淫逸,孟子非常鄙视,说:"说大人,则藐之,勿视其巍巍然。堂高数仞,榱题数尺,我得志弗为也;食前方丈,侍妾数百人,我得志弗为也;般乐饮酒,驱骋田猎,我得志弗为也。在彼者,皆我所不为也;在我者,皆古之制也,吾何畏彼哉!"这种三不为的自尊,就是孟子提倡的"贫贱不能移,富贵不能淫,威武不能屈"的大丈夫精神,其人格何等高尚!

这也正是孔子所说的"君子谋道不谋食","君子忧道不忧食"的具体阐释。

但是，原儒羞于追逐个人利益，并不等于否认必要的物质生活条件，他们只是反对求取非义之利、非分之财。他们深知人人都愿意过上富裕的生活，孔子本人在条件允许的情况下，也讲究饮食："食不厌精，脍不厌细。"但如果违背仁义之道，是宁肯舍弃这些享受的，即便是不幸遭遇贫困，也仍然坚持安贫乐道。孔子说："富与贵，是人之所欲也，不以其道，得之不处也；贫与贱，是人所恶也，不以其道，得之不去。"君子应当喻以义，小人才是喻以利。"君子之于天下也，无适也，无莫也，义之与比也。""不义而富且贵，于我如浮云。"作为一个心怀天下的君子，不应为生活的困难而丧失志向。在陈国遭遇绝粮的困境时，弟子子路不高兴，说："君子亦穷乎？"孔子回答："君子固穷，小人穷斯滥矣。"他一向认为："君子食无求饱，居无求安。"仍要坚持"敏于事而慎于言，就有道而正焉"，要求"君子无终食之间违仁，造次必于是，颠沛必于是"。无论如何艰难困苦的处境，坚持正道是第一位的，不可动摇的。孔子并不把追求财富当作人生目标，他认为赢得财富，不是不可以，而是要取之有道，并且财富要用到有益社会的事业上。他的弟子子贡就是一位善于理财的富翁，孔子称之"赐（子贡之名）不受命而货殖焉，亿则屡中"。意思是子贡从商，善于把握商机，常常能博取利润。孔子认为"死生有命，富贵在天"，说"富而可求也，虽执鞭之士，吾亦为之。如不可求，从吾所好"。可见，孔子也认为获得财富有机遇的限制，没有必然性。得不到时无须强求，还是要坚守正道，见利思义，以义取利为宜。孔子决不以贫穷为耻。他说："士志于道，而耻恶衣恶食者，未足与议也。"厌弃贫穷生活的人，何足道哉！他称赞弟子颜渊安于贫困生活而能守道不改，自得其乐："贤哉回也！一箪食，一瓢饮，在陋巷，人不堪其忧，回也不改其乐。贤哉回也！"称赞颜渊是他最好的学生，能做到闻一知十，其心三月不违仁。而对弟子冉求为富比周公的季氏聚敛民财，孔子则表示极其反感，认为"非吾徒也，小子鸣鼓而攻之可也"，让众弟子对冉求进行声讨谴责。孔孟从来不以贫富贵贱论人品,不羡慕有钱有势的所谓成功人士,相反称颂那些忧国忧民的失败的气节之士。这是一种中国人评价历史人物的最高道德标准,千百年来鼓励了多少志士仁人为民族振兴、人民福祉而奋斗!如项羽、诸葛亮、关羽、岳飞、文天祥、方孝孺、袁崇焕、谭嗣同、秋瑾、李大钊、陈独秀、瞿秋白以及一大批舍生取义、以死报国的英烈,都是失败的英雄,始终受到国人的尊崇。孔孟等人也是政治上的失败者,也都是这一类圣贤的典型,尽管他们身上也存在这样那样的弱点和缺点。优秀的传统文化正是塑造英雄人物的伟大精神力量,他们的光辉品格永垂不朽。相比之下,那些蝇营狗苟,为个人私利,卖身投靠、卖国求荣的民族败类,不过是泰山脚下的一抔粪土,毫无价值。

对个人利益,原儒耻于追求,但对民众的脱贫致富却表现出少有的关切。不仅希望民众生活富裕,而且希望民众提高生活质量,加强文化教育,提高文明素养,做一个文明人。孔子有"足食""足兵"之论,认为治国之道,首先要民众生活富庶,安居乐业。有子告诫执政者:"百姓足,君孰与不足?百姓不足,君孰与足?"百姓的富足是政权稳固的基础,而且在富庶之后还要"教之"。希望人们"贫而无谄,富而无骄","贫而乐道,富而好礼"。他尤其反对富人奢侈,以富贵骄人,说:"奢则不逊,俭则固,与其不逊也宁固。"而且认为,在天下无道时,"富且贵,耻也"。孔子最重礼制,但认为礼的根本是:"礼,与其奢也宁俭",反对为礼而奢侈浪费。要求君子从自己做起,"躬自厚,薄责于人"。要"修己以敬人","修己以安人",最终目的是"修己以安百姓"。一切施政的基本原则是"因民之所利而利之"。这意思不就是我们今天提倡的为人民服务,官员要做人民的公仆么!

取财有道,另有一个很重要的要求,就是从敬天的原则出发,要注意保护生态环境,爱护大自然,珍惜一切自然资源,取物有节,以利经济的可持续发展。中国古人一向追求"天人合一",这也是原儒一直强调的名训。孔子懂得要注意循环经济,不能无节制地向大自然索取。《论语》

载:"子钓不纲,弋不射宿。"即打鱼不用粗绳大网,打猎不射归巢孵雏的禽鸟,为的是渔猎资源生生不息,而不是竭泽而渔,滥用自然资源。《孟子》强调保护生态平衡的观念:"不违农时,谷不可胜食也;数罟不入洿池,鱼鳖不可胜食也;斧斤以时入山林,材木不可胜用也。"这样才能"使民养生丧死无憾也"。孟子认为,这就是"工道之始"。在这方面,荀子也有同样的论述。这同我们今天提倡植树造林,保护野生动物,退耕还田,适时进行休渔的意义是一致的。我们伟大的先贤这种人与自然和谐相处的思想,具有永恒的普遍价值,造福子孙万代。这是我们永远不应忘记的。

六、中庸辩证

哲学是时代的精华。辩证法是一种高级的哲学思维方法,是全面性的思维。中国人擅长辩证思维,善于全面性宏观地把握世界。欧美民族在古希腊时代也提出过辩证思维观点,但直到近代黑格尔才总结出一套客观唯心主义的辩证法,但仍不免有神学色彩,直到马克思才颠覆了黑格尔的辩证法,创造性地总结了辩证思维的科学规律。中国传统的辩证思维,受惠于两本古老的典籍,即《老子》和《周易》。

《老子》一书的思想充满智慧。老子哲学的最高概念是"道",道是万物之母:"道生一,一生二,二生三,三生万物。"道无法指称,无所不包,未知其名,相当于黑格尔的"无"。《周易·系辞》中最大的概念,即"易"。易"周乎万物而道济天下",也相当于道。易讲变化,"变"就是"不变"之道。自然史的发展规律有一个从原始物质,即无,演化出无机物,而后派生出有机物、生物,再派生出思维者人,人与物的相互作用即劳动实践产生了现实世界。《老子》对此高度抽象为"道生一"、生二生三、"三生万物"《周易》则描述为"易有太极,太极生两仪,两仪生四象,四象生八卦"等等。太极也是一。这个逻辑推演过程,符合事物由一般到特殊,再到个别的发展变化过程。

　　一切事物的存在都是对立统一体。《老子》以阴阳对立表述万物的内在矛盾对立："万物负阴而抱阳,冲气以为和。"和即是对立的统一。《老子》还举出了无与有、长与短、高与下、音与声、前与后等矛盾概念,来具体说明事物矛盾的对立性。《周易》也从阴阳对立出发,论证事物普遍的矛盾对立性,如乾与坤、艮与兑、坎与离、震与巽,皆由阴阳相参而生,并用吉凶、得丧、损益、大小、远近、内外、进退、往来、上下、出入等相对概念来描述具体矛盾,一切事物都在这种矛盾运动变化中而存在。事物是怎样运动的呢?是按照质量互变的规律运动的。《老子》称"合抱之木,生于毫末;九层之台,起于累土;千里之行,始于足下","天下难事必作于易,天下大事必作于细",说明事物由量变产生质变。《周易》讲"履霜坚冰至","善不积不足以成名,恶不积不足以灭身",也以人事善恶的积累及其后果,说明同样的规律。事物变化发展的过程最终表现为否定之否定规律。列宁解释,这一发展是事物向更高阶段的回复过程。对此《老子》称"大曰逝,逝曰远,远曰返",说明事物回归自身的普遍性意义。所谓"反者,道之动","万物芸芸各复归于其根"。《周易》称为"日新之谓盛德","生生之谓易"。日新、生生,是新之又新,生之又生,强调的是新与生的重复性,也意味着事物否定之否定的发展。在《周易》卦辞、爻辞和卦象变化中类似的表现很多。如师复为比,小畜复为履,泰复为否,损复为益,既济复为未济,提供了具体事物发展的否定之否定进程的丰富例证。总之,事物运动的三大规律在《老子》《周易》中均有较准确的表述。《老子》被称为一部兵书,同时又是哲学书,《周易》则是一部卜筮之书。由于它们产生于小农经济的先秦时代,有生产力发展水平的限制,人们未能向改造世界的广度和深度进军,科技手段达不到如今这样对世间万象更精细的分析研究,对辩证法的认识不免还有粗糙和含混的表述,但毕竟从总体上实现了较全面的规律性认识。人们常说中国智慧,什么是中国智慧?那就是在《老子》和《周易》中体现的辩证思维。正因为古代中国人具备了这一锐利的思想武器,中国才能创造伟大的四大发明,能务实地应对经济生活和社会发展中的种种问题,做出理性的判断,从而驱散迷信思想的雾障,持续地推进社会文明的进步。

特别重要的是如何把握事物矛盾运动的关节点问题,在这里,先秦原儒提出了"度"的概念。正确地把握发展变化的度,就是"中庸"。在古代典籍中,中和、中行与中庸是意义相通的。中庸之道,是极高明的化解矛盾的总原则。以往批儒,把中庸之道说成是调和矛盾、折中主义、"和稀泥",是一种极大误解。调和、折中、"和稀泥"是一种庸俗哲学,在原儒看来,那不是中庸,而是"乡愿",孔子说"乡愿,德之贼也"。乡愿就是处理人际矛盾冲突的那种和事佬,好好先生,是回避矛盾的伪君子,是德之贼。中庸讲究的是正视矛盾,择优处置,是高级智慧。所以孔子称赞:"中庸之为德也,其至乎?民鲜久矣。"认为中庸极难把握,很少有人能熟练运用。孔子主张"和而不同",不是单讲"和",而是主张求同存异,不能取消对立面的存在,而是要求化解对立,实现更高层面的统一,但不能走极端搞成同一:"和实生物,同则不继。"如果事物都是同一的,那就没有发展进步,没有多彩多姿的世界了。把事物平分为二,彼此等同,也是一种极端。孟子说得好:"执中无权,犹执一也;所恶执一者,为其贼道也,举一而废百也。"乡愿就是求同一,是德之贼。这个中庸之中即事物之度,不好把握,因为它是活的、变动不居,后儒《二程遗书·明道语》强调:"不可提一个中来为'中'。"中应该是恰好、适度、恰到好处,这就需要"权"的考量,"执中无权,犹执一也",这也是一个极端。权,就是权宜、权变,具体问题具体分析。一切真理都是具体的,对事物矛盾不能走极端,搞教条主义,死搬硬套,要具体分析,寻找最佳方案。这也是《周易》所要求的"执两用中",也就是《老子》讲的"去甚,去奢,去泰","多言数穷,不如守中"。这正如数学上的优选法,要把握 0.618,而不是对半分的 0.5。

中庸是化解矛盾的总原则,而权则是把握中庸在方法论上的最高原则。运用权就要通过具体分析,抓住矛盾发展变化的关节点,通过把握适度,来促进矛盾向有利的方向转化。适度之度,就是事物量变到质变的关节点。事物处在量变过程中,是渐变;渐变一旦过度,就会发生质变。反思过去,我们在经济工作中的失误,教训可谓深刻。比如1958年的"大跃进",当时主张以经济的积极平衡论指导工作,认为不要相对平衡、综合平衡,要大胆地打破这种平衡,实现积极平衡。这就是破坏经济发展在社会主义历史阶段的质的稳定性,否认量变,急于使之质变,完成向共产主义过渡的"大跃进"。要知道,经济发展总是量变的积累而后达到更高水平的质变,可是当时的决策是不考虑量变的积累,要"大跃进"式的超英赶美。社会主义未完成,就要实现共产主义,认为这就是社会主义的积极性,只讲量变就是小脚女人,左右摇摆,扭扭捏捏。结果经济建设并没有调整发展,反而带来更多的困难。这就是没有把握好渐变的度,违背客观规律,强行加速质变的恶果。改革开放以来,一度偏重于发展经济,追求GDP,忽视了教育和文化,出现一手硬、一手软的偏向,于是出现道德滑坡,贪腐日烈,人民群众不满。针对这些不良现象,党中央大力加强法治建设和文明建设,近年又提出建设文化强国的战略目标。这就是对经济社会发展做出了及时的适度调整,以确保社会主义事业健康稳定地发展。

实现社会主义现代化,归根到底是实现人的现代化。中国的和平崛起,不能妄自尊大,也不应妄自菲薄,搞全盘西化。当今,资本主义危机的阴影笼罩了欧美,而东方的中国却蒸蒸日上,成为世界第二大经济体。我们不应满足于经济的成就忽视文化建设,更不能指望西方的恩赐。天行健,君子以自强不息。中国传统文化蕴藏着无价的珍宝,需要我们提高文化自觉,增强文化自信。在马克思主义指引下,从黄河金三角地带摇篮中产生的传统文化中汲取智慧,结合时代精神,开拓创新,开创中国特色的社会主义事业。这是中国人的历史选择和伟大历史使命。不可否认,传统文化中也有不合时宜的糟粕部分,需要加以鉴别和扬弃。清人赵翼有诗:"满眼生机转化钧,天工人巧日争新。预支五百年新意,到了千年又觉陈。"中华文化如同长江大河,奔腾向前,以其强大的生命力和恢宏的包容力,海纳百川,有容乃大,吸收人类创造的优秀文化成果充实丰富自身。苟日新,日日新,又日新。开一代新风。通过十三亿人民的不懈奋斗,中华民族必将以具有高度文明的形象,屹立于世界民族之林。

"以民为天"考

"民以食为天"是人们耳熟能详的话语,该语出自《史记·郦食其传》。但还有一句更重要的话,叫"以民为天",也出于该传郦氏之口,全句为"臣闻……王者以民为天,民以食为天……"一般人对前语甚为留意,这或许是自古以来国人以吃饭为头等大事的缘故,不足为怪。

然而,"以民为天"这句话实在太重要了,因为这是中国远古以来民主制的遗风。向来学术界只重西方古希腊城邦民主制的伟大传统,不知何故,却对自家远古民主制不屑措意。实则中国原儒所尊崇的远古民主遗风也是明显的,否则孟子所言"民为贵,社稷次之,君为轻"之语便不知所从来。孟子"民贵"之说,在孔子那里似未涉及,孔子尊天命但罕言之,似乎只重等级,不重民意。但倘知孔子所言尊天即尊民,包括民主理念,那就不可错怪孔子不知民主为何物了。

先秦诸子讲天,本有两重涵义。一指自然之天,如《老子》;一指人伦之天,即以民众为天,如儒家。这关系重大,涉及对儒家的历史评价。为什么说以民为天是儒家传统? 盖因儒家"祖述尧舜,宪章文武"(见《礼记·中庸》)儒家学术是继承尧舜文武的传统而来的。儒家以民为天之说便来自六经中的《尚书》。人多引用《尚书·泰誓》:"天视自我民视,天听自我民听",《尚书·皋陶谟》:"天聪明,自我民聪明;天明畏,自我民明畏。"以之为西周"敬天保民"意识之来由。但更明确的话是《泰誓》中"民之所欲,天必从之"之语,这不明明白白是说天从民欲,民意即是天意,民才是天的主宰么! 据知阎若璩的力作《古文尚书疏证》揭出《泰誓》是后人伪作,但"民之所欲,天必从之"一语,在《左传》中两见(襄公三十一年、昭公元年），在《国语·郑语》中一见。《左传》《国语》分明不是伪书，可见"民欲天从"之语绝不可能亦伪，至少这句话不伪，确实是西周人的进步观念。周武王在《泰誓》中倡言此语，故而他自信灭纣是"奉予一人，恭行天罚"，也就是遵从民意，吊民伐罪。天从民欲，民欲竟然高于天，实在是西周初最伟大的最光辉的发现，是先秦民主理念的宝贵结晶。

当然，武王倡言之语也不是凭空而来的，而是继承了周公的尊民思想。周公制礼作乐，是引导先民社会步入文明时代，消除愚昧迷信巫风的第一人，在古代有极高的地位，与孔子并称周孔，号为圣人。这不是没有来由的，周公有"才且美"，有鉴于商纣王自认为有天命，有民众而暴虐作恶，结果众叛亲离而灭亡的历史教训，谆谆告诫臣属"皇天无亲，惟德是辅。民心无常，为惠之怀"（《周书·蔡仲之命》），并献策于文王要施行仁政："振乏救穷，老弱疾病，孤子寡独，惟政所先。"（《逸周书·大聚解》）周公关注民生，尤重民意，是故"居冢宰之尊，制天下之政，而犹下白屋之士，日见百七十人"（《孔子家语·贤君》）。史称周公礼敬贤士，"一沐三握发，一饭三吐哺"。后人亦赞之："周公吐哺，天下归心。"（曹操诗）周公以天下为公，不以至尊自居，继承文武功业，摄政七年，天下大治，而后返政于成王，表现出极高尚的政治品质。他要求执政者，以"父母之礼以加于民"（《逸周书·本典解》）。这意味着周王既是天之子，却又视民为父母，岂非以民为天！这一光辉理念完全打破了夏商以来对天的神秘主义迷信，为后世树立了伟大的榜样，构建了以民为尊，以民为施政主体的治国纲领。后人称"周公制作之，仲尼祖述之，荀孟赞成之"（《荀子·杨序》），便是对原儒学术渊源发展的准确概括。

文武周公的尊民理念也有对先贤进步遗训的继承，可以追溯到尧舜禹传说时代的远古民主制遗风。大家都知道尧舜禹传说时代实行政权的"禅让制"，是靠民主选举贤君实施政权的递相交接，而非私行授受的。这在《尚书》中均有明确记述，毋庸赘言。直至成汤的贤臣伊尹也说："德无常师，主善为师"，"惟天无亲，克敬唯亲"（《尚书·咸有一德》），并明言"惟上帝不常,作善降之百祥,作不善降之百殃"(《尚书·伊训》)。正因为有这样一些可贵的精神遗产的传承,周武王才可能从历史和现实的经验中总结出"民之所欲,天必从之"及周公"皇天无亲,惟德是辅"的名训。

也正是由于周初有尊民的思想传统,在先秦人士中民主理念不绝如缕。春秋时人有"民,神之主也"(《左传·禧公十九年》)、"天道远,人道弥,非所及也,何以知之?"(《左传·昭公十八年》)等批判神权、遵从民意的理性主义观念。关于君臣关系,《左传·桓公六年》云:"上思利民,忠也。"子思亦云:"恒称其君之恶者,可谓忠臣矣。""友,君臣之道也。"(《郭店楚简》)意思很清楚,所谓忠并不如后世理解的那样只要求臣下对君王绝对服从,而是要求在上者对民众忠;所谓忠君,也不是当君王的奴臣,而是以朋友身份要经常批评君王的过失,做君王的诤友。孔子主张"君使臣以礼,臣事君以忠",就是主张君臣友道,二者是对等关系,而非主奴关系,所以孔子认为事君可以"合则留,不合则去"。"大臣者,以道事君,不可则止",遵道才是最高原则。子路问事君之道,子曰:"勿欺也,而犯之。"即对君不能欺骗,必要时却可以冒犯之。又说:"忠焉,能勿诲乎?"诲谁呢?自然是诲君。既要诲君,那就不免冒犯。正确的态度是"忠告而以善导之,否则止。无自辱焉。"这才是对孔子倡言"君君、臣臣"的正解,孔子不主张对君一味屈从。

孟子对尊民理念尤有发挥。孟子对暴君表现出极大的蔑视。他指斥商纣王是"残贼之人",武王伐纣是"闻诛一夫纣矣,未闻弑君也",直言暴君该杀。"君之视臣如犬马,则臣之视君如国人;君之视臣如土芥,则臣之视君如寇仇。"理所当然。孟子打心眼里看不起贪财虐民的国君,他敢斥梁惠王"望之不似人君"。主张君臣之交要"去利","怀仁义以相接",不必对君王事事顺从。"以顺为正,妾妇之道也。"不是大丈夫的作为。大丈夫应行天下之大道:"得志与民由之,不得志独行其道。富贵不能淫,贫贱不能移,威武不能屈,此之谓大丈夫。"要对国君抱严正态度:

"说大人,则藐之,勿视其巍巍然。"要有自信:"在彼者,皆我所不为也。在我者,皆古之制也,吾何畏彼哉!"这里,孟子谓古之制也,正是先贤的尊民之制。特别是,孟子不认为国君有世袭政治垄断权,他认为贵戚之卿有责任:"君有大过则谏,反复之而不听,则易位。"即对不称职的国君,可以废除之。而异姓之卿则是"君有过则谏,反复之而不听,则去",即辞职而去。由此可见,孟子的民主平等意识何等强烈,态度何等鲜明!而此后荀子提出"君者,舟也;庶人者,水也。水则载舟,水则覆舟"之论,又是对孟子思想的继承弘扬。由此,就不难理解,为什么战国之世社会上仍然涌现了大批"上不臣天子,下不事诸侯"的志节之士,才会有处士横议、百家争鸣的生动局面。概言之,这都是受周初尊民传统之赐。

　　遗憾的是,至秦始皇统一天下,建立帝制专政,焚书坑儒之后,皇权至上成为主流意识,造成万马齐喑之局。民众拑口,道路以目,先秦的尊民思想被遮蔽而边缘化,这是中国历史进程中一大悲剧。但是,民主理念不可能完全被封杀,故而在抗秦斗争中,郦食其敢于对刘邦进言:"臣闻……王者以民为天,民以食为天"云云。甚至直到汉文帝时,有司上言请立太子,文帝竟下诏:"朕既不德,上帝神明未歆享;天下人民,未有慊志;今纵不能博求天下贤圣有德之人而禅天下焉,而曰豫建太子,是重吾不德也,谓天下何?"(《史记·文帝记》)说明被功臣扶上帝位的刘恒自知人民不满时,古代有政权不能垄断,可以禅让帝位的先例。而当时也确有一位不怕死的儒士睄孟上书,要求文帝考察天下,求索贤人,禅以帝位,而退封百里,去享自己的清福,(见《汉书》本传)。睄孟后来固然被杀了,因为刘氏本视天下为私产,决不会自行禅让。但这毕竟说明"效忠一姓,汉代的儒家,实不视为天经地义"(吕思勉语,见《中国文化史·政体》)。睄孟之死,仍不等于尊民思想的绝灭,且不说历代史不绝书的人民起义反抗皇权专制的斗争,直至北宋仍有王安石倡言周公"以德为盛,天自民视听者也。所谓得天,得民而已矣"(《郊宗议》)的高论,而明末亦有黄宗羲痛斥君王的《原君》专著。从以上诸例可知,自古以来中国并非没有民主传统,而是被几千年的专制皇权所排斥,所压制,难以彰显。而这正是需要在今天民主政治实施中有必要大力挖掘并继承发扬的中华文化的精华部分。

传统的文艺创作提倡"文以载道",这个"道"指三纲之道,那是绝对错误的;倘若是指以民为天之道,这是绝对正确的。这在今天也是应当提倡的。

箕子:为民造福政治理念的首倡者
——《尚书·洪范》九畴之皇极政治论

　　箕子(前 1173？—前 1080？)是殷周之际杰出的思想家,被后人誉为中华文明第一子。箕子向周武王陈述《洪范》九畴,载在《尚书》,是见诸中国文献的第一篇政治、哲学著述,其主要的思想理念长期影响中华文明史, 他也是开发古朝鲜文明的先驱者并波及东亚文化圈。柳宗元《箕子碑》总结箕子的历史贡献,即"正蒙难,法授圣,化及民"。意思是箕子身处商纣王残暴黑暗的统治时期,蒙受危难而坚持正道,垂范后世;将远古的历史经验传授于贤明的周武王;到朝鲜后,又教化百姓,推进了那里的社会文明进步。具体说来,箕子的文化贡献,一是继承夏启时代的文明成果,总结了中国最古老的世界本体论五行哲学,具有唯物主义性质;二是阐述了远古天人感应思想,对秦汉以后思想家提供了制约君权的思想资料;三是论证了皇极政治的根本原则,影响了中国帝制社会统治思想几千年,具有极其深远的历史意义。

　　在现代人来看,箕子的政治哲学理论固然有不少迷信陈腐的成分,是维护古代社会等级制的思想武器,但运用历史唯物主义观点来考察,以发展的眼光看问题,箕子的理论在殷周之际却是具有进步意义的。因为,按照唯物主义评价历史人物的标准,不是要看历史人物能否提供我们当代需要的新东西,而是要看他能否提出前人没有的新东西。把历史人物放在其所处的特定历史条件下来评价,是历史唯物主义的绝对要求。

　　研究箕子《洪范》的著述,从古至今,代不乏人,成果累累。湖南陈蒲清先生的《箕子评传》(岳麓书社.2003)，是带有总结性的科学研究专著,持之有故,言之成理,颇有价值。本文仅就箕子有关皇极政治论略作申述与评析。一孔之见,未必允当,仅以此就教于同道大方。

皇极政治论在九畴中的第五条,是箕子《洪范》专论政治原则的核心内容。其字数占九畴全文的四分之一强,可见其重要。细读全文,可知这篇政论主要是谈对君王的要求,而不是对民众的管制。其文分为三段。

第一段大意如下:皇极,即最高准则。皇建其有极,即建立最高准则,就是实施王道政治,首要的一条是:"敛是五福(所谓五福即九畴第九条之寿、富、康宁、攸好德、考终命。此五福至今似亦不过时),用敷锡厥庶民。"就是要集中五种福祉,广泛地赐予庶民。认为,有这一前提,民众才会维护最高准则(皇极)。其次,才是要求民众不要结党营私,官员不要勾结为奸,并要求君王看重民众中有谋略、有作为、有操守的君子;对违反皇极而有过错者,要有宽容的态度;对和蔼的好人,要引导其好德向善,赐之以福祉。这样,才能保证臣民接受皇极。特别是君主不能虐待孤独无依者,不能畏惧世族显贵。对有才干有作为的人,要让他们贡献聪明才智,使国家昌盛。凡是做官的,要保证其常有的俸禄;如果这些官员无益于国家,他们就是有罪过的。对不好德的人,即使赐予福祉,他们也会犯罪,是徒劳无益的。

在此段中,为民造福放在第一位,这是皇极王道思想的核心。这是后世孔孟民贵思想的来源,说明建立皇极的终极目的,是为着广施于民众福利;否则,就会失掉民心。这是传统文化中的精华部分。其次是对民众的劝导和对官员的要求,倡导好德向善。这又是后世原儒德治的来源,孔子说:"道(导)之以德,齐之以礼,有耻且格。"(《论语·为政》),是对这一德治思想的继承。其中特别是体恤弱势群体,不畏惧权贵的原则,含有早期人人平等的思想;任用贤能,激励官员有益于邦国,又是施政之必须。这些都是皇极政治的具体要求。这些古训,是直到今天,都应大力贯彻实施的施政要务,具有千古不磨的伟大意义。

第二段是讲对一切施政,君王都要始终坚守正道。君王不可有偏私自好之心,不可作恶,不可结党营私,不可走邪路,不可反复无常,不可倒行逆施。此种种不可,是防范对正道即王道的偏离。这也是孔子"政者,正也""其身正,不令而行"的为政原则和中庸之道的思想来源。结句称,"会其有极,归其有极",最终以皇极这一最高准则为宗旨和落脚点,即为民谋福利。

第三段,是强调对皇极之最高准则要积极宣扬倡导,要顺从实行,号召民众化为行动,不离不弃,贯彻到社会实践中。如此,君王才能像民众的父母那样,成为天下之主。在这最后一段,箕子强调君权要服从为民造福的最高准则,但并未否认君权的至高无上,这在九畴的第六条中有明确的印证。这就无形中造成了皇极与君权究竟何为最高权威的矛盾对立,形成悖论。这反映了中国文明早期,箕子这位思想家的历史局限性。直到随后的西周初期,周公才对之进行了颠覆性的纠正,理顺了君权与民众的关系。周公要求天子"以父母之礼,加之于民"(《逸周书·本典解》),就是天子要以民为父母,而不是君王为民之父母。这一根本性的颠倒,彻底消解了君权与民众矛盾对立的两难悖论。这是周公超越箕子,对远古尧舜禹时代原始共产主义政治观念的否定之否定,其重大的历史意义,至今尤显光彩。但箕子毕竟是卓越的思想家,他极力使为民造福提升为君王施政的最高准则。在三千余年前就有如此英明高卓的见解,实在是了不起,值得中华民族自豪。后世历代帝王不必说对周公,就是对箕子也是难以望其项背的。

回过头来,考察一下九畴中的第六条肯定的君王特权。在这里,箕子提出了君王应具的正直、刚克、柔克的三种德行。接着说明了君王的特权,即"惟辟作福,惟辟作威,惟辟玉食",君王成为给人赐福、给人处罚、享受美食的主体,是至高无上的统治者。这个观点,在现代人看来无疑是不可接受的,是对文明进步、民主政治的反动,理应受到彻底的批判和唾弃。由于这种信条，便给后世的帝王为非作歹、残民以逞制造了罪恶的借口。特别是在秦始皇以来的古代帝制社会里，帝王们就是利用这一借口予取予夺，穷奢极欲，为压迫剥削劳动人民极尽卑劣无耻之能事。但是，在箕子生活的文明早期，在阶级社会之初，维护稳定的君王权威，也就意味着维护正常安定的社会秩序，这却是必要的。相对于原始社会的愚昧时代，它不失为一种历史进步。因为对于小农经济为主的中国古代，社会安定，保证农业经济的持续发展需要有统一的管理和周期性有序的规范。舍此，便会破坏年复一年、周而复始的农业生产的程序，从而给全民族带来饥荒和灾难。在这种历史条件下，统一的集权便在一定程度上成为农业生产和再生产的必要保障。恩格斯曾经指出，奴隶制尽管是把人当作会说话的工具的毫无人性的残酷制度，但是相对于原始时代，不再杀掉战俘，而将之作为劳动力来役使，对于生产力的发展和社会文明程度的提升，毕竟是一种历史的进步。至于君王利用特权，蜕化为桀纣、秦皇那样的独夫民贼，为万民所诅咒，却并非维护统一权威的民众期望。箕子身处商纣王的暴政之下，对其残民之恶感同身受，所以在《洪范》中将为民造福提升到施政的第一位，未始不是对君权的一种制约，也是为民众的利益着想。由于时代的局限，箕子并不能认识私有制这一历史罪恶的根源。只有当历史发展到近现代，才有可能消除私有制，实现人人平等的大同世界。所以，对箕子的政治思想，必须放到文明早期的历史环境中，以历史的同情来审视，也即是以辩证的观点、历史的观点来分析认识。何况上述有关三德的论述，箕子并没有把它放在九畴第五条皇极政治论的内容中，没有强调这是最高准则，而是放在九畴的第六条来解说。这是箕子的明智，还是他的无奈？但无论如何，是箕子首先提出为民造福是主政者第一位的职责，这无疑是中国先贤最早贡献于世的伟大思想。

箕子，是值得我们永远纪念的。

傅山、顾炎武反专制的天下观及其历史渊源

  傅山(1607—1685)与顾炎武(1613—1682)是明清之际两位著名的民族志士,伟大的思想家、学问家。在那个风雨苍黄、山崩地坼的大战乱、大变动的时代,顾炎武从明亡后的顺治十四年(1657)开始北游,历25年,期间访学会友,在山西结识傅山,二人倾心相许,成为莫逆之交。同时他俩周围还团结了一大批文化精英、饱学之士,如朱彝尊、申涵光、阎若璩、李因笃、戴廷栻、阎尔梅、潘耒、李天生、戴本孝、屈大均、张尔岐、王宏撰等,形成了一个文化圈。他们一同纵论天下,关心国事,切磋学问,可谓志同道合,相得益彰。考察傅、顾二人交往的全过程,可以悉知,他俩学术取向不同(顾以儒学为宗,傅则兼采诸子释老之学),但在重视经世致用的实学上是一致的,有着共同的思想基础和价值目标,就是符合其所在时代精神的反专制的天下观。本文拟就傅山、顾炎武的天下观及其历史渊源略作论列,就教于同道大方。

  傅山、顾炎武的天下观,是反专制皇权的思想武器,具有现代民主的萌芽,属于启蒙思想的范畴。这一天下观与中国秦始皇以来2000年帝制社会的家天下的天下观相对立,在明清之际具有强烈的现实针对性,是反抗专制皇权的响亮号角。

  傅山、顾炎武作为同时代人,他们的壮年正处在清廷以暴力屠杀政策统治华夏大地的时期,他们都曾对亡明的腐朽统治不满,但对清朝统治者取代明廷建立的血腥统治更是充满强烈的愤恨。这不仅是由于尖锐的不可调解的民族矛盾激发的民族情怀,更痛心于清廷野蛮政策对中原农业文明的严酷摧残。他们不仅绝望于土崩瓦解的明廷皇权,更绝望于清廷新主子的专制高压统治,因之,在思想深处产生了对秦始皇以

来两千年家天下政体的质疑和颠覆。

傅山义愤填膺地指斥："礼乐何多士，崇高尽独夫！""愚哉秦始皇……乾坤真盗囊。"明指历代帝王是独夫、盗贼。他引用《吕氏春秋》之言曰："天下者，非一人之天下，天下之天下也。"（语出《六韬·文韬》《吕氏春秋·贵公》）主张儒家"大道之行也，天下为公"（《礼记·礼运》），倡言"市井贱夫最有道理"，"市井贱夫，可以平治天下"。呼吁众生平等，"不事王侯"，认为"王侯皆真正崇尚圣贤，不事乃为高尚。其余所谓王侯者，非王侯而不事之，正平等耳！何高尚之有？"（《霜红龛集·盅上解》）认为"草芥、寇仇则后世之大人，小人焉能爱之！"也就是认为皇权专制不应常有，天下不应由帝王主宰，而应由天下人主宰。这一观点，折射出古代中国平等意识的光芒，是古代平民大众最具革命性的民主思想。

顾炎武的天下观，集中表现为被归纳为"天下兴亡，匹夫有责"八字一句的原话，即顾氏的亡国和亡天下之辩，其所倡言"保国者，其君其臣肉食者谋之，保天下者，匹夫之贱与有责焉耳矣"（《日知录·正始》）。这里讲的保国，是保一姓皇家之政权，那是权要者之事；而保天下，则是保文化之天下即保优秀的传统文化。章太炎对此有明确的辨析："余深有味其言'匹夫有责'之说，今人以为常谈，不悟其所重者，乃在保持道德，而非政治经济之云云。"（《太炎文录·别录·革命道德说》）这就意味着，对平民大众来说，不必管它皇朝的兴亡，不必为明亡清兴操心，但必须担当保存中华文化的责任，而保存好中华文化，中国就不会亡。这体现了顾炎武高度的民族自尊和文化担当。那么，保文化从何着手呢？这里有两个大的方面，一是致力于"变化人心，荡涤污俗"，具体讲即劝学、奖廉，改善风俗，保存清议，即进行上层建筑的改造。在政治上倡导"众治天下"，认为"人君之于天下，不能以独治也，独治之而刑繁矣，众治之而刑措矣"，所以说必须"天下之权寄之天下之人……莫不分天子之权，以各治其事"（《日知录·爱百姓故刑罚中》）。二是在经济上要保障合法的个人利益,他认为"天下之人,各怀其家,各私其子,是常情也。为天子百姓之心,必不如其自为。此在三代以上已然矣"(《亭林文集·郡县论》),"合天下之私以成天下之公,此所以为王政也……有公而无私,此后代之美言,非先王之至训也"(《日知录·言私其豵》)。总之,顾炎武明确反对专制皇权,要求遵从三代以上的公天下,以天下人治天下。这与傅山的天下观是完全一致的。这种反专制的天下观,是傅山与顾炎武倾心交往、志同道合的共同思想基础。这种天下观,是明清之际风云激荡的大动乱时局发出的时代最强音,具有启蒙思想的划时代意义,并与当今"以人为本,执政为民"的施政原则一脉相承,是中华民族传统文化中最可宝贵最有光彩的精华。

傅山与顾炎武的天下观能够在明清之际出现,并不是他们心血来潮的偶然灵光闪现,而是有着当时社会现实的根源的,也是明清之际时代思潮的反映。他二人身处的明后期,已是一个社会矛盾日益尖锐化,民变蜂起,明廷政权岌岌可危的黑暗时代。由于其时市民经济日益发展,资本主义生产方式萌芽,市民平等思想日益抬头,民众反对剿饷、练饷、辽饷和矿税等经济盘剥的斗争如火如荼,农民起义和市民反抗斗争此起彼伏。这种社会矛盾刺激了思想学术界的知识人士,促使他们忧国忧民,便产生了一批敢于冲破正统、大胆创新的启蒙思想家。比如明万历间的反道统思想家李贽(卓吾),便有强烈的平等意识,极受傅山推重。清初也有著《潜书》的唐甄就直斥:"自秦以来,凡为帝王者皆贼也!"还有黄宗羲敢于明言君"为天下之大恶"。这种颠覆皇权专制的言论彼此呼应,造成为一股舆论声势,傅山、顾炎武不过是这一时代思潮的引领者和代表人物而已,何况他们还继承有深厚的历史文化渊源呢。

傅山、顾炎武都是博学多闻、学养弘通的大学问家,他们主张实学即经世致用,不仅精通儒家六经,而且旁涉经史、诸子百家之书。傅山尊儒,尊的是先秦孔孟等原儒,认为后世的庸儒、奴儒是瞎汉,"不济事",所以他广泛研习百家与佛道方外之书,早年就有"反常之论",后又开创诸子学。他以"餐采法"博采诸学,自称"吾以管子、庄子、列子、楞严、唯识、毗婆诸论,约略参同",成为后人称赞的"学海"大家。顾炎武则以"采铜"之喻读书,其博学堪称当时大师,有"读万卷书,行万里路"的名言。四库馆臣说"国初称学有根柢者,以炎武为最",被誉为"清代开国儒宗",其所著亦多经世致用之书。可见,傅山、顾炎武主张的反专制的天下观,就必然不仅来自明清之际的时代思潮之赐,而且具有悠久历史文化典籍的渊源。这渊源就是传承自历史久远的传统文化的精华即先秦以平等诉求为前提的,以天下为公为统领的民主理念。

平等思想是古代农民最革命的思想(列宁语),这种思想从秦末农民起义陈涉喊出"王侯将相,宁有种乎"口号,一直贯穿了历代农民起义的政治诉求。我们不能苛求傅山、顾炎武去取法发动暴力斗争的农民首领,但是他们从古代典籍中汲取反对皇权专制民主平等理念的思想资源,却是顺理成章的必然途径。所以,这里有必要对古代民主平等的思想作一探本求源的追索。而这一点,正是当前学术史研究尚少涉及或有所忽略的。

西方学者总是说中国古代缺少民主平等的思想意识,其实这是误解。哪里有压迫,哪里就有反抗,思想学术界亦然。中国自实行家天下的君权体制,特别是秦始皇的皇权专制以来,达数千年之久。在这漫长的专制统治的黑暗年代,必然激起反专制暴政的民众的反抗斗争,历代数百次的农民起义和农民战争就是铁的明证。那么,在思想学术界也必然激发进步人士发出反专制暴政的呼声。这才是符合历史和文化学术史发展的规律性常态。比如,在秦末刘邦反对暴秦浪潮中,就有儒者郦食其向刘邦进言"古之王者……以民为天,民以食为天"的高论。郦氏所言王者以民为天,当时皇帝号为天子,天之子岂不就是应以民为父母么?天子岂不就该孝敬父母,即孝敬民么?天子如果压迫剥削民众、唯我独尊,岂不就是忤逆父母,有悖天道天理么?又如,汉文帝时要预立太子,垄断皇权,就有民间儒生睢孟毅然上言,要求文帝退位,让贤于民间贤能之士。就此，史学大家吕思勉评论道："效忠一姓，汉代的儒家，实不视为天经地义。"（《中国文化史·政体》）那么，汉儒这种蔑视王权的思想又是从哪里传承下来的呢？应当说是从先秦思想家的学术中来的。比如战国书《六韬·文韬》与《吕氏春秋·贵公》篇皆明言"天下非一人之天下也，天下之天下也"。傅山就直接引用这一理念，作为反专制的思想武器。而这一观点，又是出自《荀子》民众如水，可以"载舟覆舟"的思想。而先秦原儒思想中也不乏反专制思想资料，如《礼记》称"大道之行也，天下为公"，"故人者，天地之心也"，子夏讲"四海之内皆兄弟也"，孔子讲"泛爱众而亲仁（人）""仁者，爱人"。子路问事君，孔子说："勿欺也，而犯之。"就是对君不能欺骗，必要时却可以冒犯他，又说对君"忠焉，能勿诲乎？"认为对君仍然可以教诲他。这些都体现出明白的平等思想观念。再如，《周官》中载有"大询于众庶之法"，其制谓乡大夫各帅民而致于朝，小司寇"摈以序进而问焉"，其事项为询国危、询国迁、询立君，即解决国之危难、决定国都迁移、推举首脑这三项重大政治事务，必须听取多数国人的意见。吕思勉先生曾就此三询举例明之（见《中国文化史》）。《尚书·洪范》论及决疑，以君主、卿士、庶人、龟、筮，共五个方面，以其票数多者为定，梁启超谓此系议会之法，作《古议院考》一文。这些都可以理解为远古民主制的遗风。本来，春秋讲忠君之道，原儒并不认为必须盲从于君主的绝对权威，相反是要求君主必须为民众服务，这才是忠君的正道，这也是春秋时代的常理。史籍《左传》就载有"民，神之主也"（《左传·僖公十九年》），敬神就要听从民的意愿，因为，"天道远，人道弥，非所及也，何以知之？"（《左传·昭公十八年》）在鬼神崇拜之风尚盛行时，当时的进步思想家特别强调人事而轻鬼神，孔子就说："敬鬼神而远之"，"不知生，焉知死"，鬼神不过是用来神道设教而已，岂有盲目尊崇之理？借神权统治民众的君主是不能为所欲为的，他必须顺从民意。所以讲忠不是下对上的忠，而是上对下要忠，"上思利民，忠也"（《左传·桓公六年》）。孔子所谓"君使臣以礼，臣事君以忠"，即讲君臣是对等关系，非尊卑关系。子思亦云：“友，君臣之道也”，“恒称其君之恶者，可谓忠臣矣”（《郭店楚简》）。君臣为友，是平等互信的，根本没有君王独尊的意思，完全是一种平等交往。所以春秋战国之世，士人对国君，完全可以合则留，不合则去，不必对君王俯首称奴。

特别要提出的是亚圣孟子的学术思想，孟子有着强烈的平等意识。他看不起梁襄王，说他“望之不似人君”；认为向权要进言不必自卑：“说大人，则藐之，勿视其巍巍然。”要有自信：“在彼者，皆我所不为也。在我者，皆古之制也，吾何畏彼哉！”他指斥商纣王是“残贼之人”，武王讨伐是“闻诛一夫纣矣，未闻弑君也”。直言暴君该杀：“君之视臣如犬马，则臣之视君如国人；君之视臣如土芥，则臣之视君如寇仇。”他倡导“富贵不能淫，贫贱不能移，威武不能屈”的大丈夫精神。他不认为国君有世袭垄断权，认为贵戚之卿有责任：“君有大过则谏，反复之而不听，则易位。”即对不称职的国君，可以让他下台。异姓之卿“则去”，即可辞职不干。也就是孔子所言“为人臣者怀仁义以事君”，“以道事君，不可则止”，“天下有道则现，无道则隐”。孟子特别提倡治国应任用贤能，国君左右及诸大夫皆曰贤，未可，“国人皆曰贤，然后察之，见贤焉然后用之”。很有民主制选拔用人的精神。孟子的政治主张，概括为一句话：“民为贵，社稷次之，君为轻。”这是孟子在中国政治思想史上最闪光的名言。面对“春秋无义战”“战国无忠臣”的现实状况，孟子直斥：“五霸者，三王之罪人也；今之诸侯，五霸之罪人也；今之大夫，今之诸侯之罪人也。”孟子不愧为先秦时代敢于冲决君权专制的思想斗士和杰出代表。是故明太祖朱元璋对《孟子》极其仇视，他下令删掉《孟子》中的精华思想，弄出一本《孟子节本》，要臣下学习。

《孟子》的贵民轻君思想，也不是空穴来风。儒者“祖述尧舜，宪章文武”，也是有其思想来源的，尧舜文武就是原儒总结先代文明成果的依据。较切近的是商周的优秀文化。如孔孟称赞的成汤时贤臣伊尹，武丁时的圣人傅说，商末的比干、微子、箕子，都是其时倡导仁政，反对暴政的志士仁人,箕子还是"为民造福"政治理念的首创者(见《尚书·洪范》)。特别是周初的周公,是孔孟十分敬仰的人物。周公制礼作乐,是中国早期文明的总结制订者,他吊民伐罪,协助周武王摧毁了商纣王的暴政,反对殷商社会弥漫的鬼神巫风,提出"敬天保民"的施政纲领;他礼贤下士,"一饭三吐哺,一沐三握发","居冢宰之尊,制天下之政,而犹下白屋之士,日见百七十人"(《孔子家语·贤君》)。他摄政七年,天下大治,而后返政成王,提倡"振乏救穷,老弱疾病,孤子寡独,惟政所先"(《逸周书·大聚解》),后人赞之"周公吐哺,天下归心"(曹操诗)。特别是周公告诫臣属:"皇天无亲,惟德是辅。民心无常,惟惠之怀"(《周书·蔡仲之命》),十分关注民生,尤重民意。他要求执政者以"父母之礼,以加于民"(《逸周书·本典解》),就是强调民众才是执政者的父母,执政者必须礼敬民众,这才是为政之本。这一伟大思想理念,被周武王接受,武王在《泰誓》中两次倡言"民之所欲,天必从之"。这种天从民欲的思想,到孔子所在的春秋时期已成为当时进步思想家的共识,此语在《左传》中两见(襄公三十一年、昭公元年),在《国语》亦两见(《周语》《郑语》)。而"文王之德""周公之礼"正是原儒孔孟等一以贯之倡导的核心内容。由此可见,先秦原儒贵民的民主理念确实是有根有据,有其深厚的历史渊源的。

再往前追溯,原儒的"宪章文武"也不是凿空之论。文武周公与先周进步人士的思想资源又是对尧舜公天下的远古民主制的继承。尧舜禹三代贤王实行的是民主推举领导人的"禅让制",先秦原儒"祖述尧舜"、天下为公的思想,就是要弘扬远古民主制的优良传统,反对专制独裁、残民以逞的暴政。顺便指出,今之学者承认古代中国只有民本主义,不敢承认有民主思想,是错误的。所谓民本主义之语,来自《尚书》"民为邦本,本固邦宁"这句话。事实上,民本主义不过是民主思想的变异,民本主义是在秦始皇伊始的帝制时代才大行其道的。它本是民主思想受到压制后的派生物,其实质还是民主。民本也者,即民是根本,是主体,那还不是民主？只承认民本，不承认其来源于民主，不是历史唯物主义态度，倡言民本主义者，可以休矣！

以上我们追溯了古代中国民主理念的历史渊源，这些都出自儒家尊崇的六经和史籍，这无非是要说明傅山、顾炎武反专制的天下观，不是无源之水、无根之木，而是有着几千年中华优秀传统文化的深厚基础的。傅山、顾炎武精通文化经典，对之烂熟于心，不可能不了解上述的历史事实。虽然这种民主传统在秦代之后被遮蔽、被边缘化了。傅山、顾炎武不过是重新汲取了优秀传统，针对明清之际的社会现实，再次复活了旧典，注入了时代精神，而发为振聋发聩的时代最强音，提出了社会变革的方向。只有从历史发展的角度，我们才能对傅山、顾炎武学术思想的伟大意义作出客观的正确评价。

傅山、顾炎武不仅是精通典籍、旁涉百家之学的学问家，更可贵的是他们并非徒托空言的纸片经学家，而是勇于将反专制的天下观付诸实践的实干家，这也是他们倡导实学，经世致用的终极目的。

天下既是天下之人的天下，那么其前提就是众生平等，天下人都有平等的社会权利。傅山认为市井贱夫可以平治天下，就是寄希望于平民大众的反专制力量，特别是明中后期兴起的市民阶层即城市平民、商业手工业者以及广大农民。傅山尊重这批底层民众，他体恤民众，自言"爱人"，提倡墨子的"兼爱"，说自己对天下人"皆爱之"。他对人一视同仁，"贵贱一视之"。所以特别关注民生疾苦。晚年傅山生活贫困，不受官禄。他精通医术，便随处行医，并在太原大宁堂药店坐诊，济世救人。他命儿子傅眉推车载药物，多为贫民施治送药，但对官人却不肯低头俯就。傅山特别同情"穷板子"秀才，对沦落的底层妓女不仅不歧视，还为她们鸣不平。比如对临县妓女阎雪梅（孤庵）的殉情，他称赞曰："视古名媛烈女奚异？"对贫女方心追求婚姻自主，也备加称颂，认为可比美古代的卓文君。为了反清斗争，傅山秘密联络南明人士，因此被逮入狱，出狱后又奔走晋省各地，聚集力量，以图大举，他习练武术，就是为从戎的目的而为。听说交山军起义反清,他也准备投奔义军。当交山义军被镇压后,傅山不辞辛苦,"南游浮淮渡江,南至金陵",探听南方的抗清势力,终无果而返。至晚年知天下事不可为,乃"穷愁著书",从事学术研究。傅山终其一生,总是和底层民众打成一片,以实际事功实践反专制的天下观,为平治天下而抗争不息。

顾炎武也特别重视新兴的市民阶层,自言"今日拯斯人于涂炭,为万世开太平,此吾辈之任也。仁以为己任,死而后已"(转引自沈嘉荣《顾炎武论考》)。所以特别重视考察经济,所著《天下郡国利病书》和《肇域志》二书,对商品经济的发展有精辟见解,对江南苏南、杭州、徽州及河南武安、汝宁与东南沿海等地的商贸、手工业均有翔实的考察笔录。他主张保障私产,反对横征暴敛,开放海禁,货币自由流通,雇佣劳动。他还亲自与傅山、李因笃、朱彝尊集资于雁门关北经营农牧业。他对潘耒说:"大抵北方开山之利过于垦荒,畜牧之获饶于耕耨,使我泽中有千牛羊,则江南不足怀也。"(《顾亭林诗文集》)他还在陕西华阴购置田产。值得注意的是,傅山虽然不以经营生计为累,却也不能不顾虑经济问题,他曾就老家的田产免税问题,写信给在晋为官的朋友魏一鳌求助,并得到了积极回应。上述顾炎武、傅山经济活动,固然有解决生计的考虑,也有为学术和遗民活动所用的目的,可能也有为反清斗争筹集资金的用意。据说山西开创票号,就是由顾炎武最先为票号经营制定的规程。总之,傅山与顾炎武北游期间的经营活动,说明他们重视实业,究心经世致用,不是纸上谈兵,而是知行合一、付诸实践的实干家。顾炎武说:"食力终全节,依人尚厚颜"(《亭林诗集》卷五《刘禾长白山下》),可以见出顾炎武在明清之际具有时代特色的新价值观。

由于历史条件的局限,傅山、顾炎武的天下观,不可能在当时真正化为现实,但他们倡言天下为公的主张和在力所能及范围内有所践行,证明傅山、顾炎武不愧是明清之际划时代的杰出先行者和启蒙思想家,他们的文化学术遗产至今也具有伟大的普世价值和借鉴意义。

出版史话

出版业是怎样产生、发展起来的呢？说来就话长了。

人们知道，中国是世界文明古国之一，许多科学文化的发明创造是在我国最早出现的。出版业正是随着这些科学文化上的发明创造，最早在我国产生的，这是我们中华民族在人类文明史上的一份光荣，值得自豪。

出版业的产生同印刷术和造纸术的发明分不开。印刷术和造纸术是我们闻名于世界的两项伟大发明，有了这两项发明，才能大量印刷书籍，才有出版业产生的可能。

历史告诉我们，造纸术早在我国两千多年前的西汉初年就发明了。到东汉，造纸术经过蔡伦等许多人的改革，更加普遍推广。在人们用纸书写之前，在中国曾先后采用过甲骨、青铜器、石头、竹木和缣帛，在欧洲先后用过石头、莛草、蜡板、羊皮，巴比伦人用过砖块，印度人用过贝叶等，作为书写材料。所有这些材料，或因笨重和数量有限，或因贵重，或因难以保存，都使抄写出来的书籍难以流传普及。而纸张的发明就大大解决了这种种困难。人们用纸张抄写书籍方便多了，但又感到单用手抄的办法仍然吃力，而且容易抄出错讹。为解决这一问题，人们从刻印图章上得到启发，把书籍文字刻在石碑上，供人观摩拓印。在东汉熹平三年（147），汉灵帝命蔡邕把儒家的全部经典写好，由工人陈兴等刻在石头上，立在当时太学（国立大学）的鸿都门，作为全国读书人的正式读本，这就是有名的熹平石经。后来，后魏明帝正始年间（3世纪初），由嵇康等在洛阳太学，又用古文、篆文、隶书三种字体，把儒家经典重刻了几种，称为三体石经。

　　从石碑上拓印书籍,比过去手抄的办法来得快,错误少,但一张一张地拓印还是比较费事。你想,人们老远地跑来,聚集到洛阳一地去拓印书籍,该吃多少苦啊!拓印的方法是把纸铺在碑上,打平,再用墨刷上或捶上,揭下来,成为黑底白字的纸上文字。要是把这办法反转过来,就是在版面上刻上凸出的反写的文字,刷上墨,再将纸铺在上面,再刷过,版上的墨便附在纸上,成为白底黑字的纸上读物。人们正是从拓印书籍的过程中,进一步受到启发,发明了较前简便的雕版印刷方法。有了造纸术和雕版印刷的发明,就为出版业的产生准备了两项最基本的条件。这样,出版业就应运而生了。

　　那么,雕版印刷是什么时候发明的呢?

　　上边谈到,最初从碑上捶拓文字改变为在碑石上刻出凸出反写的字印刷书籍,方式颠倒了,但用整块石头刻字仍然是笨重的,不如用木版刻字轻便。这种木版刻书的方法,是直到唐代才出现的。

　　从现存的历史文物中看,我国最早的有时代可查的木版印刷品有:敦煌发现的唐咸通九年(868)的《金刚经》,唐乾符四年(876)及中和二年(881)的日历。1953年成都望江楼又发现唐代卞家印卖的咒本,上刻古梵文与小佛像,雕印精工。这些都是木版印刷在唐代出现的实物证据。从历史文献记载看,《册府元龟》卷一百六十载唐文宗太和九年十二月(836年1月),东川节度使冯宿曾上过一封请禁止私置日历版的奏章。其中说,当时剑南、两川及淮南道(今四川、江苏、安徽一带)的人常常用木版印刷日历出售,每年中央还没有颁发新日历,这种私人印刷的日历已经布满天下了。另,与冯宿同时的元稹,在长庆四年(824)写过一篇《白氏长庆集序》的文章,其中有"缮写模勒,衒卖于市井"的话。所谓"模勒",指的就是印刷。稍后于冯宿的司空图,在他的文章中也讲过他替和尚化缘刻印佛经的话。由上可见,在9世纪初,我国的雕版印刷已经很普遍了。显然,无论是佛经还是日历,都已不是为个别人专门刻印的,而是为了传播普及。这些印刷品都可以看作是正式的社会出版物。因而,我们有理由认为,我国的出版业最早产生于 8 世纪到 9 世纪初。

从现存的咸通本《金刚经》看,当时的出版业已经掌握了熟练的雕刻技术。这本《金刚经》雕刻细致,图画精美,达到相当高的工艺水平。据柳玭《家训》讲,中和三年(883),他在成都书店看到的书,有阴阳、杂记、占梦、算卦的书,也有字书和小孩子的读物,可见当时出版物种类较多,已涉及民间文化生活的广阔领域。

除了冯宿和柳玭的文字记载,我们又可以从一些宋代人的书籍中了解到,唐代的印刷品多半出在成都、浙江、江苏一带。到北宋初年(10世纪)时,四川已形成刻书中心,显然是继承了过去的传统。四川和江浙一带物产富庶,人口稠密,经济繁荣,人们的文化水平较高,为书籍的印刷传布创造了有利条件。由此我们可以推断,四川、江浙一带可能是我国出版业最早繁荣的地方。再从出版物的内容看,多数书籍和日历等,是提供给社会下层群众使用的。这些出版物都遭到统治阶级的禁止,可见,这些出版物是民间刻印的。由此可以断言,我们的出版业是人民群众的创造。统治阶级虽然禁止最初的民间出版业,但他们并没有忽视这一新兴事物。他们很快看到了出版业对交流思想文化的重要作用,因此,他们也要利用出版业作为宣传封建迷信思想的工具。比如对带有迷信色彩的日历和佛经等宗教典籍的传播,一般情况下,历代控制并不严格。这大概就是现存较早的出版物中这类读物较多的一个重要原因。至于"正统"儒家经典,统治阶级也逐渐注意组织力量,有计划有目的地进行大量翻印。据载,到 10 世纪初年,成都和开封就先后雕印儒家经典,成为国内读书人的定本。这说明,出版业产生后就深深地打上了阶级的烙印。北宋以后,我们古代的出版业进入高潮时期,成为中国出版史上有名的"宋版"时代。

所谓"宋版"时代,是指 10 世纪到 12 世纪的两宋时代,书籍出现了数量和质量上的繁荣局面。当然,在宋代之前的五代,出版业也是有所发展的。但是,由于五代战乱频仍,兵火迭起,人们不得安宁,出版业发展的速度是缓慢的。直到北宋统一中国,经过一段时期经济恢复,出版有了长足发展的物质条件。据载,宋代出版业的繁荣开始于宋真宗时期。景德二年(1005),真宗到国子监看阅书房,问祭酒邢昺:"现在书版几何?"邢答:"国初不及四千,今十余万,经史正义皆具,书版大备。"宋从建国到真宗,仅仅四十余年,书版增加到五十倍以上,发展之快,可以想见。这还只是指当时中央书籍的出版情况,其他如各地方官府、各种机关以至提刑司、茶盐司、转运司、漕司等衙门,各地方书院、州学、郡学等教育部门,以及大量的私家民间书坊,都在刻印书籍,其数量之多,更是难以计算了。那时私家刻书最著名的,据《天录琳琅书目》载有"赵韩陈岳廖余汪"七家,据叶德辉《书林清话》所录有三十二家,宋代坊间刻书于今可考者也有十九家。当然,当时家刻本和坊刻本的实际数字,理应大大超过这些。在书籍刻印质量上,宋版书的特点是校雠详密、雕印精美,雕印的书最能接近原著面目,且可作为一种艺术品来欣赏。如宋初官刻本,凡一书校勘完毕,先要送覆勘官,再送主判馆阁官员审阅。经过这样三道手续,才能过关准印,可谓慎之又慎。宋版书的雕印款式,直到今天对我们都有参考价值。清人所谓宋版书有"墨香纸润,秀雅古劲"的特色,评价是十分高的。从宋版书相互比较来看,民间书坊刻本不如官刻本和私家刻本为精,原因是坊刻为了谋利,但求易刻速售,往往木版柔软,刻制粗糙,错误较多,纸墨也不很讲究。但在今天,即使这样的刻本也很稀有,是极可珍视的。

宋版书所采用的字体也颇有讲究。北宋的刻本字体大,疏朗悦目,有颜字或柳字风味;到了南宋,字体显得秀劲圆活,字小细密,另有特色。南宋的字体后被元代继承,参以赵孟頫书法,变得秀媚潇洒,称为"元体字";明代又兼采北宋字体,发展为整齐方正的形式;明末清初,更渐渐变为横轻直重,横细直肥,四角斩方,这就是今天我们所称的"宋体字"。

北宋出版业采用的印书方法主要是雕版印刷。但北宋仁宗庆历年间(11世纪40年代)出现了一项重大的改革,即工人毕昇发明的活字印刷。沈括《梦溪笔谈》载，毕昇用胶泥作活字，这种方法可以大大提高制版速度。毕昇的活字印刷术比德国人古腾贝尔发明铅活字印刷术大约要早四百年。可惜毕昇的先进方法当时没有被广泛采用。因为这种方法虽然适于大量印书，但在封建社会里，读书只是少数人的专利，书的流通较慢，大多数的出版业仍然采用雕版印刷。

与宋代先后并存的辽、金两代，出版业也有相当进步。但辽国书禁甚严，出书不多。现知辽刻《大藏经》，称《契丹藏》，很有名。据说这部经书"帙简部轻，函未盈于上百；纸薄字密，册不满于一千"，是非常精巧的。可惜这部经书没有流传下来。近年在山西应县木塔佛像内发现了三十余个佛经卷轴，其中有手抄的，有木刻印刷的，是宋政和年间（12 世纪初）的东西，有人怀疑是《契丹藏》，未可确信。同时还发现三幅三色套印说法图，十分精美，但年代不确，很值得研究。金刻本比辽刻本流传较多。金刻本主要出在平水县（今山西临汾一带）。因地处偏僻，兵事难于波及，故有坊刻行世。金刻本行世，有利于华北、内蒙古一带文化传播，这也是山西人对历史上出版业发展的一桩可贵贡献。

宋金之后，元代的出版业也和前代一样要受中央控制。只有经过中央封建政府中书省审阅，才准下边刻印书籍。这与宋代治平（1064 年）之前的制度相似。元代出版业，中央由兴文署主掌其事，地方由书院负责。顾炎武《日知录》说："书院刻书有三善：山长无所事，而勤于校雠，一也；不惜费而工精，二也；板不储官，而易印行，三也。"故刻本颇精，为后人称道。又，元代有书院一百二十个，所刻之书亦多，其中有二十五家刻本最好。此外，各路儒学刻本、家刻本和坊刻本也很多，较之宋代有过之而无不及。值得提出的是，元代印刷术继毕昇发明泥活字后，又有了进步，即王桢发明了木活字。这种木活字曾印了一部《旌德县志》，很著成效。我们现代的活字印刷，基本上还沿用了上述方法，只是活字的材料和排字架的组织等方面有所不同罢了。

有明一代，二百七十余年，出版业持续发展，所出的书数量极多。官刻的书有中央国子监太医院和内府刻的,有各地方行政省刻的。中央内府由司礼监领其事,所刻的书称为经厂本,形式美观,惜校雠不精。南北国子监的刻书,以南京国子监刻的最多。各地方省所刻的书,以苏州府最多,淮安府次之。书坊最多的地方有建阳、金陵、北京、杭州等地,其中建阳麻沙、崇化两坊,所刻的书经史子集四部皆备,数量多于苏州两倍以上。明代各皇室亲王刻书亦盛,据周弘祖《古今书刻》所记,有十五家藩王府竞相刻书。就书籍出版地域而言,明代刻书以苏浙皖闽为中心。一般讲,吴中江苏一带出书质量为好;杭州出版业趋向凋弊,无足称道;福建刻本最差;四川刻本较少。北方的出版业中,山西刻本刀法笨拙,陕西刻本也不甚精美,只有济南的刻本质量最好。从时间顺序看,明代开国到成化、弘治年间(1368—1505),刻本犹承元人风气;正德、嘉靖(16世纪中期)以后,质量有所下降;万历、天启、崇祯年间(16世纪后期到17世纪中期)每况愈下。足见出版业的盛衰和社会经济发展有密切关系。

　　明代出版业有一明显的特点,就是多而且滥。除了官营刻书外,现在所知道的家刻、坊刻有一百四十八处,其中刻书质量较好的只有三十二处。最恶劣的刻本是福建等地的书坊,为省本图利,刻书偷工减料,不仅滥刻滥印,而且篡改古书,出错极多,历来为人们鄙薄。当然,对明代刻书之劣,也不能一概而论。如私家自刻诗文集,一般都雕镂精美,校雠精审,不肯苟且从事。这些刻本,还是应当重视的。在印刷技术上,明代比较多地应用了活字印刷,有木活字,也有铜活字。崇祯年间(17世纪)用木活字印成的《邸报》(中央政府公报),是我国最早使用活字印刷的报纸。此外,明代的版画刻印也有辉煌的成绩。此时发明了套版刷印的新工艺,明末又产生了饾版水印和拱花的印刷方法。这些都使出版物的工艺美术水平有了新的突破。

　　清代开国之初,厉行文字狱,文网森严,著书禁忌甚多,书籍出版遭到检查。特别是康、雍、乾三朝(17世纪中期到18世纪),凡发现含有民族意识,或暴露政治黑暗,或统治者认为有"诽谤"性言论的书,就将书版严禁或烧毁,并对作者残酷镇压,以至杀头、戮尸,株连九族。乾隆时纂修《四库全书》,曾颁布"禁书目录",共两千几百种,单浙江一省,就献出禁书五百三十八种。被统治者私下毁掉的书籍和书版更难数计了。即已收入《四库全书》的书,也有一部分著作被妄加删改,弄得面目全非。文字狱和禁书令是对古代文化的一次巨大摧残,也是出版业的一次浩劫。乾隆、嘉庆之后,文人学者为保全身家性命,心有余悸,纷纷回避政治问题,学术研究转向琐碎的考证,造成风行一时的考据学。尔后文禁渐渐松弛,出版业才有了恢复发展。加上在考据学推动下出现了大批古籍校勘名家,凡经他们校勘过的书籍,都相当精审可靠,这对出版质量来说又是很大的提高。所以,总的来看,清代所出的书籍,无论从数量上还是质量上都超过了明代,值得重视。

清代还比较注重一些大部头类书的编修出版。这些书名为皇帝主持编写,实际上是许多学者的集体劳动成果。编修类书在我国唐代之前就开始了。魏文帝时就编修一部《皇览》,是最早的类书。北齐有《修文御览》,唐代有《北堂书钞》《艺文类聚》《初学记》等,北宋有《太平御览》《册府元龟》《文苑英华》和《太平广记》四大类书,其中前三部多达千卷。这些书的材料是从许多现已失传而在当时还没有刻印的卷子上摘录下来的,保存着很多难得的文献,非常珍贵。明代编撰的《永乐大典》,是古代最大的百科全书式的著作,共有两万两千九百三十七卷,抄写成一万一千九百一十五册,有两千多人参与编写。清代继承了编纂类书的优良传统,也大规模地编写这种书籍。如《康熙字典》《佩文韵府》《渊鉴类函》以及《全唐诗》,都是研究古代社会文化的重要参考工具书。乾隆时纂修的《四库全书》,合计收辑了书籍三千四百五十种,可惜的是只有七部抄写本,没有正式出版。康熙时还编过一部《古今图书集成》,在雍正四年(1726)以铜活字排印,仅印六十四部。全书多达万卷,内容宏富,区分详晰,排印精美,在我国出版史上是一件有名的事件。

　　清代出版业主要采用活字印刷,如康熙时印《古今图书集成》,乾隆时印《永乐大典》的辑佚书,就分别采用铜活字和木活字(即武英殿聚珍版)。15世纪中期,德国人谷腾贝尔吸收了我国活字印刷方法,加以改进,创造了一种简单的印书机,后来又逐步改造成复杂精巧的印刷机,使刻字模、铸字、排版、印刷以至装订,绝大部分工艺都机械化了。这种先进的印刷机在近代传到我国,使我国的出版业有了进一步的发展。清代同治初年(1861年前后)我国已广泛采用了铅活字版,距今约一百余年。随着新式印刷机的推广,新式印刷厂日益增加,报馆、杂志社、出版社等专门部门也逐渐发达。当时的出版物除了古代典籍,还出现了自然科学、工业、农业、医药等方面的书籍,也有介绍国际情况、宣传政治变革、介绍西方哲学社会科学的读物。在这时期,平版印刷也开始采用了。光绪二年(1876),上海首先有了用照相石印翻印的古书,即所谓“影印”,很受当时人欢迎。如英商开设的点石斋石印局和我国人开设的同文书局、拜石山房、鸿文书局等,都大力出版影印书。凹版印刷中的雕刻铜版的方法,是19世纪中期传到上海的,主要用于印刷艺术图画或有价证券。到20世纪初影写版发明,一般图书才开始应用凹版印刷。

　　20世纪初,商务印书馆、文明书局、中华书局都有了自己的印刷所,有些报馆如申报、新闻报馆、时报馆,也兼做印刷业务,都出版了相当多的书籍,扩大了出书的范围。这些部门不仅采用各种凸版,也采用平版、凹版。除了铅印外,珂锣版、胶版、影写版也均采用,对文化的普及和推进,起了一定作用。但由于资产阶级领导革命的软弱性,旧民主主义革命没有成功,出版业仍然没有摆脱半殖民地半封建的性质。直到1919年“五四”运动之后,出版业才出现了划时代的新局面。

　　(原载山西人民出版社《出版通讯》1979年第3期,略有删节)

第二辑 诗词研究

是灭亡，还是复兴

——中国诗歌前途之忧虑

中国号称诗歌的国度，是诗国。这就历史而言是事实，但就现实而言却不好说。当然，这不意味着当今中国没有诗歌名家或为诗歌发展努力的志士，比如健在的诗坛老将牛汉先生，就一辈子为诗活着，而且是为新诗发展奋争，虽九死而未悔，令人肃然起敬。我结识的三晋诗人中这样的志士不少，都是我学习的榜样。但是，无可讳言的是，当今诗歌创作的现状不佳，这不是指数量，而主要是指质量问题。在这一点上，比起历代诗坛前贤，包括"五四"以来新诗名家，令人汗颜。我个人多年来作诗甚少，有工作性质不同的客观限制，但主要是缺少用心，自觉没有才华，写出来的东西不像样子，自己也感到惭愧，没出息。

鲁迅说，诗到唐人已经做完。这话对我刺激很大，向来说一代有一代之诗，真的诗到今天已经做完了么？似乎不应如此悲观。但就旧诗体来说，今人的所作在质量上大不如前人。有之，或许只剩下已故的聂绀弩一人，堪称中流砥柱。风骚以下，唐宋诸贤，佳作如林，兹不论列。即便到晚清民国年间，旧体诗坛仍有许多骁将，读陈衍《石遗室诗话》所枚举的同光以来诸名家，读樊樊山、易哭庵等名家之作，仍能令人惊叹其功力之深和才华之高，完全不是今之旧诗作者可比肩的。我知道在"文革"中受迫害去世的河南籍诗人胡苹秋先生也算一位大手笔。20世纪80年代拜访其女胡箈女士，在她那里我见到苹秋先生遗诗十多本笔记本，密密麻麻，有诗有词，可谓篇篇珠玉。苹秋先生真是以诗为生命，其作质量臻于上乘，我觉得他也算得上一位真正有才华有成就的诗人。可惜没有识货者,似乎至今未见整理出版。再有就是已故的罗元贞、宋谋玚先生,也是嗜诗如命。但功力上,罗师要逊于胡先生,而谋玚师所作散佚既多,其沉郁厚重与苹秋先生亦尚差一间。恕我孤陋寡闻,除这几位心仪的前辈外,至今尚未见到有超越他们的人选。旧体诗是不是真的完了,不敢妄断,但其衰落之象却是不争的事实。眼高手低是时人的通病,鄙人不免,但愿我的观察是错的。

旧体诗创作的状况如此,新诗如何呢?"五四"前贤,从胡适《尝试集》以来,新诗崛起,名家辈出。这可以说是中国诗歌之幸。新诗以白话为诗,为诗歌开拓出无限广阔的空间,搭起中外诗歌相互沟通而世界化的桥梁,使中国诗歌的发展进入新纪元。这是它最伟大的功绩。鄙薄新诗的人见不及此,讽刺它是贩夫走卒的叫号,实在太浅薄自闭了。旧体诗与新诗本可并行不悖、相得益彰,但一个时期入主出奴,厚此薄彼,形成"窝里斗",实则浪费时间,没有必要。新诗是自由体,无韵无律,是心灵的大解放,值得额手称庆。但毋庸讳言,人们误以为自由即任性,可以肆无忌惮,写起来形式虽新而无诗,写诗犹如写白话,于是流弊种种,不百年间,乱象丛生。有的以旧体诗为参照,为新诗造新格律,如闻一多,称之为"戴着镣铐跳舞";有的参照西方诗,为新诗找新形式,如冯至的十四行、其他人的阶梯式等;有的仿民歌,如贺敬之的"信天游"体。但终于如毛泽东所讲的"迄无成功"。也有比较可取的形式,如徐志摩、卞之琳、臧克家、闻捷、公刘、郭小川等,大体符合汉语言的自然形态,有旧体诗的韵律,却不失现代汉语的自然节奏。但由于诗人们对这一路诗风缺乏自觉的创新意识,所以种种乱象从未消减,一直乱到今天,不知伊于胡底。特别是20世纪80年代以来,市场功利主义侵入诗坛,西方现代、后现代美学思潮波及境内,于是有所谓"老干体",有"无标点",有一字诀,有妄言谵语,连很有成就的北岛、舒婷们也被颠覆,可以说是既不知旧,也不知新,忘掉了新诗必须是"诗"这一基本特质。可以说,新诗的发展在今天被极度地边缘化,处在生命的转折期,套一句习语:是灭亡,还是复兴,这真的是一个问题。

毫无疑义,新诗不会灭亡。因为有一大批坚守阵地、勇于探索的诗人在场,他们力图兼采古今精华,熔铸伟词。我要向诗人们推荐一位被冷遇多年的已故诗人天蓝(王名衡)先生,他在延安时期便写下名震一时的《队长骑马去了》。这首短叙事诗,熔传统与现代精神为一炉,其诗歌颂革命志士,面貌是时代的,语言是全新的,而意境中融化了古典的,如盐入水,不着痕迹。天蓝先生在20世纪80年代去世,现在人们很少记得他,但他的代表作《队长骑马去了》开创了新诗的新出路,值得我们继承、学习。

原谅我没有列举众所周知的诗坛名家郭沫若、艾青等人,对这些诗人大家熟知,其成就载在史册,无须在此饶舌。

那么,针对当前诗坛的乱象,究竟应当如何发展旧体诗的传统,如何构建新诗的形式呢?我不是开药方的先生,没有什么灵丹妙药,只有几点小建议。

一、首先要敬畏诗歌,对作诗要怀严肃神圣的敬畏心。无论旧诗新诗,都是诗。不是陈词滥调,不是日常白话,而是诗(!)。诗神不容亵渎,不容恶搞,不是随便想怎么写就怎么写。虽然提倡大众化,但诗毕竟是诗家的创造,不是写手的文字。诗歌是神圣的,请你礼敬它、虔奉它,庄重地对待它;不可唐突它、戏弄它、轻薄它。

二、诗是载道的,无论讲诗言志还是诗缘情,诗抒发性灵还是诗张扬个性,诗必得站在人道的高度,为国计民生,为民众利益发出呼喊。义愤出诗人,这是千古不易之理。颂圣之作、应酬之作、拍马之作,不是诗。人们讲弘扬主旋律,不错。什么是主旋律?一句话,宣扬真善美,揭露假丑恶而已,这就是主旋律的真谛。

三、尊重现代汉语自然形成的客观规律,即汉字单音节的特点及其节奏(少数民族语言另当别论)。这里特别提出"节奏"的概念,因为对新诗而言,无须讲格律,但仍有节奏在,这是新诗人不能回避的。无论是怎样的自由体,也逃不脱节奏的制约。把握好语言单音节的节奏,是解决新诗形式问题的关键。无论是无标点,还是句子太长或太短,均有碍于达意传情,又不讲用字的音节,那就不是现代语言,不是白话,而是胡话了,何益于诗?

四、不薄今人爱古人。旧体诗与新诗并无优劣之分,并行不悖,各逞其秀。

五、才华与技巧。这是个人的造化,无可言说,如鱼饮水,冷暖自知。

这些浅见,或许是老生常谈,无甚高论。见仁见智,敬待大方指教,哪怕说了也白说,但白说也得说。

现在说出来,我救赎了自己。

双峰并秀　各领风骚
——关于新诗与旧体诗的突破问题

　　新诗与旧体诗本来两不相妨,各自自成体式,独立发展。但是诗歌创作发展到今天,新诗与旧体诗都产生了问题。新诗从"五四"新文化运动中产生以来,不过百年的历史,据毛泽东评价是至今"迄无成功"。其毛病是佳作甚少,能传诵人口者更属寥寥。因为有的新诗不讲究押韵,更无格律,形同分行的散文,读来甚少兴味;更有的是一连串汉字积砌,连标点也没有。也有的仿照苏联马雅可夫斯基的阶梯体,不符合国人阅读习惯。这不但失掉了诗歌吟唱的功能,而且连所写的是什么意思也难以看明白。还有的只是一个字的诗,如"网",可以说是简到无可再简,几乎成了猜谜语。这里举一首广为传唱的《中华民谣》为例,看看新诗写成什么样子了:

　　　　朝花夕拾杯中酒 / 寂寞的我在风雨之后 / 醉人的笑容你有没有 / 大雁飞过菊花插满头 / 时光的背影如此悠悠 / 往日的岁月又上心头 / 朝来夕去的人海中 / 远方的人向你挥挥手 / 南北的路你要走一走 / 千万条路你千万莫回头 / 苍茫的风雨你何处有 / 让长江之水天际流

　　从这种字句堆积中,读者看不出诗人要表达什么,而且诗中意象毫无联系地拼凑,完全是词藻大杂烩,让人莫名其妙。这就不是写诗,而是胡诌。鉴于此,新诗似乎有必要向旧体诗学习其长处。

而旧体诗发展到今天,特别是改革开放以来,写的人愈来愈多,甚至原来以写新诗著名的诗人也操起笔改作旧体诗了。但是不是因此就说旧体诗进入了一新的复兴期? 这也不好说。因为写的人太多,也很泛滥,一下笔就是老调调,没有新鲜感;或者不顾旧体格律,反正编成七言八句(或五言八句)就算交账,如所谓老干体,已经没有了诗味,读来令人扫兴。比如有这样一首诗,是为祝贺省政协会议召开而作,诗曰:"参政又议政,政协半世纪。盛会逢盛世,鸡年有大吉。"不用我评论,大家读一读,就知道这不叫诗,连政治口号都算不上,确实不堪卒读!

这样来说,新诗与旧体都产生了危机。诗家都为此忧虑,当代诗歌究竟如何发展? 不能不是一个令人思考的大问题。

其实细想来,上述问题并不是什么了不起的难题。这要从形式和内容两方面来说。从形式上说,我不反对新诗不讲格律,新诗若讲格律,应当是遵从汉语的自然韵律,也就是我主张的自由体。因为自由体使用的规范了的口语,本身就有汉字的音调。任何人说话不可能一平到底或者一仄到底,何况是诗人提炼了的文句,更何况新诗自产生以来,就有不少诗家实验使之格律化。比如讲求形式整齐,隔句押韵,每句字数大体相同。一度还形成了四句一节, 每句字数大体相同而又隔句押韵的形式,还有如卞之琳仿外国诗写的十四行形式等等。这方面种种的试验有成功的,有不成功的,如徐志摩的《再别康桥》,读来也颇上口。这就是说,新诗形式也在探索、分化,形成新诗格律化与新诗自由体两大类形式。我以为,这两大类形式,均可以各自发展,继续试验下去,毕竟新诗产生不过百年,今后要走的道路很长,还是有前途的。至今,无标点的文字堆砌或只是一个字的诗,还有格律化显得生硬割裂的毛病之类,人们多数是不接受的,就只好任其淘汰掉了。

旧体诗说是束缚人的思想,那主要是指旧体诗的格律诗如绝句、五七律、排律一类。但旧体诗并不只有格律,还有五七言古风。只是人们一写旧体诗就似乎只有格律诗才算,这就大可不必。旧体的古风,只限定了押韵和字句,没有平仄的讲求,自由得很。杜甫的"三吏三别""羌村三首"都是传诵名篇,倘若今人能写出这样的古风来,那不是很好吗?所以说,旧体诗在今天的发展,从形式上讲是没有什么障碍的。

关键的问题还是要从诗的内容上提炼,就是说,无论旧体诗还是新诗,它首先必须得是"诗",也就是必须要有艺术性,讲求审美意蕴,要营造意境。前边也讲到新诗与旧体的不成功,主要是因其缺乏艺术性,缺乏审美意蕴所致,并非什么形式问题。

但是,我们也无须悲观。在旧体诗的创新而言也有比较成功的例证,为我们提供了创作经验。毛泽东的旧体诗大气磅礴,意境雄阔,已经成为诗坛典范,为众公认,就不用多说了。文人创作如聂绀弩的旧体诗,佳作甚多,堪为我辈学习的精品。如他的《归途之二》:

> 雪拥云封山海关,宵来夜去不教看。
> 文章信口雌黄易,思想锥心坦白难。
> 一夕尊前娄尾酒,千年局外烂柯山。
> 偶抛诗句凌风舞,夜半车窗旅梦寒。

这首诗诗意深邃,可能是诗人从北大荒劳改农场归京途中所作。在政治高压下,诗人有许多心里话不能明白道出,所以很难悬揣诗旨如何,但是诗中颈联"文章信口雌黄易,思想锥心坦白难"两句,透露出作者作为"思想犯",在高压下不屑作违心之言却又不能缄默的两难处境,却是受难的知识人士的共同感受,具有普遍的时代人生体验意味。而以"雌黄"与"坦白"相对成句,又显得新巧切题,富有时代感,体现了用典与现实的融合,因而意味深长,耐人品味。聂绀弩可谓用旧体诗翻新创作的能手,为我们运用旧体诗反映时代沧桑的一代新风,开辟了新道路,值得向大家推荐、学习。

至于新诗写出时代风云、世道沧桑、人生感悟的佳作,也确有代表作屡见于诗坛,如延安时期老诗人天蓝先生的《队长骑马去了》,是一篇短篇叙事诗,节奏明快,充满了英雄主义情怀(此诗不大为诗评界提出,但确系佳作,我以为堪称新诗典范)。此外艾青的诗、公刘的诗以及大批中华人民共和国成立后涌现的新诗人,均代有杰作。改革开放后,有北岛、顾城、海子等诗人脱颖而出,都有传世名篇,都为新诗的创作做出了有益的探索,值得借鉴。

　　总之,一句话,旧体诗和新诗创作并非前途暗淡,仍有大有可为的余地。关键在于诗人要从表现的内容上下功夫,创造新意境,反映新时代,同时努力提炼新的语言形式。这样,旧体诗和新诗就能双峰并秀,各领风骚,有所新突破。

唐诗中的晋阳文化

一

以古晋阳城为中心的太原地区在中国古代史上，是一个非常重要的战略重镇，史家有"取天下必先取中原，取中原必先取河东（包括上党），取河东必先取晋阳"之说，又有"先有晋阳，后有汉唐"之论。在明清之前，晋阳确实是北中国的一个政治军事经济文化中心，这是由晋阳特殊的地理人文环境决定的。

晋阳地处中国北方草原文化与农耕文化的交汇处，正当世界文明史所称的欧亚大陆桥，大致位于赤道以北的北回归线上。晋阳在唐代属河东道太原府，为府治，领有今太原市、阳泉市、晋中榆次区、祁县、交城县等区域，南临汾阳。在武则天时太原改为北都，中宗时废，玄宗时又复建北都，称北京。其地理环境是"东阻太行、常山，西有蒙山，南有霍太山、高壁岭，北枕东陉、西陉关，是以谓之四塞也。"（顾祖禹《读史方舆纪要》）四塞即是说犹如一个群山四绕、相对封闭的高原盆地。这里资源丰富，宜农宜牧，无论游牧经济、农业经济都有最适宜的发展环境和条件。北方少数民族一旦南下据有其地，便能站稳脚跟，发展壮大，蓄养实力，从而士马精强，四处攻掠，尽占先机。而中原华夏（汉族）的农业文明也极易在此落脚生根，滋生壮大，持续发展，使这里成为中原政权抵御边族侵扰的坚强屏障，故晋阳号称"治世之重镇，乱世之强藩"。这就导致晋阳历来成为中国古代各民族彼此相争、拼命攻守的疆场，也是各民族多元文化共生融汇的大熔炉。从远古至先秦，直至明清与近代，在晋阳地区发生了数不尽的惊天动地的历史事件，无数英雄豪杰、社会精英在晋阳大地都大展雄才,出演了一幕接一幕风云激荡的活剧,积累和沉淀了一代又一代极为丰厚的文化资源和遗产。而这,也就为历代一批又一批的文人墨客提供了取之不尽的创作题材,使之抒写出时代的历史画卷和人生悲欢歌哭的心路历程,留下了辉煌多彩的精品力作。

唐代以诗歌创作之繁盛居于中国文化史上的顶峰,唐诗创作达到了前无古人而且后人难以企及的审美艺术高度。在唐诗中反映晋阳地区文治武功和历史风云的作品难以尽举。这类作品所蕴含的晋阳情结鲜明而突出,因而了解唐诗中有关晋阳文化的特质和内涵,有助于今天的人们深切认识晋阳文化的历史贡献和价值,进而继承这一笔文化遗产,取精用宏,为发展繁荣新时代的文化建设提供借鉴。

按照时代顺序,考察唐诗中晋阳情结和晋阳文化,首先进入眼帘的是唐太宗李世民(599—699)的作品。众知,太宗号"太原公子",青少年即生活在晋阳,是同父亲高祖李渊一道在晋阳起兵,奋起反隋的策动者和急先锋。以唐代隋后,功业卓著的太宗是发动玄武门之变,杀兄逼父登上皇位的,这是初唐诸臣极力为之回护的极大道德污点。但太宗在施政上却能英明决断,体恤百姓,为大唐的国力强盛、物阜民安创下数百年的基业,这又是令后人仰止、史家公认的功德。这也是不必抹杀的。在刀光剑影、戎马生涯中久经历练的太宗人生经验曲折而丰富,对晋阳的重要政治军事地位十分看重,曾说:"太原王业所基,国之根本,河东殷实,京邑所资。"晋阳又是他的成长之地,自然对晋阳有一种亲切依恋的牵挂之情。太宗曾回忆说:"飞鸟过故乡,犹踯躅徘徊;况朕于太原起义,遂定天下,复少小游观,诚所不忘。"625 年,即帝位前一年,太宗征高丽获胜,班师过太行至晋阳,时届春节,遂与群臣尽兴欢宴,乃赋诗一首,题为《太原召侍臣赐宴守岁》,诗云:

> 四时运灰琯,一夕变冬春。
> 送寒余雪尽,迎岁早梅新。

　　这首诗粗看意境平平,无非写时序代谢,送旧迎新的喜悦,侧面反映出一个成功者的愉快自得心理。但就作者在特定环境中当时的体验来玩味,有一点值得注意。即在太宗回归旧游之地晋阳,回想原先晋阳起兵时北有突厥强兵逼近,南有强隋兵马控扼的险境。他敢于组织策划武装暴动,犯上作乱且风云变幻,成败叵测,这要冒天下之大不韪的巨大风险。此后一直打打杀杀,出生入死,浴血奋战,终于入关夺权,建立唐王朝。接着远征高丽,风尘仆仆,鞍马劳顿,经历艰难险阻,耗费了多少生命、鲜血和军需财力。而在安定的后方,长兄建成与其弟元吉却正虎视眈眈,其欲逐逐,勾结谋划,时时准备着又一场厮杀(次年就发生了玄武门之变),故而出征凯旋之时正酝酿着内廷的危机,真可谓"风尘三尺剑,社稷一戎衣"(杜甫句)。那么在晋阳欢宴赋诗时,表面上的安乐祥和气氛能冲淡太宗对危机四伏的内廷的忧虑和警觉么? 诗中反映出的雍容淡定和轻松愉悦,其实正掩盖着太宗内心巨大的不安和焦虑。须知任何独裁者和企图篡逆者内心都是孤独的,都包藏祸心,有着不可告人的秘密,精明如太宗者也不可能例外。次年的玄武门之变只是李渊诸子长期矛盾积累的爆发, 这之前兄弟骨肉之间冲突和对抗肯定已经显露端倪,太宗岂能毫无察觉? 只不过在晋阳欢宴,亲信环绕中,太宗暂能得到短时的平静和喘息罢了。短短四句诗,不过是太宗一时乘兴之作,是雄心未餍时的休整,是搏杀前夜的小憩。这样看来,联系写作背景,这首无甚意味的小诗就很不平淡了。

　　这次驻跸晋阳,太宗还作有另外两首诗。一是《谒并州大兴国寺》:

　　　　回銮游福地,极目玩芳晨。梵钟交二响,法日转双轮。
　　　　宝刹遥承露,天花近足春。未佩兰犹小,无丝柳尚新。
　　　　圆光低月殿,碎影乱风筠。对此留余想,超然离俗尘。

又《咏兴国寺佛殿前幡》：

> 拂霞疑电落，腾虚状写虹。屈伸烟雾里，低举白云中。
> 纷披乍依迥，掣曳或随风。念兹轻薄质，无翅强摇空。

　　这两首诗是太宗幸临大兴国寺有感而作。大兴国寺是纪念兴建唐王朝而修建的。太宗建功立业，自然也认为是佛祖保佑，想到经历的一系列生死搏杀，位极人臣，但雄心犹在，将会面临更险恶的境遇，自然心绪不平。从诗中看，似乎周围一切祥和平静，寺内外景物依然，春风拂面，花柳无私，芳晨骋目，然瞻念前程，不能不生万千感慨。前首云："对此留余想，超然离俗尘。"余想当然是对当年起兵创业及戎马生涯的回顾，但能否真的超然尘外，却也只是一厢情愿。争奈树欲静而风不止，人在江湖，出没风波，身不由己。看到佛殿前风幡飘动，其随风屈伸，高下不定，如电落虹升，是风动，幡动，还是心动，就尤其难以把捉。"念兹轻薄质，无翅强摇空"，或许是自谦轻薄，无法操纵命运的摆布；或许是讽喻政敌之自傲如困兽犹斗，强为挣扎。这种复杂心理，非但读者无法揣摩，即或是太宗本人也自难言宣吧。总之，太宗吟出这两首游幸佛寺的诗作，从艺术手法上虽没有特别之处，只是卒章微显寓意而已。只有联想到其时其地的现实处境，才能多少探知作者真实的本旨。太宗登位后于贞观十五年（641）到泰山封禅后再到晋阳，感慨地说："朕少在太原，喜都聚博戏，暑往寒逝，将三十年矣。"向乡亲表达了怀旧的深情，同时留下壮怀激烈、豪迈自信的《晋祠之铭并序》的名篇，称帝前后两相对照，真有今昔判然、天道莫测的意蕴。

　　另一点值得注意的是，前一首与后两首诗的风格，都与太宗崇尚的六朝与隋诗的绮靡宫体有所不同。唐诗在初唐时期正处在逐渐摆脱吟风弄月、柔靡繁缛的习尚，走向清新刚健的风格，而后引发了诗风的时代性变革，造就了诗歌史上的鼎盛局面。这种诗风之变革从根本上取决于时代与社会的剧变。这三首诗较少宫体的脂粉气，虽颇讲究对仗、韵律，但内涵却较为充实饱满，不显虚浮夸饰。这多少透露出初唐诗风将有新的时代变革的信息，预示着诗歌创作未来的走向。尽管不能称这三首诗是上品之作，但作为诗风演变的征兆，所谓"风起于青萍之末"，其开启性意义还是值得研究者玩味的。而这，却是在唐诗中蕴含晋阳情结的早期作品中呈现的。晋阳之地的人文风物不能不说是唐诗创作中涵养发荣的重要基因，后人云上乘诗文"得江山之助"，岂不然乎！

二

论及唐诗，不能不涉及开创一代新风的初唐四杰。四杰中的王勃（650—684），太原祁人，祖上迁居龙门。王勃以《滕王阁序》声闻天下，一鸣惊人，已是人所共知。在其不少诗作中，也有大量富有晋阳情结的流露，那就是屡屡反复抒发怀念故里深情的篇章。王勃有一首自叙家世的四言诗《倬彼我系》，咏叙先世遭乱，四处迁徙，其间有"自东施西，择木开宇。田彼河曲，家乎汾浦"的经历。也就是居于太原，定居汾河之畔。而后出游他乡，王勃始终不忘故里，诗中多有怀念之情，如"古人渺何际，乡关云雾浮"（《焦岸早行》），"此时故乡远，宁知游子心"（《深湾夜宿》），"长江悲已滞，万里念将归"（《山中》），"江皋寒望尽，归念断征篷"（《冬郊行望》），"客行朝复夕，无处是乡家"（《始平晚息》），"山川云雾里，游子几时还"（《普安建阴题壁》），"谁谓波澜才一水，已觉山川是两乡"（《秋江送别》），"九月九日眺山川，归心归望积风烟"（《卢照邻九月九日》），"九月九日望乡台，他乡他席送客杯"（《蜀中九日》），如此等等，不胜枚举。这样密集的怀乡之句，足见诗人对晋阳深深的依恋和牵挂。虽说乡愁之情为人常有，但如此反复咏叙、叹息，见诸篇什，似亦少有。晋阳何以有这般巨大的吸引力？除了念及其家人先烈在此久居创业，"伊我祖德，思济九诞"（《倬彼我系》）之外，只能归因于晋阳之地在当年物阜民丰、人文鼎盛之历史积累形成的独特魅力，何况晋阳还是唐朝特封的北都、北京,与他乡的城邑自然不能等量齐观也。

汾阳人宋之问(656—713)与沈佺期齐名,号"沈宋",对唐诗近体格律的完善有突出贡献。他对晋阳情有独钟,佳节思乡,不禁发于笔端。其名作《新年作》云:

> 乡心新岁切,天畔独潸然。老至居人下,春归在客先。
> 岭猿同旦暮,江柳共风烟。已似长沙傅,从今又几年。

诗人以西汉被迫去国为长沙王太傅的贾谊自比,在新岁之际思念故里,感慨老而被贬的困境,羡慕春天竟能先期归乡,而本人却只有迟滞难返的惆怅。这种将春天拟人化的描绘,确乎有令人惊叹的审美联想效应,引发无数宦游人的共鸣。但滞留长沙还不算远,复又被贬岭南,岂不悲情尤甚? 其《度大庾岭》一首云:

> 度岭方辞国,停轺一望家。魂随南翥鸟,泪尽北枝花。
> 山雨初含霁,江云欲变霞。但令归有日,不敢恨长沙。

诗中情愫是思念长安,更是系情晋阳,句中"望家"之家多半应指故乡。其时岭南是蛮荒之地,较长沙更远僻,虽然花繁叶茂,风光未尝不美,但比起家乡来仍乏亲情,无法消除切切的乡思之愁,于是诗人盼望一旦归返,连长沙这样的羁旅之地亦不敢心生怨望了。这种更进一层的抒情手法,反衬出故国晋阳确有无法割舍的情怀。宋之问在朝谄事权贵,颇有秽行,曾两度被贬;但其才华出众,是时人共赏的。其旧作多浮华之词,但被贬岭南后遭遇困顿,诗风有变,境界升华。其《渡汉江》一首云:"岭外音书断,经冬复历春。近乡情更怯,不敢问来人。"当为贬途北返后所作,其刻画久离故土将临家乡之忐忑不安心情,体贴入微,非亲有感受者不能为,手法高人一筹。此诗脍炙人口,抒发对晋阳的深情,可谓淋漓尽致。文穷而后工,诗亦然,良有以也。

三

盛唐时期,诗歌创作达到辉煌期。盛唐诗人吟咏晋阳者佳作实繁。唐玄宗李隆基(685—762)早年曾任潞州别驾,对三晋风物自有体认。登位后,于开元十一年(723)巡幸河东道,北上太原,瞻仰龙兴之地,缅怀先皇功业,感激奋发,作《过晋阳宫》一首,诗云:

> 缅想封唐处,实惟建国初。俯察伊晋野,仰观乃参虚。
> 井邑龙斯跃,城池凤翔余。林塘犹沛泽,台榭宛旧居。
> 运革祚中否,时迁命兹符。顾循承丕构,怵惕多忧虞。
> 尚恐威不逮,复虑化未孚。岂徒劳辙迹,所期训戎车。
> 习俗问黎人,亲巡慰里闾。永言念成功,颂德临康衢。
> 长怀经纶日,叹息履庭隅。艰难安可忘,欲去良踟蹰。

诗中对兴唐艰难的创辟之功,感念无已,一篇之中,三致意焉。此时的玄宗雄心勃勃,颇有一番开济宏谋,尚是励精图治之秋,还没有发展到奢靡荒唐的地步,所以发抒抱负,有居安思危的积极向上精神,这是值得肯定的。"尚恐威不逮,复虑化未孚"正是这种心情的流露。诗中对晋阳一地的历史人文和自然风光也有于史有据的描述,只是"缅想封唐处"一句,继承了传统的叔虞封唐在今晋阳的说法,与今考古家结论认为古唐国在晋南翼城一带颇有误差。但晋南的古唐国中是否一定没有民众北上谋生于太原一带,似亦不容绝对否定。须知西周初太原一带有北唐戎,且先民迁来迁去,居无定所也是常见现象。至少在玄宗看来,晋阳就是封唐之地,而李渊受封唐国公举兵反隋就在晋阳,故灭隋后兴建新朝即号为"唐"。此时玄宗怀念以晋阳"实惟建国初"之大本营,亦很自然。诗中"参虚"一词乃指古星象以晋地乃"参星"分野的陈说,也是于史有据的,见《左传·昭公元年》。子产曰,高辛氏二子相争斗,"帝迁长子阏伯于商丘,主辰,商人是因,故辰为商星。迁次子实沉于大夏,主参,唐人是因,以服事夏商,其季世曰唐叔虞。""及(周)成王灭唐,而封太叔(叔虞)焉。故参为晋星。"玄宗引此典,是以唐之建国有悠久的历史渊源,所谓龙跃凤翔,遥承周初,从而反映玄宗承继大统的自信和抱负。诗云他在晋阳问俗于黎民,慰问故里乡亲,显示皇恩浩荡。可见晋阳龙兴之地有何等丰富的人文历史积淀,为玄宗提供了奋发振厉的资本。故开元二十年(732)玄宗又有北巡太原之举,在此赦囚免租,尤有一番盛况。此不赘。

伴随玄宗晋阳巡幸的有号称"燕许大手笔"的宰相张说(667—730)、苏颋以及张九龄,张说封燕国公,苏颋封许国公,均是盛唐有名的文臣。张说有《奉和圣制过晋阳宫应制》诗一首,开头便描写"太原俗尚武,高皇初奋庸",点出了此地历来多民族征伐,战事不断,养成了尚武强悍的民风,李渊则借以兴兵夺天下的功业。以下诸句皆对仗,歌颂大唐的崛起与战绩:"星轩三晋躔,土乐二尧封。北风遂举鹏,西河亦上龙。至德起王业,继明赖人雍。六合启昌期,再兴广圣踪。"是典型的颂圣之词。接着写玄宗临幸:"传呼大驾来,文物如云从。连营火百里,纵观人千重。翠华渡汾水,白日崒罕峰。枌榆恩赏洽,桑梓旧情恭。往运感不追,清时惜难逢。诗发尊俎心,颂刊盛德容。"是说玄宗至晋阳,仪仗繁盛,民人举火把迎接,光照万里,人头纷纷,瞻观踊跃。玄宗御辇过汾水,驻跸晋阳,阳光照耀,盛况空前。罕峰即罕山,在晋阳西山。枌榆即故里之代称,写玄宗颁旨有赏赐乡人的恩惠。为追念唐初功德,庆贺太平盛世,玄宗诗兴大发,作《过晋阳宫》(见上)诗后,又亲撰《起义颂》,书石刻碑,以为纪念。诗末两句:"愿君及春事,回舆绥万邦",是希望玄宗趁春天到来,行藉田劝农之礼,以期天下大治。张说不愧大手笔,为此颂圣,确实当行,文辞典雅雍容,一派升平气象。但就应制之诗而论,其尽心臣职,无非逢迎,但关注农事,尚值得称赞。

与张说同时的苏颋(670—727)亦有同题之作,内容章法二诗大同小异,也是先颂兴唐之功:"隋运与天绝,生灵厌氛昏。圣期在宁乱,士马兴太原。立极万邦推,登庸四海尊。庆膺神武帝,业付皇曾孙(指玄宗)。"接下:"缅慕封唐道,追惟归沛魂。"这是说大唐王朝遥继远古唐尧圣君正统,返并巡幸犹如汉高祖建汉称帝返回故乡沛县的前规盛况。再接,是对典礼隆重,万民欢迎,颁行惠政,恩赏父老的描绘,结句:"下辇崇三教,建碑当九门。孝思敦至美,亿载奉开元。"是说玄宗临幸,礼敬儒释道三教,立碑纪念先人开国盛德,以敬祖致孝,巩固了千万年的大唐基业。此时的玄宗君臣还料不及以后"安史之乱"的衰败,正沉浸在一片欢庆喜乐之中。这对我们后人反思这段历史,倒是有"居安思危"的警戒意义。

同行的张九龄也是盛唐的名相,也有《奉和圣制幸晋阳宫》一诗,章法规制一如燕许二公。开篇颂兴唐功业,次之云:"彼汾惟帝乡,雄都信郁盘。"是对晋阳龙兴之地位的称扬,称之为"雄都",其地形之雄峻厚重,可谓天下之重,更记述了玄宗免此地租税,赐乡亲牛酒欢宴的聚会,所谓"户蒙枌榆复,邑争牛酒欢",并有"缅惟蔑商后,岂独微禹叹"的美词。"微禹"典出《左传·昭公元年》刘定公语:"微禹,吾其鱼乎!"是说李唐代隋,如周武王灭商的伟勋,唐兴之功不在禹下,可谓颂圣无以复加了。结句"尊祖实我皇,天文皆仰观",极赞玄宗能继大业,上应天心,是伟大的君主。然而,玄宗志得意满,忘乎所以,骄奢淫佚,终至帝业衰微,恐亦是九龄难以预料的。胜败盛衰,本系人事,无关天意,"靡不有初,鲜克有终",古人早有明箴。研究晋阳文化,读张说、苏颋、张九龄之颂圣之诗,不能不使人兴千古慨叹而深怀戒惧也。

四

唐诗关涉晋阳的诗篇当然不只上述君臣唱和,更有一大批名家名作。其中不免有颂圣之词,但亦不尽然。如被推为"七绝圣手"的王昌龄

（698—756）有《驾幸河东》一诗，便有"开唐天业盛，入沛圣思浓"的赞词；但其《寒食即事》诗，"晋阳寒食地，风俗旧来传。雨灭龙蛇火，春生鸿雁天。泣多流水涨，歌发舞云旋。西见之推庙，空为人所怜"，主旨是描写寒食民俗，追怀春秋晋文公时志节之士介子推的高风亮节。旧传寒食节是起源于并州百姓纪念介子推的习俗。传说，晋文公复国为君，尽赏随从诸臣，介子推在文公逃亡饥困时，曾割股啖君，于文公有大恩。但子推看不惯群臣争赏，拒不言禄，禄亦弗及，乃与老母隐居山中。《史记》载子推曾悬笔书诗："龙欲上天，五蛇为辅。龙已飞云，四蛇各入其宇，一蛇独怨，终不见其所。"当即诗中"龙蛇火"之出典（传闻之辞，恐非真作——笔者注）。文公见之醒悟，派人寻找，但介子推入绵上之山不出。据《庄子·盗跖》、梁《荆楚岁时记》、晋《邺中记》《后汉书·周举传》载，为找子推，文公命人焚山，但子推与母宁隐不出，竟抱木被焚而死。故传说，文公悼念子推，下令国中于子推忌日禁火寒食（清明节前一二日），是为寒食节来源。这一故事流传久远，据裘锡圭《寒食与改火》（《中国文化》2002年第2期）一文考证，改火之制（即熄旧火，取新火）在西周就有，且其来源与远古烈山氏火耕似有关系，均与介子推事无涉。改火之制一直流传到汉代之后（如唐诗"日暮汉宫传蜡烛"云云），而并州一带人民将介子推事纳入寒食节文化意蕴之中，以纪念先贤，反映出并州晋阳百姓崇尚志节的优良民风。王昌龄诗便是对这一传统文化的忠实记录，诗云"西见之推庙"，当是晋阳有民间祭祀子推的庙宇。王昌龄另有《塞下曲》组诗，有句"从来幽并客，皆共尘沙老"，也是对晋阳民众英勇善战、驰骋沙场的尚武精神的实录。王昌龄对晋阳人文风俗的熟悉，为他写作大量边塞名篇的题材提供了丰富的内容，也是得江山之助的极好证明。

杰出诗人王维（701—761），人称"诗佛"，太原祁人。其名作《九月九日忆山东兄弟》；"独在异乡为异客，每逢佳节倍思亲。遥知兄弟登高处，遍插茱萸少一人。"是写晋阳一带有"九九"登高的节庆，当时人有九九重阳节头戴茱萸辟邪的习尚。诗言"山东"，因王维其时身在长安，故乡在吕梁之东,故云山东。王维怀念亲人,以节日不能归乡团聚为憾,想来晋阳是他久久思念之地,一往情深。是故,此诗为世传诵,抒发了人们旅居异乡、怀旧念亲的共同心声。

　　盛唐伟大诗人李白(701—762)曾两次到晋阳并游览晋祠,对这里优美的风光极为赞叹。开元二十三年(735)五月,李白与好友元演至太原畅游,后来忆及这次经历,作《忆旧游寄谯郡元参军》一诗,称"行来北京(即晋阳)岁月深,感君贵义轻黄金。琼杯绮食青玉案,使我醉饱无归心。时时出向城西曲,晋祠流水如碧玉。浮舟弄水箫鼓鸣,微波龙鳞莎草绿。兴来携妓恣经过,其若杨花似雪何!红妆欲醉宜斜日,百尺清潭写翠娥。翠娥婵娟初月辉,美人更唱舞罗衣。清风吹歌入空去,歌曲自绕行云飞。"诗中不仅描写晋祠风光之美,而且写友人款待丰厚的情谊,携妓畅怀、狂歌痛饮的尽兴。这从一个侧面反映了盛唐晋阳城市繁荣、商贸惠通的经济生活。何况元演之父任当时太原留守,自然对大名鼎鼎的李白礼敬有加,能使之乐而忘返。李白称晋阳"天王三京,北都居一。其风俗远,盖陶唐氏之人欤?襟四塞之要冲,控五原之都邑,雄藩踞镇,非贤莫居"(《李太白全集》卷二十七),不是偶然的。非但李唐帝室起家晋阳,即连元氏父子亦当是李白眼中的贤者。传说李白在太原曾有解救郭子仪的逸事。是说后来平定安史之乱,有再造唐室之功的郭子仪在太原时尚是一名士卒,因犯了事将受刑责,被李白知道。李白慧眼识英雄,为之说项而使之免于受罚。后来李白因永王璘起兵事受牵连下狱,又是借贵封汾阳王的郭子仪疏通,使李白脱罪(见唐·裴敬《李白墓碑文》)。后人颇疑李郭互救这段佳话非史实,并有考证。但这段传闻极受后人称述,清人韩韫玉有《读唐书李白传》诗云:"汾阳微日无人识,独有青莲赏最真。再造唐家缘救免,可知卓见出诗人。"极赞李白不独是诗坛巨匠,而且慧眼识才,眼光远大,使郭子仪免罪建功,能挽救唐室危机,可谓不世英才。后来李白有赠郭子仪诗,题为《赠郭将军》,称郭子仪"将军豪荡有天威,入掌银台护紫薇",大赞郭汾阳平乱安唐之功,似非偶然,则李白救郭定然是借助于元演父子之助的。且不论此事之真伪,从文化学观点来看,这一传闻仍然有其独特价值,至少见出诗人对救人于危难之中的大义行为的称颂,也是人民群众对义勇精神道德崇尚心理的反映。而这正是晋阳文化中千古不磨的亮点之一。

李白还有一篇《秋日于太原南栅饯阳曲王赞公贾少公石艾尹少公应举赴上都序》,极写晋阳雄浑的山光水色:"抗目远览,凭轩高吟。汾河镜开,涨蓝都之气色;晋山屏列,横朔塞之郊原。屏俗事于烦襟,结浮欢于落景。俄而皓月生海,来窥醉容;黄云出关,半起秋色。"序文写晋阳远近高下之景,烘托秋色之壮美,富有联想,耐人品读。以"蓝都"一词称晋阳城,向来少见。或云系伽蓝之省称,言此地佛寺之盛。依笔者所见,或以晋阳乃北都,附近有蓝谷,在蒙山西十里,故称。这是一篇送友出行的文字,用骈体,饶有诗意,情景交融。大诗人专为晋阳落笔,令人刮目相看。天宝十三年(754)李白再游太原,又有佳作《太原早秋》:"岁落众芳歇,时当大火流。霜威出塞早,云色渡河秋。梦绕边城月,心飞故国楼。思归若汾水,无日不悠悠。"诗中"大火",指大火星,即心宿二,先秦有一种火历,依大火星出没移动来判断季节,安排农事。《左传·襄公九年》:"心为大火,陶唐氏之火正阏伯居商丘,祀大火,而火记时焉。"如《诗经·七月》云:"七月流火,九月授衣。"流火是说大火星西移,秋季届临,天气开始转凉,故李白用此写早秋风物。或许由于友人不见,心情怅然,但晋阳城郭犹在,人事已非,引发孤闷之情,便有思归之句。然"霜威""云色"二句,仍能写出晋阳重镇的雄浑气势,诗人对晋阳的深情见之言外,晋阳文化对诗人的陶冶是明显的。

伟大诗人杜甫(712—770)也有几次到过山西,但在晋阳一带留诗未见,晚年写过一首回忆到宋之问旧居的诗《过宋员外之问旧庄》:"宋公旧池馆,零落守阳阿。枉道只从入,吟诗许更过。淹留问耆老,寂寞向山河。更识将军树,悲风日暮多。"杜甫诗中还有"高秋登塞山,南望马邑州(今朔州市)""代北有豪鹰,生子毛尽赤"之句,说明诗人曾北游代朔,那就必然经过晋阳。注家云宋家旧庄在平阳,杜甫在此逗留,怀念昔人,为宋之问不幸的遭遇表示同情。只是宋之问其人毕竟多有受非议的秽行,所以杜甫不着重论人品,仅有"更识将军树"一句用典。将军树典出东汉初号"大树将军"的名将冯异事,"悲风"云云,是以宋曾任参将之职,为其不幸而感慨。宋之问确是一位才华出众的诗人,杜甫对其劣迹抱宽恕态度,也是不愿苛求前人的厚道。这种恕道,是诗圣杜甫尊崇儒学的立身之则,也是晋阳文化的内涵之一,值得进一步研究发掘。

边塞诗人岑参(715—770)有几次游山西。第一次是在天宝二年(744),游踪主要在晋南,有"早年家王屋"句(据考在阳城),是其父任晋州刺史时安的家。他在平阳(今临汾市)、绛州(今新绛县)都有诗作。大历初(766)岑参被罢官,客居成都,怀念在太原的往事有《送宇文南金放后,归太原寓居,因呈太原郝主簿》一诗:"归去不得意,北京关路赊。却投晋山老,愁见汾阳花。翻作灞陵客,怜君丞相家。夜眠旅舍雨,晓辞春城鸦。送君系马青门口,胡姬垆头劝君酒。为问太原贤主人,春来更有新诗否?"郝姓是太原望族,这位郝主簿在太原任参军,颇有权势。故诗人送宇文去北京太原,重写宇文被贬的不幸,寓有希望老友郝氏关照之意。但诗不明言,却以问其有无新诗来作结,用意含蓄,见于言外。诗中反映出诗人对郝氏能热诚待人的家风的信任,可见晋阳人情厚道淳朴之一斑。

五

大唐帝国盛极必衰,中唐之后诗风渐移,但反映晋阳文化的作品仍不胜枚举。诗人耿湋,河东人,大历十才子之一,有《太原送许侍御出幕归东都》一诗:"若随刘越石,今日独归时。汾水风烟冷,并州花木迟。荒庭增别梦,野雨失行期。莫向山阳过,邻人夜笛悲。"诗题中的许某当是其时太原留守的部属,首句"刘越石"是指十六国时固守晋阳以抗匈奴的刘琨,许某大约追随长官参与过在太原抗击安史叛军的战斗、诗人送许归东都洛阳乃有此作。诗中描绘了太原较中原天气冷、花开迟的特定环境,表抒了对友人惜别之情。"莫向山阳过"用"山阳闻笛"之典故:西晋时嵇康、吕安为司马昭所杀,友人向秀往其山阳旧居,闻邻人吹笛之声,不禁怀念故人而悲感,乃归,作《思旧赋》。这是古人思友所用常典,故诗以此寄托怀念旧友的深情。诗作于太原平乱之后,当年经历了多少浴血之战,战祸深重,田园荒芜……后人称耿湋"善传荒寂之景",应是诗人亲身实感,非仅弄文之妙也。诗人另有《题童子寺》诗:"半偈留何处,全身弃此中。雨馀沙塔坏,月满雪山空。耸刹临回磴,朱楼间碧丛。朝朝日将暮,长对晋阳宫。"童子寺在晋阳西山,今尚有残址,由诗可知其在中唐已残破不堪,情景苍凉。晋阳宫在北齐时为霸府所在,高欢设大丞相府,北齐诸帝所建宫室壮丽,唐朝续有增建。诗人面对败寺残宫,不能不兴江山迁移、人世沧桑之感,凄怆荒寂的背后蕴含着多少尘世浮沉、物是人非的情愫,晋阳文化内涵之丰厚复杂,确实是令人深味的。

诗人李益(748—827)是边塞诗的当行作手。初仕途不顺,尝北游河朔,有《春日晋祠同声会集得疏字韵》诗:"风壤瞻唐本,山祠阅晋馀。水亭开帘幕,岩榭引簪裾。地绿苔犹少,林黄柳尚疏。菱苕生皎镜,金碧照澄虚。翰苑声何旧,宾筵醉止初。中州有辽雁,好为系边书。"诗写初春友人聚会之乐,乐中有悲,是心系朝廷的愁绪。诗中颇有用典:"风壤"是用陶唐氏帝尧时野老的"击壤歌",意谓晋阳是遥承唐尧之故地,是唐朝开国之根本(基地),"山祠"显是指晋祠。"翰苑"句是指人文之盛,"宾筵"云云用《诗经·小雅·宾之初筵》之典,形容宾客欢醉之情。"辽雁"句则用苏武被困北海(今贝加尔湖)十九年,以大雁传书,寄故国之思,表抒诗人心怀家园,希望有所报效的志向和期盼。全诗摇曳多姿,意在言外,联想不尽。诗人又有一首《送王副使还并州》,开篇即谓"并州近胡地,此去事风沙"。古并州辖区甚广,几奄有晋北全部,是与少数民族交错割据之区,战事频繁,在唐犹然,故诗中接写"铁马垂金络,貂裘犯雪花"。友人归并任职,责任重大,故诗末云:"想到清油幕,长谋出左车。"

友人去做幕僚,故劝勉他能有建功安边的谋略,"左车"指秦汉之际有奇谋的名将李左车。

李益是有政治抱负的诗人,青年时代不得志,晚年才升为礼部尚书。北游太原时正值血气方刚,其《北至太原》诗便写得气盛志壮。诗云:"炎祚昔昏替,皇基此郁盘。玄命久已集,抚运良乃艰。南厄羊肠险,北走雁门寒。始于一戎定,垂此亿世安。唐风本忧思,王业实艰难。中历虽横溃,天纪不可干。圣明所兴国,灵岳固不殚。咄咄薄游客,斯言殊不刊。"唐诗惯用汉朝事比本朝,"炎祚"指隋之衰落,"皇基"指唐朝太原起兵取天下。"郁盘"形容皇基之巩固,"玄命"指天命,"抚运"云云言遵从天运而守业之艰难。"羊肠""雁门"句极写晋阳扼南北要冲之军事地位重要,乃中原屏障。"一戎定"指唐太宗奠定国基,用杜甫"风尘三尺剑,社稷一戎衣"句意。"横溃"云云指安史之乱,但"天纪不可干",言天命在唐,终于平乱。"灵岳"云云言山神之灵均护佑唐室。"咄咄"句用东晋殷浩罢官后"咄咄书空"之典,以表不能用世之悲愤。诗人自比殷浩,初游太原,自励不应消极应世。全诗时空交错,具有深厚的历史感,风格刚健向上,积极热情,充满进取精神,而这正是晋阳文化突出的特征。

诗文大家韩愈(768—824)一生有三次山西之行,曾写下《条山苍》诗:"条山苍,河水黄,浪波沄沄去,松柏在山冈。"句虽短而大气磅礴,朗朗上口。亲临太原时,有《奉供常山早次太原呈副使吴郎中》:"朗朗闻街鼓,晨起似朝时。翻翻走驿马,春尽是归期。地失嘉禾处,风存蟋蟀辞。暮齿良多感,无事涕垂颐。"诗写赴常山途径太原,晨闻街鼓,解除了宵禁,想起了在朝进宫的景象。一路孤单,怀念长安,秋风乍起(诗言蟋蟀即用《诗经·七月》之典,时在秋季),愁绪顿生,向吴郎中倾诉了思归之情,是亦人之常情。但心态消沉,移情于景,不免凄惶。在太原匆匆一过,当然没有什么深沉感慨。当天韩愈到寿阳,有《夕次寿阳驿,题吴郎中诗后》:"风光欲动别长安,春半边城特地寒。不见园花兼巷柳,马头惟有月团团。"因为韩愈此行是做宣抚使,向河北藩镇去做怀柔安抚工作,其时唐室势衰,藩镇强梁,国事多艰,要让诗人有什么愉快情绪也是强求。这从侧面反映晋阳一带是"乱世之强藩"的客观事实,这是不能苛责诗人的。

才子欧阳詹,字行周,晋江人,在晋阳有一段浪漫凄楚的悲剧经历。唐人孟简有《咏欧阳行周事》长篇歌行诗记其事,诗序言,欧阳有才华,初在太原,在某将军宴会上遇一丽妓,私订终身。欧阳奉命入都,妓欲随之,欧阳碍于众目,请妓暂待,克期迎娶。欧阳至京,因故淹留,逾期不能如约。妓久盼无讯,竟相思成疾而死。不久,欧阳派人至太原,见其侍女,侍女奉妓临终所剪发髻相赠,为述其恨事。人持髻返报欧阳,欧阳听未毕,不禁大恸,不食不饮,旬日亦卒,闻者无不哀之。孟简为作诗,有句"襟情一夕空,精爽旦日残。哀哉浩然气,溃散归化元。短生虽别离,长夜无阻难"云云,表抒生不同床死同穴之誓愿。欧阳有《初发太原,途中寄太原所思》诗:"驱马觉渐远,回头长路空。高城已不见,况复城中人。去意自未甘,居情谅犹辛。五原东北晋,千里西南秦。一履不出门,一车无停轮。流萍与系匏,早晚期相亲。"全诗明白如话,哀婉动人。据说太原妓有一首《寄欧阳詹》诗云:"自从别后减容光,半是思郎半恨郎。欲识旧来云髻样,为奴开取缕金霜。"情词缠绵,一往情深,闻者无不感动传诵。按元稹有《莺莺传》,乃《西厢记》本事。传中有莺莺辞张生之诗,与此妓诗相类,谁系原作,二者不易断言,不妨两存之。

欧阳遭此创痛,对太原永怀深情,在太原有四首诗寄意焉。其一是《陪太原郑行军中丞登汾上阁……》:"并州汾上阁,登望似吴阊(苏州一带)。贯郭河通路,萦村水逼乡。城槐临枉渚,巷市接飞梁。莫论江湖思,南人正断肠。"登阁四眺,模景如绘。"南人"者欧阳自谓,"断肠"云云言怀念然不忍离并的惆怅,显系牵挂心中之人。又《太原和严长官,八月十五日夜西山童子上方玩月,寄中丞少尹》:"西寺碧云端,东溟白雪团。年来一夜玩,君在半天看。素魄当怀上,清光在下寒。宜裁济江什,有阻惠连欢。"童子上方即童子寺,在太原西山。中秋于此赏月,怀念友人。"济江"指有水边艳遇,用《诗经·汉广》之典,"惠连"指南朝诗人谢惠连,诗人自比，以为有佳人牵挂而使游兴顿减。又《和太原郑中丞登龙兴寺阁》："青窗朱户半天开，极目凝神望几回。晋国颓墉生草树，皇家瑞气在楼台。千条水入黄河去，万点山从紫塞来。独恨侍游违长者，不知高意是谁陪。"诗写晋阳山川雄峻，境界高远，但陪侍游赏心不在焉，定然也是别有怀抱，想念红颜知己。又《和严长官秋日登太原龙兴寺野望》，当与前首同时作。有句云："九霄回栈路，八到视并州。烟火遗尧庶，山河启圣猷。"极写该寺地势高、视野宽。龙兴寺本为纪念李渊起兵太原而建，故在此追怀唐尧往事与大唐功业，感慨丛生，末句云："岂念乘肥马，方应驾大牛。自怜蓬逐吹，不得与良游。"寓意不图荣华，但愿如西汉将相乘牛车实行俭约政治，平治天下的文景之治(按，汉初战后，民生凋敝，"天子不能具纯驷，而将相或乘牛车"。文景务为俭约，终于大治。此句暗用此典)，但身不由己，不能追陪长者游，只能和诗一首表达情意而已。欧阳对晋阳风物观察细致，用笔精到，诗风清新，虽算不得唐诗上品，却也风致动人。特别是其中反映情人诚挚之誓，折射出晋阳民风淳朴质厚，感情纯真，确实富有动人的感染力，令人为之一掬同情泪。

杰出诗人刘禹锡(772—842)，因参与"永贞革新"获罪，但为人乐观豪迈，人称诗豪。有《酬太原令狐相公见寄》《和白侍郎送令狐相公镇太原》《令狐相公自天平移镇太原以诗申贺》《令狐相公自太原屡示新诗因以酬寄》四诗，是对友人令狐楚任职太原的唱和诗。诗意均勉励友人要施政有方，惠及民众，维护社会和平安定。句云："旌节北门雄"，"边庭自此无烽火"，"孔璋旧檄家家有，叔度新歌处处听。夷落遥知真汉相，争来屈膝看仪刑"，"一笼烽火报平安"。孔璋是曹魏文臣陈琳的字。叔度是东汉黄宪的字，也是一位循吏。诗人用之以比令狐，从政治大局着眼，寄予厚望，并饱含友谊深情。也曾游晋，其《游晋祠上李逢吉相公》云："不历晋祠三十年，白头重到一凄然。泉声自昔锵寒玉，草色虽秋耀翠钿。少壮同游宁有数，尊荣再会便无缘。相思临水下双泪，寄入并汾向洛川。"诗云"重到"，说明刘禹锡二次到晋祠，故有泉声草色的景物描写，以状晋祠风光之美。"下双泪"是对洛阳故人的怀念之泪,时刘禹锡贬官后游太原,心情不快,故而忍痛下泪。又续写《重酬再寄》有句:"吴苑晋祠遥望处,可怜南北太相形。"抒发不能在朝从政,权位相悬的遗憾。另有《酬太原狄尚书见寄》一首,狄氏镇守太原,任职尚书,或系武后朝名相狄仁杰的后人,故句中云:"家声煊赫冠前贤,时染穹崇镇北边。"又云:"幽并侠少趋鞭弭,燕赵佳人奉管弦。"写太原尚武之风和佳丽奏乐的欢情,颇有边塞风味,可见太原军事重镇的地位。又《奉送裴司徒令公自东都留守再命太原……》,是写给大唐中兴名臣晋国公裴度的。裴度,闻喜人,身历四朝,平定藩镇之乱,再造唐室,功业赫赫。诗云:"星使出关东,兵符赐上公。山河归旧国,管钥换离宫。行色旌旗动,军声鼓角雄。爱裳余故吏,骑竹见新童。汉垒三秋静,胡沙万里空。其如天下尘,且夕咏清风。"极赞裴公受任时声势之壮,及对太原父老故吏儿童的关爱之情。寄以天下重染,一扫胡尘,以期天下太平,足见诗人对晋阳政局的关注和对民众疾苦的同情。裴度在太原不负所期,从政简肃,有《太原题亭壁》诗:"危事经非一,浮荣得是空。白头官舍里,今日又春风。"表达了公忠体国、不慕虚荣的志向,不愧名臣。刘禹锡还有两首写到太原珍果葡萄的诗《和令狐相公谢太原李侍中寄葡萄》《葡萄歌》,诗中云:"珍果出西域,移根到北方……酿成十日酒,味敌五云浆。"又"酿之成美酒,令人饮不足"云云,记述了太原移植葡萄而成珍品,是关于至今有名的清徐葡萄的赞美,具有农业史研究价值,见出晋阳人民善于引进西域作物,发展栽培业的创业精神。

伟大诗人白居易(772—846),与刘禹锡同时代,并称"刘白"。其先祖本西域胡人,后定居太原。白居易在并州时间少,但自称"太原一男子",又名其文集为《太原白氏长庆集》,突显出对太原的血脉之缘。有《春送卢秀才下第游太原偶严尚书》诗句云:"未将时会合,且与俗浮沉……烟郊春别远,风碛幕程深。墨客投河处,并州旧翰林。"勉励卢秀才到太原要善于处世,有所作为,其"烟郊风碛"一联,寓有远行珍重的深意。另《寄太原李相公》一诗云:"闻道北都今一变,政和军乐万人安……蝉鬓应夸丞相少,貂裘不觉太原寒。世间大有虚荣贵,百岁无君一日欢。"是说太原在安史之乱后一直安和,希望年少的李相公,血气方刚,不必以天寒为意,不要图虚荣,而要珍惜光阴,有所作为。另一首《出仕在途……偶咏旅怀,寄太原李相公》诗,末句:"并州好马应无数,不怕旌旆试觅看。"诗中叙咏出使途中,马死难行,到并州可找到一匹好马。这是因为并州古来养蓄名马,以应战事,故在此可以换乘,从侧面写出太原当时为应军需的养马业繁盛。这是晋阳作为南北屏障的特殊军事地位造成的。白居易与朝中权贵多交往,也有寄令狐楚的诗:《送令狐相公赴太原》《早春醉吟,寄太原令狐相公、苏州刘郎中》,刘郎中即刘禹锡。前诗云:"并汾旧路满光辉","再为苍生入紫薇"。赞令狐相公在太原的政绩,希望为苍生谋利益,凯旋回朝。后诗云:"大振威名降北虏,勤行惠化活东吴。"诗意与前略同。另有和裴度诗:《奉和裴令公三月上巳游太原龙泉忆去岁禊洛见示之作》,诗中回忆在洛阳的旧游之欢,以军国重任嘉勉裴度的功业:"……丞相府归晋国,太行山碍并州。鹏背负天龟曳尾,云泥不可得同游。"见证了白居易牵挂故里,希望晋阳得到能臣如裴度的惠政,实现安居乐业的愿望。裴度治并自是晋阳文化史上颇有亮点和篇章,值得进一步探研。

诗人张祜(782—852)是白居易之后的诗坛名家,曾入山西,到过太原,有寄裴度诗及《过汾水关》《大唐圣功诗》《雁门太守行》等诗涉及三晋人文风物。其《冬日并州道中……》诗:"圣明神武尚营边,我是何人不控弦……云沉古戍初寒日,雁下平陂欲垂天。却为恩深归来得,许随东骑勒燕然。"虽有以一介书生不能以武报国的憾事,仍表露出愿随大军北征以扫胡尘的宏愿。在并州道中,诗人有此壮怀,定是受到此时晋阳用武之风的习染。他有一首《王家琵琶》诗较特别,诗云:"金屑檀槽玉腕明,子弦轻捻为多情。只愁拍尽凉州破,画出风雷是拨声。"描写王家琵琶手动人的弹奏。须知王家是太原自古望族,其家有如此奏乐高手,可见晋阳音乐中擅长琵琶胡乐者颇有造诣。在晋阳文化研究中少有涉及音乐的论述,此诗可补空白。

"鬼才"诗人李贺(790—816),临终前三年在山西生活,大抵在晋东南,有名诗《长平箭头歌》,涉及秦赵长平之战。又有《平城下》与《雁门太守歌》。据悉此平城乃代县故平城,诗云:"借问筑城吏,去关几千里。""关"当指潼关,则当时其人必在代县,可推知李贺入晋必至太原。李贺写雁门有"黑云压城城欲摧"的名句,反映边塞攻守之烈,倒是切合晋阳风情。惜乎李贺短命而卒,仅享年 27 岁,没有留下更多的诗篇,令人遗憾。

韩愈的好友贾岛(776—843),曾为僧人,号无本。在晋北一度漫游,有《渡桑干》诗:"客舍并州已十霜,归心日夜忆咸阳。无端更渡桑干水,却望并州是故乡。"贾岛系范阳(今河北涿州)人,向往京都长安,欲求仕用,却潦倒不遇,在并州滞留十年。不料因故北上,反觉并州如故乡一般值得留恋,想来旅居并州体验到此间的人情温暖才有此感,当是晋阳有热情好客的民风使之深深怀念吧。贾岛在山西有《送惟一游清凉寺》诗,清凉寺即五台山寺,均涉三晋人文风物。

杰出诗人李商隐(812—858)是晚唐诗坛大家,一度移家山西永乐县(今属芮城县),自号玉溪生,玉溪即在永乐。李商隐尝游霍山,作《登霍山驿楼》诗,感慨时事。其《寒食行次冷泉驿》诗有句:"介山当驿秀,汾水绕关斜。自怯春寒苦,那堪禁火赊。"当是感受并州寒食节而发。李商隐以咏史诗为世推重,其《北齐》二首:"一笑相倾国便亡,何劳荆棘始堪伤。小怜玉体横陈夜,已报周师入晋阳。""巧笑知堪敌万机,倾城最在著戎衣。晋阳已陷休回顾,更请君王猎一围。"是咏叙北齐后主高纬宠幸冯淑妃,置战事危急于不顾,与冯在宁武天池打猎,终至亡国。按,围猎事在北周攻打晋州平阳事,并非晋阳,诗人误用邺城。晋阳之失,在北齐高延宗守御败亡时,而后主即匆忙逃奔邺城,不久北齐即亡。这段晋阳史事,不能不引起关心国事的诗人的回顾,这种教训便体现在李商隐"历览前贤国与家,成由勤俭败由奢"的名句中。研究晋阳文化中北齐兴亡的史迹,确实可为后人提供宝贵的借鉴。李商隐过交城,尚有一首《感事》:"信陵亭馆接郊畿,幽象遥通晋水祠。日落高门喧燕雀,风飘大树撼熊罴。新蒲似笔思投日,芳草如茵忆吐时。山下只今黄绢字,泪痕犹堕六州儿。"信陵是指战国时赵国的信陵君,亭馆或系后人所建,未必即本有。交城在晋祠南,故诗言二地可通。"黄绢"喻绝妙好辞,指当地碑文,读之有古今沧桑之感。全诗用意深隐,颇有忧虑晚唐藩镇跋扈之意。"风飘大树"云云暗用东汉"大树将军"冯异之典,企盼能有良将安定唐室,还民康乐的愿望。诗人借古伤今,关注晋阳民生的淑世情怀,可于言外得之。

马戴(755—?),史称诗风"壮丽在晚唐诸公之上"。马戴曾任太原掌书记,后为大同军幕,有《答太原从君杨员外送别》诗,表抒答谢杨氏赠送玉佩之情。又有《留别定襄卢军事》《摅情留别并州从事》,皆送别之词,充满边城建功的热情,但因难逢机遇,不禁感叹:"故国诚难返,青云致未期。空将感激泪,一自洒临岐。"悲愤之中不掩奋发向上的精神。这是唐诗的主调,未尝不是出于晋阳文化的熏陶。

诗人薛能(817—880),汾州人,与马戴同时。生于并州之域,自然熟知晋阳风物。其《并州》诗云:"少年流落在并州,裘脱文君取次游。携挈共过芳草渡,登临齐凭绿杨楼。庭前蛱蝶春方好,床上樗蒲宿未收。坊号偃松人在否,饼炉南畔曲西头。"描写诗人少年轻狂,恣意游宴,对偃松坊所居的情好不胜留恋,反映出晚唐晋阳一代商业繁华,市井游乐之盛。其《北都崇福寺》云:"此地潜龙寺,何基即帝台。细花庭树荫,清气殿门开……"崇福寺是李渊建唐前龙潜旧游之地,诗人睹物思旧,于此观赏花树殿宇,感从中来,为大唐帝国的衰落唱一曲悲歌。诗人还有送从兄、送马戴到太原之诗,颇具情味。其《太原使院晚出》诗:"青门无路入清朝,滥作将军最下僚。同舍尽归身独在,晚风开印叶萧萧。"感叹身为下僚,不能与同舍诸君一道用世之孤独。薛能诗,旧评不佳,所叹未必是晋阳不见容,或许是其人遭遇不时使然。

太原祁人温庭筠(812—866),与李商隐齐名,号"温李"。诗风绮丽,才思敏捷,有"温八叉"之誉。有《齐宫》诗,写北齐宫中景象华美,宫人娇态,或有讽时用意。其《病中舒怀呈友人》诗句云:"采地荒遗野,爰田失故都(予先祖国朝公相,晋阳佐命,食采于并汾地)。"又云:"对虽希鼓瑟,名亦滥吹竽(予去秋试京兆荐,名居其副)。"温氏此言先祖在晋阳任朝廷宰相,并汾有其采邑,但自己官场不得意,赴考亦滥竽而已。这自然似一种谦词,实则发泄对朝廷不重人才的不满。晋阳人杰地灵,历代均有英杰报国立功,而温庭筠因行为检荡,不为世用,惜哉!

诗人韦庄(836—910)与温庭筠齐名。有《送人游并汾》一诗:"风雨萧萧欲暮秋,独携孤剑塞垣游。如今虏骑方南牧,莫过阴关第一州。"恳劝友人北游并汾以提防胡人的侵害。韦庄生活在唐末,中原有黄巢起事,战火纷乱;北有契丹、突厥侵逼,唐室危殆,并汾正是攻守之区,故而嘱咐友人注意安全。这是当时晋阳地区军事斗争激烈的客观形势。韦庄另有《壶关道中作》《天井关》二诗,此二关皆在太行山。山西通河北之关隘,诗中颇有涉及晋地防御边族进攻的词句,其句"守吏不教飞鸟过,赤眉何路到吾乡",则是指唐军对抗黄巢游击部队防守严固的阵势。黄巢军征战中滥杀过甚,韦庄有《秦妇吟》诗记其事,传诵一时。本系实录,后人以为夸张,避而不谈。此处所咏当亦系韦庄真实心境,反映了当时民众躲避战祸的苦况。

与韦庄同时的诗坛名家韩偓(844—923)有并州怀友诗《并州》:"戍旗青草接榆关,雨里并州四月寒。谁会凭阑潜忍泪,不胜天际似江干。"诗意蕴藉。"戍旗"句指并州与陕北地区(榆关)均已成战乱之地,时逢早春天寒未退之日,诗人念及江南安定温暖之区,不禁洒下忧国忧民之泪,反映出唐末政局动乱、战祸不休中并州人民流离的艰难处境。由于诗人不能显斥唐室腐败无能之弊政,只能借诗隐射寓意,亦可谓别有苦衷。

事实上,在几千年中华文明史上,人民群众所受的战祸难以备述,而中华民族正是在勤苦劳作和血火煎熬中经历曲折艰险不断发展起来的,何独晋阳人民!晋阳文化中既有辉煌,也有暗淡,我们理应为先贤的功业而自豪,却也同时需要反思历史的教训,从而从正反两方面总结经验,鉴往思来,发扬其优秀传统,牢记"不折腾"的箴言,为今日创建和谐小康,可持续发展的社会主义现代化不懈奋斗。我以为,这正是我们了解和研究唐诗中晋阳文化深刻内涵的根本目的。

注:本文撰写中参考了友人时新先生《晋阳诗综》(山西古籍出版社 2003 年出版)一书中所选录的唐诗例证,特此说明,并向时新先生致谢。

参考文献:《全唐诗》、新旧《唐书》、《后汉书》、《世说新语》、《唐才子传》、吕思勉《隋唐五代史》等。

调色精心绘自然

——《新田园诗词三百首》之新词 134 首读后断想

　　《新田园诗词三百首》(武正国、翟生祥编，中国国际广播出版社2003 年出版)问世后，获得读书界、诗坛好评，公认为旧体诗词在新时期的创作开辟了新路，可谓老树新花，分外妖娆。读此集，鄙人颇有同感。以评论者对其诗作推介不少，兹就其所收词作 134 首谈点体会，不敢云评，只是个人片段感想，聊供鉴赏参考尔。

　　书中所选录词 134 首，皆可称为"听唱新翻杨柳枝"。这批新词之谓新，首先新在内容和意蕴，是人所谓富有时代精神。所谓时代精神，具体而言，即指新时期建"四化"、奔小康的时代主旋律，是为民众意愿，大势所趋。新词各以不同层面，选其典型形象，以审美手法表而出之，从而鼓舞人心，催人奋进。这种新时期的新景观、新人物、新观念，充满勃勃生机，熔铸为词最易感奋人心，激起共鸣。吟诵新词，屡屡觉得这正是社会热点、兴奋点，与我辈平民呼吸相通、休戚相关，有着极强的亲和力、亲近感。如十年九旱的山西引黄河入晋这件关系千家万户的大事，傅如一《水调歌头》一首入眼便是"挽起黄河水，翻越吕梁山"，豪迈雄放，气势不凡。这与"大跃进"民歌"喝令三山五岳开道，我来了"大有不同。盖以此词由现实来，是万家寨水利工程之实景引人兴叹，而非如后者仅为心血来潮之一时幻想，夸张而无补实际，而挽水翻山之举却又不乏浪漫的审美意趣。词中回顾以往焦旱逼人、炎炎渴土的困境，引出千年民众企盼甘泉之呼唤,结以"再唱走西口,泪眼尽开颜",道尽万民盼水的辛酸,反衬今朝解困苏民的欢欣,意绪真切凝重,是歌颂而非高调,是真情而非矫情。这一"真"字,便觉其词笔力千钧,不可仅以通常颂词同观。此词下半阕,追溯历史,道出天灾实乃人祸,所谓"汉皇梦,中山恨,督军寒。千秋万代宿愿,依旧枕荒滩"。由此而称颂万家寨水利工程"打造中流砥柱,汾水卷新澜",进一步升华了主题。其中蕴含着深厚的历史感,是阅尽沧桑、万千感慨的聚焦,是解放生产力的新时代的壮举,是改天换地、安排山河的写真,此情此景,怎不令人豪情勃发、豪气干云、豪迈放歌!结句"试看万家寨,灯火入云端",宕开一笔,余韵袅袅,反扣主题,非但章法严谨,且有无限遐思,启人联想。全词意象纷呈,造语凝炼,又一气贯注,处处着眼于突出新事物,凸显新观念,风格豪放雄宏,节奏生动鲜明,朗朗上口。编者以此词为新词开篇之冠,可谓统领全篇,慧眼识珠,诚堪击节唱叹。

　　一斑窥豹,由傅词连带以下诸篇,一一诵之,佳作之伙,如入山阴道上,好景目不暇接。如王守仁《贺新郎》,咏赞李昌平上书国务院为民请命,呼吁重视"三农"事,词中云:"念农民,躬耕岁月,一锄风雨。杂税苛捐难承重,背井离乡异地……农业当今真危险,语惊人,几许怨,耳畔闻霹雳。"将"三农"问题与家国兴亡联系起来:"苦患情牵总理。指示紧,车忙民喜。"由衷地称颂了李昌平同志的"上书敢谏,满身豪气",同时表达了人民群众的共同呼声:"公仆都怀昌盛愿,想中华,鼓跃腾云翼。"这首词吟诵如此重大的历史事件,事关国计民生,而下笔举重若轻,高度概括而不显抽象,格外浓缩又富普遍意义,这是作者深怀忧国忧民之情的自然流露,见出了人格力量和道德境界,表现出崇高的历史使命感,这就使该词的品位得到提升,而非泛泛颂词可比。又如陈志鹏《沁园春·田园》在描述农业改革新气象,反映"农民亿万,调色精心绘自然"的豪情壮举时,插入一段议论,回顾农村联产承包责任制实施前的艰难历程:"忆动乱,黑白任倒颠。叹做牛做马,人拉犁耙;留苗留草,论说辩经年。

草旺苗枯,荒田片片,菜面人生度日艰。"由此而突显改革开放给农村注入的强大活力,为农民带来第二次解放,从而紧扣时代脉搏,充分发挥了诗词巨大的干预生活、兴观群怨的特殊功能。总体而言,这一类词作,既继承了古代现实主义优良传统,又紧密贴近当代变革时代的社情民意,可以说是改革开放主旋律的最强音,值得善颂善祷,大力弘扬。

这批新词的又一新亮点,是对新时代田园景观不单就人所共见的新事物加以着力描绘,而是力求发掘其多侧面、多层次的意蕴,给人以全方位的立体观照,并通过拈取典型细节,具体而微地展现其纵深境界,给人以入心入脑的强烈印象,激发读者的共鸣。在这 134 首新词中,除了事关大政方针、国计民生的宏观描绘之外,诸如农村的生活情趣、风俗人情、男女恋情、科技发展以及家长里短等等,都有敏锐的观察和匠心独运的笔墨。如唐甲元《蝶恋花·茶乡春色》描述茶农的致富努力和市场经济,结句云:"快摘多装,莫把圩期误。摩托随哥飞上路,归来买了《茶经注》。"在茶叶丰收的喜悦中,插入微观的"摩托随哥"买《茶经注》的特写镜头,顿时活画出茶农企盼多学科技的急切和热情,使全篇形象显出鲜活生动的情趣。有了这两句点染,使整体上的词意一下子富有了立体感。这种手法可谓画龙点睛,颊上添毫,是传神之笔,不可等闲视之。又如张启郑《鹧鸪天·田间小咏》描写村姑农忙场景,既有"精点彩,巧抛梭,东裁西剪任婆娑"的细节刻画,又有"问渠底事风火火,只为心中美事多"的设问句概括,真可谓曲终奏雅,笼罩全篇而有意外之喜,显示了作者艺术表现的高度概括力,仅仅两句便境界全出,意味深长。余如杨学枝《浣溪沙·临秋》下半阕:"不去浓阴风草地,任凭烈日湿衣裳。人生能有几回忙。"杨佳春《临江仙·北山》结句:"感时人奋勉,得意鸟争鸣。"郭文雷《渔家傲·棉丰收》结句:"改革年年多创举,棉农富,村边'冬不拉'弹度。"等等,均有这样豪迈而洒脱,艰辛出甘甜的情味,非深入体验农民心境而不办。这种大处着眼、细处落墨从而因小见大的手法,使读者恍然如入亲历亲见之境,从而由衷地与农民同甘苦,共命运,是颇得传神阿堵的诀窍与精髓的。

　　最使人感到清新可喜的,是许多词作者运用生活语言的出色能力。通常闲闲之语,一旦巧妙入词,便顿显精彩,令人始而惊讶,继而击节,终觉其戛戛乎其难哉。如臧学万《清平乐·江总书记到小冈》句:"喜得定心丸子,小冈再创辉煌。"形容对江总书记承诺政策、安定民心的喜悦;尹华震《醉春风·喜日》句:"山花烂漫斗妖娇,俏、俏、俏。""铁牛着意夺天工,好、好、好。"极力称赞山村春景和农事之美。陈效福《双洞·胡十八·春雨》句:"知时润物喜欢他。喜他,喜他,最喜是农家。"欢呼适时春雨的到来。王洗尘《鹧鸪天·农家即事》句:"邻翁问:上网无?真知才是护身符。"喜赞农民用电脑网络的新事物。王晋《鹧鸪天·农家送外商》句:"忽闻byby说英语,老妪驱车送外商。"描绘农村老妇学外语,与外商交易的生动场景。如此等等,使平时家常话乃至日常英语采撷入词,均显自然淡泊,活色生香,异常生动,显示出词作者努力贴近生活,反映民情的敏锐观察力和善于运用语言的匠心。

　　还有不少词作运用排比句写景状物,十分老练贴切而又富有创意。如乐本金《一剪梅·插秧》句:"花衫如蝶扑秧田,笑语清甜、歌更清甜。""农家妹子竞争先,抢个晴天,绣个春天。"突显了劳动的愉快和农事的繁忙。周国忠《行香子·农家春色》句:"有花儿红、草儿绿、菜儿青。""听笑声稠、歌声脆、乐声清。"田绍文的同调《山乡即景》:"唱稻花香、牛羊壮、土家情。""望碧山遥、红霞醉、西溪明。"孔为庚《一剪梅·晚秋》句:"夕阳底下白沙洲,去了人舟,来了渔舟。""村翁卮酒醉田畴,人也风流,田也风流。"等等,所有动词或形容词的运用,皆恰如其分,或色彩鲜明,或灵动活络,充满生活情趣,令读者心旷神怡,喜不自胜。如渴饮冰茶,自感畅快舒心,达到了语言驾驭能力的化境。

　　也有善用古人佳作的形式,注入新意,而服务于当今现实者。如元明《西江月·学犁》句："蓦地牛儿使性,带人翻到犁沟。腾身抓住犁把头,鞭子一扬说:走!"套用辛弃疾同调《遣兴》:"昨夜松边醉倒,问松我醉何如?只疑松动要来扶,以手推松曰:去!"但较辛词格调更加开朗乐观、健康向上,词意曲折而富有动感。再如项亚平《清平乐·访旧友》后半:"笑谈人寿年丰,大儿农副加工。最是小儿争气,留洋海外归宗。"套用辛词同调《村居》:"大儿锄豆溪东,中儿正织鸡笼。最喜小儿无赖,溪头正剥莲蓬。"辛词是单纯描写农家之乐,而项词则略有变动,刻画新时期农村新事,极富时代特征。这些借鉴,既继承了传统,又能超越古人,翻新出奇,为我所用,是对旧体的创新性发展,值得大加表彰和肯定。毋宁说,这些新词的成就,标志着词创作的发展方向,体现着先进文化的精神,无愧于时代的歌手、诗坛之新锐。

统观 134 首词,也可以看出其中尚有一些不尽如人意处,应引起注意。一是多数词作以歌颂新人新事为主,接触现实的问题嫌少,力度嫌弱。读新词,给人的感觉是农村农民农业到处呈现一派光明,似乎已臻人间天堂。这与当前我国三农问题严重存在的现状不相符。歌颂成绩,固然应当,但揭露矛盾、鞭挞丑恶的严肃职责,是不应回避,更不能视而不见的。诗歌毕竟还有怨刺的功能,批评不良现象、不正之风,正是为了进一步化解矛盾,推进改革开放,弘扬主旋律,创造更加美好的未来。词人只看到光明的一面,而忽视现实存在的缺点和不足,不能说是一个尽责的歌者。当然,批评应讲究方式方法,把握分寸,这一点想必是人所共知、不言而喻的。二是有的词作对新时代的实质内容理解肤浅,笔下不免流连光景,一味吟风弄月,疏于开掘。有的词作多写表面的山青水秀,与古人所写农家乐的场景几乎浑然不辨,看不出新意何在,这显然是深入生活不够,把握生活本质不准所致。对此,亟须有所纠正。以上无非是个人感觉,容有不当,仅供新词作者参考。

太原竹枝词(55首)疏解

20世纪80年代逛书肆见到过一本《太原竹枝词》旧本,内容清新可喜。其时治学兴趣不在乡邦文献,便放过未购藏。近十年来,兴趣转到晋文化研究,忽忆起此书不妨参考,便有意访求。但辗转问及书友而不得,怅然久之。偶从网上查得此书有售者,系个人收藏,只是索价奇高且手续不便,不得不放弃。2014年夏,一次在傅山学术会议期间聊起此书,知参会的太原市委宣传部副部长马竣敏先生藏有一册,又惠然肯借,遂得到手一观,亦幸事也。该书乃1993年北岳文艺出版社出版的由李小强编注的《太原竹枝词注释》小开本,116页,因能快意细读。

按,竹枝词又名竹枝歌,是一种民歌体诗歌作品,大抵为七言绝句体。据说兴于唐代,所传有刘禹锡所作"杨柳青青江水平"云云组诗,久播人口。刘禹锡云:"竹枝,巴歈也。巴儿联歌,吹笛,击鼓以赴节,歌者扬袂睢舞。"盖竹枝源自当时巴蜀民歌,可以且唱且舞。我以为,此类民歌渊源可上溯到《诗经·国风》、屈原《九歌》,可谓风骚之余;只不过至唐代近体诗大兴,形式多为七绝了。竹枝词内容主要反映民间生活风情,很是大众化、通俗化,便于吟唱,朗朗上口。作者多是下层民众或文人仿作,随口咏唱,生动活泼。竹枝词在刘禹锡之后,创作渐多,明清时各地尤盛,像冯梦龙收集的《山歌》《挂枝儿》皆此类。论者或称之为明代文学一绝,地位仅亚于小说创作,当为时代文学创作代表性品种之一。

《太原竹枝词注释》内容丰富,反映了20世纪30年代太原的社会生活诸侧面,包含有政经文教、工农学兵、商品经济等人事样态,兼及古迹名胜、民风民俗、市井风情、时尚节令等等,不一而足,实是历史文化研究的鲜活素材。

李小强编注的这本《太原竹枝词注释》收录有太原竹枝词旧作 8 种,凡 122 首。即《太原上元竹枝词》13 首,《太原风景》20 则,《太原竹枝词》40 首,又一种《太原竹枝词》16 首,《消夏竹枝词》10 首,《实茅小曲》36 首,《太原市上购书歌》5 首,又一种《太原上元竹枝词》12 首。这本注释将原 8 种 122 首原作,打乱次序,综合分类,按十一个专题排序并酌加注释,以便读者。但有的有标题,有的则无。李小强先生为此书注释收集资料,很下了一番工夫。是参考大量资料并亲访老者知情人,特别是对原诗的历史背景,细致介绍说明,最终成书,功不可没,令人钦佩。我读此书,颇有心得,深表感谢李先生的辛勤劳动。但由于该书草创,仍难免注中有或繁简失当,或当注未注,或字句错讹,或校对不精之处。于是从原书 122 首中精选了 55 首,酌取李注的成果,重新作此疏解,以期补其未逮,奉献于同好。只是本人水平浅陋,未敢自许精确,容有失当错误处,谨祈大方指正为幸。

一

桐封古郡

红日东升月色残,烟云结彩压栏干。

挥毫写出桐封景,留于时人仔细看。

疏解:桐封古郡指太原,古称晋阳,故址在太原西南古城营村一带,今已考古发掘出晋阳古城,为太原一著名景区。《史记·晋世家》载有最早西周初成王以桐叶封弟叔虞为唐国之君的故事,叔虞之子燮父改唐国号为晋,是山西称晋的来源。封唐之地,史家考证在晋南翼城,即"河汾之东,方百里"。但《春秋》杜预注指其地在太原,后世颇有从此说者,不妨存疑。此词写太原景色之美,可入图画,激发人们爱乡爱国之情。

二

古唐胜景(即旧兴寺)

松柏参天兴寺中,禅宗却是晋阳宫。

佛因救世遭灰劫,殿壁旁留古画工。

疏解:旧兴寺当即旧兴国寺之简称。兴国寺当在晋阳古城一带,原系李渊晋阳起兵建唐故地,同时该地还有起义堂。唐太宗称帝曾回晋阳访旧,纪念举兵兴唐并有诗作传世。晋阳宫则系北魏孝静帝所建大明宫内七殿之一。后北齐在晋阳建别都,置大丞相府,遥控京都邺城大政,号为霸府。其时,晋阳繁华冠绝一世。诗中所言壁画,今已无存,或许诗作者见之? 昔年诗老宋剑秋先生有诗称"桐叶当年此锡封,洋洋大国吕梁东"云云,诗成写一纸片挂于树枝上。吾师罗元贞见之,乃有和诗,相互定交,亦系一时韵事。

三

流连风景引情赊,晋祠归来日未斜。

说道晚凉还有事,文瀛湖畔看荷花。

疏解:晋祠乃太原最著名的景区,建于 1500 年前,原系纪念晋国初君唐叔虞的祠庙,最早见载于《水经注》。是一组拥有 300 多处殿阁的古建筑群落,其中有圣母殿、叔虞祠、关帝庙、水母楼、鱼沼飞梁、北宋铁人等名胜,周柏、难老泉和晋祠宋代侍女像称晋祠三绝。文瀛湖在太原旧城东南、五一广场西北角,旧称海子边、海子堰,临靠贡院(今铁路宿舍、旧太原省立一中)。贡院原为省城科考之处,在太原旧城东南,东南方为八卦巽卦方位,主文事,故此湖称太原十景之"巽水烟波"一景。文瀛湖,或说为纪念晋文公之妻文嬴所命名。中华人民共和国成立前此湖虽乏整治,仍为游人聚集之处。俗语太原三大宝:"海子边、顺风烟(香烟)、丁果仙(名伶)。"为人乐道。后辟为公园至今,面貌一新。原文瀛公园,日伪时称新民公园,抗战胜利后,改称民众公园、中山公园,中华人民共和国成立后先后称人民公园、儿童公园等,今称文瀛公园。今园中有中山劝业楼、万字楼、烈士纪念碑、状元桥、省立一中旧址(中共太原建党处)等著名景点。诗中所言"看荷花",今已无踪。

四

文瀛湖

何处垂竿学钓徒,皇华馆外文瀛湖。

湖心水绿莲三丈,叶底深藏一尺鱼。

疏解:此诗言文瀛湖为当时游人垂钓之所,湖中有荷藕游鱼,今则禁止钓鱼,以保护生态。皇华馆在湖东门外,咫尺之遥。原为明清时官方接待宾客之馆,后挪为他用,今为省邮电局、群艺馆宿舍区。

五

群众示威海子边,呼声喊起势翻天。

游街岂是应酬事,打倒军阀口头禅。

疏解:此诗言文瀛湖畔是20世纪二三十年代太原群众集会之所。民国初,曾在此举行过欢迎孙中山莅晋视察的隆重集会。后来太原民众在此相继举行过反对阎锡山政府增加房捐、声援五卅运动反帝斗争、九一八抗日斗争、牺盟会成立等大型集会,充分反映了太原人民反帝反军阀爱国的高涨热情和正义精神。

六

鼓　楼

都督街前旧鼓楼,高超云汉接天球。

欲穿千里登高望,表里河山眼底收。

疏解:都督街,原在今省政府南大门对面,为当时太原市中心点,今已与食品街贯通。街上原有鼓楼,建于明末清初,民国二十二年(1933)重修,呈城楼状,高约数十米。原为鸣鼓报时之处,登楼可见旧太原全景。今太原高楼林立,鼓楼之高已不足道。

七

纯阳宫

城南有座纯阳宫,治病活人秉大公。

香火炉中烟不绝,青楼早晚拜仙翁。

疏解:城南指旧太原市城南方位,今已不确,应在今五一广场西南角处。纯阳宫于明万历间改建,建筑格局紧凑,内按八卦形制筑楼阁,清雅玲珑,系祭祀全真教祖师道士吕洞宾的宫观,俗称吕祖庙。今已辟为山西艺术博物馆,为省三晋文化研究会道文化研究中心。吕洞宾,名岩,字洞宾,一说为唐人,一说为五代末宋初人。原本为一隐士,金元时期全真教大盛,将他神化为仙人,为八仙之最著名者。吕洞宾自托为唐吕渭后人,善击剑,好饮酒。传说他常在世间济人病苦,扬善抑恶,救助贫民,点化民众奉道求仙。纯阳宫在山西有三大宫,北宫在大同,南宫即永乐宫,原址在永济,后迁于芮城。太原纯阳宫为中宫。此诗言青楼拜仙翁,有传说吕洞宾点化妓女求仙的故事,故青楼妓女多有拜祭吕洞宾之事。清人魏子安作小说《花月痕》,其中有主人公等游纯阳宫的情节。

八

市井街巷(其一)

柳巷街南羊市东,步云鞋式样殊工。

背里试看众游女,六寸圆肤骨肉丰。

疏解: 柳巷为太原最繁华的商业街,20世纪50年代打通丁字街,与柳南街贯通,今改名铜锣湾商业广场,仿香港街名,甚无谓。羊市街分东羊市、西羊市,在柳巷西。此处有不少鞋店,并有一窄巷名靴巷者(今存)。步云鞋,李注引《樵人直说》:"白乐天(居易)烧丹于庐山草堂,作飞云履……谓人曰:吾足下生云,计不久上升朱府矣。"后制鞋业名所制鞋曰"步云鞋""云字鞋"等。今太原也有鞋店号"步云"者。

九

市井街巷(其二)

羊市街前卖估衣,谁防小女嫁时迟。

衣裳短瘦身肥大,花样多不合时宜。

疏解: 旧时羊市街有估衣店,其近旁有估衣街,专卖旧衣服。此诗言由大龄未嫁女买得估衣,穿着大小不合身,不时新。李注以羊市街源于宋代太原,此处为羊畜买卖场所。

十

市井街巷(其三)

桥头街上马路长,夹道商号建洋房。

来往行人如蚁聚,东洋车去响叮当。

疏解: 桥头街在今五一路南段宁化府以西,西通柳巷。此处原系宋代东门护城河,有吊桥,故名。今已不存,是今铜锣湾商业闹市之一部分。东洋车即人力车,车夫拉车有发声响的器具,行走时有招揽乘客、提醒行人让路之用。

十一
省银行

行商坐贾往来更,省立银行事业宏。

玉出昆冈生丽水,财源亿万贯全城。

疏解: 山西金融业在辛亥革命后产生,原先只有私家票号、钱庄、银号。民国二年(1913)太原始设中国银行,同时设有晋泰官钱局,旋即停业。数年后,设大汉银行,改名中国银行分行;另有山西官钱局,改为山西省银行。阎锡山主政时期,大力发展金融业。1933年官办的四银所,即垦业、铁路、盐业与省银行,到1936年四行资本总额竟相当于国民党政府所办中央诸银行资本总数的五分之一,大力支持了阎氏主持的十年建设计划案的实施。玉出昆冈生丽水,出自《千字文》"金生丽水,玉出昆冈"句,形容银行业财源滚滚,资金猛增,为阎锡山官僚资本积累起到了重要作用。

十二
开化寺市场

开化市场最有名,华洋货物供经营。

花团裙帽时妆品,惹得情郎拾碎琼。

疏解: 开化市,初建于宋代,初名汉封寺,元代改名延寿寺,明代始称开化寺。明末焚毁。后渐辟为市场,称开化市,今复旧名仍为市场。民国时此市商业繁盛,屡有改建,为一大商城,近年却多不景气之象。情郎拾碎琼,比喻男子为情人选购商品。碎琼即碎玉,比喻商品珍贵者。

十三

大中市

大中市内穷朋友，手持伪物看风头。

那位先生有土气，定要拉你作黑牛。

疏解： 大中市在开化寺西，路北。宋代名寿宁寺，金代之后置一大钟，为佛事按时打钟。后寺中僧人有借此售卖商品者，商人亦借之开小店。辛亥革命时，佛殿毁于火。民国二年（1913）阳曲人刘占元集资改修为一大商场，人俗称大中市商场，今已废。诗后二句言有卖假货者见到有土气的乡下人，就会被诱骗当作"托儿"，推销伪劣商品。太原俗称做托儿为拉黑牛。

十四

稻香村、老香村

稻香老香两个村，糖酱蜜饯异香薰。

站柜伙友忙不迭，顾主多系女衩裙。

疏解： 稻香村、老香村，系当时两大有名的糕点铺，皆老字号。今稻香村已不存在，老香村在柳巷，已非专营糕点的店铺。

十五

妇女商店（其一）

山西妇女守家风，帮助男儿做手工。

织就绒衫街上卖，绣成彩凤冠吴宫。

疏解： 此诗称赞山西妇女勤劳贤惠，手织毛衣衫出售，以补家用。其织品精美，比得上江南吴绣之工。

十六

赠彩便宜货物全,托名减价更加钱。

商人射利常如此,只限一月限一年。

疏解:此诗言奸商为谋利,用赠彩票、减价等手段促销商品,口称优惠,实则增价。说是减价只限一月,实则"减价"的牌子挂了一年。

十七

饭店门前冒浪烟,层层围绕尽穷酸。

八枚铜子汤一碗,狼吞虎咽如过年。

疏解:民国时太原有中西餐高档饭店,如正大饭店、晋谷香饭店(原址在柳巷),但穷人去不起。饭店前多有小吃摊,面食大约八到十枚铜圆一碗,可以饱腹。小吃有老豆腐、丸子汤、枣糕、油炸糕、豆包等,大约二三角一份,也可充饥。

十八

欲洗嚣尘有妙方,大中市内涤圆塘。

消烦除垢清心脾,神采风流步谢王。

疏解:涤圆塘是太原大中市楼上的一个公共浴池,是当时太原第一家澡堂。谢王,是指史上东晋时期两家豪门权贵人家。此诗言到涤圆塘洗涤后,令人神清气爽,神采焕发,就像谢王贵族人士那样意气洋洋。

十九

芙蓉丽馆营业佳,时髦密斯争理发。

钩心斗角式样巧,电气打得筋骨麻。

疏解：芙蓉丽馆是理发店名。密斯，英语 miss，即小姐、女士之音译。此诗言太原理发业，有芙蓉丽馆，妇女可到此理发，有电烫理发服务。

二十

精巧照相十数家，个个门前竞繁华。

拿着伟人装门面，还挂许多杨柳花。

疏解：民国年间太原照相馆也颇多，著名的有开明照相馆、鼎章照相馆、华昌照相馆等，一直延续到中华人民共和国成立后犹存。照相馆为了招揽顾客，在橱窗内装饰摆放有伟人照片，有的还挂有名妓美人的照片，以作宣传。

二十一

民国五六年之女学生装

蓝布衫儿黑布裙，女生俭德耀河汾。

终年惟晓勤书字，从未梳妆倚市门。

疏解：此词写民国五六年（1916—1917）时太原女学生衣装，其时风气初开，太原女生尚持勤俭良风，惟知勤学节俭，未曾沾染奢侈洋风。"倚市门"语出《史记·货殖列传》："刺绣文不如倚市门。"言商品经济发达的形势下，纺纱织布刺绣的贫家女，不如倚市门招揽顾客的倡女能赚钱。而当时太原女生能俭朴自守，没有堕落到倡女的地步。

二十二

半大圆髻（民国六七年女生运动者大多挽此髻）

长发蓬松拂面垂，挽成圆髻半天飞。

年年运动好身手，仕女由来胜健儿。

疏解：此诗言民国六七年（1917—1918），太原女学生发式简便，多挽半大圆髻，便于运动。年年参加运动会都能获得好成绩，甚至超过男生。

二十三

雨户新泥覆绿苔，坤脚踏印看花来。

王家花坞绮罗众，花放翻红美人腮。

疏解：清末民初太原出现有河南人经营的花卉业，有马家花园、王家花园等十多家种花卖花的行业，在今东岗路、桥东街一带。每到花期，举办花会，广大妇女蜂拥而至赏花买花，非常热闹。坤脚，女性之脚。绮罗，指妇衣穿着。

二十四

迎亲号鼓奏长街，军乐高吹二路排。

旧日乐人司不惯，平民工厂作生涯。

疏解：此诗言20世纪30年代太原人结婚用军乐迎亲，代替了民间的鼓吹乐。这使原来的旧乐户失业，只好到平民工厂打工维生。平民工厂是民国四年（1915）公办商营的轻纺工厂，厂址在今城坊街。

二十五

男儿潦倒莫他图，某大机关昼夜赌。

诸位先生议些甚，红中白板一齐呼。

疏解：此诗言阎锡山政府人员腐败成风，每每上下班时聚赌麻将牌。听那些公务人员议论些什么，无非是"红中""白板"叫唤些打牌的声音。

二十六

太原素负桃源名,四方灾黎向此行。

不信街头纵目看,盈耳尽是乞讨声。

疏解：在 1930 年中原大战前,阎锡山政权羽翼未丰,为巩固统治,实行"保境安民"政策,不参与军阀混战,一时间太原社会较为安定,外省苦难民众逃荒到太原避乱的人数不少。太原就像乱世的桃源,但街头多有乞讨者。

二十七

爱逛妓班惹芳魂,贪欢买笑语温存。

钟鸣十二凤巢锁,浪子回头始出门。

疏解：此诗言民初前后太原妓院生涯。清末时妓院在今小水巷、察院后一带,后移至西羊市以南、庙前街一带,民国九年(1920)再移至旧城街、四道巷一带。此写夜晚十二点妓院关门,嫖客始离开归家。

二十八

女儿才及破瓜年,不守空闺站门前。

眼角瞟人颦眉笑,侬今只是未上捐。

疏解：此诗写当时暗娼。破瓜年,旧时拆字,拆"瓜"字为两个"八"字,即二八十六岁的少女。未上捐,当时妓女营业要注册纳税,未上捐者即暗娼。此言穷人家的女儿迫于生计,沦为雏妓暗娼,在门前招引客人,双目传情,笑迎嫖客。

二十九

教育、文化、卫生（其一）

教员缺乏济贫方，办学难遵旧部章。

减价增薪仔细算，酬劳只合假期长。

疏解：此诗言教员薪金低，难以维生。不能按旧教育部规定足额发薪，教员们只好仔细计算收入多少，在假期增加代课以挣外快。只盼望假期长一点，好多挣钱养家糊口。

三十

图书馆（其一）

动物繁华古物真，图书馆里闲游频。

豺狼孔雀寻常品，特别更应看倭人。

疏解：此诗写民国二十二年（1933），太原设山西民众教育馆，其中列有图书、文物、动物，并聘有几位侏儒为看守员。当时陈列物虽丰富，但品杂量少，增有土特产、古器物、动物标本、矿物标本、教学仪器，还有诸活动室、茶社、电影院等。闲人入馆，有多注意看矮人者。倭人，矮人，侏儒。

三十一

承庆茶园新风光，男女合作争包厢。

曩日原是相思院，今已变作温柔乡。

疏解：承庆茶园在大水巷，园中设有观剧包厢。原先无包厢只能男女分坐，设包厢后，男女可合坐，化为谈情说爱的场所了。曩日，过去。

三十二

吞刀吐火鱼龙戏，三晋军人技特奇。

形意拳兼新武术，劳筋饿体为民饥。

疏解：此诗写武术教育。吞刀吐火鱼龙戏，原系西域传来的魔术表演技艺，西汉时传入我国（见《汉书》），属游艺性质。形意拳，原系太谷武术家创制的拳术，广传武林。此处言形意拳与新编的拳术皆为军人擅长，但也可为劳筋饿体的民众强身健体之用。

三十三

太谷龙灯兀自奇，盘空夭矫陌多姿。

彩栅对矗人藏内，牵索回旋赖偃师。

疏解：此诗写太谷舞龙灯的精彩表演，言其在陌上田野里舞龙夭矫多姿。舞时有札好的五彩栏栅相对而立，人藏在龙身下，舞动时回旋婉转，要靠指挥者引导。偃师，原系周穆王时的巧匠，相传偃师制造的木人偶，像真人一样活动。一次偃师操纵木偶调戏穆王的嫔妃，穆王大怒，要杀偃师。偃师乃卸开木偶，穆王知是游戏，怒始解。典出《列子·汤问》。以后偃师指木偶操纵者，此借以指舞龙的指挥者。

三十四

灯龙飞艇又行星，自转车能幻兽形。

陆地行舟牛斗虎，古唐铁杠更宁馨。

疏解：灯龙、飞艇、行星、自转车等皆指春节、元宵民间节庆闹社火的各色花灯焰火一类游艺活动。陆地行舟，即跑旱船；牛斗虎，系人扮为牛虎二兽相斗的表演。古唐，即指晋源，传说为西周唐叔虞封地。宁馨，原意是"如此"之意,此言其精彩。铁杠,即铁棍,是一种以铁支架抬人表演的民间文娱形式,流行于太原、晋中一带,今已列入非物质文化遗产保护项目。

三十五
汾河堤

汾河堤上柳垂丝,燕子寻巢我自知。

南北风云都不管,面天拍膝唱竹枝。

疏解:汾河堤,又称坝堰、金刚堰。今位于迎泽大桥与胜利桥之间汾河东岸。原此处乃北宋并州知州陈尧佐治理汾河时所筑的五里环堤,引水为湖,堤旁种柳万株,名为柳溪,以为分洪缓冲地带。柳溪四周建有亭台楼阁,为当时人游乐之地,后荒废。清初有所治理,仍寥落不堪。20世纪60年代,重新规划整治,面貌一新,人烟渐稠,成为一宜居游览之区。此诗言作者在柳溪陶醉景色,浑忘世事,拍膝歌唱,怡然自乐。

三十六
电灯(其一)

斜阳西下景模糊,万户齐放夜光珠。

满街如画谁施力,电灯公司总机枢。

疏解:光绪二十四年(1908)太原创办电灯公司与山西省第一个发电厂,由山西巡抚胡聘之委刘笃敬创办,原址在太原南肖墙东段路北。后多有增建发电设备,大大增加了发电量。此诗言太原有了电灯,夜晚光明如昼,景色如画。

三十七

黑烟满面油满身,修械工人转机轮。

十万横磨今嫌钝,杀人不是造刀人。

疏解:此诗言太原兵工业。太原兵工厂始建于光绪年间胡聘之抚晋期间,原址在今山西机床厂。先是从事枪械修理,渐能造二人抬的火枪。至民国,阎锡山主政山西,扩充军备,大兴军事工业,生产武器精良,有名全国。十万横磨,原指剑,语出《旧五代史·景延广传》:"晋朝有十万横磨剑。"比喻兵工厂造的刺刀锋利胜过横磨剑。但工人辛苦制造并不是用刀杀人,而是供阎锡山装备了军队。

三十八

电 话

直矗高竿马路边,千条银线当空悬。

知音却恃灵通力,消息都从电话传。

疏解:光绪十六年(1890)清廷搞洋务运动,李鸿章奏准太原、保定、平遥、侯马至西安添建长途电话线,原属商办,后收为国有。光绪二十八年(1902)太原始设电话局,原址在姑姑庵,民国年间,继有发展。

三十九

无线电台理精微,远来消息碧空飞,

雨师风伯遮不断,军署日夜报军机。

疏解:此诗言太原无线电最初用于军事联络。民国十六年(1927)在太原新民北正街设立无线电学校,于绥靖公署建电台一部,接着在小东门等地设电台并驻全省各要地,进行军事通讯。军署指辛亥革命后的山西督军府,后改山西行政公署,1937年改称山西省政府。但早在1930年政府曾新建一军署大堂。1932年阎锡山由大连返晋,曾任绥靖公署主任兼省政府主席,二者并存为军政合一机构。此诗言无线电为军署进行军事联络之用,风雨无阻。

四十

胶皮洋车走辚辚,坐卧随心稳趁身。
车夫满面淌臭汗,乘客尚自笑吟吟。

疏解:胶皮洋车,即东洋车、人力车,俗称黄包车。据说系光绪八年(1882)由日本传来,先试行于天津、上海沿海大城市,后传入太原,多为有钱人雇用。该车先是木轮铁瓦,后改进为充气胶皮轮胎,到20世纪30年代,太原有此车约两千辆,价格为日租一银圆,每小时一角五分,零雇面议。此诗言车夫辛苦,雇主安坐得意之状。

四十一

汽车向来喜抖威,人丛飞驰将法违。
幸蒙政府严格禁,尔来不敢肆意挥。

疏解:民国年间,山西是全国最先修公路的省份。民国九年(1910)省内修成太原南至平遥、北至忻县的公路,乃有汽车运输业产生。但起初路窄,市内多有事故发生,民国二十三年(1934)颁行汽车行驶规则,限制车速,订立违规处罚条例,交通渐渐走上正轨。此诗言权贵开汽车横冲直撞,违禁超速,订了交规后始有收敛。

四十二

人物(其一):傅山

青主傅山是华佗,文章字画出奇多。

神交结识蓬莱客,贻世金针在女科。

疏解:傅山(1606—1685),字青主,原籍山西忻州顿村,移籍阳曲西村(今属太原市尖草坪区),明清之际杰出思想家、书画家、医学家。明末不满明廷腐败,引领同学赴京抗争,救援其师东林名士袁继咸,人称义士。明亡,从事反清活动,被捕不屈,经友人救援出狱。晚年不受清廷博学鸿词科笼络,入山为道士,称朱衣道人,从事学术研究,开创诸子学,与顾炎武等名士交好。华佗系东汉末名医。蓬莱客,原指海上仙人,此指道士医家。傅山入道曾拜名道郭静中为师。此诗言傅山杰出的医学与书画文学成就,并有女科医著《傅山女科》传世。

四十三

人物(其二):赵昌燮、柯璜

店主新将壁秽除,迎窗立轴三尺余,

铁山已老谁为最,争说柯璜草字书。

疏解:铁山,即赵昌燮(1877—1945),字铁山,太谷人。民国年间著名书法家。清末不乐做官,归里隐居,以书画自娱,书法负盛名,人称"山西一支笔"。抗战时期,为拒日本伪职,假死发丧,以避失节,名人多为吊唁。后复出,名节甚高。有文集传世。柯璜(1878—1964),字定础,浙江黄岩人。博物学家,曾先后任山西省图书博物馆、故宫博物院负责人。善草书水墨画,能诗。人或以其画配齐白石,称"北方二璜"。此诗言商人也倾慕名家书画,在商店内除壁悬挂,当时名家赵铁山之后,以柯璜草书最有影响。

四十四

人物(其三):高长虹

身段短小不胜衣,面孔常是冷冷的。

谈到各个作家时,惟对鲁迅没好气。

疏解:高长虹(1898—1950?),盂县人。民国初入省立一中,与高沐鸿友善,并办刊抨击时弊。后到北京与鲁迅一道办《莽原》等刊物,颇有时名,受到鲁迅称赞。后与鲁迅闹矛盾,赴上海办狂飙社,发行《狂飙周刊》。1931年东渡日本,远赴欧洲、1938年回国,在茅盾帮助下,撰文表示不应攻击鲁迅。后赴延安讲学,开始信仰共产主义、1949年随军到东北,在哈尔滨任德文教授,后以精神病去世于抚顺。此诗言文化名人高长虹于1926前后对鲁迅不满,为人严肃,不苟言笑。

四十五

人物(其四):高沐鸿

肥胖有如菊池宽,对谁也能谈一谈。

一派武乡兰青话,洋文概不上嘴边。

疏解:高沐鸿(1901—1980),武乡县人,文学家。五四运动时期就发表多篇小说,为《莽原》撰稿。后到绥远省立图书馆任职,1931年回武乡,办周报,宣传反封建,受任《山西日报》副刊主编。抗战时期,曾任榆社县抗日县长,之后随北方局到武乡办报,为太行文联主任,中华人民共和国成立后一直担任山西文化界负责人。1957年错划为右派,后改正,任山西省政协常委、副主席等职。菊池宽,日本作家,与芥川龙之介友好。兰青话,河北乐亭、滦南一带方言,一度为普通话。此诗言高沐鸿身体胖,操一口武乡腔兰青话,对人和气,平易近人,从不讲外语。

四十六

人物(其五):王玉堂

对人生兮和艺术,赤诚全达白热度。

可惜遭遇太坏了,令人为之气破肚。

疏解:王玉堂(1907—1998),笔名冈夫,著名诗人。"五四"时期即发表诗文,抗战时期为太行文联副主任,是山西文化界元老。有多种诗集出版,曾在1932年被国民党逮捕,入北京草岚子监狱,在狱中加入中国共产党。本诗写冈夫对文学诗歌热爱忠诚,但遭遇贫苦,结果于1932年被捕,作者为之抱不平。

四十七

人物(其六):张籁

吾党购书谁最豪,贯三濡首真老饕。

挥金已至十万卷,阅市尚复奔走劳。

疏解:张籁(1872—1955),字贯三,平陆人。山西著名藏书家。28岁中举,后考入京师大学堂,历任天津长芦大使,开封大学、山西大学文学院院长。不喜"五四"白话文,长于经学、目录学。其人爱书成癖,藏书甚丰,但拒绝卖给洋人。日伪时期,被迫为日本人任事,但无罪恶行为。中华人民共和国成立后任省文史馆馆员等职,其藏书捐献山西大学图书馆,金石方志书捐省图书馆。濡首老饕,指贪吃连头发都沾上酒菜汁亦不顾,语出《易·未济》:"有孚于饮酒,无咎。濡其首。有孚失。象曰:饮酒濡首,亦不知节也。"此用来比喻张籁收藏书成癖,像老饕贪酒一样,不惜重金购求书籍,藏书十万卷之多,仍奔走书肆,不辞辛苦,访书不已。

四十八

人物(其七):兰承荣

向青卧室书为巢,夜读每至鸡三号。

束脩所入尽故纸,索债一任门频敲。

疏解:兰承荣(1880—1931),字向青,大同人。自幼聪明强记,后留学日本明治大学,归国任职山西优级师范,曾任省教育会会长、省博物馆副馆长、省教育学院副教授。曾与山西大学同仁创办晋新书社,推广文教。长于文学,有《孔孟一贯哲学概论》。此诗言兰承荣好读书购书,卧室就像书巢。读书至半夜不休,所得工资都买了书。有时借钱买书,负债难偿,任索债人敲门不应。

四十九

时政(其一):"民众快起来"

压死民众还卖乖,喊道民众快起来。

自信手腕够灵活,哪知掩耳盗铃哉。

疏解:此诗讽刺阎锡山主政山西时,表面上高喊民众快起来,其实压迫民众却反而卖好。自信手腕灵活,不过掩耳盗铃,欺骗不了民众。

五十

时政(其四):青年觉悟罢

男女青年觉悟罢,或者钻来或者爬。

否则你就是反动,迷迷糊糊回老家。

疏解:此诗言阎氏政权号召男女青年觉悟起来,不过是要青年学会钻营官场或趴下做奴隶,否则不听话就被斥为反动,糊里糊涂判你死刑！回老家,指处死。

五十一

时政(其五):妇女独立哟

青春妇女独立哟,独立起来学时髦。

嫁个员员或长长,巴黎伦敦走几遭。

疏解:此诗讽刺阎氏政权号召妇女解放,要妇女独立,其实是让妇女赶时髦。最终是嫁个官员、长官,以能到法国巴黎、英国伦敦去逛游几趟为幸而已。

五十二

时政(其六):穷人歌颂哉

贫困侵蚀骨如柴,还须歌功颂德哉。

自有死神来收你,何必一定要棺材。

疏解:此诗言在阎氏政权统治下,人民贫困,骨瘦如柴,但还要你歌功颂德,结果死路一条,连个收尸棺材也没有。

五十三

时政(其八):抗日

头年抗日日进院,二年抗日日登堂。

三年抗日日入室,四年抗日下南洋。

疏解:此诗讽刺阎氏政权消极抗日,妥协投降,但年年失败。日军进逼,进院、登堂、入室,侵占大片国土,最后日本打到南洋群岛,阎氏无地可逃。

五十四

腰缠万贯果何来,无非坐官发了财。

重利盘剥放出去,给他奶奶穿红鞋。

疏解:此诗揭露官员在日军侵华、国难当头之际,只顾自己发财。他们放高利贷,盘剥百姓,赚了钱干什么呢?无非是给他奶奶添双红鞋穿吧。

五十五

建 筑

员员长长果何来?心窝墨黑眼流红。

坚贞松柏弃道路,却买荛棍鬼支撑。

疏解:此诗反映阎氏政权的大员、长官,心黑眼红。政府不用有气节的正人君子,却重用废物,如同买高粱秆支撑快倒的房子建筑,非垮塌不可。

按:本文曾于 2014 年在《太原日报》连载,《黄河》2015 年第 2 期选载。

第三辑　三晋文史

元好问与河汾诸老

　　长期以来,研究评价元好问不够客观公正,一大偏向是只看重其诗词创作与史学成就,似乎他只是金元北方文坛的一个杰出作家而已。其实,元好问的文史著述只是他文化实践活动中的重要成果。全面地考察,元好问并不只是金元之际的文史大家,而是一代全方位的文化宗师。清初学术大师顾炎武有著名的亡国与亡天下之辨,认为亡国之事,由肉食者谋之;而亡天下之事,匹夫与有责焉。所谓亡天下者,首先是亡文化。拯救民族文化,事关家国兴亡。这才是百姓,特别是文化人(士人)最紧要的历史担当。在风云突变、山川流血、政权更迭的金元之际大战乱时期,元好问毅然挺身而出,以斯文为己任,担负起挽救民族文化的历史职责,开展了一系列的文化实践活动,这才有所谓"国亡史作"以及诗文创作等卓越成就。而更重要的是,他不愿赴元廷做官,仅以草野布衣之身,奔走于齐鲁燕赵河朔之间,与战后幸存的金廷遗臣、贤达隐逸、文化才俊、三教九流倾心交往,结成广泛的文化统一战线,竭尽全力抢救、保存和弘扬中原先进文化。他有诗明志:"日月尽随天北转,古今谁见海西流。"决心挽颓波于既倒,推动元廷忽必烈等上层以"汉法治汉地",恢复发展被战争摧残的经济社会正常秩序,以求百姓的安居乐业,致太平之功。这也是他"自少日有志于世,雅以气节自许,不甘落人后,出死以为民"的初衷和夙愿。他是金元战乱之际一位伟大的划时代进步文化的杰出人物,并不仅仅是一位能诗善文的才士秀民。史家评价人物,有"慷慨成仁易,从容就义难"的警言,元好问不甘为殉金而死,并蒙受了腐儒的诽谤诬蔑,他是隐忍有待,从容就义,以生命殉文化、坚忍不拔、不懈抗争的坚贞志士。这才是真正的堂堂大丈夫，是中华民族的脊梁，是值得所有华夏子孙永久敬仰和纪念的。

元好问不仅尽力于文事著述，而且以全部文化实践活动"出死以为民"，并得到了历史的回报。他上书蒙古国中书令耶律楚材，推荐54位金廷才俊，基本上受到元廷的任用而免于奴役和屠戮。这批人推动和促进了元初上层建筑由落后野蛮的形态向适应中原经济基础的文明进步过渡和变革，功莫大焉。这批人中见于两《元史》纪传者就有49人，他们或为元初开国功臣，或为一方政要将领，或为一代文彦名士，均系忽必烈开国时期左右军政大局的中坚力量，是忽必烈建元时夺取政权、附会汉法，迅速安定天下的策划者、谋士和推动者、拥护者，为元朝统一中国，恢复发展生产力，安定天下立下不朽功勋，留芳青史。

元好问金亡归乡后，经太原等地外出交游往来多达27次，直至68岁逝世于获鹿，为文化复兴呕心沥血，奔走不息，死而后已。据粗略考证，其间交往者多达252人，其中属于他的弟子和挚友中有一个文化群体，就是河汾诸老。河汾诸老指麻革、张宇、陈赓陈庚兄弟、房颢、段克己段成己兄弟、曹之谦8人，组成一个志趣相投的在野文人团体。元初大德年间，8人的诗作经房祺辑录为《河汾诸老诗集》行世。从此，河汾诸老成为8人的专称。说是团体，其实并未开宗结社，结成一个严密的组织，只是由于家世、志趣、创作风格相近，由于他们主要活动在山西黄河、汾水地区，因而在文学史上留下闪光的诗笔，称河汾诸老诗派。

河汾诸老皆金末遗民，一直生活到元初。他们不属于叱咤风云的政坛权要，而是文化界的隐逸之士，《四库全书总目提要》称"诸老以金元遗逸，抗节林泉，均有渊明之志，人品既高，故文章亦超然拔俗"。这8位才士均受元好问的教诲和深刻影响，车玺在《河汾诸老诗集·序》中认为，元好问"值金亡不仕，为河汾创正学"，诸老皆与"遗山游，从宦寓中，一时雅合，以诗鸣河汾"。说明诸老是元好问复兴中原先进文化的积极响应者和推动者，他们志向一致，彼此勉励呼应，形成文化战线上的一支生力军。当时人杨仲德评价道："不观遗山之诗,无以知河汾之学;不观河汾之诗,无以知遗山之大。"故史称元好问是"河汾之宗",可见河汾诸老则是元好问文化事业继承者中的一个群体。

关于河汾诸老的文化贡献,主要遗存的文献就是一部由房祺收录他们创作的 547 首诗歌所编的《河汾诸老诗集》。单凭这样一部诗集考察诸老全部活动的实情,显然是不够的;何况这些诗作的内容多是反映诸老隐逸生活的感受,与政治与社会的关系尚保持一定的距离,尤少与当时重大历史事件的牵涉。不过,通过考索诸老的生平与创作的活动,仍能折射出他们与生活时代的若干侧面。明代藏书家、出版家毛晋说:"每读至金源氏,辄有河汾诸老往来胸中。"说明诸老的诗歌创作毕竟是金元之际社会大变革时代的一面镜子。这里,不妨就此分别做概要的介绍。

先说排在诸老第一位的麻革。麻革(1184—1261 之间),字信之,号贻溪。祖籍山东青州,定居于虞乡王官谷(即唐代名人司空图隐居地),在当时有"海内名士""文章钜公"之称。他是元好问的弟子,曾因与刘祁为太学生时被逼迫为降蒙古的崔立写碑文(由元好问改定)牵连受到俗儒的指责。这使得他背上无辜罪名而内心痛苦。但麻革毕竟是一位正直的贞士,他厌恶战争,不屑在官场混迹,后辞官与好友数人隐居河南内乡山中,"以作诗为业"。其间一度游历晋北与今蒙古一带访友论诗,终生未仕。他的诗作尊尚陶渊明,热爱山水,向往和平安定的田园生活,诗风清纯自然,意境优美,颇似王维。但麻革并未忘情社会民生。他深切地体味到战乱中人民的痛苦和黑暗社会乱象的不堪,如在《卢山兵后得房希白书……》一诗中写道:"军行万里速如鬼,风惨一川愁杀人。乱后仅知家弟在,书来疑与故人亲。梦中亦觉长安远,回首关河泪满巾。"另诗云:"悲风鼓角重城暮,落日关河百战秋。形胜古来须上策,尘埃岁晚只羁愁。豺狼满地荆榛合,目断中条是故丘。"控诉战祸带来的人世艰辛与痛苦,完全可以与元好问的丧乱诗相媲美。麻革晚年生活困苦:"老境欢娱少,愁怀感叹长","疏雨梧桐叶,西风蟋蟀床。平明揽青镜,衰鬓又添霜","念远心将折,闻兵梦亦惊"。生活的不安定和贫病交加的境遇,让人读来如同杜甫诗中的景况。麻革自觉地实践着元好问宗唐的诗风取向,在隐居生活中关注社会民生,不愧为元好问之后的一代诗坛俊杰。

张宇,字彦升,号石泉,生卒年不详,临汾人(一说洛西人)。从其诗中看不出一生做过什么官,而是长期生活在民间,所作亦多为田园诗。但金末的战乱时时打破了他宁静的乡居生活,使他遭受着如同千千万万百姓一样的苦难。他在诗中以失群之雁自比:"昔经劫火燃,二鸟奋惊翼。嗷嗷各何之,同落天西北……矫首思旧群,潸然泪沾臆。"他的一位侄儿丧生于战乱,使他孤苦无依,唱出了痛心的悲歌:"死皆有命怜渠早,老独无依奈我何。归计云山空莽苍,愁怀日月暗消磨。"张宇喜交游,与耶律楚材、元好问、赵元情谊深厚,屡有诗歌唱和。诗风亦宗陶渊明,以简淡闲适、言浅意深且不乏沉郁顿挫为特色,是诸老中颇具功力的一位。

陈氏兄弟中的长兄是陈赓(1190—1274),字子飏,号默轩,其弟陈庾(1194—1261),字子京,号澹轩,猗氏(今临猗)人。二陈出身书香门第,熟通经典,在金末均登进士,任过小官。陈赓事母孝敬,以儒为宗,注重道德修养,在乡乐于助人,颇有声望。本以天下为己任,一心报国,与弟陈庾皆受权贵排斥。但身为小官仍尽力于民生,为减轻农民负担出谋划策,竭尽全力。陈赓著作颇多,皆散佚,现存诗 20 首,收录于《河汾诸老诗集》中。陈庾与兄及弟三人,号为"三凤",又与同学赵定、张澄、刘绘,号"四秀",都是杰出才士。入元后,陈庾曾至平阳署郡任教授,门人渐多;后又至六盘山进见忽必烈,经交城张德辉推荐,任平阳路提举学校官,他"进德义,树教化,勉学戒惰,风俗为之一变"。二陈交游多当时名士,皆一代鸿儒,以弘扬儒学为己任,对国家多难有深沉的忧患。陈庾有诗:"江山信美非吾土,怀抱何时得好开?"陈赓有诗:"迁客形容国士心,春风鹤发不胜簪……岁晚艰危无短策,酒酣悲壮动长吟。"二陈空怀壮志,未能一展长才,但始终壮心未已,系怀天下,是传统正直士人的风范,令人千古一叹!

房颢(1199—1272 前后),字希白,号白云子,平阳(今临汾市)人。早年隐居华山,后移居河南卢氏山中。金亡前投奔南宋,曾游历西湖。其诗作颇有豪放激昂的风格,但经多方努力,最终失意仕途。在南方漂泊,始终怀念故乡,并关心底层人民的生活,有一首《贫家女》,以贫女与倡妇相比,歌颂其德行贤惠而谴责倡妇的奢侈富贵:"贫女莫羡倡女荣,不义富贵浮云轻。"他说:"自知野鹿山麋相,不是麒麟阁上人。"以贫女自比,倾诉着甘于淡泊的志节和远离官场黑暗的决绝:"人以官为荣,我以官为辱。平生喜高洁,为官近卑俗。"所以,他钟情于山水田园,安于隐居。但是人间战乱仍然裹挟着他,四处流离避乱,所以也往往发出不平的控诉:"谁言山色可忘忧?谁道澄江销容愁?试倚阑干西北望,浮云依旧暗神州。"尽管放弃了功名的追求,但理想的破灭总使他郁闷和痛苦。房颢诗内蕴丰腴,平易自然,用典而明晓,以杜甫为宗,是一位典型的传统儒家才士。

段氏兄弟。长兄段克己(1196—1254),字复之,号遁庵、菊庄。弟段成己(1199—1282),字成之,号菊轩、遁斋。绛州稷山(今稷山)人,时称"二妙""稷山二段",皆当时名家。文坛盟主赵秉文赏其才名,大书"双飞"二字加以称扬。段克己中进士时间较晚,无意于仕途,以诗酒自娱;段成己中进士后,做过宜阳主簿。二段受儒家熏陶甚深,以忠孝持身,空有入世为王佐之初心,只因时运不济,只好安于现实。其诗"平生事业与心违","壮志如今且抑裁","避世就闲真得计,有才无用且藏身",道出了心中的无奈与苦闷,不得不以随遇而安自慰。但是关心家国之心犹未泯灭,尤多兴亡之感。克己《满江红·过汴梁故宫城》云:"塞马南来,五陵草树无颜色。云气暗,故辇声裂。百二河山俱失险,将军束手无筹策。渐烟尘,飞度九重城,蒙金阙。长戈袅,飞鸟绝。原厌肉,川流血。叹人生此际,动成长别。回首玉津春色早,雕栏犹挂当时血。更西来,流水绕城根,空鸣咽!"慨叹深长,苍凉悲怆,控诉战祸,充满关注现实的沉重忧患。另一首《满江红·登河中鹳雀楼》:"古堞凭空,烟飞外,危楼高矗……梦断繁华无觅处,朱甍碧甃空陈迹。问长河,都不管兴亡,东流急……"亦同样充满感慨,动人心魄。正如他表白的心迹:"心非木石能无感,唤起悠悠故国愁。"成己之诗则多有歌咏梅菊品格的佳句:"洗妆自有天然态,尽道冰容不入时","幽香不许俗人知,才是东风第一枝"。克己亦有和作,表现了高洁的情趣和不俗的志向。总体上来说,二段之作追踪陶渊明、李白、杜甫的优秀传统,又颇具汉魏风骨,成就不凡。后人评:"二妙词近接遗山,远宗稼轩,较诗尤为高妙,真金元时一作手。"(张孟劬语)具有很高的艺术成就。细读二段诗词,一扫以往学界无视金元文学的偏见,为北国诗魂增加了厚重的艺术分量。

曹之谦(1194?—1265),字益甫,号兑斋,应州(今应县)人,金代名臣高汝砺之婿曹恒之子。之谦继承了父亲不慕虚荣的家风,与元好问、雷渊等名流有深交。身历汴京围城变乱,生活经历坎坷,后定居平阳,"闭户读书,与诸生讲学,一以伊洛为宗,众翕然从之,文风为之一变"(王恽为其文集作序中语),足见其儒学修养之深,且特别受二程学说浸染,讲学负有盛名。金末之谦官至尚书省左司,与元好问为同僚,积极参与政事,入元后始终隐居不仕,以弘扬儒学为职志。在战乱困顿中所作诗,多悲慨怀旧之音,如《废宫》:"断砖残础碎盘花,辇路荒凉蔓草遮。玉殿朱楼俱不见,坏墙嶙峋绕人家。"难以排遣的乡愁国恨萦绕心头,颠沛流离,无处可依。自言"丧乱身为客,淹留泪满衣","春来一相送,肠断故山薇","邂逅故人如同我,为言贪病未能归"。这些诗句,道出了当时百姓共同的苦难心声。他的讲学,多引元好问的文学主张,后又编辑好问诗集,为之刻印流传。他本人虽深研理学,但诗中却无礼学酸腐气息,而是充满真挚的人情味,称得上金元诗坛的一枝奇葩。

河汾诸老只有诗集传世,其他的政治文化活动,文献所载缺失,现在只能从其诗作中了解这一作者群的概貌;但就其传世的诗作中,可以看出他们向往和平安定的田园生活和系念家国兴亡的悲怆情怀，从中折射出他们不甘沉沦，控诉不义战争的非人道和崇尚儒学的入世志向。他们没有沉湎于与世隔绝的逍遥境界，而是时时顾念国计民生的热忱志士，只是由于没有得到足以修齐治平的环境条件，不得不以全部心力投身于文化事业，为恢复正常社会秩序而呼喊。他们的诗作毕竟反映了当时广大百姓的共同心声和进步文人才士的社会诉求，因此不宜苛求他们在政治上没有显赫的事功政绩，而应以同情的了解来体察他们的无奈境遇，充分肯定他们在恶劣身世环境下的洁身自好，不与污浊世界同流的情操及体恤百姓疾苦的悲悯情怀。河汾诸老追随元好问的未竟之志，在沧海横流的时代背景下，致力于民族复兴的文化事业，做出了可贵贡献。他们亦可谓特殊历史时期中的民族脊梁，所谓"身欲隐而心难隐"。在国家民族危难之际，河汾诸老的精神追求，正如元人虞集所评，其文化成就，在"斯民之生存无几"的情势下，能够"独行乎救死扶伤之际，卓然一出于正，不惑于神怪，不画于浮近，有振俗立教之遗风焉"。

注：文中所引材料参见拙作《元遗山新论》，北岳文艺出版社 1988 年出版。

编者按：

2017 年 12 月 6 日，先生在医院，时增订版《元遗山论》出版不久。"老家山西"推出题为《降大任〈元遗山论〉增订出版，特载〈元遗山与太原〉》一文。先生于病榻上读了微信，见了我说："这个文章有一个重大失误，没有写到元好问的《雁丘词》。"我一想，也是，于是说："是啊，世人皆知元好问《雁丘词》写于太原，您偏不列。"但又转而安慰他说："您引的都是有史料价值的，《雁丘词》算是个生活小插曲，不引也无妨。"降先生稍得安慰，既而也自解说："我列出的都是诗，《雁丘词》是词。没列，也说得过去。"我连声表示赞同。然而此事我是有一定责任的，《元遗山论》我校对了三遍，同样也没有注意到《元遗山与太原》中没有写到《雁丘词》，否则我可以提醒先生补入。

先生逝去后，搜检先生遗文，又发现此文。本次修订，补入了先生1989 年之后三十年间关于元好问研究的诸多新作，唯此文未收入。当时我不知有此文，盖降先生病中亦忘矣。补于此处，若先生大著《元遗山论》有机会再次修订，当补入。

有关法显到达美洲问题研究述要

　　法显早于哥伦布一千年到达美洲这一观点,不是中国人提出来、吹出来的,而是外国人首先讲出来的。1991年著名考古学家贾兰坡先生为中国社会科学院工业经济研究所特邀研究员连云山《谁先到达美洲》(中国社会科学出版社1992年出版)一书写了一篇序,序中说,他曾见到1913年《地学杂志·说郛》第七期发表有兴公的文章《寻获美洲者非哥伦布说》,该文称"近来西方学者忽创一说,谓最初寻获美洲者,实为中国人",并举了若干例证加以说明。但贾先生没有明指兴公文章讲的寻获美洲的中国人是法显其人。

　　那么1913年兴公文章所谓西方学者提出中国人到达美洲这一观点的是谁呢?连云山《谁先到达美洲》专著中举出来是法国史学家。书中说,1863年法国人阿贝尔·雷米萨用法文翻译了《法显传》(即《佛国记》,法显原称《晋法显自记历游天竺事》,山西学者阎宗临先生对此有《佛国记注释》的专著问世),在巴黎出版;1869年英国人萨缪·比尔用英文翻译《法显传》,在伦敦出版;1886年又有英国人詹姆士·莱治翻译《法显传》出版。这三种译本问世后,西方史学界才有更多人知道了法显,同时提出了法显曾到达美洲这一观点。1900年前后,国学大师章太炎了解到这一情况,特别撰文《法显发现西半球说》,指出他是据"法兰西《蒙陀穆跌轮报》言"。该报认为"发现亚美利加洲者,非哥伦布而为支那人","其主僧称法显",并说"其发现亚美洲之迹,当在东归失路时"。章太炎的文章在转述法显事迹时颇有与《佛国记》原文不甚契合之处,但肯定了法国报纸所载法显曾到达美洲这一观点。

按《佛国记》载,法显东晋隆安三年(399)自去安西行,往西域和中亚 30 国,抵达印度。在印度求佛经、考察、学梵文,活动了 8 年,于 412 年初由狮子国(今斯里兰卡,旧称锡兰)坐船东归,航行三个来月,达耶婆提国,在此住了 5 个月之久。又于 413 年五月再下海,西航 115 日,于当年 9 月回到山东青岛崂山。

这一段东归旅程中提到了耶婆提这个国家,法显在此停留了 5 个月之久才返国。那么耶婆提国在什么地方?这是问题的关键。

英国人萨缪·比尔的英译本《法显传》(1869 年伦敦版)认为是爪哇。比尔的推断是以拟音法,用耶婆提的汉语发音对照梵文"雅洼打帕"的地名,然后又对照爪哇的发音,认为二者相近从而做的判断。就是这么一点点根据,后来的学者不加深究,便众口一词,认为法显东归时所经是爪哇。

但是,精通音韵学的章太炎也以今对音法拟之,却认为耶婆提不是爪哇,而是南美洲之耶科陀尔国(即厄瓜多尔)。这可备一说。不过,对此说,学界多不认同。

问题在于,法显从斯里兰卡东行经马六甲海峡到新加坡后,再向东北行才能达南海归广州。若是到爪哇,即是到新加坡后要向西南行,方向相反,这是离中国越来越远了。

《佛国记》原文载,法显在狮子国(斯里兰卡)求得两部佛经后,"即载商人大船。上可二百余人……得好信风,东下二日,便值大风,船漏水入(下记漏水事)……如是大风昼夜十三日,到一岛边。潮退之后,见船漏处,即补塞之。于是复前……大海弥漫无边,不识东西,唯望日月星宿而进。若阴雨时,为逐风去,亦无准。当夜暗时,但见大浪相搏,晃若火色,鼋鼍水性怪属。商人惶惧,不知那向。海深无底,又无下石住处。如是九十许日,乃到一国,名耶婆提。其国外道、婆罗门兴盛,佛法不足言。停此国五月日"。

据此原文,不妨做如下考察、梳理:

1.法显说的是东航遇大风,"东下二日","大风昼夜十三日",共 15日。始二日,是随信风,即顺风,那必是到新加坡后东北方向,即向回国的南海广东方向航行。但风太大,连刮了 13 日,船只能随风而飘,一共又漂流了"九十日许",即 105 日。此期间时间有三个半月之久。这就不可能是西南的爪哇,因为到爪哇用不了这么久的时间。

2.法显说,东航途中只遇到一个岛停船补漏,但若去爪哇,爪哇与其隔海的是加里曼丹,这一带是万岛之国,岛屿极为众多,位置在与法显归国相反的西南方向。法显等在此间只遇到一个岛,是不可能的。航行方向更不可能与归国方向相反,那就要另绕大圈子,快到印尼了。

3. 法显说东行漂流 105 日到了耶婆提,那里不信佛,"佛法不足言"。爪哇早在此前数百年就盛行佛教了,法显去的耶婆提却是不信佛教的地方,可见这里不会是崇信佛教的爪哇。

4. 如果说法显等真的是向西南到爪哇及苏门答腊之南,绕大圈子再北上返国,航程不过 1800 海里,最多 20 天即可到达。但法显等航行长达 105 天之久,航程时间太长了,这是不合情理的。何况,从来不见有中国船穿由马六甲海峡向西南绕远归国的事情,归心似箭的法显有什么必要舍近求远呢?

5.从法显所说在大风猛吹、白浪滔天的行程所见,"大海弥漫无边,不识东西,唯望日月星宿而进……但见大浪相搏,晃若火色,鼋鼍水性怪异之属……"云云,完全是一派大洋深海航行的惊险的情景,法显说是东行之后,"于是复前",那就是在太平洋上一直往东,往东,当然不会是西南方向爪哇一带海域。

如果说耶婆提是爪哇说不成立、不可信,那么,耶婆提究竟是哪里呢?

按连云山考证,耶婆提应是墨西哥的阿卡普尔科,位置在墨西哥南部到北面洛杉矶范围内。阿卡普尔科系古印第安语地名,读音为耶卡婆尔,法显所记耶婆提乃是耶卡婆尔的音转。结论是:法显由狮子国下海,共航行 105 日,里程约有 10000 海里。无论从航程上说、从季节风向上说,还是从登陆地的地名上说,所到之地均应为墨西哥阿卡普尔科,也即法显到达了美洲。

关于从耶婆提返回的航程,法显说是"东北行,趣广州",行过一个多月,遇黑风暴雨,商人们惶怖,欲把法显推入海中,但为乘客劝阻未遂。又遇天多连阴,商人意识到航向有偏,便改为"西北行求岸,昼夜十二日,到长广郡界牢(崂)山南岸",即抵达了青岛崂山。连云山分析认为,起初"东北行",是原计划的航向。但东北行与返国航向完全不一致,只能撞到墨西哥或加利福尼亚半岛的山上。这里说的东北航向,连云山认为是出于当时对地理概念认识局限的误判,而后改为"西北行"才是找对了航向。途中遇黑风暴雨、天多连阴,当是正值春夏之交季节顺风时期的大洋气候景象,是在太平洋上向西行的所见。

上述这个分析看起来是合理的。但如果将耶提婆确定在爪哇,由爪哇先东北行后改为西北行,才是正确的。但走这一航线就无所谓东北行是误判的问题。误判航向是连云山的一种推论,能否成立,似值得推敲。

连云山的考证还有一系列辅助旁证。

一是东方与美洲交往及美洲考古证明,从远古一直到东晋时,东方人就到达过美洲。印第安人属蒙古人种美洲支系。在 15000 年—20000 年前就有原始人从亚洲东北部经白令海峡迁移美洲的史证,迁往美洲的东亚人就是印第安人的祖先。迁移的方式或是冬季从海冰上过去,或是乘木筏逐岛渡海过去。后来还可能由太平洋中部和偏南的两条航路坐船渡海过去。中国考古出土的石器、青铜器等,在美洲均有所发现,可证六七千年到一万年前人们可渡海越洋到达美洲。主张此说的并非中国人,而是美洲的考古学家。此外还有秘鲁、墨西哥、玻利维亚等地的考古出土文物、文字等,与汉文化、汉字相类似的若干实证。又原产于美洲的玉米、向日葵、番茄、烟草等在唐、宋二代已传入中国,这些都可证明法显到美洲是很有可能的。

二是从造船航海史考察，七千年前浙江河姆渡遗址就出土了六只雕花木桨和黑陶独木船模型，那时中国人已经懂得造船。后来的考古工作更陆续证明中国造船有悠久历史，新石器时代出土石器有段石锛就是加工独木舟的工具，这种石锛在东南诸岛甚至在新西兰、南美厄瓜多尔都有发现。至于渡海大船，史载三国东吴孙权时海上贸易就能穿过马六甲海峡，直达柬埔寨，其时所造大船"长二十余丈，高去水二三丈。望之如阁道，可载六七百人，装载物万斛"（《宋书·蛮夷传》），这种巨船完全可以渡洋抵达美洲。法显时代在东晋，晚于东吴，乘船至美洲也是完全可能的。

还有一些旁证，如连云山认为秦始皇派人入海所到日本，实则是到美洲。美国学者认为《山海经·东山经》所记四大山脉均在北美中西部，可见战国时中国人到过美洲。尽管这些旁证，似乎凿凿有据，却也令人不敢深信，只可供以参考。

以上所述，是有关法显到达（而非发现）美洲问题研究的新成果。主张这一观点的学者力求以科学考察来证实法显的伟大功绩。这些学者思想解放，大胆质疑史学定论，其开创精神令人起敬。但是，总的说来尚属在已有研究基础上做出的逻辑推论，仍欠缺直接的实物证据。应当说，他们打开了一条新思路，可以促进我们继续探索、思考。在此，期望有志者继往开来，能有更多的新贡献。

晋文化的历史形成与兄弟民族的文化融合

　　山西省在中国处于内陆特殊的地理位置，是中华文明起源的核心地区。世界史上有两大地理文化带，一在欧洲大陆中部，一是位于北回归线上的世界文明带即欧亚大陆桥。这个欧亚大陆桥西起地中海东部，东到东亚，长一万公里。发生在这个带上的古文化有尼罗河、两河和黄河文化。山西即处于世界文明带（欧亚大陆桥）的东部。在这一核心地区自古以来就有多民族生存、活动，以太原地区为界，北部是少数游牧民族，南部则多为农耕定居民族，故而这里长期存在北方草原文化与南方农耕文化的碰撞、交流和融合。山西军事地理的位置非常重要，清人顾祖禹称，山西东有太行为屏障，西则大河为襟带，北则大漠、阴山为外蔽而勾注、雁门为内险，南则首阳、底柱、析城王屋诸山，滨河而错峙，"是故天下之形势，必有取于山西也"。历史确实证明，山西自古就是兵家逐鹿争雄的大舞台。是故，史家称，取天下必先取中原，取中原必先取山西。中国史上两大盛世王朝汉朝与唐朝，均崛起于山西，故史家又有"先有晋阳，后有汉唐"之论。历史学家谭其骧先生曾正确地指出："山西在历史上占重要地位的时期，往往是历史上的分裂时期。"此分裂时期，往往是北方边族建立政权与南方汉族政权分庭抗礼，形同敌国，或战或和的形势，而山西文化中心的晋阳便被称为"治世之重镇，乱世之强藩"。山西在五千年的文明史上从来就是各民族文化交汇融合的大熔炉。

一、远古至先秦时期

　　远古的文化交融，原始社会时期就存在。华北内蒙古考古发现的细石器文化,在 10 万年前山西阳高的许家窑文化遗址中就有发现,特别明显的是在 16000 年前的山西沁水下川文化中就有典型性实物,如石镞、细石核、琢背小刀等,代表了此类石器制作的最高水平,反映了旧石器时代山西地域原始人群与华北内蒙古地域人群的密切交流。这种文化交流在文献材料上可以追溯到商代,其时华夏民族移到中原的河南中部,山西在其统治势力范围之内。早期商王曾以耿(今河津)为都,祖辛、沃甲、祖甲、南庚等帝居之。耿之北有沚方国,设都于今晋西之石楼县,1959 年石楼桃花庄等 10 余处出土有金器、玉器、骨器及青铜器 200余件,其中龙纹铜觥系稀世之宝。灵石旌介出土的商代青铜器上兽类形象别有风采,与中原大异。这两处所见许多铜器形制为河南殷墟所未见,具有明显的北方草原文化的因素。其时山西还有一些国族或小方国,见于卜辞者,如土方(夏人之后)、鬼方、羌方、先、丕、缶(宝)、重(董)、余无戎、黎(耆)、西落鬼戎(怀氏)、箕方、宣方等,与商颇有交往或战事。这些有特色的器物反映了中原文化与诸方国的文化交流,而战争也正是各族文化交流的常见途径,堪称三晋文化形成的源头之一。

当代山西境内的民族问题,始终是西周初施政外交中的突出问题。《尚书大传》称"文王受命,一年断虞芮之讼,二年伐于,三年伐密须,四年伐畎戎,五年伐耆,六年伐崇,七年而崩。"其中虞、芮在今山西平陆北与芮城西,耆即黎,在今晋东南黎城,《尚书·西伯戡黎》述其事。《逸周书·世俘》言及武王攻伐宣(即垣,今垣曲)、霍(今霍州)。除晋南叔虞所封古唐国外(今有阮元定为"商世唐君之器"的《唐子爵》可证),晋中尚有北唐戎(见《逸周书·王会》)。所以,周初在山西地区华夏族与许多国族或小方国均有频繁的冲撞、接触和交流。

最明显的民族交融,是周初成王封叔虞为唐侯,嘱咐他施政要采取"启以夏政,疆以戎索"的方针。即对本部华夏族实行夏代以来的传统政策,而对周边戎狄要尊重其风俗习惯,便宜行事。这可以说是历史上最早的"一国两制"的尝试。这种善于处理民族矛盾的施政方针,对叔虞之子燮父改国号为晋,进而不断崛起壮大,乃至后来称霸中原、蔚为大国,使晋国在先秦延续有 600 年之久具有极大益处。特别是晋悼公复霸时期,采取魏降和戎之策,与诸戎狄交好,解除了北方后顾之忧,南向以"疲楚"之策与强楚相抗,形成共霸局面,几乎重振了文公时晋国的雄风。魏降和戎可以说是对叔虞"一国两制"方针的继承和发扬,晋国之雄起受惠多矣。

晋国一开始就是华夏族与戎狄错杂融合的国度,并没有明确的周边界线,诸族杂居,战和交错,很难说有纯粹的华夏民族。晋献公时伐骊戎,以其二女为室,尤宠骊姬(乃有内乱);晋文公重耳流亡时避难于舅氏中山,中山即白狄之一支。重耳与干臣赵衰分娶边族廧咎如之二女。重耳之母本属"翟(狄)之狐氏之女"。国君结亲不避戎狄,而民众与戎狄交往之繁自不待言。据史料所载,晋与戎狄关系密切,《左传·昭公五年》载晋大夫籍谈言:"晋居深山之中,戎狄之与邻。"《国语·晋语二》载周卿士宰孔云,晋国"景霍以为城,而汾、河、涑、浍以为渠,戎狄之民实环之"。与晋国打交道、有往来,或友或敌之边族有狄、鲜虞、潞、蒲、隗(怀),非戎即狄。狄有白狄,为犬戎别部(内有姬姓的狐氏、骊氏),有赤狄五部(潞氏、甲氏、留吁氏、铎辰、廧咎如);北方有山戎北狄,其中山戎有无终(亡冬)强国,又有鼓、仇由、肥、鲜虞(后改中山国)。南部有条戎、骊戎、茅戎、陆浑戎以及草中之戎,丽土之戎,扬拒、泉皋、伊洛之戎。晋国之开疆拓土,扩大势力而成大国,就是兼并了许多边族国家,或借助于其中交好的边族力量实现的。以晋献公为例,《左传·襄公二十九年》说得明白:"虞、虢、焦、滑、霍、杨、韩、魏,皆姬姓也,晋始以大。若非侵小,将何所取?武献以下,兼国多矣。"此外,被兼之国尚有冀、黎、郇、董、芮、耿、贾等小国,这些小国有不少便是戎狄之类边族。正如《国语·郑语》载史伯论及成周四方小国,"是非王之支子母弟甥舅也,则皆蛮、荆、戎、狄也"。可见即便周之血亲的姬姓晋国,也杂有戎狄在内(如白狄即姬姓,有狐氏、骊氏)。今侯马出土春秋末晋国青铜器上有许多生猛的动物形象，与中原出土周朝铜器纹样区别鲜明，当是受戎狄文化影响所致。以上例证，足见晋国本是以华夏民族为主的各族混合体。

战国时代晋地的民族相融以赵武灵王"胡服骑射"最为典型。赵武灵王为抗击北方胡族，加强军事实力，实行改革，有力的措施就是不顾群臣反对，虚心向胡族学习，实行"胡服骑射"。终于征伐林胡，大败楼烦王，攻灭中山国，而成为山东六国唯一敢与强秦相抗的七雄之一。可见，开放包容的民族进步政策对富国强兵何等重要！

二、秦汉至隋唐时期

秦汉之后直至隋唐，山西是汉与匈奴等各族彼此征战的地域，以下就此期间各族在山西与汉族同化的史实略述之。

（一）匈奴。匈奴在先秦称犬戎、北狄、薰鬻等名，时时南攻中原。秦皇相信"亡秦者胡"的传言，北筑长城，以蒙恬率大军防御之。汉初高祖刘邦封韩王信于太原以北，都晋阳。韩王信上书"请治马邑"（今朔州），晋北得到开发。高祖六年（前201）匈奴兵临马邑，刘邦疑韩王信有异图。韩王信怒而降匈奴，引匈奴军直逼晋阳。刘邦决定亲征，先胜而进，不幸有"白登之围"，赖陈平计始脱险。后来用娄敬策，和亲匈奴。文帝刘恒始封代王，都晋阳，治代十七年，北拒匈奴，人民安居。但文帝至景帝时仍然实行和亲策，武帝始有卫青、霍去病、李广、程不识等名将屡败匈奴，逼其远遁漠北。元帝时复有"昭君和亲"之举，史称"宣帝以来，数世不见烟火之警，人民炽盛，牛马布野"，晋北经济社会进一步发展。唐人张仲素诗咏之："仙娥今下嫁，骄子自同和。剑戟归田尽，牛羊绕塞多。"今史家翦伯赞亦有诗："何如一曲琵琶好，鸣镝无声五十年。"均赞汉与匈奴和平相处的共赢局面。但王莽时轻侮匈奴，又致匈奴大举攻扰，晋北时受侵凌。东汉时，北边大旱，北匈奴西迁欧洲，南匈奴入居汉地，曹操分匈奴五部，安置于并州六郡，在晋中南北广大地区，与汉人杂居，促进了民族融合。

魏晋北朝时期,匈奴族居晋阳汾河之滨,其族刘渊乘西晋八王之乱举兵,于左国城(今离石)建汉国。刘渊以先人曾与汉约为兄弟,冒姓刘,师事上党崔游,习儒家经典,不舍昼夜,或称长者,晋室曾任之为北部都尉,汉化程度已深。刘汉是十六国时第一个少数民族政权。先都平阳,后迁蒲子(今隰县)。其族子刘曜改汉为赵,史称前赵。刘渊子刘和、刘聪、族子刘曜皆熟悉汉人经典,施政多用儒士。刘聪杀刘和继位,号昭武帝,年轻时游京师,"名士莫不交结,乐广张华尤异之"。称帝后仿汉制大定百官,治下有匈奴、羯、鲜卑、氐、羌、乌丸六个边族,后宫多娶汉女,皇后刘氏女贤明知书,颇有谏言。聪卒,其子刘粲又死于靳准之乱,刘曜自立为帝。曜读书广博,尤好兵书,善属文,工草隶,又雄武过人,时号神射,常自比乐毅、萧何、曹参,颇任用儒臣,又立太学与小学,聚生千五百人,其上第者拜郎中,延儒学一脉不坠。终因昏醉贻误军机,败亡于石勒,前赵亡。匈奴大夏赫连勃勃曾以铁马游击于河东,声势大张。之后,匈奴族未再雄起,隋唐时不见史籍,大部分同化于汉人,在山西境内尤多。

(二)羯族,其先为匈奴别部羌渠之后人。或说为小月氏人,或说是伊朗人,或说是犹太人。族人石勒少时被贩卖为奴至河北,在魏晋时以十八骑起事,投奔刘渊,屡有战功,终灭刘赵,建后赵称帝,称赵天王。后赵一度占领晋阳,先后纵横并州30余年,进占北中国大部。以汉人张宾为谋主,尤礼敬高僧佛图澄,称之为大和尚。石勒重儒,集衣冠士人为"君子营",下令不得侮衣冠华族,大臣多为汉儒,又注重农桑文治,有暇即读汉籍,并尊重佛教,大兴儒学,施政多有可称。其子石弘亦能"虚襟爱士,好为文咏,其所亲昵,莫非儒素"。惜后继之石虎,昏暴好杀,终亡于冉闵之乱。胡羯皆被祸,死者无数。然于石勒善政亦有增饰,如行吏部选举,立五经博士,禁夺百姓鱼盐之利等。北朝以后,羯族亡散,大都同化为汉人。

(三)鲜卑族,古属东胡。东汉末迁入北匈奴故地,与蜀汉有联络,牵制曹操南下。曹魏派人刺杀其族首领轲比能,鲜卑乃分散。东部鲜卑与他族融合,形成宇文、段、慕容等部落。十六国时,诸鲜卑先后创建前燕、后燕、西燕、南燕、西秦、南凉及吐谷浑等政权,前燕、后燕、西燕均在晋地,西燕慕容永还在并州长子(今长子县)建都。与此前后,鲜卑拓跋部势力大盛,终统一北中国。

拓跋鲜卑曾三次大规模南迁,拓跋力微时控制并州地区。晋惠帝时,鲜卑曾派军救援西晋并州刺史刘琨,抗拒匈奴。怀帝时,拓跋猗卢受封大单于、代公,据有并州北部。不久,什翼犍于繁畤建代国,依汉制,置百官,之后又定都云中(今大同市),筑盛乐新城。东晋时(376)亡于前秦。十年后,什翼犍之孙拓跋珪复代国,改国号为魏,是为北魏,复定都平城(今大同市)。439年拓跋焘统一黄河流域,鲜卑成为统治民族,大规模占有山西,加速了与汉族的融合。

拓跋鲜卑首领有很高的汉化主动性。其始祖力微之子沙漠汗"风采被服,同于南夏"。猗卢时招纳了大批汉族士人,参与军国大计。拓跋珪任用汉臣,注重农业,使部落成员转化为农民,并行屯田,用计口授田,分土定居之策,加速了封建化进程。之后明元帝拓跋嗣、太武拓跋焘均继承了这些汉化举措。特别是孝文帝拓跋宏大规模推行汉化改革,推行均田制、租调制、屯田制、三长制,迁都洛阳,禁胡服胡语,改汉姓、与汉人通婚、用中原礼制等等,民族融合达到高潮。

北魏末年,政治腐败,引发六镇大起义,契胡尔朱氏专权,先盛后衰,但灭亡了北魏政权。在起义中也有反汉化势力崛起。如北魏灭亡后分裂为西魏与东魏。东魏据有晋地大部,由六镇起义时崛起的鲜卑化的汉人高欢高洋父子操纵政权,六镇原部人马大部分是鲜卑化的民族。但其中有鲜卑化的宇文氏起事进入中原,反而积极实行汉化。在北朝后期,宇文氏夺西魏权,建北周政权,终灭高洋篡位称帝的北齐政权,再次统一了北中国。从历史大势看,当时汉化是一种历史的进步。鲜卑汉化政策适应了中原农业经济发展的需要,有利于社会文明进步。在北魏后期,各族长期的冲突与交融,多有此消彼长、兴亡败寇现象,但最终是汉化的宇文氏统一了北中国，说明民族融合确实为历史大势所向，这在山西地区表现得尤为集中和典型。至于在山西地区的前燕、西燕、后燕的鲜卑族政权，也均在山西地区不同程度地接受汉化影响，最终融合于汉族，即便是鲜卑化的北齐高氏也多是仿汉人政治制度实行统治。北齐以太原晋阳建大丞相府，号为霸府，与邺都相埒，遥控朝政，往往借重汉族士族的名望施政，故而北齐亡后，山西境内鲜卑族多数融入汉族。近些年太原考古发掘的北齐娄睿墓与徐显秀墓中有大幅彩色壁画，对北齐时各族人物的活动，有生动形象的直观展示。

属于鲜卑族系的吐谷浑比较特殊。吐谷浑有较强悍的独立性，汉化较慢，吐谷浑，史籍或称退浑、赀虏、阿柴虏。在北朝时，为西北一支重要的游牧民族。3世纪后期，有内争，终在甘肃、青海一带建国，受北魏统治，至吐谷浑首领夸吕时称可汗。后与东魏联姻，夹攻西魏。西魏则联突厥，556年大破吐谷浑，俘其首领之妻子及财宝，吐谷浑稍衰。当时吐谷浑多与中原贸易，西魏袭击其由北齐而归的使节，获商胡240人，骆驼600头，可见其与中原商贸的规模可观。吐谷浑刑律简单，官制也仿中原，有相当程度的汉化。至唐朝安史之乱时，受吐蕃攻击，"散在朔方河东之境"，至唐末有吐谷浑首领赫连铎受任为大同节度使。黄巢起义时，吐谷浑部曾受代北监军陈景思之命，与沙陀（突厥）首领李友金、萨葛、安庆一同入援京师（长安）。唐末晋王李克用有许多养子，是其军事骨干。其中多边族，其一养子李嗣恩就是吐谷浑族人。英勇善战，官至宰相。吐谷浑在五代时居处于蔚州，据地自雄。后汉主刘知远忌之，便设计杀其首领白承福等，将其部众安置于太原之外各州。刘知远，本突厥人，但也汉化极深，自以汉文化继承者自居而藐视他族。

（四）契胡。契胡是东胡之一支，北魏末契胡酋长尔朱荣崛起于北秀容（今朔州市）。尔朱荣之父尔朱新兴受封于北魏北秀容，有"牛羊驼马，色别为群，谷量而已"。尔朱荣时，多次助北魏军马，抵抗柔然，镇压胡族，击败敕勒起义，封博陵郡公，又奉诏平定并州匈奴，占据晋阳。孝昌三年(527)诛杀北魏皇室公卿两三千人于河阴,史称"河阴之变",立元攸为帝,是为孝庄帝,受封太原王,坐镇晋阳,进封天柱大将军,专擅朝政,总督并州等六州军务。永安六年(528),破葛荣起义,俘杀葛荣。次年平元颢之乱,再入洛阳,被帝刺杀。其子尔朱兆即起兵汾阳(在今隰县),据晋阳,杀孝庄帝,权盛一时,终与高欢交恶,被高战败自缢。尔朱氏坐镇晋阳,擅政8年(524—532)而覆灭,其族同鲜卑一样,大部融合于汉族。

(五)氐族与羌族。先秦时氐羌往往连称,二者关系密切,氐以农耕为主,羌则游牧为主。魏晋时有部分迁入并州,曾归附刘曜。后赵石勒又迁其部族入襄国与并州。前秦氐族苻氏政权以王腾为并州刺史,镇晋阳,于河、并二州各配氐户三千,王腾与苻氏通婚,为权门。羌族曾于西晋时(294)参与上党匈奴郝散起事,石勒时亦被迁入并州。东晋时,有羌人参与后秦军镇压并州叛乱,并进入并州。至后秦时羌人姚氏曾称帝于蒲坂(今永济市),后秦亡,羌与汉族融合。唯余部分四川羌民因交通闭塞,延续至今。

氐族苻氏崛起于略阳临渭(今甘肃秦安),苻洪先后投靠前赵、后赵,称三秦王。洪死,苻健入长安,称天王,351年称帝,国号秦,是为前秦。健死,苻生即位。苻坚杀苻生,称大秦天王,重用汉人王猛与吕婆楼,统一并州大部地区。后因淝水之战大败,亡于后秦与西秦。苻坚有才略,汉化甚深,重农尚儒,用王猛施政,一时国富兵强。王猛卒,苻不遵遗嘱而攻晋,终于败亡。苻坚之兴衰,足证汉文化具有很大的先进性,苻坚汉化方针对治国有举足轻重的意义。前秦亡后,氐人在山西者与别部和汉族融合。

(六)丁零。亦称赤勒、敕勒、狄历、高车,魏晋时分狄氏、斛律氏等六氏与西部吐卢氏、大连氏等高氏十二姓。北魏时或附柔然,或附北魏。之后南下入并州,有并州丁零、上党丁零之称。上党镇将公孙轨曾讨平上党丁零,终激起反抗。456年数千丁零入井陉山中,攻掠并、定二州。北齐名相斛律光文武兼备,功勋卓著,崇尚汉化,惜被奸臣害死,北齐亦旋亡。北魏末,多数并州丁零与汉族融合。隋唐时丁零融入回纥直系之祖。唐后期东突厥内附,丁零随之与汉融合。

(七)突厥族,原系丁零一支,或称匈奴别部,是今维吾尔族的祖先,曾受役于柔然,为其"锻奴"。西魏突厥收其众 5 万余,在蒙古建游牧汗国。北周北齐对峙时,双方均通好或联姻突厥,北周武帝即娶突厥女阿史那氏。突厥也主动提出与北齐联姻。北齐亡,突厥它钵可汗于 579 年入据并州,北周被迫嫁与千金公主。大批突厥与中原汉族交往融合。在唐初,突厥屡次南攻,时有战和。李渊起兵晋阳兴唐,卑词称臣与之联好,使南下攻取长安无后顾之忧。唐太宗部下名将史大奈,原系隋炀帝将领,曾以伐辽有功,受封金紫光禄大夫,后分其部于楼烦(今宁武)。史大奈,原阿史那氏(皇后一系),本西突厥特勤(将官)。唐初名将阿史那氏颇多,如阿史那社尔原为东突厥王子,却忠于李唐,军功甚著。早在隋前,突厥就以向北齐求取财物为能事,以至双方和亲,北齐"岁给缯絮锦彩十万段。突厥在京师者,又待以礼,衣锦肉食者,常以千数。齐人惧其寇掠,亦倾府藏以给之"。它钵可汗骄横地说:"但使我在南面两个儿(指北周、北齐)孝顺,何忧无物耶!"北齐亡时,突厥尚派大军救援,然北齐后主高纬在晋阳城破后逃出,欲投突厥而不果,北齐亡。突厥见无计可施,乃回军,但仍赏赐北齐使者纥奚安 70 匹马。北齐亡后,北齐文宣帝第三子高绍义率兵逃入突厥汗国,颇受礼重。曾纠集余部打算复国,如突厥联合稽胡于 578 年入攻西河郡(今汾阳),被北周军击退。只是后来,高绍义复国破产,突厥又转而与北周和好。杨坚于 581 年篡周建隋,突厥即大举入攻,原因是杨坚"待之甚薄,北夷大怨"。突厥终败退。为防御突厥,文帝杨坚命人丁十余万修建了包括晋北地区在内东自海、西至宁夏的长城,并派兵驻守幽州和并州。由于突厥内部争战,各欲联好隋朝,遂与隋相安,但西域各国与隋的朝贡、贸易均受到突厥的控制。炀帝时因起家于晋阳,615 年决定北巡,乃有"雁门之变",即在代州被突厥围困,失陷 39 城,后以援兵渐至,始解围归长安。

隋亡之后,终唐之世突厥始终为晋北强大威慑力量。东突厥衰于唐太宗之征伐,有 10 万余人降唐。初刘武周起兵马邑,得到突厥援助,号定杨可汗。而李渊起兵亦向突厥"称臣纳贡"。建唐后,臣服于突厥的梁师都联兵控制了晋北及陕北、内蒙古近边地区,又与刘武周攻入雁门句注,进攻太原。刘武周一度连陷西河郡平遥、介休。刘武周及部将宋金刚终在唐太宗与突厥联合攻击下败亡,二人被突厥杀害。突厥以伦特勤率数百人助唐李仲文守晋阳,突厥占据了石岭关以北并州地区取代了刘武周的统治。接着,突厥以刘武周旧部苑君璋为大行台,打算以之联合北方诸势力复隋。这一时期突厥与唐之战争集中发生在河东地区。武德三年(620),突厥处罗可汗打算进攻并州,未果行。不久,即分兵四路大举南下,其东线出并州、幽州,会合于河东,气势汹汹。但由于处罗可汗死,突厥内讧,未克完成。

处罗死后,颉利可汗继位,因内乱而势力衰减,唐由臣属关系转为与突厥的对抗关系。唐太宗发动了征伐突厥的战争,主要战场由太原移到雁门。武德三年(620)唐命恒山胡大恩为代州总管,封定襄郡王,赐姓李氏。大恩悉平境内诸盗,雁门地区归唐。次年,又击走颉利可汗进攻雁门的军队,然次年突厥再攻雁门,俘唐刺史王孝基,接着分兵攻并州、原州、灵州。越一年,李大恩出兵攻马邑战死,突厥进忻州未遂,败走。但唐军最终攻占了马邑,取得战略优势。此后,突厥始终重点进攻河东。颉利自觉不敌,最终在南下攻掠数次后,引兵出塞,突厥始居守势。后来,东突厥颉利可汗与突利可汗互斗,矛盾激化。突利主动降唐,受其影响鞈鞨部亦遣使入贡。突厥另一部郁射没可汗不久亦降唐,归附唐朝的大部分突厥人逐渐汉化了。贞观间,李靖等率唐军分道出击,大败突厥,俘颉利,东突厥亡。对突厥降人,唐太宗采温彦博建议安置其于河套之地,其中有定襄、云中都督府(今大同市)。颉利 10 余万旧部散居于丰、胜、灵、夏、朔、代之间,称河曲六胡州。这批人或农或牧,农耕者与汉族同化。此后唐廷重点在经营西域,与西突厥多有战事,而后山西境内东突厥留居余部则未再有攻唐之举且汉化日深。

但到唐末五代之际,经安史之乱与黄巢起事,中原大乱,唐室衰微。黄巢叛将朱温篡唐建后梁政权,突厥李克用等又在晋地崛起。克用以拥唐名义与朱梁屡战,其子李存勖于 923 年建后唐政权,延及 936 年石敬瑭大败后唐兵于晋阳, 建后晋政权。947 年后晋大将刘知远称帝于太原,建后汉政权。951 年,后汉将郭威发动兵变称帝,建后周政权,同年北汉高祖弟刘崇称帝于太原。直到 960 年北宋灭北汉,统一中国。按,后唐、后晋、后汉、北汉政权统治者皆系突厥沙陀族人,均以河东为根据地,并皆以晋阳为西京或北京,北汉且以晋阳为国都,其政治设施皆继承隋唐旧制,统治者亦以汉化为荣,深受汉文化熏陶,如刘知远指斥"戎狄凭陵,中原无主",自感未能平乱,曰"良可愧也!"于是,上行下效,带动其部族突厥等诸族加速了民族融合的进程。

突厥因与唐朝战和不时,交往长久。期间许多突厥人向慕华风,汉化程度很深。许多突厥及边族人也留居长安,杜甫有诗句云:"胡人高鼻动成群。"不少佼佼者进入唐廷,任为高官显职,受到重用。孙光宪《北梦琐言》"中书蕃人事"条云,唐自大中至咸通间,白敏中等多人拜相,汉人宰相崔慎猷曰:"可以归矣,近日中书尽是蕃人。"盖拜相中有白、毕、曹、罗四姓者,皆是蕃人。而白敏中即大诗人白居易从弟,白居易自称"太原白氏",但白敏中自承家世有诗曰:"十姓胡中第六胡, 也曾金阙掌洪炉。"是十姓胡(号十箭)之鼠尼施(苏尼郅)部,为龟兹人,曾隶属于西突厥。可见白居易先人也是胡人。白居易的诗歌在其时传诵四方,唐宣宗李忱有悼白之诗:"童子解吟长恨曲,胡儿能唱琵琶篇。"可见白诗在胡人中普及的程度。在安史之乱中,安禄山军队多胡人,收养罗、奚、契丹部众降人 8000 余,称"曳落河"(壮士),系叛军主力。郭子仪所率抵抗安史的朔方军(回纥兵)中亦多边族,以太原为其首府;李光弼保卫太原获大胜,其骁将仆固怀恩即驻太原,而仆固怀恩即铁勒族,一度归附突厥,曾任朔方节度使,与回纥兵联手歼灭史朝义部主力。由于受唐廷猜疑,心生怨望,决计夺取太原反叛。而其母认为叛唐不义,提刀欲杀怀恩以谢三军。怀恩急避得免,乃投奔灵州。唐代宗为之感叹"勋臣颠越,深用为愧"。派人迎怀恩母至长安,优加款待,怀恩母卒,葬之以礼。安史之乱前后,唐廷深知骑射在军力中之重要,也师法胡人改畜胡种之马,在河内、太原购进大批马匹,放养于河东(陈寅恪语),今娄烦、岚县一带即唐廷当年养马之场。整个晋地成为唐廷抗御突厥军进攻的战略中心,由此民族融合达到了历史上的又一高潮期,一直延及五代。至今山西仍有不少突厥族之遗迹,如介休张壁古堡有"可汗王"庙,孝义西殿山与汾阳巩村也有"可汗"庙,汾阳阳城有可姓人家。临县有村名"索达干"。索是突厥之姓。《北史·突厥传》称:"突厥之先,出于索国。"达干,则是突厥小头领之称。

(八)回纥。本匈奴之后人,先为铁勒部,臣属于突厥,制度文物受突厥影响极深。唐代,回纥大力协助唐廷平定安史之乱,以众多兵力投效于郭子仪部下,为朔方军。但回纥兵骄横不法,贪冒财货,其祸亦不亚叛军。大历间,回纥攻太原,过榆次、太谷,又与唐军大战于阳曲、羊武谷(在今原平)。回纥在唐代活动长达三四十年,即渐衰落,之后以吐鲁番与唐交往为主,远不及突厥时间久长,而回纥也有不少在山西与汉族融合者。今山西忻州市忻府区有"合索"村,索姓居多,是诸索之合居地,应是突厥所遗,其中有回纥之后代,颇为可能。

(九)柔然族。史籍又称蠕蠕、芮芮、茹茹。自称为东胡后代,或谓出于鲜卑(吕思勉说)。北魏前所建国即称柔然,附属于什翼犍之代国。5世纪初,征服高车(铁勒)、匈奴余部,统一漠北。后被突厥击败,部分柔然人逃入北周,大部被突厥吞并,国亡,这部分人当亦在并州及中原与各族融合。

(十)乌丸族。史籍多作乌桓,与鲜卑同属东胡。源于辽东赤山。东汉时,乌丸已大批移居晋北、太原,与汉人杂居。建安中,曹操征伐之,迁其万余落于中国,另有幽并所统乌丸万余落亦内迁,编入曹军从征。而迁于并州者就达五千落之多,牵招任雁门太守,上表免除乌丸五百余家租调,使之供鞍马,为侦候。太原乌丸王鲁昔受曹操命屯池阳,以备卢水胡。因其妻在晋阳,便率五百骑逃返并州,留其余骑在山谷间,单骑入晋阳取其妻而赴任。

十六国时,乌丸张伏利度率二千众驻扎并州乐平,为石勒招降,不久,乌丸薄盛率五千亦降石勒。石勒灭王浚,迁乌丸三万余户于襄国。北朝时,乌丸在并州有千余人。316年卫雄等与刘琨质子刘遵率晋人及乌丸三百余家,脱离前赵刘氏,投奔刘琨。此时,塞外乌丸已同化于鲜卑,居雁门一带,后随鲜卑汉化,而塞内乌丸属杂胡之一,亦同化于汉族。

三、辽、金、元时期

辽、金、元时期,各族融合的史实则尤为明显。此三朝皆少数民族入主内地。辽为契丹,金为女真,元为蒙古族。其实历史上出现汉朝之后始有汉族,汉族本是先秦以华夏族为主融合各族而成,已不是单民族共同体。魏晋十六国与北朝时融入的边族尤多,而隋唐两代皇帝皆非汉人血统,皇室与边族联姻实多,隋文帝、唐高祖、唐太宗之皇后皆为边族女子。如前述,五代后唐、后晋、后汉、北汉皆突厥沙陀族政权。后晋石敬瑭割幽云十六州与契丹,至五代末,后汉刘知远、后周世宗颇欲驱逐北方契丹,未克成功。北宋三次攻北汉时,契丹尚为北汉后援,直至北汉灭亡,契丹族则仍盛于北方。契丹在宋初巩固了在晋北的统治,契丹所建辽朝实行北南面二重官制"以国制治契丹,以汉制待汉人",可谓又一种"一国两制",南面官即沿用汉人旧制,不过辽人治下汉族人口尚远多于契丹族。辽廷欲安定内部,起用大批汉族士人,终辽一朝有韩、刘、马、赵四大姓及其他望族参与政事,皆为重臣。辽先后设五京,其西京即在今大同市,辖县在晋北有大同、云中、怀仁等县。但晋中晋南则久为辽宋争夺的主战场,著名抗辽将领杨家将史事即发生在这一带广大地域,而在辽域也多实行中原农业生产方式,劝种桑麻,开垦荒地,晋中以北经济社会发生了转型变化。但养马之风仍然颇盛,朔州成为畜牧基地,马匹便有数万群,每群不下千匹,采煤、冶炼、制盐、建筑亦十分发达,著名的应县木塔即建于辽道宗清宁二年(1059)。辽上层贵族雅好音乐、戏剧,景宗圣宗父子"与番汉臣下饮会……或自歌舞,或命后妃以下弹琵琶送酒"。兴宗还是一丹青能手,曾以所绘《鹅雁图》赠送宋廷,宋仁宗作飞白书以答之。终辽三世,晋北经济社会的进步与发展成果,是汉辽及各族人民共同创造的,民族融合加深自不待言。

宋辽澶渊之盟之后有百余年的和平共处时期,促进了双方社会的文明进步。但辽朝末年,女真族崛起东北,大举南攻。女真族,隋唐时称靺鞨,分生、熟两部。生女真完颜部首领阿骨打建金朝,反抗辽的残酷统治。1125 年金灭辽,攻克了西京大同。金人兵锋甚锐,乘势南下,与宋形成对峙。1126 年占领山西大部,南逼宋京汴梁(开封市),终灭北宋。金在晋地划为西京路、河东北路、河东南路,山西成为金朝的重要战略地区。金朝统治继续到 1234 年灭于蒙古国。金的统治方式沿袭辽制,有三省制,又建立了一套汉官制度即猛安谋克制(属军事首长制)。金初文化不高,便"借才异伐",起用汉族文臣,名臣有康公弼,应州(今应县)人;韩企先(原辽臣);虞仲文,武州(今五寨)人;高汝砺,应州人。著名文人赵秉文、杨云翼主盟文坛;杰出诗人,北方文雄元好问即出赵秉文门下。有晋籍文臣与文化人士郝天挺、许楫、王庭筠、张翰、胥鼎、白华、宋子贞、李谦、赵元、秦略、刘从益等一大批精英,人才之盛,彬彬于一时,均以不同才能弘扬中原汉文化。特别是金世宗、金章宗时期,多读儒书,大大提高了汉文化素养,崇尚仁政王道,与宋订立隆兴和议,安定和平达40 年,世宗史称"小尧舜",对发展经济社会起到导向作用,上行下效,被元好问诗称"大定明昌五十年"是和谐发展时期,光耀史册。

章宗之后,金廷政治腐败,北方蒙古族兴起,成吉思汗以刀枪铁骑横扫欧亚大陆,南逼金朝。北方各族反金起义进入高潮,蒙古太宗于

1231年三路攻金,1234年灭金。在金元之际,蒙古军所到之处,大肆杀掠,实行屠城政策,欲化中原为牧场。在这样严酷的历史倒退时期,有蒙古太宗的中书令、契丹族的耶律楚材苦口婆心,劝说元世祖忽必烈附会汉法,以汉法治汉地。金遗臣、忻州人元好问(祖先为鲜卑族)等联合了一大批汉族和各族文士,周旋于蒙古新贵,宣扬仁政王道,竭尽全力推动蒙古上层改弦易辙。元好问于金亡之后以修金史为义不容辞,一生尽瘁于此。又曾与张得辉于1257年风尘仆仆,北上桓州汗廷,请忽必烈为儒教大宗师,并免除儒户兵赋,忽必烈欣然准允。之前,元好问在蒙古军破汴京(1232)前二日,上书耶律楚材保护任用54名中原才士,被楚材采纳施行。元好问终其一生为保存中原文化,促进民族团结不解奋斗,其友人刘秉忠、李冶、徐世隆、杨奂、姚枢、赵复、商挺、高鸣、张德辉、刘肃、敬铉、宋子贞等,均是协助忽必烈实行汉法,开一代之制,创立国规模的汉人勋臣,好问交游的汉人世侯严实父子、张柔父子、赵天锡、史天泽,虽武功赫赫,但在所辖领地均有崇儒重农,振兴文治的善政。元好问可谓上承耶律楚材,下启忽必烈元初盛世的先进文化代表,世人但知元好问为金元之际诗文大家,其实诗文创作不过是其弘扬中原文化事业的一部分。南宋末家铉翁评元好问"夫生于中原,而视九州四海之人物,犹吾同国之人"。王国维评元好问上耶律楚材书曰:"遗山此书,诚仁人之用心。"洵为的评。在金元之际民族战争与大融合时期,元好问的历史功勋不可抹杀。

蒙古国征服河东,经营大河北,推行的行政统治制度多因于金朝,或有改制,实行行省制。山西、河北、山东三地,谓之腹里,也实行开科取士。特别是世祖忽必烈尊儒佑文,所谓"方修礼乐,尚儒术,以文太平之治"。金廷遗老均受保护任用,同时恢复了州县的文庙,为历代先贤立庙祀。元好问的学生郝经倡言"行中国之道,即可为中国之主",出使南宋被扣留十六年而归,其政见助忽必烈建元朝有重大贡献,极受忽必烈尊重,可谓一代天下之士,不负恩师厚望。由于社会动荡和不公,贵族之喜好,文人之没落诸因素,金元两代出现了杂剧创作高潮,而山西则为其时戏曲文化繁荣中心之一。著名的元曲四大家"关、白、马、郑"中就有三位系山西人。至今山西省在 20 世纪统计就有地方小剧种 85 种之多,目前尚存 30 种以上,是一大笔珍贵的文化遗产。但元朝统治阶层不能尽脱野蛮之习,严酷镇压中原与南方各族,激发民愤,政局动荡,终引发了元末人民大起义,在 1368 年被朱元璋的明军灭亡。

四、明清至现代

明朝建立后,驱逐残元势力,实现了以汉族为主体的全国大一统。但北方仍有边患即与蒙古瓦剌相冲突。为加强边防,明廷在北中国设置了九大军事重镇,史称九边。晋北有大同以北的外长城,和偏关、宁武、雁门三关为主的内长城。大同总兵驻大同,太原总兵驻偏关。一般而言,除晋北时有瓦剌侵扰外,晋地各族相安无事,和平相处。值得一提的是,明初实行 18 次从山西洪洞大槐树向各地移民,这其中定有不少少数民族后代,移往战后人口稀少的京津齐鲁江淮,促进了经济的恢复发展和南北文化交流。只是到了明末,因政治腐败,引发农民大起义,而东北满族乘虚入关南下。1644 年攻入北京,建立清朝,并发兵南攻中原。当年秋占据山西,由于清廷实施屠城政策和强制剃发令,激起民众反抗。一时有大同姜瓖兵变,降而复叛,在晋中晋南有以交山军为首的多支义军起而抗清,直到康熙间才最终平定山西。清前期,顺治帝与康熙帝对山西实行优抚政策,取消圈地,鼓励开荒,惩治贪官,民众逐渐安居乐业。从康熙二十二年至四十九年(1683—1710),康熙帝先后 8 次巡视山西,其中两次幸五台山,施行了一系列优惠政策,抚恤孤老,救济贫民,赈灾济困,推行一条鞭法赋税制度,皆有利于各族和谐,巩固了清廷统治。清统一中国后,山西成为内地,清廷逐渐取消了山西内蒙古交往的禁令,打开了山西各族"走西口"的通道,大大密切了蒙汉各族的关系,对山西和内蒙古的开发起到了特别重要的作用。但是,清廷毕竟是以满族为统治民族的政权，实行严厉的民族压迫政策，八旗王公腐败堕落。1911年，辛亥革命推翻清廷，建立民国，孙中山先生倡导"五族共和"，民族平等才成为各族人民的共识。在民国时期，山西执政并没有彻底贯彻孙中山的民族方针，只是在抗战时期中共领导的晋绥、晋察冀、太行革命根据地以及山西全境解放后，才真正实施了民族平等、友好共处的政策，一直延续到现在，从而为凝聚民族团结，复兴中华民族大家庭奠定了坚实基础。

从上述粗线条的概述中，可以看出民族融合，互惠交往是中华历史文化发展的必然趋势，是不可阻挡的历史潮流。在和平时期，中华各民族友好相处，共同发展，符合各族人民的愿望。但战乱和冲突也是各族交流互融的一种非常形式和途径，其中充满血腥和暴力，给各民族人民带来灾难和痛苦。从本质上说，各族人民本没有根本利害的冲突，是各族上层统治者挑起了民族的历代仇恨和纷争，这些败类才是破坏民族交融和团结的罪魁祸首。在漫长的中国史上，各族文化的交流和互惠的过程中，进步文化作为一种软实力，具有一种不可抗拒的柔性粘合力和坚韧的凝聚力。凡是有利于改善民生，提高民族素质和生活质量，促进文明进步的文化，哪怕是在形同敌国的战乱时期，它也总是为各族成员所认同和采纳。战乱和仇杀导致的巨大灾难，是一种历史付出的代价，由于历史的局限性，历史上的中华各族不可能避免这一苦难，可是中华民族总是冲破种种磨难和曲折，犹如滚滚东流的长江大河，虽经千回百转，最终要奔向大海。多元一体的中华文化是各族兄弟共同缔造的，它的发展壮大不可阻挡、不可逆转。通常而言，在历史上汉文化具有先进性和主体性，从而发挥着对各兄弟民族的向心力作用，但不能说只有各民族对汉文化的同化，没有汉文化对兄弟民族文化的吸收和借鉴，如战国赵武灵王"胡服骑射"改革，北齐汉族的鲜卑化经历，隋唐效法胡族的骑射、艺术、音乐、舞蹈乃至各族饮食、服饰、语言词汇、风俗习惯被广大汉族地区所采纳和传布，等等，都是显例。中华文化之所以博大精深、丰富多彩，都是由于各族人民共同的智慧创造，不是单一民族可以完成的。历史上的山西省区，是各族文化交汇的纽带地区，因此也可以说是民族矛盾和冲突最激烈、最频繁的地区，在历史上没有哪个省区比山西发生的民族战争更多更惨烈。所以说，三晋文化是历史上各族文化在山西这个大熔炉中融合的结晶。

五、历史上民族文化交流在山西的遗存

历史上山西各族文化的融合，近世以来在山西仍能看到许多遗存迹象，不妨举例说明。如宁武县有著名风景区"天池"，方志或称"祁连汭"，俗名马营海。祁连即缘自突厥人语，称天为祁连，古匈奴歌"失我祁连山"云云，即是由突厥之语汇而来。张颔先生怀疑古突厥人语言不善发舌头音，今人读舌头音作舌上音者，大抵乃突厥语之余绪，如五台人就把"天"读为"祁连"二字的切音，把中药"枸杞子"说成"狗蹄子"。五台古称虑虒，北魏时改称驴夷，五台有虑虒河和大同纥干山一样，都不是汉人的称谓。太原北郊柏板乡有宇文村，宇文即鲜卑姓；忻州有呼延村，呼延即匈奴姓。宁武县有姓赫连者，如戏剧名角赫连福，赫连即母系鲜卑的匈奴姓氏。十六国时匈奴刘渊建国于左国城，在今吕梁市离石区北，现离石刘姓大部为其后人。汾阳有花枝村，村有刘王庙，即刘渊庙（今毁）。汾阳的阳城村有可姓，亦鲜卑族姓氏，该县阳巩村也有可汗庙，乃可姓宗祠，可能是某可汗之后人。汾阳还有独姓，乃鲜卑族独孤氏之后人。太原有达达巷，达达乃古鞑靼即今塔塔尔族，汉人也称蒙古人为达达、达则，因蒙古人曾参加过鞑靼为首的部落联盟之故。在忻州有部落村，当是古代北方少数民族入塞定居之名。唐初名将尉迟恭，是马邑（今朔州）人，属突厥族，沁水县今有尉迟村，襄汾县今有尉村，皆尉迟氏曾活动的地方。1930年李济先生曾对30多位介休人进行体貌测量，确认介休当地人多属西北民族人种。介休方志载该县河村，有可汗王庙，今张壁村亦有可汗王庙，晋城有可寒山，皆为纪念可汗之遗迹。明人蒋

一葵著《长安客话》（长安指北京）提到两种煮面叫"水滑面""混沌"，皆出蒙古语，今介休称拉面为"水滑（读花）"。水果有"巴八杏"，杏仁可食，此种杏出西域哈烈国，山西介休等地也有出产者。山西还有茹姓，《官氏志》载："蠕蠕（柔然）入中国为茹氏。"明初有名臣茹太常。晋国芮城有"酒"姓者，按沁水端氏有北魏延昌四年（513）摩崖造像石刻，上有酒姓人名，酒氏应是鲜卑族姓氏。太原在春秋时，夷狄又名大卤，按"名从主人"之史例，大卤即夷狄之称，公元前541年后方为晋国占有。以上诸例，散见于山西南北各地，足资见证千年上下山西少数民族生存活动之广泛，今天他们大都在山西同化于汉族，所以在山西想找到纯汉人血统的人基本不可能。三晋文化确是历史上各族文化融合的产物。

综上，无论从历史事实，还是当今的文化遗存看，晋文化的形成是历史上的山西本土文化与边族文化交流融合的结晶。晋文化最终汇入中华民族大家庭多元一体的伟大洪流之一，成为中华文化的有机组成部分。这一各族文化融为一体的历史进程，反映了文化发展的客观规律，也启示我们维护民族平等，保卫祖国统一是当今建设和谐社会、美丽中国，实现民族复兴大业的必然时代要求，更是中华各族儿女义不容辞的历史责任。

春秋晋阳之战的来龙去脉

  晋阳(今属太原)城在中国历史上是一军事战略要地,旧称这里是"乱世之强藩,治世之重镇"。《隋书》称"太原山川重复,实一都之会"。顾祖禹的名著《读史方舆纪要》称太原"襟四塞之要冲,控五原之都邑","踞天下之肩背,为河东之根本"。纵览历代王朝兴亡史,在晋阳发生的战争,其大仗、恶仗之多指不胜屈,像十六国时期各方民族在此争夺攻守,频繁上演;西晋刘琨御胡守太原之十年艰苦卓绝,唐室太原举兵南取长安,创建大唐;中唐李光弼于太原与安禄山叛军恶战获捷;五代时期突厥后唐、后晋、后汉、后周、北汉崛起于晋阳;赵宋平北汉三征太原,以及后世太原的抗金、抗元的惨烈拼杀,李自成军太原抗清苦战,直到辛亥革命太原光复之战以及傅作义于太原坚城抗日,解放战争时期的太原激战而获新生。这一桩桩一件件血与火的搏杀,在历史上写下了一幕幕威武雄壮的活剧,见证了中华民族英勇抗暴、坚贞不屈的伟大精神,给后人留下深刻的历史经验教训和无尽感慨。太原是一座英雄之城,可以说是中国历史发生大型剧烈战争最多、影响极为深远的一座历史文化名城,故史家有"先有晋阳,后有汉唐"之说。而上述所有的惨烈恶仗是以 2500 年前,春秋末期晋国的晋阳之战开篇的。

  本文即概要地对晋阳之战作一评述。

一、晋国六卿擅政

  春秋末期的晋阳之战发生在晋定公十五年(前 497),这时的晋国衰微,已到了强弩之末阶段。晋国之衰是有历史原因的。

晋国在晋文公时曾达到极盛阶段,称霸中原,为一世之雄。《孟子》便称"晋国(实指魏惠王,其时魏国仍奉晋国旗号)天下莫强焉"。晋国之强,一个重要原因是打破嫡长子宗法制,能够大胆启用异姓公卿的贤能之才。早在曲沃武公时,便有武公"尽杀群公子"的事件。到了晋献公时期,献公又听任士蒍建议,"尽逐群公子",军权大权交由异姓公卿执掌,"自是晋无公族",从而逼得晋文公重耳亡命十九年,辗转八国,"险阻艰难,备尝之矣"。公室内部争权夺利愈演愈烈,长期的内耗削弱了公室的实力,这就给异姓卿大夫左右政局、擅权坐大造成了契机,史称"陪臣执国命"。郭沫若论及其时的形式是"诸侯倒楣了,卿大夫起来;卿大夫倒楣了,陪臣起来"(《奴隶制时代》)。在最强盛的晋文公时代的十一姓贵族中,胥、狐、箕、郤、柏(伯)、先六家皆一蹶不振,不见于政坛,籍、董、羊舌三姓亦未能显达。属于二三等贵族中的赵、范(士)、中行、知、魏等已发展壮大,操纵了国政。随后赵衰之子赵盾登上正卿之位,以卿族子弟为公族,由赵氏为公族大夫,以掌公族。这一卿族削弱公室的重大步骤,使晋景公畏惧赵盾,乃下决心剪灭赵氏,演出了"赵氏孤儿"赵武被救逃亡而后复位的一出著名史剧,赵氏又中兴起来。晋文公之后经历襄、灵、成、景、厉五公,至悼公复霸,晋国又重新振作,有一番新气象。这其中异姓卿大夫始终是支撑公室的中坚力量,但到悼公之后的平公时期公室之衰,犹如水之就下,无以回澜。《史记·晋世家》载政治家叔向之语云:"晋,季世也。公厚赋为台池而不恤政,政在私门,其可久乎!"《左传·昭公三年》载叔向语尤为中肯:"虽吾公室,今亦季世也。戎马不驾,卿无军行,公乘无人,卒列无长。庶民罢敝,而宫室滋侈。道殣相望,而女富溢尤。民闻公命,如逃寇仇。栾、郤、胥、原、狐、续、庆、伯,降在皂隶。政在家门,民无所依,君日不悛,以乐慆忧。公室之卑,其何日之有?……其能久乎?"

此语得到了齐国名相晏婴的认同,晏婴预感"齐之政后卒归田氏",叔向则预感:"晋之政将归六卿。六卿侈矣,而吾君不能恤也。"结果,不幸而言中,造成了"六卿强,公室卑"的局面。20 年后,周天子(敬王)以王子朝之乱奔逃晋国,由晋定公支持下回到国都成周。《史记》载,晋顷公十二年(前 516),"韩宣子老,魏献子为国政。晋宗室祁氏、羊舌氏相恶,六卿诛之,尽取其邑为十县,六卿各令其子为之大夫。献子与赵简子、中行文子、范献子并为晋卿"。

二、赵鞅崛起

六卿中赵氏的赵简子赵鞅是颇具实力的一支势力,简子是赵氏的宗主,还是晋国的正卿(执政者)。此人雄心勃勃,颇具手腕,他与荀寅"城汝滨,遂赋晋国一鼓铁,以铸刑鼎,著范宣子所为刑书焉",颁布了历史上最早的成文法。孔子认为刑鼎之作预兆晋国的败亡,认为"晋其亡乎,失其度矣,……今弃是度也,而为刑鼎,民在鼎矣,何以尊贵?贵何业之守?贵贱无序,何以为国?"意谓晋国政局破坏了传统规范约束,让民众懂得了刑法,贵贱等级混淆,国家就难以维持统治,国将不国。作为晋卿的赵鞅还参与了晋定公与吴王夫差的"黄池之会"。会后他向郑国的贤臣大叔游吉请教"揖让周旋之礼",了解"礼,上下之纪、天地之经纬也,民之所以生"的治国之道。游吉死后,他表示要按照游吉所言,坚持"无始乱,无怙富,无恃宠,无违同,无敖礼,无骄能,无复怒,无谋非德,无犯非义"的原则,即不要首先作乱,不要以富炫耀,不要仗势欺人,不要违背公众的共识,不要骄慢无礼,不要恃强逞能,不要反复恼怒,不要干缺德事,不要犯不义的过失。以此规范自己的言行,要韬尊养晦,以博众心,积蓄力量,待机而动,后发制人。但赵鞅并非固守礼制的谦谦君子,而是怀有野心的阴谋家,对不利自身专权的正派人士则坚决排除。如他为了"天下可图",残暴地杀掉了贤人窦大夫,孔子知之,赴晋途中即临河而返。可见其人精于权谋,久蓄异图。当得知鲁国国君被强族季氏逐出国门七年之久而客死他乡的事件后,他请教晋国史官史墨(史黯)鲁君客死的原因,史墨向他讲述"社稷无常奉,君臣无常位","三后之姓,于今为庶"的道理,这对他从政采取适时而动,随机应变,一旦条件成熟便诛锄异己,攀上更高权位,便有很大的启发。

在经济政策上,赵鞅在其势力范围内采取了大胆改革措施。银雀山汉简《吴问》载,赵鞅实行了从204步为亩的田亩制,较之范氏与中行氏实行的160步为亩、韩氏实行的200步为亩的亩制均要大许多。这就完全改变了以往"籍而不税"的旧税制。由于亩大而税轻,减轻了民众负担,笼络了民心,使"利归于民",从而壮大了赵氏的实力。在铁之战中,为鼓舞士气,赵鞅颁令:"克敌者,上大夫受县,下大夫受郡,士田十万,庶人工商遂,人臣隶圉免。"赢得了战争的胜利。

再一点是赵鞅做出尊贤爱士的姿态,吸引可用之才。如《国语·晋语九》载,他向晋大夫壮驰兹询问东方贤士为谁,意欲择人而用。《左传》和《韩非子》都提到他曾任用鲁国季氏的叛臣阳货,使之尽力"善事简主,兴主之强"。他收罗了手下的干才少室周、牛谈及周舍,为之效命。而对善于逢迎,"是长吾过而绌善"的奸佞之徒鸾缴,则沉之于河严惩之。但对敢于批评进谏的烛之过、史墨,他则尤表礼敬,采纳其言。贤士阳城胥渠患重病,赵鞅杀其所爱之白骡取肝而疗之,使其感激而奋勇杀敌。正是由于赵鞅有如此善于机变、聚拢人才的政治素质,故而在六卿内争中赵氏逐渐由弱转强,不断壮大。

三、赵鞅经营晋阳

使赵鞅能够拥有坚实后盾,持续逞强,久立而不败的基本实力,在于他具有战略眼光,事先就修筑好了可以持久固守的根据地晋阳城。晋阳城在远离晋都和其余五卿的北部太原盆地,赵鞅老谋深算,预先就筹备经营这座坚城。他委派修建晋阳城的是他的两位亲信家臣董安于与尹铎。

晋阳之地背靠龙山,面临晋水,北依盂邑,南系梗阳,控带山河,沃野千畴,是可进可退、雄视全晋的腹地,所谓年谷独熟,人庶多资,表里山河,四战之地。后人称之为"东带名关,北逼强胡"为"中西北门"。占据晋阳,极利于南下直取晋都,势如破竹,把握制胜先机。所以,赵鞅胸有成算,决心把晋阳打造成一座牢固的军事基地。

当董安于受命修筑晋阳城后,他立即举荐尹铎为其得力副手。史称董安于"世治晋阳",一世是 30 年,可见安于的出身是治理晋阳的世家,具有多年治城的丰富经验。把晋阳建成一座什么样的城池?《国语·晋语九》载赵鞅与尹铎的一段对话,足见其决策的原因。尹铎请示:"以为茧丝乎?抑为保障乎?"是把晋阳城建成一座能提供赋税的茧丝织造的经济性特区呢,还是建成一座御敌保障性军事堡垒呢?赵鞅答:"保障哉!"这话简洁明了,就是要建一座坚不可摧的军事重镇。尹铎便请示将晋阳户数减少,以便养精蓄锐,增强战斗实力。当时尹铎还是一个初出茅庐的年轻人,赵鞅对尹铎表示赞赏,并随即对儿子襄子嘱咐:"晋国有难,而无以尹铎为少,无以晋阳为远,必以为归!"意思是,将来一旦有战争,你不要小看尹铎这位年轻人,而应当重视他的见解;你不要认为晋阳离国都遥远忽视这一坚城。一定要回归晋阳这一根据地,才有依靠的屏障。

在修筑晋阳过程中,赵鞅命尹铎毁掉旧日的军事障碍物(垒培),他认为见到这些东西,就像见到自家往日受到仇人荀寅和范吉射的侮辱,心情十分郁闷。但是,后来尹铎却不服从指示,反而增高了这些军事工事。赵鞅到晋阳,一见这些深沟高垒,便怒气冲天,认为尹铎违命擅自主张,说必须杀掉这个胆大妄为的尹铎,再进城。身旁的大夫们连忙劝解赵鞅,赵鞅仍气愤不已,要杀尹铎。这时邮无正上前进言,讲了一番道理。他举例说赵氏先人之所以屡屡能保持正卿(执政官)的地位,受人尊崇,就在于修养德行,尊重教化,善择师保,而尹铎能够"思乐而喜,思难而惧,防患未然,考虑长远之计,所以增修垒培,居安思危",这是鉴于前车而聚集赵氏实力的善举:"若罚之,是罚善也。罚善必赏恶,臣何望矣!"那我们还有什么指望呢?这番话让赵鞅顿时醒悟,说:"微子,吾几不为人矣！"没有你的开导，我几乎办了不是人的事。于是，不仅免去尹铎的死罪，还重赏了尹铎。由此可见，尹铎修城，忠于主家而不苟从，顾全大局而敢于犯上的宏图远略，也反映出董安于以尹铎为副手的慧眼识人。

董安于主持修筑晋阳城并不是打造新城，他既然是"世治晋阳"，那就说明原来就有晋阳城在此。只不过，旧晋阳城原来是一座土围子。因为当时还没有像后世的砖包城墙之类加固工程，而是由夯上砸实法建起城墙。这种土围子一般的城池，是难于抵御强攻的。那么怎么样才能将城墙修筑的坚牢厚实，犹如铁壁铜墙般坚不可摧呢？董安于为之煞费苦心，反复斟酌。他终于想出了办法。晋阳城紧靠悬瓮山，山上多楛荻蒿楚等坚韧的杂材灌木，又蕴藏铜矿。于是他采用夯土版筑墙体，把这些硬竹般的木料混入土中夯实成为宫墙，又炼铜作为宫殿的柱础。晋国的冶铜术在当时极为发达，炼铜作为殿柱础，杂木制围墙，夯土垒城墙，董安于采用这三项技术，保证了晋阳城异常坚固，使之在数十年后，经受住了大水灌城的严峻考验。

有了一座晋阳坚城，董安于、尹铎开始大量囤积粮秣和钱财等物资，以备紧急时足食足兵之用。同时号召臣民，激励斗志，并改善民生，凝聚力量，于是"民无叛心"。所谓有文德必有武备，晋阳城巍然屹立，迎接了后来一次又一次的战火考验。

董安于不仅修城有方，而且品德高尚。他忠于主君，公忠体国，淡于利禄。他曾参与下邑之役，立有许多战功。赵鞅准备奖赏他，他坚决辞谢，说，我自幼从事于公职，"进秉笔，赞为名命，称于前世，立义于诸侯，而主弗志。及臣之壮也，耆其股肱，以从司马，苛慝不产。及臣之长也，端委韠带，以随宰人，民无二心。今臣一旦为狂疾，而曰'必赏女'，与余以狂疾赏也，不如亡"。趋而出，乃释之。意思是打仗是凶险之事，人像发了狂一样。我因为发狂而受赏，还不如逃走。于是他疾走出宫，没有接受这次重赏。正因为董安于有这样高洁的节操，不贪利禄，一心为公。有如此身教,所以能够获得臣民拥戴,日后为坚守晋阳拼死苦战。而董安于后来以身殉主,更显其高风亮节,流芳百世。

天时、地利、人和,三者兼备是战争决胜的基本条件,赵鞅运用政治智慧、经济改革、收揽人心、任用贤才为其赵氏崛起,执掌晋政,称雄一世打下基础,也为其子赵襄子晋阳之战的决胜创造了条件。

四、赵氏内讧与四卿并立

如前所述,晋定公时公室卑弱,六卿坐大,彼此斗争不已。晋阳之战是赵鞅死后六卿不断恶斗的继续。先是,在六卿之中,赵氏的力量日益丰满,赵鞅作为正卿,对内积蓄力量,壮大实力,并排除异己;对外则傲视公室,寸利必争,与六卿中的范氏(士吉射)、中行氏(荀寅)发生尖锐冲突。但导火线却是赵氏内部的斗争。

晋定公十二年(前500),赵鞅伐卫,卫败,卫国献给赵氏五百家农奴(即卫贡五百家)。赵鞅便把这五百家农奴暂时安置在邯郸。过了三年(前497),赵鞅打算将这五百家从邯郸迁往晋阳。邯郸主事者是赵午,赵午没有立即答应这一要求。他认为卫国已臣服于赵氏,赵卫关系缓和,如即时迁移卫贡五百家将损害两国的正常交往,不如派兵攻打齐国,待齐国反攻报复时有战争的借口再迁此五百家,尚有理由维持与卫国的和好。不料,赵鞅知道后大怒,"召午而囚诸晋阳"。赵鞅非但不理会邯郸赵氏的动机,而且盛怒之下杀掉了赵午,并通知邯郸赵氏:赵午有罪,你们另立一个主子吧。这当然激怒了邯郸赵氏。赵午之子决心报仇,便与家臣涉宾举兵发动叛乱。赵鞅闻讯即派上军司马籍秦率军包围了邯郸。

但赵午并非孤军,他的舅父便是荀寅(中行寅、中行文子),而荀寅又与范吉射(士吉射、范昭子)有姻亲关系。荀、范二氏本该跟从赵鞅去围攻邯郸,但由于赵午的亲缘关系,反而与邯郸联合发兵攻打赵鞅在绛都的宫室。事先董安于就提醒赵鞅应作防备,赵鞅说:"晋国有命,始祸者死，为后可也。"（这当是如先前游吉所谓"无始乱"言而言）认为挑起祸端的荀、范二氏必先灭亡，自己要后发制人。然而，赵鞅抵挡不住荀、范的进攻，便匆忙逃奔晋阳，荀、范二氏即派兵前往追赶，并包围了晋阳。事实上，这场祸乱是赵鞅最先杀赵午发难的，他又没有奉晋定公之命而擅自挑衅，所以孔子认为赵鞅才是祸首，于《春秋》书"赵鞅以晋阳叛"。

对于赵鞅挑起的这次战乱，在六卿之中引起了连锁反应。韩氏宗主韩简子与荀寅（中行寅）本来就关系恶化，魏氏之魏襄子也与范吉射有矛盾。所以韩、魏二氏并不希望荀、范二氏占上风。在此时，六卿中势力最强的是智氏（智文子智砾）。这个智氏企图让亲信嬖臣梁婴父取代荀寅，担任卿职；而范吉射有个庶子范皋夷因不得宠信，也想"欲为乱于范氏"，即企图趁乱推翻范吉射，自己当范氏宗主。于是韩、魏、智、范皋夷各怀心事，在共同的利益支配下便联合起来，打着晋侯的旗号，"奉公以伐范氏、中行氏（荀寅）"。这样就开始了一场众卿之间的厮杀。

开始时，韩魏等四股势力貌合神离，并不齐心，兵力虽多，一时未能占优势。荀、范二氏本应利用韩魏四家不够齐心的时机反击，不料荀范二人不听从齐高疆的劝告，予以各个击破；反而利令智昏，贸然打出了反叛晋公的旗号，发兵攻打晋公，从而激起国人的反感。当时晋定公虽然没有什么实权，但毕竟是一国之君，在政治上仍有一定的影响力。这样，荀范二氏便失去了国人的同情，对他们的发难，"民弗与也"，"国人助公"。在全国上下支持下，攻守之势相易，荀范二氏被韩魏四卿打败，二氏逃奔朝歌（今河南淇县）。是年（前497）12月，赵鞅坐享渔翁之利，从晋阳被迎回晋国绛都（今侯马西北），经韩魏向晋公疏解，赵氏仍为晋卿，赵、魏、韩、智四家重又结盟。而荀范二氏逃到朝歌后，继续与邯郸赵稷纠结鲁、卫、齐、鲜虞的势力，与晋侯及赵、韩、魏、智四卿对抗，而这些外部势力也各怀心事，以"谋救范、中行（荀寅）氏"为名，出兵干预晋国国政。

在外部威胁难以消除的形势下，开战前后，赵鞅便极力联合晋国内多数卿大夫的势力,以期团结对敌。于是,赵鞅开展了一系列与支持者的盟誓活动,扩充己方力量。《左传·定公十三年》载,赵鞅就曾在绛都与众大夫"盟于公宫"。这种盟誓不止一次,如次年赵鞅又与智砾盟誓结好。对这种反复的盟誓活动,史称"寻盟"。侯马出土的盟书就记载了这种盟誓的实际内容。

以《侯马盟书》所载完整的一则盟辞为例,可知其具体内容。其大意语译如下:

> 趞(人名)岂敢不赤胆忠心侍奉宗庙的祭祀;岂敢不全心全意遵从与赵鞅誓于定宫、平寺之命;岂敢改变忠诚信义,离心离德,使亲庙与祖庙失守而丧失权位;岂敢怀有异心,使敌人赵稷等及其子孙复归于晋国,以及私下群聚结盟;请吾君与神明鉴察之。有违此盟,便殄灭其氏族。

从盟辞内容可以看出,这个名叫趞的赵鞅之党,是以其全族的身家性命为担保,在誓言中向主君和神明保证效忠于赵鞅,献身于新主君赵鞅的(即所谓"自质于君所")。参盟者多达 152 人,而被诛讨的敌人除 5 氏 7 家外,又增至包括先氏等 4 氏 14 家,多达 9 氏 21 家。可见矛盾冲突由初始的赵氏内部扩大到内外交叉的更大范围。从史籍中可以印证,当时齐侯、卫侯以及周天子等均牵涉卷入其中,可见社会影响何等广泛。赵鞅通过盟誓聚集了赵氏与其他异姓宗族,以声讨出逃在外的邯郸赵及范、荀二氏,使之进一步孤立。

正当赵鞅积累力量决心消灭荀范势力的时候,不料同盟者强势的智氏(智文子智砾)节外生枝提出了令赵鞅极为难办的要求。智氏认为,尽管荀范二氏是祸乱的首恶,但挑起祸端的赵鞅家臣董安于应承担责任,要求他惩办董安于。其时智氏凶强,他听任梁婴父的谗言:"今晋国之势,韩、魏于赵,智氏之势孤矣。赵氏所恃者,其谋臣董安于也,何不去之？"要除掉董安于。梁婴父其人原为智砾宠信的家臣,本有野心,想取代荀寅,请定公对己封赏,而赵鞅问计于董安于。安于以为晋国政出多门,祸乱不息,如封婴父为卿,就又增加了一个像荀寅那样的权贵,乱上添乱。于是,赵鞅拒绝了智砾的请封,也就得罪了梁婴父。这就导致梁婴父怀恨在心,促使智砾要求赵鞅惩处董安于,以削弱赵氏实力,强化智氏权位的比重。其时,共同的敌人是荀、范二氏,六卿中以智氏最有实力,智氏的向背决定着四卿与荀、范斗争的胜败,这就使赵鞅左右为难,无以裁决。董安于明察其中利害,决定为赵鞅分忧。而智跞一再逼迫:"安于私具甲兵,以激成荀、范之变,若论始祸,以安于为首。"并上奏定公,催促赵鞅下手。私具甲兵是指安于经营晋阳,加强武备之事,这时成了他疑似发动兵变,威胁晋室的大罪,应了"始祸者死"的定案。安于考虑到赵氏存亡与决胜于荀、范二氏的大局,便慨然对赵鞅说:"我死而晋国宁,赵氏定,将焉用生！人谁不死,吾死莫矣！"于是,他嘱咐尹铎继之为晋阳宰,轻赋役于晋阳,遂退而自缢,使赵鞅免于受责。赵鞅为此悲愤不已,厚葬安于,祀之于家庙以为永世之追思。

　　安于之死,解除了智氏的威逼。四卿复有结盟,大举进攻荀范。晋定公十六年(前496)夏,四卿等晋军围朝歌,击败荀、范等联军,又击退荀范友军对绛都的袭击。冬,又分别两次击败荀范等军。十八年(前494)、十九年(前493)连续获胜,继之攻取朝歌,荀、范逃奔邯郸。期间,铁之战,赵鞅临阵指挥受伤,但他"伏弢呕血,鼓音不衰",部下在激励下奋勇冲杀。同时又颁布了"克敌者,上大夫受县,下大夫受郡,士田十万,庶人工商遂,人臣隶圉免"的特殊奖励政令,更加鼓舞了军心,人人争先效命,终获大胜,荀、范二氏再次出逃。晋定公二十二年(前490)赵鞅出征柏人(今河北隆尧),克之,荀、范二氏只身逃奔齐国,后沦为平民。这场持久的缠斗,一共进行了8年始告一段落,赵氏与同盟军获胜,巩固了其政治军事主导的地位,史称"赵名晋卿,实专晋权,奉邑侔于诸侯"。晋国公室退居弱势,四卿并立,内部矛盾逐渐上升为晋国的主要矛盾。十五年后(前475),赵鞅(简子)去世时,国内11个异姓大族只剩下4家,即智、赵、韩、魏。其后智赵结怨,赵襄子退保晋阳,从而拉开了晋阳之战的序幕,此是后话。

五、赵襄子(无恤)代立

继承赵鞅(简子)正卿地位的赵无恤,并非赵鞅正室所生的嫡长子,而是狄女庶出之子。赵鞅本打算传位于嫡子伯鲁。但赵鞅遇到一位据说善于相面的高士姑布子卿, 子卿进言赵鞅只有无恤具有继为赵氏宗主的才能。他引用晋文公也是狄女庶出所生而后能称霸的事例,强调"天所授,虽贱必贵",推举无恤。其实很可能是平时就对无恤的才干有所了解,此时故神其说。赵鞅对此未敢骤信,便设计考验诸子的才能。一次,他对诸子说,我有宝符藏在常山之上,你们谁能上山找到,谁就可以得到重赏。诸子争先恐后上山找宝,结果都空手而归。唯独无恤回来说我已经找到了宝符,不是一件东西,而是山下那块地盘,即代地。代地是赵氏可以攻取的地方,有代地利于赵氏势力范围的扩大和巩固,这正合赵鞅命诸子找宝的真实用意,于是认定无恤才是合格的继承人。他毅然废掉太子伯鲁,让无恤做了太子。而无恤事后果然不负众望,设计击杀代君,吞并了代地,使赵氏领地大大向北扩展。只是无恤继位后没有立其子为太子, 而是确定以伯鲁之子代成君为太子,史称无恤主赵为 "代立"。不久,代成君亦卒,无恤又立代成君之子赵浣为太子。无恤这样谦让有礼维护了赵氏内部的稳定,顾全了大局,说明其人颇有政治眼光和施政的长久之计。另一件事也可说明赵无恤的明智能让,那就是在晋出公十一年(前464),智伯率兵攻伐郑国,赵鞅因病不能出征,便派无恤率兵配合智伯。在一次宴会上,智伯醉酒,借醉以酒罐击打无恤以泄对赵氏的不满。无恤下属气愤不过,要求杀死智伯。无恤却说:"父亲之所以信任重用我,就是因我能忍让,能顾全大局。"制止了下属的报复行动,其实他是心知智伯强势跋扈,暂时还不可轻举妄动而已。攻打郑国之后,智伯并不自认非礼,反而要求赵鞅废掉无恤的太子地位,幸而赵鞅知道智伯骄横无道,并未听从他的请求。晋出公十七年(前458),赵鞅去世,太子赵无恤继为赵氏宗主,即赵襄子。

六、智瑶恃强跋扈

智伯多次挑衅,赵襄子心知肚明,但不得不暂时隐忍,暗中提防智伯的威逼。在智伯一方,赵襄子继位时,智伯文子智砾已死,智氏继位者乃智申(智宣子),不就,智申便立其子智瑶(智襄子)继位,为晋国正卿,与赵氏势均力敌。

智瑶其人自恃势强,四处征伐,扩充地盘和实力。他先是以馈赠大钟为诱饵,突然袭击,灭掉了仇由国(今盂县),进而"伐中山,取穷鱼之邱",把势力推进到今河北正定一带。接着,背着晋出公,与赵、魏、韩瓜分了原已归入晋公室的荀、范二氏的领地。出公大怒,打算借助齐、鲁之师驱逐四卿,结果出公大败,被迫逃向齐国,死于途中。随后,智瑶另立了新君晋哀公。至此,"晋国政皆决智伯,晋哀公不得有所制,智伯遂有范、中行氏地,最强"。

智伯在节节取胜中野心膨胀,贪欲骤大,又向赵、韩、魏提出土地要求。智瑶先向韩魏二氏提出索取"万家之邑"的大片土地。韩康子(韩虎)和魏桓子(魏驹)心中不愿,"欲弗予"。二氏反复考虑,权衡利弊,很是犹豫。韩臣段规献计于康子:智瑶贪得无厌又刚愎暴戾,如不予土地,必招兵祸。我无力抗拒,不如先答应他。这样,他必定得寸进尺,还向他氏索地,他氏如若拒他,必会引发战争。我方届时可免兵祸,又可静观事变,相机应对。魏臣任章也向魏桓子进言:智瑶无理贪求,必造成诸卿大夫人人自危,不妨姑允其求,使其更加骄横。这样,智瑶便骄而轻敌,削弱斗志;而诸卿大夫惧而相亲,共同对付,"以相亲之兵待轻敌之人,智氏之命必不长矣"。在二臣开导劝喻之下,韩魏二氏,忍痛将"万家之邑"割让给了智瑶。

　　果然，智瑶得到万家之邑后，不知餍足，又向赵襄子提出索要蔡、皋狼之地的要求。襄子自忖未必弱于智氏，便断然拒绝，这就激怒了骄横自负的智瑶。智瑶立即召唤韩、魏二氏联兵攻打赵襄子。

　　襄子面临强敌，先逃离了都城。他考虑了三条退路：一是长子，此地路远城坚，易守难攻；二是邯郸，此地府库充裕，可保供给；三是晋阳，是董安于、尹铎相继经营的军事根据地。几经权衡，他还是遵照父亲赵鞅的嘱咐："晋国有难，必以为归。"遂决定退守晋阳。因为，晋阳虽远，却是"尹铎之所宽也，民必和矣"。这里由尹铎的宽政，政通人和，兵备充足，是最可靠的军事保障。

七、晋阳之战

　　智氏联军气势汹汹直扑晋阳，展开猛烈进攻。怎奈董安于营建的晋阳城确实坚固厚实，难以攻破，尤其是晋阳赵氏军民，全体动员，顽强抵御，可谓上下同心，同仇敌忾，坚守不屈。智军轮番上阵，终被一次次打败。就这样，智军围困一年多，晋阳城依旧巍然屹立，坚如泰山。智瑶见坚城难以攻破，急得团团转，怎么办？他立即召部下紧急商议，想出了一条毒计，以水攻城，水灌晋阳。于是，动员大量兵员人力，开挖河道沟渠，将城边的晋水和汾水合为一股，引导滔滔洪流冲向晋阳城。当时晋汾二水水源充足，汇为巨浪，涌向城墙。智瑶乘战车，以韩氏为御、魏氏骖乘，指挥大军，等待一旦大水冲垮城墙，便可一举决胜。智瑶自以为得计，洋洋得意地说："始吾不知水之可亡人之国也，乃今知之；汾水利以灌安邑，绛水利以灌平阳。"韩魏二氏听罢，不禁会意，心中吃惊不小。安邑乃魏之城，平阳乃韩之城。智瑶今以晋汾灌晋阳，岂知日后不会以水灌安邑、平阳？晋阳若破，我等是否亦将蹈其覆辙，遭遇同样的亡国下场？魏韩二氏心知此理，不约而同感到胆战心寒。智瑶陶醉在洪流滚滚即将破城的想象中，不顾魏韩的惊恐与否，只是指挥一味放水。然而，大水冲向城垣停止了冲击，依然未能侵入城中，那就只好等待水势猛涨，总有一天会冲垮城墙吧。就这样,以水围困晋阳相持下来,整整三年智瑶未能得手。

水困三年,水势益大,城墙"不浸者三版",晋阳城情势危在旦夕。其时的艰危之状史籍记述如下:

> (襄子)走晋阳,晋师围而灌之,沉灶产蛙,民无叛意。(《国语》)
>
> 围晋阳三年,城中巢居而处,悬釜而炊,财食将尽,士大夫羸病。(《韩非子》,《战国策》略同)
>
> 城下缘木而处,悬釜而炊。(《淮南子》)
>
> 城中悬釜而炊,易子而食,群臣皆有外心,礼益慢。(《史记》)

晋阳城经受如此围困,坚守三年快要崩溃了,粮食将尽,弓箭武器损耗甚多,很难再坚持下去了。

在这紧急关头,襄子向诸臣问计:"守城之器,莫利于弓矣,今箭不过百,不够分给,奈何?"这时谋臣张孟谈站出来献策:"吾闻安于治晋阳也,公宫之墙垣,皆以荻蒿、楛楚聚而筑之。主公何不发其墙垣,以验虚实?"襄子连忙派人发其墙垣,果然都是制作箭杆的材料。而当年用作柱础的铜材也正好用来重铸箭头和兵器。董安于修筑晋阳深谋远虑,他事先储存的铜木在此关键时刻派上了用场,可解燃眉之急。襄子不禁感叹:"甚哉?治国之需贤臣也!得安于而器用备,得尹铎而民必归,天祚赵氏,其未艾乎!"

备好了武器,襄子算是松了一口气,安下心来。但是智瑶毕竟兵强势众,一味防守,如何抗拒? 这时张孟谈再次献计,他深知智氏虽盛,但军心不稳,特别是韩魏二氏早已对智氏心怀不满,且有后忧,便向襄子讲清可施离间法,分化智氏集团。于是,张孟谈乘夜缒出城外,潜入韩魏营帐。

《韩非子》载:"张孟谈见韩魏二君曰:'臣闻唇亡齿寒。今智伯率二君伐赵,赵将亡矣。赵亡,则二君为之次。'二君曰:'我知其然也。虽然,智伯之为人也,无中而少亲,我谋而觉,则其祸必至矣!为之奈何?'张孟谈曰:'谋出二君之口,而入臣之耳,人莫之知也。'二君因与张孟谈约三军之反,与之期日。夜遣孟谈入晋阳,以报二君之反。襄子迎孟谈而再拜之,且恐且喜。"(《淮南子》略同)

果然,到了约定之日,襄子乘夜杀掉智伯守堤之吏,决水反灌智伯军,韩魏里应外合,与赵军齐心猛攻,终于擒俘了智伯。《吕氏春秋》载:"(襄子)与魏桓、韩康期而击智伯,断其头以为觞(饮酒器)。"《说苑》称"大败智伯,漆其首以为饮器(一说是溺器)"。晋阳之战,三年坚守,终以赵襄子联合韩魏反攻而大获全胜,智氏灭亡。晋国由六卿擅政,到四卿坐大,现只剩下赵、魏、韩三家。赵襄子继承赵简子(赵鞅)事业,南征北战,使赵氏一族不断强大,崛起为晋国强宗,与晋公分庭抗礼,史称"简襄功烈"垂训千古。

八、三家分晋

智氏灭亡后,晋公室名义上还保留了 50 多年,经历哀公、幽公、烈公、孝公、静公 5 代国君。晋幽公十三年(前 425)赵襄子去世,代成君之子赵浣继位,称赵献侯。韩康子、魏桓子也相继而卒,分别由其子韩武子(韩启章)、魏文侯(魏斯)继位。晋烈公十七年(前 403),赵烈侯(赵籍)、魏文侯。韩景侯(韩虔)三家联合,迫使周天子周威烈王"赐赵、魏、韩皆命为诸侯",晋国分裂为三国。又过了 27 年,到晋静公二年(前 376),三家灭晋而后三分其地,"静公迁为家人,晋绝不祀",晋国亡。至此,中国历史进入战国时代。之后,赵、魏、韩与秦、楚、齐、燕七雄征战,最终由秦胜出,吞并六国,统一全国,中国历史进入帝制社会时期。晋阳之战,是春秋战国之际划时代的关键一役,具有历史坐标的重大意义。

关于傅山手书《丹枫阁记》的辨伪

　　傅山手书《丹枫阁记》被书家认为是与王羲之《兰亭序》和颜真卿《祭侄文稿》并称的三大国宝级书法珍品。在清初,傅山的书法颇负盛名,赵秋谷称之为"当代第一",后人也评之为"豪迈不羁,脱略蹊径",而这件《丹枫阁记》尤为傅山书法代表作。书评者认为此件"用笔雄浑飞动,气势夺人,挺拔刚健而又连绵不绝。挺拔处有如长枪大戟,巨石腾空;连绵处则如绵里裹铁,刚柔相济","笔触沉着,无往不收,停当有致","笔墨纵横,力透纸背,实属不易,可以窥知作者功力之所在"。这种评价可谓高矣,因而历来为书家珍如拱璧,为临习赏读之墨宝。

　　由于《丹枫阁记》艺术价值之高,应书界之需,出版界多次翻印出版,颇受书家欢迎。就所见出版物有如下七种:

　　1. 1934年上海商务印书馆《傅青主征君墨迹》,1935年再版。

　　2. 1985年文物出版社《清傅山书丹枫阁记》。

　　3. 1987年山西人民出版社《傅山书法》。

　　4. 北京荣宝斋出版社《中国书法全集·傅山卷》。

　　5. 1993年上海书店《中国历代法书墨迹大观》第十四册。

　　6. 1994年山西古籍出版社单行本《丹枫阁记》。

　　7. 2007年山西人民出版社《傅山书法全集》。

　　这七种傅山书法集所用的《丹枫阁记》当然都是翻印本。但是将这七种法帖所用《丹枫阁记》的本子比照对读,便不难发现并非皆出于同一版本。其中1993年上海书店的《大观》与1985年文物出版社的《清傅山书丹枫阁记》及 2007 年山西人民出版社的《全集》所用的是辽宁博物馆藏本,而其他的三件皆同 1934 年上海商务印书馆的《墨迹》之版本。

这就出现了两个版本的《丹枫阁记》,一是辽博本,一是 1934 年的上海商务本。那么,这两个版本中哪一个版本所据是傅山手书真迹呢?如其中一种所据是真迹,那么另一种可能即系伪作。另一种情况可能是两种皆据傅山原件,也就是说傅山可能写了两本《丹枫阁记》,出版物皆为原件翻印本。实际情况是这样吗? 看来这就需要下一番考证鉴别功夫。

1988 年,研究傅山书法有素的山西著名书法理论家林鹏先生看到过 1934 年上海商印书馆的《傅青主征君墨迹》本,当他见到 1985 年据辽博本翻印的文物出版社的《清傅山书丹枫阁记》本,觉得这两个本子很有出入,当即写了一篇题为《读〈清傅山书丹枫阁记〉》的文章,进行了一番认真细致的考证,指出辽博本是赝品伪作(收入 1989 年他在山西人民出版社出版的《丹崖书论》一书)。林鹏先生文章的观点受到同行的认可,1994 年山西人民出版社出版单行本《丹枫阁记》时,便将林鹏文章附在此书后面,发行全国,扩大了影响。

但是,这样一来,林鹏先生有点心中不安起来。因为对于辽博本他是就印刷品说话,未见辽博的藏品,且他说辽博本所据为假,那么真迹何在呢? 他并未目睹亲见。因此,林鹏感到内心不踏实。

不过,事有凑巧,林鹏的文章被一位《丹枫阁记》真迹的藏主看到了,他就是与修筑丹枫阁并撰文的戴枫仲(傅山好友)为同乡的山西祁县渠老先生。渠老先生反复读了林文,对其儿孙说:"这篇文章是对的……你们谁认识这个叫林鹏的人?我想见见他。"巧上加巧,渠老的长子就同林鹏曾在同一单位工作过,渠生与林鹏为同事。这正是有缘千里来相见,无缘对面不相逢。于是,由渠生引见,渠老与林鹏见了面。一番晤对畅谈,渠老说,1934 年上海商务印书馆曾派人到家拍照以供印行法帖出版时,他亲在现场,事后渠家受赠一幅与真迹同大的照片。渠老还拿出了真迹请林鹏先生赏读,林鹏说此件"墨气生动,笔法自然,真迹无疑"。同时,渠老还将清道光间寿阳刘雪崖《丹枫阁记》刻石的拓本请林鹏过目,这样一对照,更证明了渠老所藏确系真迹。至此,林鹏先生可以心安了。

那么,再回过来说,怎么证明辽博本是伪作呢?林鹏《丹崖书论》收有他的考证文章《读〈清傅山书丹枫阁记〉》。这篇文章对辽博本之伪有精细的考辨,现又收入2012年西泠印社出版的林鹏编著的《丹枫阁记研究》一书,这里不赘,读者自可检阅便知。

世上的事情就是这样,怕就怕"认真"二字。林鹏先生本是河北易县人,从狼牙山上小八路参加革命,经历过抗日战争、解放战争、朝鲜战争直到建国至今,转入地方工作,生活在山西数十年,算是一位老革命了。但是由于他酷爱传统文化,刻苦读书几十年,学问淹贯,富有见识,尤其于先秦诸子和傅山研究用力最勤,最终成为一位学者型的书法大家。作为一个河北人,特别对晋文化研究有精深造诣,对晋文化的热爱甚至超过了我辈山西人,这着实令我们非常之敬佩。而直到2007年山西请名书家沈鹏作序编辑出版大型《傅山书法全集》,竟弃傅山真迹《丹枫阁记》不收,而专检辽博本赝品印行,这是为什么呢?当林鹏从渠老处看到傅山真迹后,他自言激动不已,原以为流失海外,谁知竟未出昭余一步,真令人赞叹。得知曾有人指称渠老真迹为假,想从他手中收购此原件,也有官人企图借阅原件,均被渠老婉言谢绝。林鹏先生感从中来,嘱咐渠老要精心呵护傅山真迹:"从今而后,穷死饿死,不可卖掉。"这种守护国宝的良苦用心,这种以传承文化为己任的天下胸怀,何等光明磊落,何等可敬可赞!这不能不使我辈晋人自感惭愧。从《傅山书法全集》失收傅山真迹的问题,可以看出当前学术风气浮躁产生的恶劣影响。因为,住在山西的林鹏早在1988年就有过专门的辨伪考证文章,何况据传连辽博有关人士也自认所藏为赝本,那么担任《全集》的审订者为什么对近在太原的、被其聘为顾问的林鹏先生也懒得不加垂询请教,而径用辽博所藏赝品呢？审订者们未尝不知林鹏先生研究过傅山，但就是对林先生不加理睬，这是有意排斥、目中无人，还是急于出名、自以为是，抑或粗心大意、轻慢忽视呢？撇开这一层不谈，试问，审订者们对山西历史文化之瑰宝究竟有没有一种敬畏之情和负责任的态度呢？难怪《全集》出版后受到行家舆论的批评，连渠老先生也禁不住要激愤地呼吁，要求收回《全集》，重新出版傅山书法！2012 年林鹏先生由西泠书社出版了他所编的《丹枫阁记研究》，汇总了有关文献，加以郑重说明，公之于世，使这一公案真相大白。这固然有助于书法界、学术界拨乱反正、明辨是非，同时是不是更应引起山西学人书家认真吸取教训，有所反思和警戒呢？

质疑《抱愧山西》

余秋雨一篇《抱愧山西》(先发于报刊,后收入《山居笔记》,文汇出版社,2002)让山西人好感动。当晋人在市场经济大潮中落后的时候,这篇秋雨牌历史大散文告诉山西乡亲,你们的爷爷、老爷爷辈曾经是富可敌国的巨商,曾做生意、办票号,汇通天下,奔走于全国乃至东亚各国发过大财,过过锦衣玉食的豪华生活。这大大安慰了晋人失落的心理,就像阿Q说:"我家先前阔多啦!"不过,从积极意义上讲,秋雨散文多少使晋人增长一些自信,受到正面鼓励。总归是说咱家的好话嘛,咱不能不识抬举,还是要感谢才是。

不过,这篇秋雨牌宏文不能细看,一细看就觉得不对味。因为秋雨先生知识不多口气大,对山西先人,确切说是晋商的发迹史并不了解,只是凭印象脑子一热就乱下断语,大概是只听过《走西口》的小曲,便煞有介事讲晋商史,议论风生,做出学问家的样子蒙人唬人,而所谓"抱愧"云云,便显得可疑,言不由衷像作秀。俗话说矮子看戏场,随人说短长。读了秋雨文,信了秋雨的学问,咱家就成了被愚弄的矮子,你说可笑不可笑。闲话少说,看看余秋雨怎样追溯晋商的发迹史。

《抱愧山西》也同别的秋雨牌散文一样,先抓住一些地方史材料,然后洋洋洒洒地抒发感慨——这已是余氏下笔的老套子了——文中余秋雨逛了一番平遥古城,又找到黄鉴晖所著《山西票号史》及《山西票号史料》,便带读者重温晋商"海内最富"的旧梦。那么,晋商是怎样发迹,从何时暴富起来的呢?

余秋雨"读过一些史料",便被同行者推为"旅行的向导",余向导这样导游:明清以来,山西,尤其是"山西平遥、祁县、太谷一带,自然条件并不好,没有太多的物产","经商的洪流从这里卷起,重要的原因恰恰在于这一带客观环境欠佳",这就逼得山西人"把迷惘的目光投向家乡之外的辽阔天地,试图……走出另外摆脱贫困的大道",经商。

这经商之道从哪里开始呢? 余导游称:

> 他们首先选择的,正是"走西口"。
>
> 从清代前期开始,山西农民"走西口"的队伍越来越大,于是……那首民歌也就响起在许多村口、路边:哥哥你走西口 / 小妹妹我实难留……
>
> 我相信,那些多情女子在大路边滴下的眼泪,为山西终成"海内最富"的局面播下了最初的种子。
>
> 山西人经商当然不仅仅是走西口,到后来,他们东南西北几乎无所不在了。由走西口到闯荡全中国,多少山西人一生都颠簸在漫漫长途中。
>
> 当康熙皇帝开始实行满蒙友好政策、停息边陲战火之后,山西商人反应最早,很快知道自己该干什么了。面向蒙古、新疆乃至西伯利亚的庞大商队组建起来……

晋商由"走西口"发迹,经过一番打拼,塑造了商业人格,于是"当年走西口的小伙子们也就像模像样地做成了大生意,掸一掸身上的尘土,堂堂正正地走进了一代中国富豪的行列"。

有了上面一番史实铺垫,余秋雨下结论:

> 何为山西商人? 我的回答是:走西口的哥哥回来了,回来在一个十分强健的人格水平上。

然而,物极必反,到民国间北洋军阀时期,晋商终于衰落,余秋雨说,这时,"走西口的旅程,终于走到了终点"。

显而易见,"走西口"是余氏晋商史描述文字的关键词,从上述所引文字,"首先选择""清代前期开始""最初的种子""到后来""康熙""反应最早""当年""终点"云云,都是围绕着"走西口"这个时间坐标定位的。也就是说,晋商之兴,始于走西口;晋商之衰,止于走西口。走西口的历史就是晋商的历史,贯穿晋商活动的始终。可以认为,没有走西口,就没有历史上的晋商。

这就是秋雨牌散文给读者提供的晋商史的结论性信息。据说,余氏结论是从1989年某一天开始花了"很长一段时间。我查检了一本又一本的书籍,阅读了一篇又一篇的文稿"得出来的。学问家毕竟是学问家,研究晋商何等专注,何等费时又费力!你不能不佩服其学问精深,哪怕解决一个小问题也如此劳苦。不过,问题来了。晋商发迹是始于"走西口"么?是从《走西口》的小曲唱起来的么?

笔者不是晋商史专家,但请教过这方面的专家,也翻过一些书籍,不是"一本又一本""一篇又一篇",而只是浅尝辄止。就这么随便一翻,就发现余秋雨结论完全不可靠,根本就是妄下断语。试问:

《走西口》是什么时候唱起来的?

这个问题好回答。因为《走西口》二人台民谣里主人公大春的唱词交代得明白:"咸丰整五年,山西遭年限……"咸丰五年是1855年,这时已是清朝中衰的时代,根本不是什么清代前期"强盛时期"。

不过,歌谣之类民间文艺的产生理应在现实生活事件之后,走西口的历史要早一些才合理。

走西口史实始于何时呢?据考证,清廷准予晋民走西口发生在康熙帝统一蒙古诸部,将归绥六厅划入山西版图之后的康熙三十二年(1693)(前一年有户部尚书马齐上言,次年实施,可查证《清圣祖实录》卷一五七)。当然,就民间交往而言,1693年之前少数晋民犯禁赴口外谋生的偶发事件是可能的。

　　然而,晋商或是在康熙开禁前,自发走西口时发迹的么? 非也。

　　要知道,史家研究晋商,是特指明清晋商,黄鉴晖先生曾有专著论列。追溯历史,晋人善贾可以上溯到先秦,如大贾计然、猗顿、段干木皆为代表。秦汉以后晋地商业繁荣,巨商辈出,代不乏人。山西灵石曾发现汉代罗马铜币,可说明当时晋地已有中外交流迹象,南北朝、五代、辽金元的中华民族大融合时期, 周边少数民族与晋地汉族之交往频繁,商贸不断,堪为中国民族交流史之最。这些不妨略过不提。

　　到明朝,晋商崛起已确然无疑。但明之晋商绝不是靠走西口发迹的,而是靠以贩盐为主的商贸活动赚大钱的。清前期民间犯禁走西口主要是去开荒种地,兼有一些商贸活动,却并非主流。明初晋商发迹主要得益于洪武前期实行旨在加强边防的行盐"开中法",其获利丰厚而稳定,且有地利之便包括煤铁之乡的雄厚资源,从而提供了晋民谋利从商的优先条件, 这绝非余氏所言因晋地客观环境差这单一条件所致。明隆庆以后, 明廷又与蒙古在三边九镇实行通关互市(茶市、马市),促进了双方商贸事业,使晋商大有用武之地,而其时尚有东口张家口、大同等与西口并列的贸易中心。其后清初统一蒙古诸部,雍正年间开辟中俄边贸,才有晋商的大发展乃至票号创办,成为汇通天下之金融巨子。这就是晋商崛起发达的大致历史轨迹。晋商在明代就是"海内最富",其特点有三。一是具全国性,足迹达国内三分之二的行政区,经营行业有盐、铁、茶、丝绸、棉布、粮油、颜料、杂货、典当、木材等 10 多种,同时平阳与上党商人还有出海外牟利者。二是在张家口、北京、保定、真定及东北、川广、两湖、江浙等重要市场占据优势,在各地建造会馆以晋商最多,北京之老字号如六必居、者臣一处、万全堂、乐仁堂、洪吉纸号皆系晋商经营,而寄籍扬州之晋商就多达数百人。三是晋商资本雄厚为天下之冠,如沈思孝《晋录》云:"平阳、泽、潞豪商大贾甲天下,非数十万不称富。"全国商帮中以晋商与徽商最著名,谢在杭《五杂俎》卷四称"富室之称雄者,江南则推新安(徽州),江北则推山右……

山右或盐,或丝,或转贩,或窑粟,其富甚于新安"。所有这些史实很容易在有关晋商研究的史料、著述中找到,一查即知明代晋商的豪富不待走西口之后而然。所谓走西口,先是指走右玉的"杀虎口",杀虎口原称"杀胡堡",清初统一蒙古后改名"杀虎口",设关于顺治十八年(1661),对应于张家口(东口)而称西口,从此方开始了晋人"走西口"的历史。就对蒙贸易而言,由于清廷营建归化城,西口就由杀虎口移至归化,《绥远通志稿》卷四九(民国抄本)称"绥为山西辖境,故经商于此者多晋籍。其时贩运货物,经过杀虎口交纳关税后,至归化城行销无阻"。余秋雨称引的祁人乔贵发是乾隆初(1736)与同伴秦氏出走口外的,而平遥人雷履泰首创票号更是在其后的道光三年(1823)。余秋雨论断晋商是发迹于走西口,说明他完全不了解晋商在明代兴盛已有近300年的历史,宋元以来晋商积累资本的漫长历程更不在他的视线之内,这可真是"不知有汉,无论魏晋",只知其流,不知其源。对上述史实,只要翻一翻1988年出版的《近代的山西》(山西人民出版社)等著述即可知其梗概,何须"查检一本又一本的书籍,阅读一篇又一篇的文稿"?老实说,我怀疑余秋雨根本没有下这种读书的笨功夫,在《抱愧山西》文中余秋雨说他只找到有关票号史的两本书,难怪他不了解晋商在清代以前的情况。票号出现于晋商发迹很久之后的道光年间,于是,听过《走西口》小曲的余秋雨便硬要锁定走西口为晋商发展的起点。大概余先生是不屑于花时间治史的,因为他有特异功能,如他说在乔家大院看到有清扫者,"一一看去,大都姓乔",连问都不问,只靠眼睛一看,便知对方姓甚。这不是特异功能"天眼通"么?问题是这种眼功毕竟靠不住。倘只是浮光掠影,两眼蒙眬,找两本书一翻,就敢大谈古今中外,岂不是眼高于顶、自误误人么!

　　不过,还是要感谢余秋雨的一腔美意,他毕竟是想让山西人汲取历史经验,发展市场经济。这番好意我们心领了。但山西人知道,廉价的赞美盛意可感,兴晋富民的大业还是要靠自己从头干起,不能陶醉于先人的业绩,何况余先生提示的东西还是无根之谈呢。我们不能当阿 Q,尤其不能当"傻帽"阿 Q 呀!

（原载作者所编《咬嚼余秋雨论争文萃》,书海出版社 2004 年出版）

人文鼎盛话河东

黄河在中游大拐弯的三角地带，即今山西运城地区，古称"河东"，是中华文明发祥地之一。历来人文鼎盛，英才辈出。渺远的原始时代不说，从文明曙光初露起，这里名垂青史的人物不胜枚举。如舜、禹、许由、傅说、晋文公、介子推、关羽、裴松之、裴秀、郭璞、王通、王勃、薛仁贵、柳宗元、裴度、司空图、司马光、二段、薛瑄、杨深秀等等，其故里几乎都在河东。地下古迹文物之丰富尚不待言，今存地上文物遗址如后土祠、舜庙、稷益庙、飞云楼、鹳雀楼、永乐宫，均是历来赏游之所；解州关帝庙巍峨壮观，格局别致，为人们引发着对关羽这位武圣人的无限敬仰和遐思；蒲州的普救寺、莺莺塔，是著名的《西厢记》故事发生地，吸引着大批中外游客。谈到吟诵此间黄河的诗歌，不能不首先推举唐代汾阴（今临猗）人王之涣的《登鹳雀楼》："白日依山尽，黄河入海流。欲穷千里目，更上一层楼！"熔诗情画意与哲理于一炉，气势浩瀚，催人奋进，成为吟河的千古名篇。唐代畅当的同名作："回临飞鸟上，高出世尘间。天势围平野，河流入断山。"极言楼高，气象万千，堪称王诗之亚。唐代李益有七律一首云："鹳雀楼西百尺墙，汀洲云树共茫茫。汉家箫鼓随流水，魏国山河半夕阳。事去千年犹恨速，愁来一日即为长。风烟并起思乡望，远目非春亦自伤！"诗中"汉家箫鼓"指汉武帝巡视河东，泛舟汾河事；"魏国山河"寓战国魏武侯泛黄河时"美哉山河之固，此魏之宝也"语意，感慨千古，伤时忧国，系典型的中晚唐风调。唐人题咏鹳雀楼诗作甚多，《永济县志》载："既迩京师，冠盖游集，莫不登临畅览山河形胜，才子名流题赋其上者篇什甚众。"此楼始建于北周，由蒲州守将宇文护经营。登楼四望,"前瞻中条,下瞰大河","西望太华,南揖首阳",山河之险,风烟之胜,备具于此。

蒲州另有一名楼曰"白楼",亦为唐代登临胜境。安史之乱平定后,诸将功最高的浑瑊与僚臣于此尊酒流连,群贤雅集,题咏亦繁。卢纶诗:"高楼倚玉梯,朱槛与云齐。顾盼亲霄汉,诙谐息鼓鼙。洪河回更直,野雨急仍低。今日陪尊俎,唯当醉似泥。"有平乱后意态扬扬之致。但最为当时所重的人工建筑,当推蒲津关渡河浮桥。桥在蒲州古城西,隔岸与陕西临晋关遥遥相对。河中"连舰千艘",以巨绳系之,固连两岸。唐玄宗时下诏熔铁为牛以系组。据称"岸各铸铁牛四、铁人四,其牛并铁柱连腹入地丈余,前后柱三十六,铁山四,夹岸以维浮梁"。1989年出土铁牛、铁人各四尊,下连铁山,重达几十吨,牛、人皆精泽吐照,伟壮而工精。唐玄宗曾有诗咏道:"钟鼓严更曙,山河野望通。鸣銮下蒲坂,飞斾入秦中。地险关逾壮,太平镇尚雄。春来津树合,月落成楼空……"这位风流天子,在登位初颇有作为,自是吐属不凡。李商隐有句:"左右名山穷远目,东西大道锁轻舟。独留巧思传千古,长与蒲津作胜游。"颇切实景,诗意平直,比起温庭筠的"满座山光摇剑戟,绕城波色动楼台。鸟飞天外斜阳尽,人过桥心倒影来"诗句,似逊一筹。唐代李山甫句:"紫烟横捧大舜庙,黄河直打中条山。地锁咽喉千古状,风传歌吹万家闲。"尤笔力矫健。结以"来来去去身依旧,未及潘年鬓已斑",感伤身世,富有寄托。

值得一提的是元稹同时代河中(今永济)人杨巨源有《同赵校书题普救寺》五律一首:"东门高处天,一望几悠然。白浪过城下,青山满寺前。尘光分驿道,岚色到人烟。气象须文字,逢君大雅篇。"题中赵某人的诗作今已失传,人们悉知的是元稹在普救寺的艳遇佳话,他留下《莺莺传》一文,为后世《西厢记》名剧所本。此诗印证了普救寺确实是环境幽雅的所在。

(原载《人民日报·海外版》1990年12月14日,笔名思方)

李白解救郭子仪恐系误传

　　李白在太原解救郭子仪，免其刑责事，后世文人多乐道之，称扬李白慧眼识才，终使郭子仪后来再造唐室，功莫大焉。宋人马光祖有称李白"手携郭令公"的赞词，元人舒逊有诗："谁道谪仙狂？豪情托举觞。气吞高力士，眼识郭汾阳。"清人王锡亦有此诗，但诗末二句为"目无高力士，心识郭汾阳"。又清女诗人韩韫玉有《读唐书李白传》七绝云："汾阳微日无人识，独有青莲赏最真。再造唐家缘救免，可知卓见出诗人。"清魏裔介亦有五绝云："我思汾阳王，再衍晋阳祚。云谁识此人，青莲慧眼故。"均盛赞李白有过人的政治眼光。近有友人撰《李白在太原》一文亦引述此事（见《太原日报》2001 年 11 月 5 日第六版"作家生活"）。然细考此事，则于史无征，恐系误传。

　　当代李白研究专家詹瑛先生经过系统考证，认为，李白在太原救郭之事，实不可信。据王昶《金石萃编》卷 92 载《郭氏家庙碑·碑阴》所述郭子仪历任官爵，可知郭子仪并无在并州任职的经历。按李郭生平考校，李白到太原时，郭子仪已任高官，并非一般行伍中人，且李白以一客居文人，亦无能力脱人刑责。詹先生的考证见其所著《李白诗文系年》，读者可以详阅。至于后来李白参与永王璘事件受牵连下狱，被郭子仪以官职赎免事，或系郭、李在长安有故交之谊及共同友人的疏通，当有可能性，但与李白太原之游无关。后世传说李、郭互救事，当是出于对李白豪侠性格和郭子仪功业的敬重心理，乐于称道这件逸闻而已，但这是当不得真的。

（原载《太原日报》2001 年 12 月 3 日，笔名笑马）

太原尚德核心价值观的历史渊源

在中华民族文化史上，历史文化名城太原是一座独具风采的城市。这里的人民自古就有尚德崇义、公忠诚信的良风美俗。历代方乘地志多有晋阳民风质直、尚武信义的称誉，古诗中也不乏有关幽并游侠、急公好义的赞词。这种尚德崇义的道德情操已经融入中华民族整体的民族精神，形成伟大的历史文化传统，溶入人民大众的血脉，渗透在社会生活深层中。即使在商品大潮汹涌而来的今天，不论从商兴业的巨商大贾，或小打小闹的行商、务工者，到晋阳大地都会感到这里有宾至如归、诚信好客、热情厚道的感觉，认为找到了讲求信誉、便于创业的优越投资环境和理想氛围。

太原人尚德的价值观，其悠久的历史文化渊源，可以追溯到2500年前春秋时期晋阳城创制之初。那时的晋阳作为三晋赵国的初都，就涌现了一批深明大义、感恩尚义、舍身成仁的忠烈之士。如以"世治晋阳"闻名的赵氏家臣董安于为了保全赵室的大局，面对智氏追究罪责的威逼，勇于承担，挺身赴难，从容自尽，他临终说："我死而晋国宁，赵氏定，将焉用生？人谁不死，吾死莫矣！"为悼念他的舍身成仁，赵简子将安于奉祀于宗祠。其后又有豫让漆身吞炭，为报智伯"国事遇我"之恩，变名潜伏，勇刺赵襄子于桥上的义举。豫让"士为知己者死"的名言传诵千古，激励了无数志士仁人奋起抗争。虽然这种信念有愚忠情结的时代局限，但那种勇于担当、忠贞不渝的尚德情操，仍然令人肃然起敬，感佩不已。

太原人的尚德理念，特别突出地表现在历代坚守正义、誓死抗暴的斗争中。晋阳处于四塞之地,是北方游牧文化与中原农业文化交汇、碰撞、融合的核心地带,历来为兵家必争。太原在中国古代史上,往往是西北马背上的边族南下入主中原的必经之门,所以,自古就有"取天下必先取中原,取中原必先取晋阳"的政见。晋阳有九朝古都、北朝霸府、大唐北都等佳誉,可见其战略地位之重要。这里从来就是中原抵御北方边族袭扰的军事重镇,也是西北强势力量南下入主中原的根据地、大本营。正因为这一特殊的军事地理位置,所以发生在晋阳城下的战争连绵不绝。可以说,历代很少有像晋阳地区发生过那样多惨烈的大仗、硬仗、恶仗的城市。而每次经历剧烈的战争,晋阳民众都显示出誓死抗暴、爱国爱乡的大无畏精神和英雄主义壮举。春秋末期智氏攻晋阳,丧心病狂的智伯引晋水围灌晋阳,"城不浸者三版",城中"巢居而处,悬釜而炊,财食将尽",在此岌岌可危之时,晋阳"民无叛意",为保卫家园,誓死不屈,固守反击,终以赵国张孟谈暗结韩魏,取得三家联手灭智的大捷。

秦汉时期,北方匈奴铁骑无数次南下袭扰,晋阳成为防御匈奴的坚强屏障,有力地保障了中原的社会安定和经济发展。西晋时,刘琨临危受命,坚守孤城。他面对强敌重围,望月清啸,奏响胡笳,曾使匈奴兵感怆流涕,撤围而去。刘琨在晋阳除荆棘、葬枯骨、重筑城池。晋阳民众感奋协力,在长达十年的岁月里万众一心,屡败匈奴。虽然刘琨最终城破身死,但其大义凛然的慷慨正气和抗暴精神,彰显了晋阳民众团结御侮的尚德高风亮节。唐代天宝年间,发生安史之乱,叛军先攻太原。太原军民在李光弼率领下以不满万人抗击兵力十倍于己的叛军,苦战月余获胜,为维护祖国统一大局付出了血的代价。宋初赵氏大军三下河东强攻太原,太原民众拼死抗御。宋军实施水灌晋阳的毒计仍未得手,宋太宗继之强攻,逼降北汉主,但"薛王(指北汉主刘继元)出降民不降,屋瓦乱飞如箭镞"(元好问句)。太原民众依然奋勇战斗。宋军破城后,又继之以火烧水灌,平毁晋阳城,移迁唐明镇(即今太原城区)。抗辽名将杨业老于边事,与太原民众一道守太原,抗契丹,名垂青史。北宋末,王禀等领导太原民众誓死抗金,城下血战八日之久,城中食尽仍不降。金兵种种毒计,皆被破解。宋钦宗下诏降金,王禀等拒不奉诏,继续苦战,最终力不能支,王禀大义凛然,投汾河殉国。宋末太原民众在郭无振带领下抵抗蒙古军的屠杀暴行,"保聚山碛,屡战有功"。明末陈永福坚守太原,力拒清军使其 20 日不能克,抗拒清廷民族压迫;交山军转战山区近 30年,曾血战晋祠。民族志士太原傅山密谋反清,被逮后临难不苟免,坚不吐实,出狱后辗转南下江淮,探访抗清形势。他终身不事清廷,从事反抗暴政的学术著述,成为一代文化大师。

抗日战争时期,中共领导抗日统一战线立足太原,使这里被称为"小延安",成成中学成立了师生抗日志愿队,谱写了一曲抗战凯歌。书法大家赵昌燮抗拒日伪笼络,避居佯死,友人祭奠,他笑说:"今日我之活祭,胜洪承畴多矣!"在太原城乡像这样的尚德爱国志士代不乏人,史不绝书,说不尽,道不完。正如欧阳修诗称"并门自古多英豪",耶律楚材诗称"并门自古出英雄"。太原这座名城经过轮番的历史疾风暴雨,城毁城建,屡败屡战,始终雄姿英发,巍然于三晋大地。

进入新时期,太原人民投入现代化大都市的建设,又涌现出一大批急公好义、公而忘私的先进群体和人物,如晋军千里驰援入川,救助汶川大地震,便是明证。当今再度掀起学雷锋的群众性热潮,太原人民尚德的核心价值观,赋予了新的时代精神,在党中央、省委、市委统领下,太原人民奋发图强,一代又一代地薪火相传,将尚德理念发扬光大,促进转型跨越,再铸辉煌。温故知新,继往开来,太原的明天将更美好。

晋阳城市精神内涵初探

——晋阳城市精神学术研讨会论文

一座城市同一个人一样,是有灵魂的。城市之魂即城市精神。城市精神是由城中历代居人体现的,是历代城中人精神风貌共同特点的概括。太原,古称晋阳,这座至少有 2500 年以上历史的文化名城,在中国古代曾经有 9 个独立王朝在此建立京都,即战国初都、前秦国都、东魏下都、北齐别都(又号霸府)、李唐北都和北京、后唐西京和北都、后晋北京、后汉北京、北汉国都,累计 300 余年,时间跨度 1400 年。它虽然没有成为大中华统一国家的首都,但其重要战略地位均曾发生过影响历史进程的重大作用。近年太原市委市政府提出建设太原为特色历史文化名城的战略目标,立意高远,振奋人心,并初显成效。际此太原科学发展新阶段,探讨晋阳城市精神的内涵,继承和创新悠久的历史传统,开辟新的辉煌未来,就是一项迫切而重要的文化建设任务。笔者不揣浅陋,略陈管见,就教于方家。

服务于天下长治久安战略全局的大局意识

晋阳的城市精神首先渊源于其历史时空坐标上的重要战略地位。在空间上,晋阳处于北中国特殊的地形地势,顾祖禹《读史方舆纪要》称其"东阳太行、常山,西有蒙山,南有霍太山、高壁岭,北扼东陉、西陉关,是以谓之四塞之地",可谓"控山带河,踞天下之肩背,为河东之根本,诚古今必争之地";史家则称之为"北门锁钥""中原北门",可见其关系天下兴亡的特殊地理优势。从时间长河历程看,从先秦赵国初都始,跨度1400 年,为 9 朝古都,晋阳始终为历代王朝争夺经营天下以抢占先机的心腹之区,历来有"取天下必先取中原,取中原必先取河东(包括上党),取河东先取晋阳"之说。今之史家研究汉唐盛世的崛起,亦有"先有晋阳,后有汉唐"之论,充分说明了晋阳为"治世之重镇,乱世之强藩"攸关历史进程的举足轻重战略地位。

晋阳这种先在优势和历史地位决定了这座名城必然产生人文精神中总揽全局、服务全盘、恢宏博大、高屋建瓴的大局意识。从先秦赵国赵简子命董安于在晋阳重建晋阳为赵国初都起,这一大局意识便体现得淋漓尽致。赵简子为晋定公时执政的正卿,十分信任作为家臣的董安于。安于助简子施政,在正卿争权中得罪范氏、中行氏、智氏。智伯听信梁婴父谗言:"不杀安于,使终为政于赵氏,赵氏必得晋国。"执意要杀安于。简子为之忧惧不安。安于则深明大义,考虑到赵国的壮大与争霸大业,从容地说:"我死而晋国宁,赵氏定,将焉用生?人谁不死,吾死莫矣!"遂毅然自缢而亡。这就是以生命的代价换取赵氏避祸求生从而实现崛起复仇的远大目标。安于留下的宝贵遗产就是重建晋阳而为坚固军事堡垒。安于有"世治晋阳"的丰富经验,其创制的晋阳城高四丈,周四里,殿之柱础铸以铜质,以硬木筑墙,战时可取其材制弓箭,且"城郭之完,府库足用,仓廪实"(《战国策·赵策》),堪为金汤之固。说明安于建城足具远大眼光,任事服从于赵氏争霸大局,而终于在日后晋阳之战中以坚强要塞抗御智伯劲旅,转弱为强,导致三家分晋的历史转折。安于的后继者尹铎承其遗志,续完晋阳城建。尹铎秉承赵简子着眼于军事战略的深谋远虑,在"以为茧丝乎?抑为保障乎"的选择中,首以生死存亡的大局考量,以建设军事保障为要务,采取一系列恤民政策,加固城防工事,使晋阳终成易守难攻的铁壁铜墙,从而破解智伯水灌晋阳的图谋,一战而胜,奠定了赵国争霸晋国的基础。故史称"晋国者,赵之柱国也"(《战国策·齐三》)。历史证明,董安于、尹铎舍身保国的忠勇精神和大局意识具有精明战略家的素质,这是历代任何成功的政治家必不可少的。后世在晋阳凡有大作为的精英人物都继承效法这种高瞻远瞩的政治取向，如北齐创建者高欢在晋阳建大丞相府，号称霸府，与北齐首都邺城相表里，晋阳成为当时政令中心，极大地强化了北齐政权的政治强势。而李唐晋阳起兵，独占上风，以席卷之势南取长安，灭隋而兴大唐帝国。这都是深明晋阳安危系天下轻重的明智洞见所致。直到新中国建立之后，古之晋阳，今之太原一直是共和国北方坚实的能源重化工基地。太原和全省人民一道为社会主义建设勇于奉献，始终是为强大祖国输送丰富能源和构建基础工业的保障，而今又与时俱进，以一座现代化新型工业基地的崭新面貌屹立于三晋大地，支撑着中国特色社会主义建设的根基。如果没有无私奉献，服务全国的大局意识和宏伟气度，太原的辉煌业绩是不可能完成的。

海纳百川、兼容大度的开放胸襟

中国传统文化崇尚和谐，有海纳百川、大度包容的开放胸怀，这也是晋阳精神最鲜明的特征。从先秦以降直至近现代，晋阳地区从来就是中华各民族融合交汇的大熔炉。先秦周初，晋阳地区为北唐戎、山戎、赤狄的活动区域，春秋时这里仍为华夏族与夷狄错居之地。晋国中期疆域在霍山以南，《左传》称"戎狄实环之"，便是例证。战国时赵武灵王胡服骑射，是效法晋阳以北戎狄的军事装备而实行的改革。秦汉两代主要是匈奴与汉族在此征战，到东汉末，曹操分南匈奴为五部，大抵分布于今晋中、晋北、吕梁一带。五部匈奴基本与汉族融合。西晋十六国北朝时期，匈奴刘渊父子起兵建前赵（先称汉），羯胡石勒建后赵，战争重心均是以晋阳为中心的地区，烽烟四起，征伐不断。羌族符秦都晋阳，东魏下都、北齐别都皆在晋阳，北魏鲜卑拓跋氏立国，南下统一北中国，以晋阳为战略据点。隋唐五代十国，这仍是突厥、契丹、回纥等战马驰驱的疆场，后唐、后晋、后汉、北汉相继在晋阳建都，直到东北的女真族南下建立金王朝，蒙古族南下建立元朝，都必先攻取晋阳然后夺取中原，最后满族由东北取北京，分兵攻大同，下太原，直到统一中国。

上述各边族大部分融入汉族,成为今天中华民族大家庭的成员。笔者有《魏晋北朝并州(晋阳)地区各民族大融合》一文(见《晋阳文化研究》第三辑,三晋出版社,2009)指出,民族融合作为一种历史发展的大趋势,并不因频繁战乱和动荡而中止,这一过程主要有赖于文化交流与互惠。进步文化作为一种软实力,具有一种不可抗拒的柔性粘合力。凡是有利于改善民生,提高生活质量、提升民族素质、促进文明进步的文化,哪怕是在形同敌国的民族之间,它也总是会被各族成员所认同和采纳的。魏晋北朝与历代,因战争被迫抢掠或迁居的各族人口,固然有相互的敌视或仇杀,导致生灵涂炭、民不聊生的灾难,但彼此混杂聚居的各族必然会促进其文化上的相互学习、仿效和渗透、习染。一般而言,在历史上汉文化具有先进性和主体性,从而产生了对各兄弟民族的向心力和凝聚力,但不能说只有各族对汉文化的同化,没有汉文化对各族文化的吸收……多元一体的中华民族的灿烂文化是中华各族人民共同缔造的。正是在漫长的民族融合历程中,在晋阳这一民族大熔炉中积淀成一种海纳百川、兼收并蓄、和谐包容的宽宏精神气度,使这里的人民具有开放大度的心态,不断累积着丰富的文明成果,使太原(晋阳)地区具有深厚的人文底蕴,从而成为促进新型工业基地和历史文化名城持续发展的不竭精神动力。太原(晋阳)在历史发展中为凝聚中华民族共同体,从而使之屹立于世界民族之林做出的独特贡献,是不可磨灭的。

愈挫愈奋、坚贞不屈、拼搏创新的英雄主义

中华民族几千年来是从血与火的磨难中走过来的。历史证明,虽然历经千难万险,无数天灾人祸,中华民族始终以顽强不屈、奋勇拼搏的大无畏英雄主义精神,直面苦难,愈挫愈奋,最终战胜种种艰难险阻,发展壮大,开拓创新,挺立于世界的东方。晋阳精神便具有这种浴火重生、拼搏创新的英雄主义之典型意义。

晋阳是一座诞生英雄人物的城市,耶律楚材《和太原元大举(即元好问)韵》句云:"并门自古出英雄。"欧阳修《晋祠》诗句云:"并门自古多英豪。"都是对晋阳英雄辈出史实的清晰写照。早在2500年前,董安于重建晋阳之后,晋国六卿争雄,智伯为征服赵氏曾水灌晋阳,史称其时"城不浸者三版","城中巢居而处,悬釜而炊,财食将尽,士卒病羸"。但是晋阳城毕竟牢不可破,没有被毁灭,最终是赵氏联合魏韩两家消灭了智氏,晋阳城巍然屹立。历代在不断发生的晋阳之战中,晋阳城始终是战线前沿。西晋刘琨守晋阳,抗御匈奴,晋阳一度化为废墟,"府寺焚毁,僵尸蔽地","荆棘成林,豹狼满道",可谓惨不忍睹,岌岌可危。但是,在极端困难的条件下,刘琨率众除荆棘,埋尸骨,建房舍,招流民,在短短近一年中便复兴了名城,使民众复归家园,出现"鸡犬之音复相接"的勃勃生机。攻打晋阳的匈奴刘渊部"人士奔进者多归琨",迫使刘渊甚惧而迁都蒲子(今山西隰县)。北宋初赵匡胤兄弟以强师三攻太原,久攻不下。先是师智伯故伎,企图引晋水淹灌太原,未遂。最后,赵光义逼降北汉主。赵光义鉴于晋阳历代帝王崛起的故实,深恐日后为心腹之患,乃丧心病狂平毁晋阳,放火烧毁晋阳城并屠戮平民,成为历史罪人。晋阳城似乎要被他抹掉了,但是,英雄的晋阳人民并没有低头,很快地万众一心,重建家园,晋阳城又挺然屹立起来。其实,何止这一次赵光义罪恶的祸害,历代在晋阳发生的战祸连续不断,如唐代李光弼守太原抗击"安史之乱"的叛军,金末太原军民的晋阳保卫战,元末太原民众抵抗蒙古军的屠戮,明末太原的抗清斗争等等,哪一次晋阳之战不是恶仗、硬仗?在中国历史上,似乎没有哪座城市能比晋阳遭受如此严重而频繁的重创和破坏。直到1949年解放太原之战,仍是国内解放战争中最惨烈的战役之一。但是,晋阳城犹如火中凤凰,一次次受创,又一次次浴火重生,挺立起来。如今太原与时俱进,已成为一座古老而又崭新的三晋名城。回顾以往血火交迸的岁月,我们不能不为三晋大地上这一座英雄城市而自豪,在她的母体中孕育升华出的愈挫愈奋、拼搏创新的英雄主义精神,理应令我们感奋。它必将在新时期激发人民群众的无限创造力,为新型工业基地和历史文化名城增添光彩,因为它是我们的民族之魂,是我们太原和三晋人民之魂。

承前启后为民生　名城建设重细节

——纪念太原解放 60 周年理论学术研讨会论文

太原解放是由鲜血和生命换来的,太原解放是夺取政权,为太原人民当家做主,开创幸福美好生活开辟道路,从而使太原人民进入实现政治翻身、经济翻身和文化翻身的新纪元。60 年来,太原人民不懈奋斗,成绩巨大,特别是改革开放 30 年来,太原发生了天翻地覆的变化,一座新型现代化工业城市正在兴起,太原人民过上了初步小康生活,成就值得自豪,足可告慰为太原解放流血牺牲的先烈们。在这个基础上,太原市委市政府审时度势,高瞻远瞩,提出了建设太原历史文化名城的目标,令人鼓舞,这也是完成革命先烈的遗愿。

建设历史文化名城是一项需要持续奋斗的系统工程,是实践科学发展观的需要,也是对太原解放 60 周年最好的纪念。近年来,在市委市政府的领导下,建设历史文化名城的各项工作迅速而有序地展开,市政建设和文明建设成效显著。但是,从科学发展的高标准来考量,应当看到,我们还有不少差距。以笔者看来,在肯定成绩的同时,至少还有必要从关注民生、狠抓细节入手,拾遗补阙,善始善终,使历史文化名城建设名副其实,增光添彩。

人常说:“细节决定成败”,“靡不有初,鲜克有终”,“百尺之台,起于累土”。群众利益无小事,细微之处见精神,这都说明完善细节十分重要。

千里之堤,溃于蚁穴。名城建设,实施了许多重大工程,投入了可观的财力物力,动员了多方面的资源和人工,但在细节上不完善,有疏失,那就不能充分显示效益,甚至留有遗憾;或者与初衷相悖,劳而少功,这是决策者与人民群众都不愿看到的。

从名城建设的实践上看,确实尚有许多问题存在,需要我们大力解决,积极补救,有所作为。不贤识小,这里仅就个人的感性见闻略举数端,或可供参考。

1.近年来太原特别注重道路交通建设,开工项目甚多,投资巨大,效益颇丰,民众称道。但在某些路段,扫尾工作尚欠严谨,如柳巷铜锣湾边道,在新路与商铺之间未全硬化,黄土裸露,尘土飞扬,外人看来似乎是半拉子工程,依然脏、乱、差。本来投资甚巨要办好事,结果却不尽如人意。再如唱经楼至柳巷一段,路面坑洼不平,未加修整,还有不少小街小巷亦然。柳巷是繁华商贸区,是太原名片,尚留有上述遗憾,有碍观瞻,其他地段可想而知。

2.太原市为 70 岁以上老人办公交免费证,是一大善举,可赞。但不少城市年龄放宽为 60 岁以上,太原为何不能放宽?是否怕乘车拥挤?其实老人行动不便,不得已时才会乘车出行。乘公交车人数是有限的。且办一证要持退休证、户口本、身份证三件齐全,事实上只持身份证一证足矣,何必三证,徒增麻烦。

3. 太原市公安局为民众出国旅游探亲办护照,以往初办时收工本费,续办时只须加贴一页纸重审合格即可。现在是续办时要废弃原证,重新再办一证,又收几百元的费用。这是要为单位创收而设。按理公安局是政府单位,应为民众节俭办事,不能靠垄断政务成为赢利单位。这种增加办事人负担的做法,是典型的以权谋利,已受到著名经济学家茅于轼的撰文批评,希望立即改正。

4.2008 年冬因煤价上涨,供暖困难,市政府采取积极应对措施,为保证民众取暖花了大力气,民众深受感动。但布置有方,检查、督促不经常,不到位,虎头蛇尾。特别是有的社区由非国有供暖单位送暖,由于缺乏事中事后的检查督促,工作不细,到 2009 年春寒二三月,许多居民住户室温仅达15℃。老人小孩受冷冻致病,民众颇有抱怨。这一好事不能善始善终,导致惠政不能普惠,有关部门领导与有责焉。

5. 植树绿化是保护生态文明的主要措施,太原新铺道路两旁植树成行,绿意盎然,理应称赞;但对旧有道路两旁的树木管理,维护不够,特别是有许多缺位,当补栽而不补栽,长年不理会。本应绿树成行,却时有断档。所缺树木,希望补足。

6. 太原城内主要交通干线在路中设有隔离栏,本意在维护交通畅通,但有些地段开口设置不当,间距太远,迫使行人绕行,极为不便。按人的心理承受能力,每200米应有横过开口,超过200米,便令人不耐。所以有必要对开口间隔距离加以规范,重新统一调整。这也是以人为本的好事。

7. 太原一些机关和商场大门入口开放性不够,有的大商场超市开门太窄,出入拥挤。有的机关单位大门设而常关,却只在旁侧设一小门令人出入,不知大门有何用处?特别是五一广场,铁栏四围,出入口小而曲折,不免人多拥挤。号称人民的广场为何不肯敞开大门迎客?这反映一种深闭固拒的保守心理,非但没有开放气度,而且一旦发生安全事故,不利人群疏散,亦望改进。真正以人为本,方便行人。

8.市内免费公厕太少。这本是历年决定要解决的问题,然而喊了多年至今不能解决,特别是迎泽大街、并州路两侧公厕太少,不便行人,尤不便老人,人们一有内急只得随地解决。公厕少,是此种不文明行为发生的主要原因,切盼解决。

9.政府正在推行医疗保障制度,深受群众企盼和欢迎,但转院就医手续不便,令患者为难。如对一些享受保健干部的人员,据知有必要转往北京大医院的就医手续好办,转往低等级小医院则往往不准。须知患者有病未必非往大医院不可,凡病即跑大医院,势必造成其人满为患,就医繁难,患者折腾不说,也加大医疗费用的开支。应当凡属医保医院均允许患者自由择医,方便群众。

10.文化遗迹重古不重近。儿童公园(今文瀛公园,编者注)原有晋阳日报报馆旧址,上肖墙旧有西北实业公司旧址,桥东街原有旧火车站遗址,均有历史文化价值,但今已不见踪影。小店区原有解放太原的前线指挥部,今亦不见遗迹。小店区文化遗迹本来较少,这些是否考虑加以开发、复旧? 如实无可能或必要,可否树立标志性的碑牌加文字说明的纪念物,增加名城的文化氛围?据悉柳巷已有"老香村""华泰厚"老字号挂牌,值得效仿。另外,太原老街巷名今已消失极多,是否进行一次全面摸底排查,对有文化内涵的名称在原址树牌标明?不仅利于外宾归来访旧,也反映名城悠久的历史文化遗存之丰富。

11.现在有不少地方,借口发展旅游,领导带头大兴土木,新建庙宇神殿,是不务正业,劳民伤财,宣传迷信,害莫大焉。岂有共产党人宣传迷信,崇拜神灵乎?太原有没有类似事例,希望调查。如有,则要正确引导,加以制止。

12.街头擦鞋者辛辛苦苦挣个吃饭钱,既不制造污染,又不妨碍交通,不理解为什么城管人员要驱赶他们,对制造污染的烧烤摊却很少过问,这是为什么? 难道不能给擦鞋者留条活路?

13.太原道路特意铺设盲道,以便盲人出行,但许多盲道不规范,有的甚至横跨井坑,有的碰上树木。许多大机关和商场至今没有盲人便道。这些都应是文明城市必须有的设施,希望统一规划,为盲人提供方便。

以上13条只是就想到的写出,这些问题其中有的或许已为有关部门重视,提上议事日程,有的或许还没有被注意到。笔者从小生活在太原,已60余年,只是出于爱我太原之心,发于至诚,提出建设性意见,并不认为全部正确,不过希望决策者择善而从而已。

笔者以为,既要建设历史文化名城,就要彰显名城之历史文化特色,这就要从多方面考察名城的文化内涵,注意从细节入手,由各部门整合力量,统一组织,相互协调,全面部署,科学分析,统筹兼顾。关注民生,抓好细节,才能真正增加民众对党和政府的信任度和亲和力,使民众感受到人民政府的温暖和关怀,提升城市的文明程度和民众的文明素质,搞好和谐社会建设。小问题关乎大工程,小疏忽关乎大形象。一味贪大求洋,不符合我们的光荣革命传统,也不符合科学发展观的要求。群众利益无小事,细节问题见政绩,名城建设抓好细节,可以看出市政决策层对人民事业的责任心,可以看出领导者以人为本的真诚态度,也是检验领导干部落实科学发展观的标志之一。但愿看到一座新型历史文化名城崛起于三晋大地,我以为,这正是对太原解放 60 周年的最好纪念。

（写于 2009 年）

论"人定胜天"并非荀子的制天思想(提纲)

　　"人定胜天"在 20 世纪"大跃进"时期是一个叫得很响亮的口号。在那个年代,由于人们头脑发热,不计代价,大干快上,破坏和浪费了大量的自然资源,造成了生态恶化。后来反思"人定胜天"提法的来源时,有学者如夏甄陶《论荀子的哲学思想》(上海人民出版社,1979 年)认为,《荀子·天论》所说"制天命而用之"的观点,就是"人定胜天"的思想(此观点可以追溯到《逸周书·文传》的"人强胜天")。笔者在此强调指出的是,荀子制天的思想,并不完全等于"人定胜天"的意思。

　　"人定胜天"的命题把人的主观能动性绝对化地提升到可以战胜、主宰大自然的高度,无视大自然的客观规律。这就是肆意掠夺自然、破坏资源的偏向。而荀子制天的思想却并非如此。因为荀子特别推崇从尧舜到孔孟以来的中道思想(参见魏宗禹先生的文章),反对过与不及。他的隆礼重法主张皆贯彻着实行中道原则,不走极端。在处理人与自然的关系上,荀子主张开发资源,向自然索取要适度、适中、适可而止,留有余地。这也是孔孟一贯的思想,对此,《荀子·王制》有明确详细的论述。在施政上,荀子坚决反对竭泽而渔、杀鸡取卵。《王制》提出:"群道当,则万物皆得其宜,六畜皆得其长,群生皆得其命。故养长时则六畜育,杀生时则草木殖……"认为"圣王之制也,草木荣华滋硕之时,则斧斤不入山林,不夭其生,不绝其长也;鼋、鼍、鱼、鳖、鳅、鳝孕别之时,网罟毒药不入泽,不夭其生,不绝其长也;春耕、夏耘、秋收、冬藏四者不失时,故五谷不绝而百姓有余食也;污池渊沼川泽谨其时禁,故鱼鳖而百姓有余用也;斩伐养长不失其时,故山林不童而百姓有余材也",也就是《荀子·富国》所讲的"足国之道,节用裕民而善藏其余"的主张,即《王制》所谓"物畜而制之""应时而使之",以达到"强本而节用,则天不能贫"的目的。荀子明确地认识到"生十杀一物十重,生一杀十物顿空"的事物辩证发展规律。这是很正确的。可见,"人定胜天"不是荀子的观点,荀子不应为之承担罪责。

辩证地认识和把握荀子的制天思想,继承借鉴,科学创新,古为今用,是今天研究荀子思想,以利于落实科学发展观的一项重要任务。

按:本文为降先生 2005 年在山西安泽举办的荀子研讨会上的发言提纲。

司马光文化片论述

中国古人讲"家国情怀",这部《训俭》《家范》的普及性电视文化片,把司马光家庭教育作为治国施政理念的首要前提,继承了修齐治平的传统文化精华,协调处理好个体修养、家庭和谐与经世致用、政治清明的辩证统一的关系。这对今天贯彻社会主义核心价值观、建设小康社会具有重要的现实教育意义,值得称赞。正所谓《训俭》醒一人,《家范》正万家。

司马光是一代伟大的历史家,也是一位深知民生疾苦,怀抱治国平天下高远志向的政治家。他在宋代历仕四朝,博得了朝野一致好评,特别是得到当时广大民众的敬仰和爱戴。他去世时,"京师之民皆罢市往吊,画其像,刻印鬻之,家置一本,饮食必祝焉。……及葬,四方来会者盖数万人,哭之如哭其私亲"。为什么司马光能这样得民心,受人怀念和尊敬?就是因为司马光一生施政出以公心,不贪不吝,恭俭正直,体恤民情。正如当时人所称司马光"于物淡然无所好","为人廉洁,口不言财",是所谓"公则廉,廉则明"。

过去讲宋史,把司马光反对王安石变法说成是保守派,这是皮相之论。事实上,司马光是敏锐地看出了王安石变法虽有为朝廷聚财的目的,但由于王安石侧重于为皇家增富,而忽略了变法在实施中有加重民生负担的弊病。他提出的反对意见,其实是为王安石变法可能造成的生民之病提出预警,是救偏补弊之方。司马光那些具有合理性的意见,可惜没有被"拗相公"王安石虚心采纳,反而被一概拒绝,最终造成了变法有损民生的祸害。这种悲剧,是由当时政治家的历史局限性造成的。司马光实际上是从事改革的稳健派，而不是保守派，这一点应当分辨清楚，给司马光以客观公正的评价。

　　司马光的政见和治国理念，来源于他一贯奉行的实事求是精神，也就是苏辙评价他的"诚"和"一"。诚就是老老实实，求实际，办实事；一就是表里如一，一如既往，始终一贯，不左右摇摆，不见风使舵。这些刚直公正的品质，就来源于司马光自幼所受的儒家传统教育，而这也是司马光久经官场，洞察其害，从而特意给后代留下的《训俭示康》与《温公家范》的家教遗嘱。其中有价值的精神遗产，有着和社会主义核心价值观一脉相承的关系，是值得今天认真继承的，需要我们结合时代精神，加以提炼升华而发扬光大。

在《三晋石刻大全·忻州市宁武县卷》首发研讨会上的发言

忻州是我的故乡,对忻州有非常深的感情,非常关注忻州的工作。但在三晋文化研究会工作的这几年,感觉到忻州市的工作还是很落后。

文化是软实力,文化事业的发展有特殊的意义,给比较不发达的地方提供了条件,忻州市近年的发展中文化已经给我们带来了好处。

各县区除煤炭等矿产资源,其他的优势不太多,比如大同、朔州、晋东南等地发展小杂粮,忻州历史文化底蕴深厚,将此转化为经济效益和社会效益,还需要我们进一步做工作。

我看到《三晋石刻大全·忻州市宁武县卷》这本书,装帧精美,编撰认真负责,内容丰富,所收集1600多通碑刻文章,包括内容广泛,有历史人文自然影响,有一定的书法艺术价值,都非常有时代特色,极为珍贵。三晋文化深厚的底蕴都可以通过石刻反映,碑刻中反映了宁武这个关口是重要的军事阵地,我们从这些内容中可以看到古代汉族和少数民族矛盾、冲突和融合的历史趋势。宁武人有许多古代少数民族的特征。山西包括全国都很难找到一个纯粹的汉族血统的人,科学家已经通过基因研究证实,汉族就是多民族融合的民族,反映中华民族海纳百川的民族风格。

宁武的文化工作者们不仅把现存的石刻碑文原貌展现出来,还把文献资料里的碑刻收集起来。尽管经过岁月沧桑,许多碑文已经流失,但文献资料有记录,将这些资料公诸于世,使死材料变成了活材料,给大家研究提供非常珍贵的历史见证。

《三晋石刻大全·忻州市宁武县卷》给今后工作提供一个重要的经验就是领导的重视。

这部巨著不仅是山西历史文化的记录，而且是全国少有的不朽事业。中华民族的悠久历史在全世界都是绝无仅有的，其他国家一二百年的历史都要非常珍贵地保留下来，美国牧场的小楼都有志愿者保护，供人参观，而我们几千年的历史遗迹都被任意损坏了。北齐后主在天池打猎，不管国家大事，把国家亡了，这也是一个反面的历史教育基地。昨天参观汾河源头后，感觉和我20年前来看的大不一样，保护得非常好。

《三晋石刻大全·忻州市宁武县卷》开了好头，希望在不久的时间内，忻州各区市迎头赶上，殷切期待看到你们的大作。

按：《三晋石刻大全·忻州市宁武县卷》，三晋出版社2010年出版。

在山西省非物质文化遗产展览会上的发言

这次展览汇集了山西非物质文化遗产的精华，是山西保护这方面文化遗产的大展示、大检阅、大巡礼，是我们山西省文化界的一大盛事，真可谓琳琅满目，异彩纷呈，叹为观止，看了以后令人震撼，令人感奋。用晋南话说是美得太太，用晋中话说是美塌啦，用晋北话说是真个美！

这些丰富多彩的文化遗产显示着我们民族的根脉，是我们的精神家园；它又是历史的见证，是血脉的传承；同时也是我们先辈的智慧和心血的结晶。这些文化精品，提供了我们建设社会主义新文化的基础和取之不竭、用之不尽、永不磨损、持续发展的精神资源，显示出我们中华民族生生不息的强大生命力、与时俱进的伟大创造力和坚如磐石的牢固凝聚力，反映了我们中华民族，特别山西人民在几千年艰难困苦的生存斗争中，顽强不屈、积极乐观、屡仆屡奋的强大生命能量和坚韧意志。看了展览，我们体认到，伟大的中华民族、黄土高原的淳朴乡亲气魄是何等的宏伟，精神是何等的豪迈，胸怀是何等的博大，智慧是何等的卓越！我们民族的品德，真是可敬可爱，可亲可近；民族的精神真是可歌可泣，可惊可叹；民族的业绩真是可赞可颂，可圈可点。

这样的民族是任何艰难险阻都压不垮的，是任何外来势力都扳不倒的，是任何分裂活动都破坏不了的。从这些精美展品中，见证出了中华民族，特别是山西历代先辈艰苦奋斗的拼搏精神、不畏强暴的抗争精神、聪明睿智的创新精神、坚忍顽强的进取精神和积极奋发的乐观精神。这就是先辈留给我们的巨大精神财富，是感召我们今天建设小康社会、和谐社会和创新型国家的强大精神动力，它必将进一步激发我们热爱祖国、振兴中华的无穷力量和必胜信念。我们一定要坚决贯彻中央"抢救为主,保护第一,合理利用,传承发展"的正确方针,保护好山西这座非物质文化遗产宝库,万分珍惜先辈留给我们的这一笔巨大的精神资源,发扬光大,取精用宏,继承发展,用以为现代化建设服务。这样,我们才不愧为中华民族的子孙,不愧为山西父老乡亲的儿女,不愧为新时代的主人。

按:"古韵拾遗——首届山西艺术节非物质文化遗产展",2017 年 8 月 18 日在山西工美集团非物质文化遗产展示馆开展。

程婴忠义精神的文化内涵

赵氏孤儿的故事传播中外,程婴救孤的忠义精神感动万方。忻府区的有志之士张家祥、张彦文等先生着力发掘本乡先贤的文化遗产,弘扬程婴忠义文化,彰显中华民族坚贞卓越、崇尚正义的英雄主义精神,具有重要的人文价值和现实意义,令人敬佩。"忠义"二字是程婴精神的高度概括,其中丰富的文化内涵有必要进一步解析、评价,使人们对之加深理解,便于亲切体认,以有助于在当今时代条件下的发扬光大,促进思想道德及精神文明建设,为实现中华复兴的中国梦而奋斗。本文就此略作论述,供同道参考。

笔者认为程婴的忠义精神,至少有以下三个层面的亮点。

舍生忘死、成仁取义的正义追求

杀身成仁、舍生取义是先秦原儒倡导的、为千百年来志士仁人所崇尚的最高道德风范,是从先秦董安于、豫让直到后世关公、诸葛亮、岳飞、文天祥、郝经、傅山、史可法乃至近代秋瑾、陈独秀、瞿秋白等无数英烈建功立业、流芳百世的精神动力。程婴在春秋晚期的赵国,大义凛然,面对强暴横逆的逼迫,与公孙杵臼冒死救孤,特别是程婴在生死两难中,毅然选择"立孤难",冒着为人误解从奸的骂名,藏孤远遁,历尽艰难,拥孤复位,最终自刎,以死报答公孙。这种杀身成仁、舍己命、存国脉的正义追求,震古烁今,为世极则,体现了公而忘私、九死不悔的大丈夫精神。这是中华民族崇高志节最可贵的光辉体现,是我们民族千百年来屹立于世界民族之林的根基,令我们为有这样的先烈自豪和骄傲!在今天商品大潮、道德毁弃、物欲横流的不良风气蔓延之时，崇尚公平正义，坚守信仰，以义制利、见义勇为的道德风尚尤其显得可贵和稀缺。历代以程婴为代表的先贤为后人树立了如此高尚的标尺和典范，值得我们大力宣传，发扬光大。正如顾炎武诗中言"自来三晋多义士，程婴公孙杵臼无其伦"。我们自应不忘先贤的遗烈风范，为创建新时代的文明继往开来，自强不息，奋斗不止。

公忠体国、赤胆忠心的爱国情怀

爱国主义是千百年来人民群众凝聚起来的伟大精神。程婴舍生取义，义在何处？舍身成仁，仁见何方？就在其对赵国的赤胆忠心。在当时奸佞屠岸贾擅权乱政，恃暴横行之际，赵国政治昏暗，民不聊生，酿成了国势危殆，民怨沸腾的下宫之变。这时，赵氏一门被诛杀殆尽，只剩下赵孤一人。在这种情势下，赵氏的存亡已非一个幼子的生死问题，而是关系到国脉存废、政局危稳的根本问题。赵孤存，则国命存，社会稳，民众安；赵氏亡，则国命绝，而政局乱、民众苦，因此救孤即救国。在先秦春秋争霸的激烈斗争中，赵国的经济社会和政治改革都走在时代的前列，赵氏政权代表着先进生产力的萌芽，标志着社会文明进步的方向。因此，程婴之救孤就不只是单纯的呵护生命的人道诉求，而是关系历史进步与倒退的重大原则问题。程婴的义举代表了当时进步社会势力的共同要求，在苦心救孤中包含有深刻的爱国主义内涵。司马迁说："人固有一死，或重于泰山，或轻于鸿毛。"程婴的忠义之举，正是重于泰山的壮举，这才是程婴为千百年来忻府区人民乃至中华民族及世界爱好和平人民一致尊崇的根本原因。在今天民主政治的时代条件下，我们固然有理由批评古代狭隘的愚忠观念，而同时应剥离出其中内含的积极的爱国主义元素，以创造性的转化，使之成为新时期的道德精华，在实践中发扬之，为建设现代文明服务。

忍辱负重、坚忍不拔的生命担当

程婴救孤抚孤、复兴赵国的壮举,可谓是九死一生,历尽艰难。在恶势力追杀下,他四处逃亡,费尽心机,东躲西藏,历经15年沧桑风雨,终于保全了赵孤,并在深山中将一个呱呱待哺的幼儿培育成为能文能武的治国栋梁。这其中耗费了他多少心血汗水,付出了多少精力和智慧!为了复赵大业,他日夜煎熬,含辛茹苦,不求功名利禄,最终功成自刎,可以说这是他一生承受的生命的担当。这是何等难能可贵!程婴还要承受不明真相人们的唾骂和污蔑,其中内心的痛苦,始终无以表白和坦露。但是,为了正义,为了赵国,程婴无怨无悔地承受下来,而且最终取得了成功。这种坚忍不拔的意志,忍辱负重的担当,是成就任何事业的根本保证,值得后人敬重和效法。在复兴中华的大业中,中国人还要面对诸多挑战和障碍,古人云:"艰难困苦,玉汝于成。"我们仍然亟须这种勇于排除万难的勇气和蔑视利禄的生命担当。没有这样的精神,就无法实现美丽中国的愿景。

程婴的忠义精神内涵丰富,非本文的浅说可以全面概括。上述三层面的解析,不过撮其精华亮点,未必允当,见仁见智,愿意就教于诸贤同道。笔者以为,只要善于汲取忠义的精义,进而领会其精神实质,结合时代要求,见诸人生实践,社会风气的端正和中华复兴的大业是一定能够实现的。愿与诸君共勉,为忻府区,为忻州市,为伟大祖国的美好未来贡献力量。

（原载《忻府新闻》2013 年 8 月 28 日）

第四辑　题记书序

● 碑记

闻喜至合阳高速公路碑铭

　　河东之区,华夏直根,人文渊薮。自古舜耕历山,禹凿龙门,嫘祖养蚕,后稷稼穑,晋文称霸诸侯,关帝忠义仁勇,流风千古,民俗淳厚。百姓世代务农,兼以盐业,史称富庶。迨至近世,列强入侵,奈以产业不振,工商凋敝,发展相形滞后。解放以来,农为大宗,难以致富。进入新世纪,欣逢盛世,改革开放,鼎新革故,众望所归,人心向慕。

　　省委省政府,审时度势,顺应民心,乃有修路致富之远谋,制定全省三纵十一横十一环之蓝图。由是,运城儿女闻风而动,群策群力,以省投市建模式,大张旗鼓,启动兴建闻合高速路。

　　决策既定,上下同心,八方给力。爰是科学擘划,集思广益,鸠工聚材,勘察设计,精细施工,有序监管,一以优质、安全、高效、廉洁、和谐为宗旨。领导率先垂范,群英奋力争先,一时激扬蹈厉,背水攻坚。凿石丁丁,机声隆隆,劈山填沟,凌空架桥。撬顽石,堵流沙,冒寒暑,洒血汗,有争高效奋不顾身者,有倾心血精打细算者,更有村民捐家舍、毁林圃、迁坟茔而主动拆迁让地者,其顾全大局、急公好义之精神,何其壮哉!

　　万众一心,克期致果。工程始于二〇〇九年九月,历时十六个月全面竣工。总投资三十四点三三亿元,完成大桥十七座、特大桥一座、高填段六处。全程七十五点九八千米,创造了拆迁时限最短、质量最优、工程最快之修路奇迹。

剪彩之日,万众欢呼。引颈远眺,周道坦坦,人驭飚轮,货畅其流,诚百代之期盼,不世之勋业。是路东起闻喜东镇,西贯稷山、万荣,跨河而直抵陕西合阳,衔接大运、闻垣高速路段。东赴瀛海,西达秦陇,通衢无碍,迅捷千里。河东腾飞有期,百业兴旺可待!正是:路通人心顺,路平世风正,路宽胸怀广,路坚载物多,路长福泽长,何其伟也! 铭曰:

条山巍巍,大河沄沄。三晋健儿,志在青云。
排难铺路,凤翔龙腾。跨越转型,众志成城。
百姓康阜,诸业蒸欣。造福后代,勒石铭勋。
闻合精神,永播芳馨。

降大任撰
2011 年 12 月

兴建太旧高速公路纪念碑

　　晋省处黄土高原,襟山带河,沟壑纵横,雄视南北,历来为兵家所争;而其煤炭富集,冠于全国,尤为各省实业能源所赖。然以山川梗阻,鸟道羊肠,行旅愁而交流窒,大不利于国计民生。往昔有识者深忧之,集资修路,代不乏人;中华人民共和国成立后,国家多方支援,屡兴路业,乃有三纵七横路网规划。改革开放以来,各地经济腾飞,晋省奋力崛起,百业蒸欣,奈以交通滞后,受累深焉,人遂有"要致富,先修路"之议。

　　中共山西省委、省政府审时度势,为兴晋富民计,毅然决策兴修太旧公路,经国家批准,列为建设项目重中之重。爰是组织动员,鸠工筹资,勘察设计,分段实施。一时上下同心,四万群英竞力,冬不避冰雪,夏不避暑热,劈山填沟,凿洞架桥,脱皮掉肉,背水攻坚,乃至有不恤身家、尽瘁捐躯者,何其壮哉!复以投资宏巨,经费不充,省级领导带头捐资,各方闻风,至有节衣食而慨然解囊之义举,不数月竟集款二亿元有余,而是业之深得民心,可概见矣。

　　众志成城,何功不克?工程始自一九九三年六月,毕事于一九九六年十月,成晋省首建全封闭全立交高速公路,亦系国内施工最难、造价最昂之现代化通衢。是路西起太原武宿,东抵省界旧关,与石太路并肩,凡百四十四公里,宽二十一点五公尺至二十六公尺之间,车速缓则每小时六十公里,疾或倍之。路面皆沥青混凝土铺筑,抗地震烈度八度。全线斥资三十亿元,计动土石方千七百余万立方米,有特大桥二,大中桥六十有一,天桥十四,各式立交桥十八,小桥十三,涵洞三百六十三,通道八十有五,隧道一,单洞长二千余公尺。是路贯通,西连大西北,东达黄淮海,不独晋煤外运之难大为缓解,且可每年为晋省增煤炭产值二十亿元有余,运输收入十亿元,利税六亿余元。旅游、外贸、文教俱受其惠,并为全国增工业产值五百亿元左右。效益之丰,何可算也。况乃以汗血凝成之"自力更生,艰苦奋斗,不屈不挠,无私奉献"十六字太旧精神,诚可感天地、昭日月,以励来者而为无价宝也。

竣工之日,登高极目,大道坦坦,如矢如砥。车驰如注,人欲生翼,货畅其流。是彩虹不足以方其壮丽,是金桥不足以喻其嘉惠。诚经济命脉之所系,千秋不朽之盛业。何其伟哉!惟其后世子孙,享其利乐,毋忘开创之艰辛,体公众而扬厉之,庶为国家之大幸。铭曰:

> 高原高兮大河长,三晋志士何雄强。
> 启辟通途臻康庄,万民欢忭百业昌。
> 太旧精神安可忘,彰往昭来发耿光。

忻州·降大任撰(2012年)

重修五龙祠记

　　五龙神祠坐落于今太原汾河二库之畔马吉掌村,初建于清咸丰间。始营仅正殿五间,奉五龙圣母及五龙与雨师神像,今有碑在焉。迨至同治间,乃增修钟楼、西门、围墙及东窑洞三间、西殿宇三间,又增奉财神比干、文昌星君、药王孙思邈、送子娘娘及金童玉女。乡人皆尊祀惟谨,以求祈雨、护生、兴文、生财之愿也。然百年以降,国事蜩螗,民生艰窘,无力护惜,乃至风雨飘摇,鸟雀穿穴,遂令榛芜荒秽,阶圯构落,垣墉倾颓,残漏殊甚,不堪经理。2015 年,有江苏义士周汉峰先生,以久居是乡,情好日密,睹此残景,感于众愿,不忍坐视。乃慨然解囊,商之于村主任高二东先生,发愿重新。届时工程兴起,鸠工选材,赴功趋事,乡民共助,协心同力,遂重为塑像,更筑围墙,巨钟香炉,一应设施,灿然大备。顿时庙貌巍然一新,焕然改观。是役也,修建之功,贵乎诚笃,事竣勒石,昭乎永久。于是属文于余,余不敏,感此奉献公益,有裨教化,亦聊献敬赞之辞,敢坚却乎?是为记。

勺斋主人降大任谨奉于 2016 年 4 月 18 日

盈科后进　取宏用精

——读狄宝心《元好问年谱新编》

　　捧读狄宝心新著《元好问年谱新编》(中国文联出版社 2000 年出版)，感慨良多。我也算是一名元好问研究者，写过一本书，有一点点影响，但是由于生性疏懒，学植荒落，从此再无长进。而宝心君从事此项研究虽起步较晚，但十数年锲而不舍，专精下苦，终于写出了这样一部汇集世纪学林成果的年谱，取精用宏，嘉惠学界。他真当得上是一位元好问研究的骁将与通家，令我钦佩，也令我汗颜，不禁要为此书说道说道。

　　这部年谱的首要特点是基础宏深，内容厚重。关于元好问其人，有清一代研究者不乏其人。元氏在文坛学界的地位日渐上升，有关研究成果可观；尤其是 20 世纪 80 年代以来，有关元氏的研究形成热点，海内外研讨益深，成绩斐然。仅年谱著述即有数家，如翁方纲、凌廷堪、李光廷、施国祁、缪钺等，均系博学鸿儒、学问大家。其中李谱详于履迹，缪谱长于汇综，均人所难及。后人欲继前贤有所增益，频难措手。而宝心君不迷信权威，知难而进，纠错补偏，煞费苦心，居然盈科后进，后出转精，成此 37 万余言的巨帙，这种初生牛犊不怕虎、甘坐冷板凳的精神实在难能可贵。不特此也，宝心这部新谱并非以年系事的履历账，实乃集诸家研究精华，是一部全面探讨元氏文化成就的论著。书中附有宝心撰写的《历代元好问选评》《元好问研究百年回顾》两篇宏文，还有《元好问研究目录索引》,足资参证。比如对元好问气节问题的评价,宝心君综合前人的成果,较其得失,择善而从,提出了深刻见解,认为"以遗山为代表的中原人士与以耶律楚材为代表的蒙古执政之进步势力的正式联合,它为耶律楚材执政时期任用中原人士实行汉法奠定了基础,为忽必烈建立大元、粉碎以阿里不哥为代表的蒙古守旧势力做出了极为重大的贡献","《中州集》的命名,体现出元氏的中华文化一统观"。这些均是综合诸家学者智慧,得出的客观中肯的结论。总之,有宝心君之新谱,不但使元好问一生行事作为班班可考,且可为读者对元氏的历史地位做出全面科学的评价,也反映了新谱自身既有集大成的特色,又有创新性的成果,其深厚的内涵和史识卓见,使人深受教益。

其次是这部新谱体例谨严,考证精审。本书作为年谱,当然采取逐年系事的方式撰写,但并没有局限于年月考证。作者以每年为条,分为纪年、时事、本事、亲友、作品编年等项,在重要事件与质疑处,还加上了作者专写的"考辨"。为突出谱主特点,书中着重于元好问在文化活动中与重要人士的交往,兼及有关人物的生平考订,以展示其时一代文人风貌。也就是通过杜会关系,特别是人际关系,反映元好问生平活动的本质内涵,从而体现了作者对唯物史观的准确把握,印证了作者的时势造英雄而非相反的科学视角。在具体考证中,如对元氏两外家地望、贞祐二年(1214)元氏南下汴京及元氏移家嵩山的时间、元氏出任镇平令、蒙古太宗十三年(1241)元氏游黄华山、元氏 54 岁纷繁的行踪、元氏 63 岁北上谒见忽必烈等重要史实,宝心君皆占有大量的第一手资料,心细如发,细加辨证,纠正了前贤的许多疏误,说明作者对元好问有关文献如数家珍的精熟程度,体现了他治学求真、实事求是的苦心和匠意。这种治史态度,倘无长期钻研、刻苦自励的精神,是绝不可能具备的。在目前商品大潮、学界浮躁的空气中,宝心君心无旁骛、甘于清苦的伏案生涯,实在是令人起敬的。

表述精练,文字雅洁,是这本年谱的第三个特点。这本新谱涵盖元好问 68 年的生平,其家世、其著述、其交游无不涉及,其所处时代、社会背景及有关文献、后人研究成果,均需采择评析。这样大的资料容量,如此丰富的信息,要使之精要地反映出来,除了体例的谨严之外,还需要精练的文字表达。宝心君熟读元氏著述,想必受其文字风格的熏陶,在这部新谱的写作上突出地体现出"雅洁"的风格。所谓雅洁,就是对大量的资料善于钩玄提要,择其精髓,以雅驯简洁的语言表述之,避免啰唆累赘的浮词。比如在 1233 年条,涉及金朝将亡、汴京围城及崔立碑事件等重大历史变故,后人于此多有记述之言,尤其对崔立碑事件争论甚多,歧异亦大。厘清史实原委,论其是非得失,给读者以明晰的印象,这是极为不易的。然宝心君的文字就做到了既详尽又不烦琐,既精确又不浮泛,叙议结合,干净利落,可谓详略得当,有典有则。对崔立兵变,按语引元氏所作聂元吉父女碑铭云:"二铭中称崔立为贼,谓其兵变曰反,这是遗山对崔立兵变明确表态的最早见证",并举崔立作恶之事证实之,以见元氏是非之明;同时又表彰元氏对死节者的议论,以见其见解的特识通达。继之,又评述崔立碑事件曲折经过,择其关键情节加以剖析,表露元氏"保全中原人才、中原文化"的心迹。这样摆事实,讲道理,自然具有很强的说服力。至评述元氏上耶律楚材书,文笔亦仿此。粗看之下,觉得情节复杂,而细心体会则行文颇有重心,旨在揭示元氏坚守的文化大一统原则,并无枝蔓之嫌。这些史笔均反映了宝心君"十年磨一剑"的文字功夫,堪为后学借鉴和效法。可以毫不夸张地说,有宝心这部新谱,以往诸家旧谱精华大都采择无遗,可以取而代之了。

(原载《忻州师范学院学报》2001 年第 2 期)

古韵新声　情真意切

——读寓真诗一得

　　诗贵独创,寓真君能作新诗,亦擅旧诗,佳作叠出。诗评家张同吾称赞他:"既有深厚的诗学功底,又富有诗的灵气和诗人独有的感觉方式。他的作品既流动着古典诗词的情韵,又时而融入时代气息,熨帖自然,可谓古韵新声融于一体。"(《寓真论》,见《大众诗歌》创刊号)这评价,在我看来是相当高的。我特别看重这一评价中的"古韵新声"四个字。当前诗家回归传统,写旧体诗的愈来愈多,但能从古典形式中翻来新意,使之富有时代气息者,实属寥寥。作旧体诗,一不留神就落入老套,这仿佛是一种惯性。作旧诗有不少忌讳,有些字句不宜率而入诗,如"对于""美丽""有关"这类口头熟语、书面常语入诗,看起来就别扭。当然,这也不是绝对的。运用之妙,存乎一心。像聂绀弩先生的旧体诗,就善于化用新词语入诗,每有奇妙鲜活之效。只是倘非大手笔,很难成功。寓真的诗颇有这方面的成功尝试,如其《夏游杂吟》中有句:"变化乾坤半世纪,乡亲依旧苦般般。""苦般般"一语为民间话语,用在七绝中不但显得贴切,而且亲切,很有一种人情味,表达了诗人关心民疾的人道情怀。又如《浪淘沙·新年》有句:"日月任沉浮,动荡方舟,强权政治几时休?"词中"方舟"系外来词,"强权政治"属时事性词语,也都用得恰好处,几如天衣无缝。在前贤中这方面的高手如辛弃疾、杨诚斋等尤多佳例,寓真继承了这一传统,效法聂翁,采撷活语,一经点化,顿显亮色,令人拍案叫绝。忧愤出诗人,寓真身为行政官员,牢记"三个代表",以深厚的传统文化底蕴,系念国计民生,用新词语化为诗句,实属难能。在诗中寓真夫子自道:"诗韵莫教空浪费,杜陵野老吁民忧。"(《村郊即兴》)继承少陵遗风,以活泼泼的语言,形象地描摹现实,使古典与时代合拍,这本身就是一种创新。这是值得提倡和效法的。

读寓真诗,有一种悲天悯人的情韵,回肠荡气,不禁感慨百端。特别是《送母回乡》一首,夹议论于抒情,余味无穷。此诗写老母体谅儿子的苦衷,忍病不治而返乡:"调治尚未愈,执意故里归。远道驱车送,山谷墨云随。苍山不曾老,孰知老人悲!"诗中追溯了老母一生抚育儿辈的艰难:"本是农家妇,艰难生计维。蒿野勤耕作,秕糠强为炊。饥寒每暗泣,战乱更愁眉。操劳身羸顿,育儿血气亏。满面皱如刻,一头白雪飞。"活画出了这位勤劳俭朴、苛己持家的农妇的可悲可敬形象,供天下为人子者同声一叹,为掬一把同情泪。诗末,作者送母在暮色苍茫中离别:"怅然此分手,去远还欲追。"其依依不尽之情,跃然纸上。因而作者"顿感慈恩德,更比山高巍。世道诚不古,空言报春晖"。既是自身对母爱伟大的颂歌,也是对无力亲奉的愧疚,更是对当今那些不念亲情、苛待老人的不孝子的谴责与警示。结句"涧水汩汩去,山烟阵阵垂",以写景收束,余味深长,令人想起《西厢记》送别句"四周山色中,一鞭残照里"的句法(当然立意又有迥别)。流水滔滔,又暗喻思亲之念永无断绝;而山烟阵阵,则衬托出惦念缕缕的无限怅惘。这种传统笔法,运用在今日,就尤显翻新出奇的匠心。这首诗堪称寓真诗作的代表性作品,以家常刻画母子情,这胜过多少直白式的老调,是继承了"温柔敦厚"的诗教而又富于当代的情怀。须知寓真身为省级干部,却不失赤子之心,他笔下的老母固然是自己的亲人,却又富于典型性而观照着天下的母亲,为天下的母亲写真。传统与新风并不对立,而是一种升华扬弃的关系,可谓古韵新声,情真意切,诗歌创作亦当依此而获得新的启迪。

(原载《大众诗歌》2002 年第 3 期)

试手清凉第一篇
——新编《五台山志》评介

五台山为中国佛教四大名山之首、世界五大佛教圣地之一,20世纪80年代以来先后被定为国家级风景名胜区和国家森林公园。由于五台山的独特人文景观和北国高山自然风光及博大精深的历史文化内涵,以及近年所建的优雅环境设施、旅游条件,它日益成为众多海内外游客青睐的游览胜地。因此鉴于人们强烈的求知要求和进一步发展五台山地区经济社会的需要,亟须学术界提供一部介绍五台山历史文化及旅游资源的科学著作。于是由山西旅游景区志丛书编委会主持新编的《五台山志》应时出版,赢得了广大读者和旅游者的好评。

这部洋洋百万字的《五台山志》,内容丰赡,资料翔实,包罗宏富,装帧美观,使人赏心悦目,受益良多。有关五台山的记述和研究著作,从唐代以来可见者指不胜屈,从唐慧祥所撰《古清凉传》、宋释延一之《广清凉传》、宋张商英《续清凉传》至今人新作《五台山佛教史》等不下百十种。而这本新编《五台山志》,其篇幅、体例、内容均超越前人,可谓后出转精,集众志之大成。以我陋见,该书至少有这样一些优点:

一是内容宏富,体例精审。众多旧志虽说繁富,但其内容多有局限,或主宗教宣传不及其他,或杂神异而莫可考究。而此新志则重立体例,审慎排比,按现代科学要求编撰,举凡环境、景观、佛教、文物、文献、旅游、文艺、管理、人物莫不毕载,使纲目井然,条理分明,其中资源考察及综述,民情风俗、远古文物均属新增部分,篇幅之巨远过旧志,但其科学性、知识性、趣味性却颇有引人入胜之处,为进一步开发五台山提供了足资借鉴的材料,因而具有实用性意义。至于人文宗教方面的详细论述,更是源源本本,娓娓道来。仅从其佛教一章的"源渊流变""宗派传承"等节目,就能给人以系统的认知。由于这些篇章出于对诸种旧志去粗取精,广泛采纳,故而内容富而不杂、体大思精,有百科全书式的学术价值。

二是博采众长,平实诚信。志书的生命力非仅要求包罗宏富,最根本的一条在于"诚信"二字。这本新志吸收旧志诸作所长,尤对历史文化记述平实,取其精要,没有浮夸虚饰的词藻,对旧志记载怪力乱神部分,则删其妄诞,详加鉴别,而以"诚信"为准,做科学的取舍。如旧志中往往多有宗教因果报应之说,或以传说为史实等弊病,而此志则信以传信,疑以传疑。如专列"民间传说"一节,存其文献价值,并不视为信史,体现了著者撰史求真的直笔精神。篇中或插叙未能证实的口传故实,必加"传说"二字冠于句首,供读者有所鉴别。这些均是富有匠心的笔墨,大大提高了该书的真实可信度,值得称道。

三是采纳新知,创见迭出。此书广泛吸收有关五台山研究的新鲜学术成果,不仅丰富了本书的内容,而且体现了时代精神。近年来,随着经济文化的发展,海内外学术界继梁思成夫妇之后,对五台山佛教文化进行了长期深入的探讨,取得了累累成果,如对五台山自然资源与人文资源的考察,分门别类,进行了大量的科学调研。著者对新的学术创见融汇综合,加以吸收。如对佛教信仰,学者提出"文殊信仰"这一命题,成为五台山佛教文化的核心,该书对之做全方位的介绍,将其化作真切论述。又如对佛教传入五台的起始时间,原有西周、西汉、东汉、东晋、北魏五说,著者加以考证辨别,专取东晋说,堪称言之有据,足资取信。书中坚持详近略远的原则,对近 50 年来,特别是改革开放以来五台山旅游文化建设的新成绩均有充分反映。在装帧设计上,又十分考究,美观大方。书中所附百十幅彩照,几乎囊括了山中大部分名刹和景观,富有艺术审美情趣。这些都给该书增添了新鲜感和时代特色。

　　这部《五台山志》不失为新时期以来山西地方志研究的又一重大成果,是继市县志之后对山西名山专志编撰的新收获,为山西方志工作开辟了新方向,可喜可贺。但这部书洋洋百万言,版本厚重,可供案头参考研究,不便游人携带和随时翻检。建议就此书加以精选缩编,成 20 万字左右的专书,辅以光盘版出版发行,似对扩大宣传、取得市场效益有进一步推动作用。

　　　　　　　　　　　　　　　（原载《沧桑》2003 年第 5 期）

劫后余生继绝业，古老文字溢新辉
——张颔先生新著《古币文编》评介

古币文字的研究是中国古文字学一个必不可少的组成部分。它不仅有历史学、考古学、文化学上的实用参考价值，还有艺术审美价值。随着中国古钱币学的发展，古币文字学业已形成自身比较完备的体系。但是，正如甲骨文、金文、石刻文字的研究虽均已成为一项专门学问，却仍遗留着许多疑难问题一样，古币文字的研究也有许多尚待开拓的领域。为着推进这一工作，急需汇集前人及今世学者的有关研究成果，编撰一部古币文字的新型工具书，供研究者参考使用，以期继往开来，有所突破。去年五月份，中华书局影印出版了古文字学家张颔先生编撰的《古币文编》一书，便是这样一本具有科学价值的精神可靠的专著，它为古币文字学的进一步发展提供了新的基础。

关于汇集古币文字的专门著录，从宋代洪遵的《泉志》算起，千年以来，代不乏书；直至近年尚有新著问世，先后不下数十种。但是，这些著录或著述，或多或少都有字画讹夺、摹刻失真、真伪杂出、考证粗疏、出处含糊等通病，缺乏科学性，难以征信，不便引用。张颔先生为整理总结有关的研究成果，在"文革"强迫劳改的工余间歇，暗中从许多古代货币图谱、著录文献中汇辑大批先秦货币文字资料，编写了一本《中国先秦货币文字编稿》。劫后余生，张颔先生董理旧业，又先后奔走于北京、河南、山东、湖北、陕西、安徽等地，收集大批货币文字实物拓本，考酌比勘，本着多闻阙疑、无征不信的实事求是态度，精心考证。经过埋头伏案、兀兀穷年的刻苦攻关，终于完成了《古币文编》的撰述，向学术界贡献了他心血浇铸的优秀精神劳动的成果。

《古币文编》系原稿影印出版,从封面题签、页码排写到最后一字,均系张颔亲笔所书。内容有凡例、正文、合文、附录检字、引用货币出土地点简称表、引用货币收藏地点简称表、引用书名简称表、引用货币名称示例表。全书收字目三百二十二条,字形四千五百七十八个;合文字目六十六条,字形二百零三个;附录字目五百零九条,字形九百四十一个。总收字目八百九十七条,字形五千七百二十二个(其中取自出土实物拓本者三千九百三十六字)。全书特点有四:一、以出土实物货币为主,真实可靠;谱籍著录者为辅,足备参考。二、每字出处详确有据,便于查证,取信人。三、字形临摹,力求与原拓本毫发无爽,神形相肖。四、编排审慎,酌加按语,坚持科学性。所有货币文字,正文每字按笔画排列,每一字形下注明货币类型,标出原词、出土地点或谱录的页码、拓本的编号。可识之字加以隶定,不识之字编入附录。只有字出于文献而真伪杂出、摹刻失真者均对照考证,求其本真。凡旧说中两字误二为一、一字析解为二、不识或误失、以拓本纹饰误作字画者,均一一辨正。此书不独可为工具书供古文字、古钱币学者使用,亦作书法美术爱好者观赏揣摩之古币文字范本。

按:张颔先生编撰的《古币文编》2004 年 6 月由中华书局出版,该文或作于是年。

放胆立真言
——评马旭《天心集》《天声集》

从形式上看,当今新诗似乎已走到末路。所谓新诗能不能成为一种体式,已经争论了多年,至今未见定论。但似乎被人公认,新诗成就不大。我捉摸这问题很久了,觉得新诗不成功,在于它忽视汉语音节字的特点;而旧体诗恰恰十分符合汉语单音节字的节奏,充分发挥了它诗美的特长。

从内容上看,新诗家中不少人游离时代,专注内心,而忽视民意社情,又难以引起读者共鸣。这尤其造成了新诗的致命伤,导致写新诗的比读新诗的还多,使之显得狼狈而尴尬。

马旭同志的《天心集》《天声集》,读来很有味道,不愧方家。我以为,原因盖在能取新旧之长,熔为一炉。虽则形式上以旧体诗为主,但语言又富新时代的特征。其记怀诗云:"饮水思源哀墨面,连通动脉写天心。"又云:"甘将灵腑全掐碎,献罢云泥送众生。"如此呕心沥血,为民抒愤,难怪令人动情,深受震撼。

作为马旭与我共同的文友,谢泳称他的诗"有思想""感时忧世",我以为说的是深中肯綮。古代诗论者称诗有兴、观、群、怨的功能,读马旭的诗,感觉他确实处处在张扬这种优良的传统精神。马旭赠谢泳诗:"侧身天地间,放胆立真言。不为名禄诱,仗铗独向前。"我以为,这正是马旭的夫子自道。诗不独重诗艺,尤重诗心、诗胆。放眼诗坛,此种风骨不能说马旭独有,亦可许其为佼佼者。虽然在炼字、炼意上马旭尚有提升的空间,但苦吟有成,于今亦罕见其匹。

（写于 2005 年）

坐冷板凳写出大著作

——评高春平《晋商学》

高春平先生积二十年功夫,终于献出一部 60 余万字的《晋商学》。拿到春平馈赠的这本厚书,翻阅之余,不禁感慨系之。人多艳称晋商称雄商界 500 年,曾执中国金融之牛耳,也热议过电视剧《乔家大院》《走西口》,但对晋商崛起壮大、升沉起伏的创业史,人们尚缺乏全面的了解和认识。晋商的研究在中华人民共和国成立前就有卫聚贤、陈其田、马寅初、范椿年等名家发表著述,中华人民共和国成立后一度沉寂,虽有傅衣凌等学者涉及此课题,但"文革"骤起,中道而衰,有关论述屈指可数。直到 20 世纪 80 年代,山西名家孔祥毅、黄鉴辉、张正明诸先生才有一批专著问世,此后随着旅游文化产业兴起,晋商研究呈现出十分热火的局面。春平青胜于蓝,孜孜不倦,埋头伏案,坐冷板凳二十年,终成此《晋商学》一部宏论。在这物欲横流、随流浮躁的环境中,能有如此扎实的研究成果,确属难能。把卷细阅,深感此书内容宏通,论列连贯,条分缕析,精彩迭出,堪称一部系统全面的原创性力作,是晋商研究者必不可少的基础性研究成果。今后的研究欲求突破决不能绕过此书,其传世价值是完全可以肯定的。

春平的这部《晋商学》所不同于相关论著者,首先在于,它不是仅限于文献材料的引述,而是著者投入大量精力,从事实地考察调研的科学提炼。为了获取第一手资料,著者曾南下洛阳、武夷山,北上呼和浩特、张家口、恰克图,对晋商遗址、遗物、碑刻尽可能搜集,考辨。又应俄罗斯学术界之邀,赴布里亚特参加研讨会,广益见闻,增加新知,从而为研究著述奠定了厚实的基础。这种专精下苦、追求真理、锐意创新的精神，确实值得我辈学人学习。倘对照时下一些以学术谋利，欺世盗名，哗众取宠之辈的所谓论文，真不可同日而语。不怕不识货，只怕货比货，放在学术的天平上，二者优劣立判。春平的这部书是经得起读者的批判和时间的检验的。

这部《晋商学》的另一特点是尊重前辈与同道的成果，汲取所长，认真考证，务求实录。比如有关清末票号分布与数量，著者对有关著述中所载 475 家票号，逐一核对，参考大量资料，重新统计，得出当时全国各地共有 700 家票号的新数据。这项工作琐碎而繁难，著者不避艰辛，细心爬梳，最终汇编一表（见该书 389 页），令读者一目了然。这种刻苦细致的治学功夫，是不少学者不屑为、不愿为乃至知难而退的。著者没有回避难题，而是苦心力作，后出转精，古人曰："仁者，先难而后获。"岂不然乎？

《晋商学》一书特别注重专题研究成果的计量研究。自从司马迁《史记》创列"表"的体例后，历世慧眼独具的史家对"表"的创制十分重视，形成了优秀的史学传统。《晋商学》书中继承了这一传统，附录编排了种种类型的统计表，不仅有投资类、放贷类、利润表等商贸经营内容的表，还有人物家世系列表。这些表都有力地支撑了书中的纵横论证，体现了著者求实重证的优良学风。正是有了这样的精研细考，大大提高了这一成果的可信度和科学性。这种学风理当为治学者大大发扬。

春平先生能完成《晋商学》这样一本有分量的大著，完全得益于他长期勤苦治学的坚韧毅力和钻研精神。要知道，二十年坐冷板凳，不为人知，摒弃浮华，拒绝名利诱惑，这是何等不易！在编选有关资料过程中，时值盛暑，因天气炎热，他在斗室中光着膀子，一干就是两个月。平时我了解的春平先生也是生活十分简朴，自奉甚俭，有时顾不得吃饭，就泡碗方便面了事，古人所谓"勤而有功"，此之谓也。辛苦不负有心人，终于结出了硕果。这种拼搏吃苦的风范，我个人深感自愧不如。据知春平先生以其治学的突出成绩,荣获"省五一劳动奖章",这是实至名归、理所当然的。有春平先生这样一批勇于耕耘、不求闻达的专家学者,山西的社会科学研究事业才大有希望,这是可以预料的。

当然,任何一部有价值的科研著作都不可能穷尽真理。《晋商学》虽然体大思精,值得称赞,但大醇小疵,亦尚有遗憾之处。比如全书以创建"晋商学"为宗旨,但在学科建设中的论述上不够充分。展读其书,颇感更多的像是一部晋商史专著。既然是"学"不是"史",是要首创"晋商学"这一经济史研究的分支学科,那么,对此"学"的目的、意义、内涵,必备资料的提要说明、价值所在、前人成果的总结概括和得失评价,研究方法的探讨和提示,以及尚存难题与指导方向的阐述说明,均应有专题的理论论证。因为这是在创建一门学科,而不是个人研究成果的汇总。因此,这些方面的理论性提升尚待日后弥补与加强。另外的小问题是,在个别附表中未能标明所据资料来源,亦系一憾。不过,这些尚感不精密之处,只是本人直觉,未必正确。由于笔者与春平多年同事,彼此相待以诚,故冒昧直言,供春平参考而已,想来不会不见容于大方之家吧。

（原载《山西商报》2009 年 8 月 10 日）

皇皇巨著　史家新篇
——读《朔州通史》

　　皇皇三巨册、208 万字的《朔州通史》(三晋出版社,2009)于朔州建市 20 周年之际应时问世,是一件值得祝贺的事。这部巨著凝结了朔州市三晋文化研究会和党史研究室一批史志工作新老同志的心血,是在中共朔州市委、市政府大力支持下积年累月的辛勤笔耕而构筑的文化工程(同时出版的还有两巨册、162 万字的《朔州民间文化》)。像这样一部大型省内地域历史的著述,在省内还是第一部,在国内各兄弟省似亦罕见。《朔州通史》的出版,充分反映了改革开放以来朔州市人民在科学发展观统领下取得经济建设辉煌成就的同时,大力从事精神文明建设,实现社会主义文化大发展、大繁荣的杰出贡献。它必将有力推动朔州市经济社会的可持续发展,同时也为全省三晋文化研究会的普及研究树立了榜样,必将激励和带动全省的文化建设者继续努力,为山西实现中部崛起,建设新型工业基地与和谐社会起到积极的促进作用。笔者从事三晋文化研究多年,翻阅《朔州通史》,全览社会古今,深感增加了许多有关地域史的新知,获益良多,感慨甚深,不禁为之心潮澎湃。在此,谨向朔州的同道学人致以崇高敬意和深深谢意。

　　《朔州通史》,重在一“通”字。通者,贯通古今,纵览全史之谓也。这部通史确实体现了这种以唯物史观贯通全帙的精神。全书远至 10 万年前的后圪塔峰旧石器文化,近至 21 世纪初,总括了朔州地域漫长历史发展的全部。一卷在手,通观古今,多少民族英雄,华夏俊杰,农耕骑射,改天换地,上演了一幕幕风云卷舒、虎跃龙腾、兴衰交替、血汗交流的历史活剧。中华各民族在长城内外、三关之中、黄瓜堆上纵横驰骋,碰撞整合,共同缔造了中原文化与边塞文化相融共生的深重文化底蕴。及至近现代经历了辛亥革命、抗日战争、解放战争的血与火的洗礼,又经历半个世纪的曲折探索,进入改革开放的春天。朔州的一部文明史浓缩了中华民族艰苦跋涉、不屈不挠、追求自由平等和幸福,历千年而不衰,经万劫而不回的风雨历程。我们民族的先人以顽强的生命力和无限的创造力,开创了无比神奇的伟业和惊天动地的奇迹。拜读《朔州通史》,不能不让我辈山西人甚至中国人感到无比自豪。毋庸置疑,《朔州通史》堪称一部当今国人爱家乡、爱祖国的生动教材,同时也可以作为朔州的闪光名片,助推朔州走向全国、走向世界,使这座古老而年轻的塞上名城大放光彩,名扬四海。

《朔州通史》内容丰富充实,尤其突出了地域特色。这是修地域史的难点,但写好了也是一个亮点。朔州古称马邑,地势险要,位于晋北桑干盆地之内外长城之间,控长城而连大漠,襟山带河,四塞为固。今之朔州山野间古墩野戍,回环盘护,允为三晋门户,兵家必争。周览朔州山川,想见古来民族争战,烽火连绵,铁骑纵横,百姓流离之惨。自先秦赵武灵王胡服骑射,驰骋塞垣,北破林胡楼烦,拓地千里;秦蒙恬筑城御敌,汉击匈奴及魏晋间五胡崛起,争雄鏖战;北魏构筑京畿,隋唐北拒突厥,五代沙陀三王朝兴亡相继;宋讨契丹,金源据守,蒙古南下,明阻瓦剌,清征回地,均在这里大张武功,敷行文治,真可谓跃马腾龙,豪杰争强。这里有匈奴、鲜卑、乌桓、高车、吐浑、突厥、契丹、女真、蒙古、满族等诸少数边族成为历史舞台上的主角。中国史上战乱时期,一为先秦,二为魏晋北朝,三为五代,四为辽金元,北方诸族纷纭攻守,不绝如缕。向来修中国历史于这些风云突变期,以头绪纠缠,不易厘清,而这些史实恰是《朔州通史》必不可少的篇章素材。在文物不多、文献繁杂的困难之中,幸赖学养有素的学长钟声扬、李尧、高海、符新基等诸君,辛勤耕耘,钩沉梳理,合理排比,终使此期史笔井然有序,本末了然,使晦者益明,而隐者益彰。于向来史家不措意之处,如西汉周勃血洗马邑,东汉卢芳之乱而乌桓入居晋北,曹魏牵招守雁门,北魏筑灅南宫与大地震乃至北魏兵乱,及五代金元诸军事争夺,均眉目清晰,可补历来通史疏忽之不足。凡有至今疑惑难明之事,高海君专作论文附后,或贡献己见,或存疑待考,显示了史家审慎立言的风范。阅读此节,不能不为诸君专精经营,苦心斟酌,甘坐冷板凳而竭精殚虑的精神所感动。正是有这样一批仁人志士的心血倾注,才能终成巨帙,嘉惠学林。这种甘于奉献的修史志节,确实值得我们同道敬佩学习。特别在这学风浮躁的时代,物欲横流,趋利冲动,使人目迷之际,如此淡泊自守,敬业尽责,洵可谓难能可贵。文化建设,中华复兴,亟须这种精神。所以说,《朔州通史》的竣工,不仅留下一份厚重的文化财富,同时也为后人奉献了一份可贵的精神风范。

《朔州通史》的又一特点,是体例科学,实事求是,详略有则,足资借鉴。修史是一件吃力不讨好的事业,尤重科学性、客观性、公正性。《朔州通史》著者诸君精心剪裁,细加考证甄别,既继承前辈学人的成果,又创新体例,贯彻了详近略远的原则,且不乏拾遗补阙之功,使史籍充分发挥资政育人的效用。这些操作的困难,非亲力亲为实难体会。《朔州通史》的修史经验值得我们认真学习推广。

《朔州通史》卷三特为《历史文献辑要》一册,其中颇多珍稀乡邦文献,为他乡人所不易知。这一安排也是此书的创新之举。通史,事属草创,不必讳言,难以尽善。有此辑要,极便于读者参照。其中碑碣文字尤为可贵,是言之有据的可信材料,以有利于后人采择研究,也使本书增加了纪实的可信度。相信后之学者,可资以增补纠误。通史前序明曰:时间紧迫,难免纰漏。说明著者的自知之明,但愿继此大著,有志之士奋笔求真,能够进一步深入探研,贡献新知,俾后出转精,青胜于蓝,不负先行者良苦用心。笔者拜读之余,谨有此盼。以上所述,容有不当,见仁见智,谨望不吝批评指正。

(原载《朔州日报》2009 年 11 月 16 日)

探索新晋商崛起的新思路

——路德坤《山西"吃煤"之后》读后

　　路德坤先生 42 万字的大著《山西"吃煤"之后》(山西人民出版社,2009)问世,惠赠一册。拜读之后,甚感震惊。德坤先生是一位长期在政法战线工作的领导干部,现仍担任太原市中级人民法院党组副书记、副院长,系市政协委员。在百忙之余,竟然能高度重视山西全省的经济社会发展大计,着重从文化角度探讨山西发展的战略问题,并洋洋洒洒,以巨量篇幅纵横论证阐述,提出慧眼别具的卓见,这使我这样的所谓文化学专家深感惭愧。德坤先生的若干见解并非我平时没有同感,相关的问题不是没有引起思索。但实在说,我没有能像他那样思考得深入和系统全面,更没有能形诸笔墨,在我的同行中也少见有德坤先生这样的著述。而对德坤先生的精心之作,我不能不抱深深的敬意,感受到很大的鞭策。至于德坤先生之人品、学养及与众不同之处,臻达跋文已有专述,故不再赘言。

　　山西是共和国的能源基地、煤炭大省,对祖国的现代化建设贡献甚巨,这是举世公认的。这当然有自然所赐的丰富矿藏为先决条件,更是经济社会发展的现实需求决定的。但是山西自身的发展倘仅仅局限于为国家奉献廉价能源,而忽视考虑本省三千多万人民的可持续发展,这显然是偏颇的、荒唐的。山西"吃煤"之后吃什么?这个严峻问题,今天已赫然摆在山西人面前,山西的每一位有识之士不能不为之焦虑和深思,因为这是关系到山西人子孙后代生存发展的重大课题。应当说,应对这一问题,今天的山西从上到下,众多领导与群众都有不少的尝试性解答,德坤先生正是这一批有识之士的佼佼者。读了他的大著,至少可以说山西人可以从中体悟到创新的思路和大有希望的前途。

山西正式被确定为能源基地是 20 世纪 70 年代末,当年 8 月中央一位负责人视察山西,提出"尽快把山西建设成为一个强大的能源基地"的建议,并有专信呈报国务院财经委。随着改革开放的进程,山西开足马力为全国经济发展提供了大量的能源支撑。但山西为全国供应能源并不限于改革开放时期,中华人民共和国成立以来,山西从来就是以能源产业为支柱的工业重镇,"文革"前与"文革"中山西源源不断地向沿海和南方大中城市输送煤炭,这是谁也承认的事实,这也是山西引以为自豪的光荣业绩。当时的山西真可谓能源输出独占鳌头的龙头老大,只是其时山西并没以能源生产为唯一产业,相应地山西的农业、手工业、轻工业以及机械制造等行业也同时有长足的发展。据知 1980 年,山西轻重工业之比基本在 7:3 左右,1977 年山西生产的轻工业产品达到 648 个,其时人们熟知的"春笋"牌电视机、"海棠"牌洗衣机、电风扇、自行车都在全国享有盛誉。而且,就在山西被确定为能源基地之时,也还有一个明确的前提,即要逐步形成"以煤炭的开发和综合利用为中心的,农业、轻工业、重工业协调发展的,比较合理的经济结构"。这一经济发展的战略构想,应当说是符合客观规律的。但是随着全国经济高速发展,能源需求一增再增,山西的煤炭采掘和旺销愈益火爆,特别是采煤权益的逐级开放,民营资本投入大大增加。在市场看不见的手操纵之下,山西财政收入大幅增长。与此同时,中小型煤矿大大增加并相应地培育了一支倒煤致富的大军,今天国人艳称的山西煤老板个个腰缠万贯。笔者就听说过一位煤老板暴富的自述:每天收入一大袋现金,有几十万。这个钱来得太快,再这样赚下去,老板自己都有点害怕了。钱来得如此之多之快,超乎一般商人的想象。这就难怪有些精明的煤老板看到家乡疯狂挖煤,破坏环境,不宜人居,便身携巨款到北京、上海等地去购置房屋,有的甚至一掷千金,一买就是整个楼层的现房,惊得当地的富户目瞪口呆。至于一次性购买高档轿车数辆,甚至有人想连售车模特小姐一同买下的,也不是没有例证。在巨额利润驱动下,煤炭业单兵突进,迅猛发展。到 2006 年山西能源原材料工业达到 83.02%,而机电、食品、纺织、建材的比例分别萎缩至 6% 以内,有的甚至不足 1%,乃至有的轻工业最终破产乃至消失。同时付出的代价是资源的大量浪费,生态恶化,道路破损,人居环境质量下滑,水资源破坏等等灾难性后果。过度采煤得罪了大自然,而今的山西正经受着前所未有的大自然报复的磨难。

山西不是没有明白人,也不乏深谋远虑之士。从 1990 年前后开始,山西就提出了调产的重大任务。当时环境代价已为人所共见,据说一位打算到临汾投资的外商,满以为到访山西将有大把银子可赚,但当她在临汾宾馆住了一个晚上,就匆忙打道回府。临行撂下一句话:此地不宜人居,拜拜! 调产成为当时山西产业界的共识,但调产又谈何容易!

挖煤卖煤,利润太大了。尽管当时煤价大跌,山西不少矿务局处于半停产状态,但希望从煤炭业中分一杯羹的大有人在。所以调产的口号喊得震天价响,调来调去仍然围绕煤炭做文章,形成了"煤炭经济小循环"怪圈——煤焦铁、煤电铝、煤焦化仍开工不断,总是离不开一个"煤"字。随着全国经济快速平稳的发展,煤价开始又一轮暴涨,于是出现了"冷调整遭遇热市场"。2001 年冬,煤价从每吨 50 元跃升至 100 元,2002年至 2003 年之间又增至每吨 400 元到 500 元。到嘴的肥肉谁不想吃?人们感到与其调产,还不如多挖几锹煤来钱快哩! 但是调产毕竟是形势所逼,在政府大力号召下,不少老板着手对煤炭业进行深度开发,希望从中提炼多种化工产品(如煤焦油等),但是 2000 年以来上级加大了关停小矿的力度,不少正打算投资转产的企业不得不下马。政府的初衷是引导赚了大钱的煤老板转产到非煤炭行业,但是转向何种产业,怎样么个转法都是未知数,这让揣着巨资的老板们疑虑重重,犹豫不定。路在何方,谁也不知道,调产一事至今停滞不前。

更严重的问题是随着煤炭业的大发展,矿难接踵而至,连连不断。

这一方面是由于私挖滥采,安全设施无保障;另一一方面是原有矿井安全设施不完善,责任监管不到位。频发的矿难令人防不胜防。山西主政者为此劳心焦思,从技术改造,到后来的产权制度改革以至于资源整合,办法想了不少。但由于省与各市县的利益纠葛,与高层领导调整换人,山西煤炭资源整合至今进度缓慢。与此同时,是省里下决心压缩矿井。据知近年来决定再压减矿井 1500 余座,全省只留矿井 1000 座左右。然而,专家指出,上述压减政策立足于限制,没有从实际地质、自然条件考虑制定技术条例,这就未必有利于可持续发展。有的专家说:如果以堵为主,让我干小煤矿也难保不出事。究竟怎么办? 杜绝矿难目前已成为山西的首要难题。人所共知,以低廉劳动力换取巨额利润,使山西财政一度进账猛增,煤老板赚得盆满钵满,而山西民众的收入并未见多少增加。国人看到山西人有钱,只是一小部分吃煤的人有钱,大多数山西人仍然并不富裕。更何况导致频繁的矿难、恶化的环境却使山西蒙受不能承受之重。据知,山西的煤炭业之弊已成为这方面负责的官员之烫手山芋。过去几年内,几乎每任山西省省长都要为之焦虑不安,最终泪别山西。

山西的煤炭产业,想说爱你不容易!

目前山西实业界回忆起明清以来称雄海内外 500 年的晋商劲旅,尤以电视剧《乔家大院》《走西口》热播,名动省内外。山西企业家开始了新的结盟,以重振晋商雄风,大力发展新晋商。这支新晋商队伍能否改变唯煤是吃的老调子呢? 晋商研究专家刘建生教授说,目前新晋商没有核心价值观,无领军人物,无群体形象,"只要挖出煤就是钱,现在是煤老板已取代了晋商形象"。看来还是在煤炭上打转转。究竟山西的经济如何才能走上科学发展的轨道? 人们还需要拭目以待。(以上参考《山西能摆脱"资源诅咒"吗》,见《南方周末》,2009 年 4 月 30 日)

正是在这个转型的关键时刻,我们看到了路德坤先生这本《山西"吃煤"之后》的大著。这本著作为山西人摆脱"资源诅咒",推动新晋商的崛起提供了新思路,而新思路就是新出路。

这本书的副标题是"路德坤论文化",由此可以悟出山西亟须从"文化"方面做文章、找出路,破解煤炭业单打一的难题。而书中开篇标题即为:"晋人,'吃'完煤之后'吃'什么? ——吃晋文化。"此书张平先生序言中点明了该书主旨是"始终归结到如何开发旅游资源,做好文化产业的课题上来"。这个思路与山西省委省政府新世纪以来提出建设山西文化强省的战略目标是一致的。这个思路的提出立足于山西省情,合乎时代的潮流,是一个英明正确的决策。而书中时而"疏可走马",时而"密不透风"的写作手法更令人拍案叫绝。这首先是基于山西不仅是能源富集的省份,而且是文化资源极为丰厚的大省这样一个前提。谈到文化资源,山西在全国的储量是排在前列位置的。因为山西是华夏文化的直根所在(苏秉琦先生语),是中华文明发祥地之一。考古挖掘证明,180万年前山西就有人类活动,山西的历史文化发展史与中华民族发展史同步。从传统的尧舜禹三代起,见诸文献记载的史料可证,山西是远古以来各民族文化融合的大熔炉,对形成中华民族大家庭有着独特的贡献。而今地上地下发现的文物古迹遍布城乡,充分体现了中华民族伟大的创新精神和光辉业绩。山西的这些历史文化特色在全国堪称独一无二,绝无仅有。有的外省学者曾称赞道,谈及中国的历史文化,有的省份可说的不多,但绝不能不谈到山西。即便是晚至明清的晋商,也是继承了山西历史文化的优秀成分才成就其称雄商界的辉煌的。有关山西历史文化资源的部分,在德坤先生的大著中均有数十条专题的论述,可谓历历在案,如数家珍。德坤先生特别专文论证山西历史文化的三大特色,即山西是华夏文明的"主题公园",秦汉以来的山西地区谱写了民族融合、社会繁荣的光辉篇章,山西地区是中国社会变革和进步的"思想库"。对这种概括是否认可,学术界不妨进一步讨论,但山西历史文化之源远流长、底蕴丰厚是毋庸置疑的。这里的可贵启示是:既然山西文化资源如此丰富,那么山西为何不能大力开发这一富源而非要在挖煤这一棵树上吊死呢?

　　开发文化产业早已不是什么致富秘密,据笔者所知,西方各国文化旅游产业作为致富手段,从 20 世纪初就兴盛起来。人所共知,美国的好莱坞影视业、博彩业、报业、出版业、文化旅游业以及带动相关的建筑业、服务业等等十分发达,有的产业居然是一本万利、久盛不衰且没有污染。美国的文化产业早已扩展成全球事业,成了美国文化殖民的强有力手段。美国人利用文化产业赢利渗透到社会各界。据笔者所见,美国科罗拉多州甚至将大到胡佛大坝,小到一座小小茶叶加工厂都办成了旅游景点,可以说将文化产业发展到了极致。这些国外成功的例证,都可以作为山西当前做好做大做强文化产业的借鉴。

　　相比之下,在文化产业发展上,我们的差距甚大,急需奋起直追。在山西,文化旅游的新兴产业从 20 世纪末已经形成一定规模,可圈可点的项目不少,如五台山与云冈佛教旅游文化圈、平遥古城、介休绵山、晋中大院文化、洪洞大槐树根祖文化、晋城皇城相府、运城关帝庙、永济鹳雀楼等等, 其中既有传统的旅游景点, 也有新开发的景点如太行大峡谷、黄河壶口瀑布、古镇碛口、顿村度假区等等,特别是近年来社会各界兴起的保护非物质文化遗产的热潮, 又为文化产业发展增添了大量的资源。在此项发展中积累的成功经验也是十分丰富的,其中以古城平遥和晋中常家大院、乔家大院最为典型。 人所共知,一部影视片《乔家大院》便使该处景点门票收入猛增十倍以上。路德坤分外关注并大力弘扬的蒙山大佛文化及景观建设亦属此列。有了这些先进典型引路,山西人可以不必再捧着金饭碗讨饭吃,山西历史文化产业在越来越多的有识之士参与下,发展是大有可为的。

　　人民群众有着无限的创造力,在开发文化产业上也是如此。大家知道,日益红火的介休绵山旅游区就是民间人士出资开发起来的。在非物质文化遗产开发中有专家担心盈利性开发会不会损坏非物质文化项目本身,路德坤书中对此有许多具体生动的阐述。实践证明,科学合理的利用,手段适当,不仅不会损坏已选定的非物质文化遗产项目,相反却能更好地保护它。山西省非物质文化遗产保护中心 2009 年 4 月 30 日的一份简报中,报道了山西一批文化传承人采取"公司 + 农户"的方式,对非遗项目进行生产性保护的成功例证。简报说,从非遗类别看,有四大类即传统手工技艺、传统美术、传统音乐和民俗,涉及项目近百个,如传统手工布鞋制作、手工挂面、传统刺绣工艺、传统家具木作、传统婚俗和吹打乐等,都可以将其特技绝活组织成公司,吸收农户进行生产性商业性开发,既可赢利致富,又可积累资金,更好地传承保护非遗项目。这样做,扩大了自主就业渠道,增加了经济收入,一举多赢,何乐而不为?这方面的成功者简报中点到的有长治的"锦绣坊""唐人居"古典家具公司,太原东湖老陈醋,临汾"土疙瘩"布艺公司,孝义、忻州等地婚庆吹打乐等。看到这种既能保护又能盈利的新型民间文化产业,实在令人欣慰,不能不敬佩山西人杰出的创新精神。当然,能不能对所有文化遗产都照搬这些经验,也还是需要研究的。但是只要领导有力,引导正确,山西文化产业发展大有前途,是毫无疑义的。

话又说回来,发展文化产业尽管山西有一定的基础,但是毕竟还是一件新事物。因此,贯彻科学发展观,统筹兼顾、以人为本是必须坚持的根本方针。这就要探讨怎么样才能科学发展的问题。依笔者浅见,当前亟须注意三点。

一是观念要继续更新,思想要进一步解放。首要的问题是必须诚心诚意尊重文化,特别是尊重文化人。无论是历史文化,还是现当代文化,文化人都是唯一的载体,而文化领域的专家学者和传承人一定要有必要的话语权。试想,建设文化强省,由谁来支撑呢? 非文化人莫属。如果一个省没有一批有名望的教授、专家、文化人,还能成为文化强省吗? 可惜往往有时我们的一些领导者,习惯于自作主张,发号施令,动辄拍板,将文化人作为自己功绩的响应者,而不是良师益友。需要他们,便唤来论证一下;不需要了,就冷在一边。文化人变成了应声虫,而不是参与决策者。这种态度肯定是极其有害的。这种现象虽系少数人所为,但不能不引起有关方面的重视与纠正,否则会贻害无穷。

二是对文化产业不能责其速成并立见成效,因为文化是软实力,并不纯粹是赚钱工具。世界上也没有免费的午餐。舍不得投资,却总想捞到经济效益,这是一种目光短浅、不合实际的空想。因此加大必要的启动扶持基金,热心地做好服务仍是政府部门必须承担的责任。

三是不能一谈文化产业就单兵独进,一哄而起,处处开发。一定要处理好开发与保护的关系,坚持保护第一原则。因此要合理规划文化产业与其他非煤产业协调发展,合理布局。因为文化产业不能成为取代煤炭业的唯一选择,其他非煤产业如高科技行业,原创性产业与技术改造和更新也是当务之急。可以相信坚定地贯彻科学发展观,山西一定能通过转产实现未来的辉煌。

以上由路德坤大著引出的这些感想,有益山西全省发展的自不必言,而有些话也许是属于杞忧性质,未必能博得某些人的首肯。是心所谓危,不得不发,仅供有识者参酌焉。

按:路德坤《山西"吃煤"之后》,山西人民出版社 2009 年出版。

旅游达人的心游历程

——推荐冯俊琪《走近45国》

　　虽说古贤有"读万卷书,行万里路"的名训,但如在下这种生性疏懒的人,书不曾多读,尤惮于行路,实是见闻孤陋的蠢人。但人生多有好奇心,对身处世界、境外世界总想了解点什么。在下枯坐书斋,只能看一看旅游图册和各地知识手册,或面对墙上的地图和山水画,来个心游卧游也好。这种游,显然是肤浅不足道的,难免时生遗憾之感。这时,冯潞君送来其令尊的一部书稿,题为《走近45国》,是厚厚的一摞稿本。冯潞说,此书将要出版,烦我写点读后感。

　　正是来得早不如来得巧,此书正满足了我对地球万象了解的渴望。连着几天阅读此书,真似又读了一部《镜花缘》。所不同者,是书中所述没有奇奇怪怪的荒诞景物,而是实实在在的45国的实录记述,那是别样的社会,别样的人生,别样的国情世事。作者冯俊琪先生与我同龄,68岁,经历了艰难曲折的人生,步入改革开放的新时期。按说劫后余生,该安享天伦,颐养天年,但他不服老,突发奇想,仍以充沛的热情,乐观的心态,在长治自办旅行社,用所得收益自费出游。于是收拾行囊,踏上了畅游中外的旅程,走遍了6洲45国(据说还在走),写下了对所到之处游赏的心得体会,记录了各国风情人事等诸多新鲜事相,这就教我既佩服又歆羡不已。他天马行空的这种人生道路,以及纵横四海的这种洒脱达然,实现了他晚年的"转型跨越",也正是每一个退休老人所渴望但又不可得的。然而他实现了,这正是他的不简单之处。

　　知情者认为,他不仅是单纯用身体行走,而是凭借丰富的知识积累,对各国百态及所思所想笔之于书,留下了一份珍贵的精神财富。这是一种"心游"实录,当然与我在家里的观壁联想根本不同。这里重要的是身临其境的游历与目接心存的书写,非但为俊琪先生美好人生的记录,而且凝结为心血所钟的史料集萃,这就有了非凡的社会意义和历史价值。

读到前人的游记著述,可谓洋洋大观。从先秦所遗的《山海经》,直到徐霞客的游记,古籍所存与近代先驱的海外见闻录,多到不可胜数。但描述世界各国的著述,大抵眼界不广,内容狭隘,即使徐继畬的《瀛寰志略》和魏源等人的《海国图志》《四洲志》,皆内容限于政局或得之于耳闻,于世界各国民众的生活状态付之阙如,所以读来仍不解渴。而俊琪先生这部《走近45国》却涉笔广博,尤重民众生活,且富有生动细节,给人以历历如绘的全方位感觉,这是当代国人中新的眼光的聚焦。书中所记有现代与古老并存的印度、樱花烂漫的日本、富庶宜居的北欧四国、深沉博大的俄罗斯,也有奢华鲜丽的迪拜、浪漫迷人的法国、东西交汇的土耳其、开放而华靡的泰国与荷兰等等,众生色相,林林总总,无不尽收眼底,令人目不暇接,大大满足了读者的阅读快感,使人增长了世界各国的丰富知识。评者认为,俊琪先生是中国内地人走向国际的旅游达人和鲜活样板,这本著作是传播旅游文化的优秀读本,在下感到这些评介是十分中肯和客观的。当然,这都是拜改革开放政策和祖国强大所赐,是以往岁月中人们未曾想见的。想当年,欧美旅游客源,在东方多属日本人,而今中国人足迹遍全球,成为各国第一大客源,这足令国人油然而生对祖国的自豪感,以生为中国人为荣。俊琪先生就是这一巨大变化的见证者。相信每一位读者都会从俊琪先生书中体会到这一民族自尊而激励复兴中华大业的信念。所以,俊琪先生此书的价值,不但是增长见闻的媒介,而且是蕴含有爱我中华、与时俱进的精神教益,其社会价值和知识积累是突出的,可喜可贺。

该书的另一特色是颇多著者在中外对比中的感悟和思考。比如书中特列一节"听海外华人说民主",读后便尤其发人深省。中国的政治改革,国人议论不少,有些人特别向往欧美民主,是耶非耶？意见有种种。俊琪先生别具慧眼,不仅亲睹别国民主生活之诸侧面,还特别用心倾听当地华人同胞的评议。这是自家亲人的切身感悟,使我们知道非但欧美民众对本国民主啧有烦言,而且像拉美诸国的华人也议论歧出,并不以欧美民主制为唯一样板。那么,我国将采取怎样的民主政治形式才更好?对这一重大问题,了解异国同胞的政论观点,从而有所参考,有所取舍,岂不是大有裨益么！他们都是我们的同胞,在居留国对民主制之不同方式自有真切评价,从中自不难梳理出有价值的政见。所谓他山之石可以攻玉,在下以为同胞的见解正是金玉良言,十分值得借鉴和汲取。

俊琪先生书名谦曰"走近",而不是"走进",意思是走马观花、乘车观景,不够深入细致,但即使如此,毕竟为我们提供了可贵的线索和真切的图景。兼及他独具慧眼的大量精美图片,正是对旅行的极大丰富和诠释,也是作为一个内地中国人体现其价值存在的有趣方式。相信,中国民众在实现更高水平的小康之时,必将随着俊琪先生之足迹,饱览列国国情,有所借鉴,从而有助于进一步提高民族素质,实现中华民族崛起于世界、屹立于万千民族之林的宏伟愿景。

按:冯俊琪编《走近45国》,山西人民出版社2011年出版。

"三代帝师"祁公风采
——推荐《祁寯藻纪念馆丛书》

清代寿阳相国祁寯藻(1793—1866)是山西著名的文化先贤。他于嘉庆十九年(1814)中进士,入翰林院为庶吉士,授编修。历任湖南学政、翰林侍读、户部吏部侍郎,渐次升职,至咸丰十一年(1861)病故。任军机大臣 14 年,大学士达 5 年。赐文端,入祀贤良祠,人称"三代帝师""冠冕尊四朝",可谓名高四海,位尊人臣。祁氏一生虽然深荷皇宠,却没有仗势凌人的骄横气势和世禄之家的奢靡恶习,相反他是一位晚清政坛的贤臣名相。他为官勤敏,廉洁清正,体恤百姓,不仅辅政荐贤,勇于谏言,厉行禁烟,仁民爱物,而且是卓有建树的学者,有一代儒宗之称,诗坛为盟主,书法为道、咸书家之首。他所遗墨宝,至今为世所珍。其楷行作品,充满颜柳风骨,有刚正雄浑的风格,一如其人品的高风亮节。

对这样一位品学高尚的鸿儒名臣,山西民众自然称颂一时,对他的成就可以说众口皆碑。但是对祁氏一生的立身行事、仕宦实迹和具体文化业绩,多数人通常是闻其名而不知其详。从 20 世纪成立山西省祁寯藻研究会以来,出版了 270 万字的《祁寯藻集》《祁寯藻农学思想研究》《祁寯藻书法精典》及有关研究期刊,在学术界产生了重要影响。但一般人未见其书,对祁氏的了解仍感隔膜。为了弘扬祁氏文化,寿阳县筹资新建了祁寯藻纪念馆,在推动旅游事业发展的同时,为满足大众的需要,寿阳县旅游局组织有关专家学者,编辑出版了一套《祁寯藻纪念馆丛书》,近期推出了由三晋文化研究会会长、祁氏研究会名誉会长李玉明作序的丛书第一辑共 5 本,分别介绍祁氏的生平、家族、诗选、对联和传奇轶事。这是一件弘扬先贤优秀文化,鉴古知今,资政育人的善举,值得庆幸和祝贺。

有幸拜读丛书第一辑 5 本书,使笔者较近切地了解了祁氏一生为政为学、有益家国的感人事迹,受到了一次传统文化的教益和启迪。读此丛书,给人最突出的感受,是祁氏勤政、廉洁、爱民的可贵官德。他的诗书技艺固然令人感佩,但第一位的还是祁氏官品道德的高尚风范。古人常言"道德文章",将"道德"二字放在前面,这是深有道理的。这是中华传统文化的精华,尤其在当今具有重大现实意义。

综观祁氏一生勤政、廉洁、爱民之行事,三者构成了他从政立身的亮点。祁氏的勤政,表现在其入值南书房,任日讲起居注官,始终随侍道光帝,忠于职守,办事认真,一丝不苟,博得了道光帝"观汝始终是正派人"的好评。在两任湖南、江苏学政期间,祁氏"恪守训谕,实力整顿",在文风之转移、士习之振兴方面,取得了明显成效。他坚决纠正请托、走后门的恶习,严格考试制度,杜绝违规作弊。每临考场,都亲自点名核对年貌,不敢假手役吏,可谓事必躬亲,处处到位,目的惟在于"弊端除则人才出"。道光朝,祁氏为军机大臣,屡进直言。在筹饷、财政、盐务、海运等重大经济政策方面,他都有深思熟虑的献言,提供朝廷决策。对权臣穆彰阿、耆英等人的误国祸民所为,祁氏抗言直斥,不避风险,显示了仁者的刚直不阿风骨。他反复进谏咸丰帝"民为邦本,本固邦宁"的古训,疏解社会矛盾,为民谋利,博得了"爱民相国"的美名。

在廉洁作风方面,祁氏始终两袖清风,不贪利禄。他有一首诗言志:"我本耕田夫,识字穷措大。一官二十年,奔走思高卧。"有碑称其家风"淡荣利,耻奔竞"。《山西通志》载:"寿阳祁氏家族,清风俭德,霍山以北言家范者,必首称焉。"道光间,有一门生送他一方砚台,用久之后才发现是一方金砚台。因送者已故,无法归还,便决然投入井中,使之永不见天日。逢年过节,他总要写信给家人:凡有送礼品银钱者,一律退回。因为多次拒贿,他得罪了不少官员同僚。史称祁氏"门无杂客,不通贿赂。

虽好宏奖,而不受私谒,有馈遗者,必却之"。他谆谆教导儿子世长:"遇事先行方便,勿占便宜;待人不可苛刻,要存忠恕。"临终嘱咐:"柩归里时,沿途不要声张。"他身居高官,但行似百姓,归乡探亲,到县城即下马,步行回村。祁氏清廉一世,事迹多多,久播民口,正所谓"金杯银杯,不如老百姓的口碑"。

祁氏之爱民非只形之于言,而是身体力行。特别值得称道的是,他坚决支持林则徐严禁鸦片,与林则徐一起向道光帝上疏,杜绝鸦片流毒祸国害民,称得上是清末禁烟的中流砥柱。他关心民生,劝课农桑,亲撰《马首农言》一书,自述是以笔代口,以通俗语言,"惟农是务"。此书13篇,涉及农事要务,文字朴实,切于实用,总结了寿阳一带农业生产的经验,宣传普及,至今传在人口,流行寿阳民间。他的诗作多用口语,咸丰六年(1856)专写了一本《蓝公教织歌》刻石立碑,向农民传授在寿阳实施的种棉方法,引导村民男耕女织,发展生产,体现了他对家乡父老深切关爱的赤诚情怀。

祁氏益世爱民的事迹甚多,难以一一缕述。《祁寯藻纪念馆丛书》第一辑以通俗的文句、生动的讲述、翔实的史事,展现了祁氏一生的政绩和文化贡献,渗透着中华传统文化的精华内涵。拜读丛书,益人心智,多受教益,使我们更深入地了解山西古代先贤的道德风范,同时也对今天遏制道德滑坡,大力贯彻"八不准"清廉新风,建设文明和谐社会和美丽山西具有借鉴作用和现实意义。笔者愿意向大家推荐此书,读了这样的好书,读者必定如入宝山,不会空手而归。

(原载《山西日报》2012 年 7 月 31 日)

山西的《白鹿原》
——在马旭《善居》研讨会上的发言

在座的都是高人，我和文学创作还有点缘分，原来还想当文学家、作家，但是，不行，最后还是干不成。但是我很羡慕，衷心地羡慕作家，山西的及全国的作家，一流作家。二流就不羡慕了。

马旭先生和我多年交往，我主要是看他写的若干本"天"字头的诗集。但是对他写的那些诗集呢，也不太感冒。本人也学着写过诗，因为他写的这些诗，有时候太直截了当。诗必须绕着说话，他的诗绕得比较少，和他的性格一样，比较率直。率直的人不宜写诗，多愁善感、情感缠绵、思想屹绕的人容易写诗。所以我觉得他的诗也非常朴实，很有激情，但是放在当代诗人的圈子里边，不算是最好的，虽然是有特点的。但是这部小说却让我很吃惊。没有想到，马旭能够写出这样的作品来。这几十年，潜伏了几十年，可以说现在一飞冲天，一鸣惊人。由于马旭在我们山西文化界是一个没有名头的人，所以他的作品没有引起特别大的震动，但是今天给我们很大震动。

这部小说最大的特点，就是坚持了现实主义的优良传统。现实主义人们不怎么提了，什么现代呀，后现代呀，意识流呀，现在又有了穿越。这些闹得热热烘烘，现实主义受到了冷落，这是时代的悲哀。只有现实主义的精神才能打动人心，马旭能够自觉地坚持这个传统，能够自觉地真实地反映生活，在这部小说中为我们展现了中国六十年来艰难曲折的发展历程，这是非常不容易的。我觉得这部小说是直接继承了赵树理传统。说一句不客气的话，马旭这本书，压倒了山西其他作家。你们当作家的不要不好意思,我这种评价,可能过高,但是我真诚地认为是这样的。这本书揭示了几千年来,特别是近现代以来农民的心灵历程,揭示了它的变化,波澜起伏的艰苦的生活。在这样的条件下,我们可爱可敬的农民兄弟,仍然苦中作乐,仍然向往幸福,向往光明。这本书里边,充满了作者对山区农民深厚的感情,他给我们提供了许多民风民情的东西,像伞头秧歌呀这些生活场景,的确是非常鲜活的。我们知道民风民俗不在文学里展现,文学就会干瘪,就会索然无味。许多大家像赵树理也好,老舍也好,非常重视民间风俗的描写。这是中国特色,如果离开了中国传统文化,你那个书没法穿透人心。这种忧国忧民的情怀,在书中贯穿始终。而且在书的情节发展过程当中,处处体现了作者鲜明的爱憎、人民的立场。现在人们认为"善"成为依附,老人倒了没有人扶,还有小月月事件,在这些可悲事件面前,在这样的现实面前,这本书有着它独特的意义,这是我的一点看法。

第二点看法,就是小说的语言。充满语言原生态的,独特的地方方言,使人感到非常亲切,非常鲜活,非常精准。这种语言,不是三天两天可以掌握的,必须生活在那个环境中,从小切身体会,才能表现出来。这些语言材料也许对咱们咬文嚼字的人来说无多大意义,但放在语言学研究范围里,对研究人员来说,是很丰富的材料,其学术价值可以和赵树理的作品等量齐观。

第三,是对这本书的评价。我觉得它是山西的《白鹿原》,而且比《白鹿原》的价值又有过之。价值在哪里呢?《白鹿原》写的是中华人民共和国成立前,而这部长篇小说写的是我们经过的六十年。从这个时代过来的人,看过之后,觉得绝没有什么编造,完全是生活的提炼。你不能说它没有虚构,但是觉得好像就是没有虚构,这种手法是很难达到的。现在我们看到好多电视剧,编造的痕迹太浓,没法看;但这本书没有,它引人入胜,娓娓道来,非常的真实,非常的鲜活。所以我觉得今天能参加这个会,当然是马旭诚恳地邀请我,他不邀请我我也要来,我是非参加不可,不能不参加。我要为马旭来呼吁一下,要为马旭在山西文学界的成就呼吁一下。山西多少年来没有出过这样一本书,今天终于出现了。

当然我对于马旭这个人,他的性格,我也有一些看法,这个人太倔了,太固执。但作品是作品,性格是性格,交情是交情,这是两码事。我们只是就作品来谈,所以有冒犯大家的地方,请大家原谅。谢谢!

2012 年 3 月 21 日

寻觅诗意之栖居

——任建国《石云诗草》评介

    作诗难,太难。年轻时不晓事,吟味几首唐诗,便觉得咱也会,学着凑几句韵语,平平仄仄一番,便以为也是诗家了。有时得到朋友的赞赏,不免自鸣得意。随着年龄渐长,读诗多了,体会深了,才知道作诗殊非易事。世上诗人多了,车载斗量,有几人留下传世名篇? 李白的诗不能学,学不了,那是仙才。杜甫的诗启人门径,能学,但仍要功夫和学养,更有仁民爱物、忧乐天下的情怀垫底。杜甫被尊为诗圣,端在写出世上疮痍、民生疾苦,喊出人民的心声,折射世道沧桑,岂徒然哉! 所以单有激情,没有深厚的学养和丰富的阅历, 要想成就一位真正的诗人, 是不可能的。单就艺术表现论,懂得平平仄仄,组织七言八韵,也是无济于事的。回首前尘,垂垂老矣,若干习作,几乎都是废话,白搭了许多功夫。只总结了两句:少小立志做诗人,垂老始知梦不成。

    做诗人的梦醒了,便久违了诗道,断了诗缘,很少再作诗。但是那诗魔的纠缠未断,看到好诗,总禁不住要拜读,并评点一番,以借他人之酒杯,浇胸中之块垒,是为陶情怡性之良方。

    怀着这样的心态,读他人的佳作,以为赏心乐事,所以对当今诗坛,尤其是对当今的旧体诗家,仍有关注的兴趣。近日寓目者,有友人所赠任建国先生的《石云诗草》,吟味再三,不禁击节,愿意向同好推荐。

    这本《石云诗草》收诗 126 首,大抵皆为山水诗,其中有不少题画诗, 题的亦多是名画中的山水风光。作者任建国先生,1964 年生人,如今已是半百之人,做了如许的旧诗,是不是可称为山水诗人呢? 读了全书,我意中是认可的。这不是单指题材,而是取其质量。

建国先生的山水诗颇多可圈可点之处，最突出的是风格的清新脱俗。山水诗从东晋陶渊明、南朝谢灵运倡导,佳句迭出,到唐代王维、杜甫、柳宗元,已是炉火纯青,几无敌手。后世如苏东坡、杨万里等,极力开拓创新,更难以为继。建国先生的创作之令人可喜,不敢说超越,但有其独到的风韵,称得上继承前贤,踵事增华,确乎难能可贵。这并非鄙人私见,且看当今名贤的评点,如唐诗专家霍松林先生点赞之:"今观其所书自作诗文,文情交融,雅静真淳……"以"真淳"二字赞其诗,可谓难得,因为这二字向来是对陶渊明的评价,元好问评陶就有"豪华落尽见真淳"之句,一般诗家是配不上的。再看国学大家冯其庸的评语:"读石云先生诗,意在晋唐之间。有古意而无今人俗笔,是为难得。夫诗者,性灵之外宣也。身处俗世而出尘不染,举世几人能到?今予得此古音,实称大喜,真空谷之音也……"其言"意在晋唐之间",就山水诗而言是指谁呢?舍陶渊明、王维外,尚有谁何? 可见建国之诗的水准。

以上算是宏观概论,再看鄙人校友古典文论家、红学后劲梁归智(冷泉子)先生的精细眼光:"披览集作(指《石云诗草》),颇见佳句养眼,如'滴滴敲人泪''月满去耕山''万顷黄花涌眼来''水汀满目着红秋',其'敲''满''耕''涌''着'皆锻炼诗眼,近晚唐意境,而'唤取鲲鹏画大弧'有干云气象。至于'澄湛无城府,曲弯有耿肠。云山抬眼望,道气漫苍茫'数句,更见襟抱风骨。因思当今红尘万丈迷人目,几个耽云醉石人?怀幽思作韵梦,觅诗意之栖居,洵非凡士也。"以上三位评家皆深于古典、海内名家,所论凿凿可信,还用得着浅学如我者词费吗? 听其赞,咏其诗,读者自能辨之!

虽然,意犹未尽,不妨续貂数句。如归智兄所言,当今红尘万丈迷人目,奔竞于名利之途,争利于朝市之内,世网攫人,几人能得逃逸其外,觅诗意之栖居?又有几人能如韩石山先生所言领悟建国诗中之禅意?所见多是土豪蠢动,贪吏嚣张,人心浮躁,道德沦落,物质的充裕难济精神之渴求,种种世相,令有识者心忧。时代之演进,已非农业社会、田园经济中古典诗人所寓的环境。以现实生活论之,尤亟须心灵的滋养,重建信仰的根基,使大众知人生之去就、生命之意义。是故当前倡导十六字核心价值观,可谓精神之甘霖,及时而切要。由是而知当代山水诗之应运而作,自有符合时代要求的价值和意义。任建国先生悉心专注山水诗的创作,推出系列佳作,倡导人与自然的和谐共处,提升人生修养的审美境界,以求诗意地栖居于大地,构筑心灵的花园,诚可谓仁者之用心,济世之良药。

如果以严苛的标尺来衡量,建国的诗作总体上臻于清新脱俗,饶有古贤山林气,实属难得。只是在个别篇章中尚有进一步推敲的余地,或不免用词生涩,略欠圆成。倘继之以学,真积力久,细加锤炼,自不难达至胜境。古人尚有"语不惊人死不休""老去渐于诗律细"的追求,何况吾辈! 是耶非耶? 惟建国先生与同好裁之。

按:任建国《石云诗草》,山西人民出版社 2013 年出版。

李尚师《晋国通史》读后

　　李尚师先生这部花费 20 余年心血,精心撰写的《晋国通史》,是一部厚重的晋国史的科学专著。笔者花了 20 多天时间阅读一过,深为李先生的学识素养和深厚功力感佩。虽然笔者也是史学工作者,但像这样一部巨著,自揣浅陋,是写不出来的。细读这部通史,感到有这样一些特点。一是内容丰富充实,几乎将史学界有关晋国史研究的成果全部概括吸收,熔铸为一部新的国别史专著,其所下的功夫和心血是惊人的,良可赞叹;二是将史籍资料和研究成果,与考古学成果相对应融合,形成一部科学的信史,且纠正了《史记》中许多错误的记载,疑者存疑,态度谨严审慎,符合科学研究规范,值得我辈敬仰学习;三是编制了许多图表、年表、索引,与内文相配合,给人一目了然、井然有序之感,体例上编年与纪传体结合,展现了晋国史波澜壮阔的生动画面,这是很了不起的。这些特点,想必凡读过通史的读者,都会有共同的体会和认知。

　　金无足赤,书无全书。笔者感到还有若干不足,存在有一些理论上值得讨论之处和内容上的瑕疵,在这里提出来供参考。

　　一是理论上的社会分期问题。这部通史沿用过去郭沫若的历史分期观点,将晋国史判定为奴隶制社会,并做了一些评述。但晋国是否属于奴隶制时代? 或者大而言之,中国先秦时期是否属于奴隶制时代? 科学的定义应是, 这一时代的农业基础生产部门, 劳动力的主体应为奴隶。郭沫若认为考古发掘出土的大量人殉,就是奴隶的骸骨。但许多史学家认为不是奴隶,而是战俘,杀俘告祖或殉葬是春秋时大量存在的事实。战俘被杀而不是作为劳动力使用,即使使用也都属于家庭(宫廷)内服务,并没有证据证明这些战俘已被转化为农业劳动力。只能说春秋晋国是有奴隶存在的社会(这种情况一直存在到晚清民初),而不能认定春秋是奴隶制社会。通史中在有关土地制度和农业手工业生产及被统治阶级的论述中,举出了不少奴隶名称,如竖(奄人)、优、小臣、麓、宰人、司正、妾、仆、巫、圉、牧、僚、台、隶等,大部分不是农业劳动力,有的还是旧贵族,只有少数从事生产性劳动,多数是为贵族从事非生产性劳动,也就是说他们不是农业劳动力的主体。如果将战俘作为奴隶,是劳动力,而奴隶便是贵族财富的创造者。贵族大量杀俘,岂不是糟蹋自己的财富么? 可见,战俘没有当作创造财富的奴隶劳动力来使用,不能认为大量被杀的战俘是劳动力。这也就不能证明当时是奴隶制社会。通史采用郭老的观点,不是李尚师先生一个人的问题,而是史学界需要重新探讨的问题。这里提出来,供李先生考虑。这不算李先生这本书的问题,而是需要进一步探究的重大历史课题。

二是《通史》认为晋国文化吸收或接受了儒教文化。按,晋国,包括西周即黄河金三角地区本来就是儒家思想的发源地,儒家自称是"祖述尧舜,宪章文武",尧舜起源即在晋南(虽然后来也是法家策源地),但不能说晋国后来接受了儒家,因为这里就固有儒家的思想渊源,如周公之礼,文王之德,晋国一带就有儒家先驱。应该是晋国本身就有儒家思想的源头,在晋国后来进一步发扬光大了,如政治家叔向就很典型。

三是有关历史事件多次重复,显得冗繁。如下宫之役、骊姬之乱、赵鞅改革、铸刑鼎事件等,在《国君记》(应为"纪")里详写过,又在《人物记》里多次写,还在"笔者认为"中再三写,有的写了不下四五次。对此,李伯谦序中指出"叙述史实时,多有重复,显得有点拖泥带水",意见是中肯的。说明著者不善于使用史书撰写的传统"互见"笔法,拉长了篇幅,浪费了笔墨,不够精练。应当注意详略适当,繁简适度,如果注意了此点,《通史》可以少用三分之一至四分之一的文字篇幅,全书更显精干利落。

四是人物评价。《通史》注中认为司马迁首先是文学家，其次才是史学家。这不妥！李先生主要是指《史记》中有关赵氏孤儿的记载，认为"赵氏孤儿"事不可信，是来源于汉初韩信托孤一事。也就是说，《左传》《国语》等书未见记载，司马迁采信了汉初的史实编造的。我认为，对赵氏孤儿一事存疑是可以的，但不好认定是假的。如《史记》写介子推割股奉君，就不见《左传》《国语》等书，《通史》却认为是真的；又贬介子推是逃避斗争，不公允。《史记》所载赵氏孤儿和介子推事，一则为假，一则为真，这是不是有矛盾呢？应当说司马迁写史材料多得于旧史籍，还有访求民间故老遗闻。这些遗文不能说都是假的，至少反映了一个时代人民群众的思想意识和抗暴精神。精神史也是史，司马迁尊重人民好恶的正义精神，记载下来可以反映一个时代的社会思潮，尊重非物质文化遗产，这是很可贵的，是史学家的责任所在。《通史》否认司马迁的正义精神，说他不是第一等的史学家，这不是客观的态度。太史公，注中多次写作太史翁、司马史翁，也不合史家惯例。

再者如评价赵盾，认为他是晋国的奸雄。事实是赵盾勤于国事，制定《赵宣子之法》，是赵氏坐大的奠基者，是一位有铁腕的进步政治家。灵公多次杀害他，他不得不逃跑。赵穿杀灵公也是被迫。赵穿固然以赵盾为靠山，但并非出于赵盾指使，董狐书"赵盾弑其君"，是追究他的领导责任，赵盾并非凶手。赵氏坐大，乃上层内部争权夺利斗争，很难说谁是谁非。所以《通史》判定赵盾为奸雄，评价不妥当。

五是《通史》评价侯马盟书，虽引用了张颔先生的研究成果，却不引盟书的盟词原文。介绍晋国的货币，也不引张颔先生的《古币文编》。张老的这两部大作十分有分量，《通史》取舍未当，是为遗憾。

六是《通史》评述"晋作爰田"，认为是援助惠公而作。作爰田有分配土地私有的意义。"爰田"是什么意思？或作辕田，"辕"非援助之意；或认为这是远田，开垦边远之土地。总之，尚无定论。《通史》之说不客观。

七是评子夏传经，认为子夏对六经分段、断句，加标点。其时文书没有标点,说子夏整理、分段传播,解释是对的,却不能说他断句、加标点。

　　八是校对不精,文字差错不少。如:190页"籴茂入楚,又作秋为伐楚",是"入",还是"伐"？192页"华元"误为"元华"。194—195页"郤猗,又作郤锜",应为"郤锜";199页"宫不易方",应为"官不易方"。200页"老左,又作老佐",是"左",还是"佐"？210页"羽毛,又作羽旄",237页作"羽旄",355页作"羽毛",似应为"旄"。217页"臣野",应为"巨野"。219页"弥兵",应为"弭兵"。224页"州田",另处误为"州"。242页注"展弘",应为"苌弘"。242页注"佛叛而中遂居卫",语意不明。253页"段干木",误为"段于不"。255页烈公二十二年,两次书"郑杀子阳",应删一处。262页引诗"既见君子",误为"既见君了"。262页,周桓伯,似应为"周桓王"。263页申生"深浮众望",应为"深孚众望"。315页"偪阳",误为"倡阳"。326页"民无谤黩",误为"谤读"。354页"五羖",误为"五羟";"署",误为"暑"。另人物介绍赵盾,几处括注又名赵鞅。按,赵鞅是赵简子,乃赵盾曾孙,赵盾不名赵鞅,与赵鞅是两人。517页"杀怀公与高粱",应为"于高粱"。534页"师旷细想",应为"思想"。538页"女齐于叔向",应为"与叔向"。574页"尹铎归仇",应为"旧仇";"免难之尝",应为"之赏"。593页"唐子舜",应为"唐子爵"。632页"学哲应劭",应为"学者"。681页"河南西陕县",应为"西峡县"。823页"床第",应为"床笫"。873页"駃騠",应为"駃騠"。1040页注"侯盟书",缺"马"字。1117页,"衡先生"当为"邹衡先生"。1121页注"考侯",当为"孝侯"。1189页"少粱",应为"少梁"。

　　此上33处疑似差错,是粗读发现的,如细读可能差错更多。望著者细校,以便再版改正。

　　按:李尚师《晋国通史》,山西人民出版社2014年出版。

深入晋商研究的福音
——品读《山西晋商史料集成》

　　商业本来是社会经济生活中互通有无的行业，但自英国工业革命之后，资本主义席卷全球，由商人转化为不事生产的资本家居然反客为主，似乎成了世界的主宰，而后商业部门衍生出的金融业更是操纵了多国经济的命脉。君不见从 20 世纪开始至今，发生了多次金融危机，每一次危机都导致了大批实业经济体的破产垮台，有时甚至决定着一个国家兴衰的命运，关系着亿万人民的日常生计。可见，经济发展的健康与可持续与否，是直接关系着每一个国家国计民生的重大问题，这对处于转型时期的当代中国尤其具有重大的现实意义，这就不能不引起广大民众之有识之士的高度关注和筹划应对。

　　研讨现代社会的市场经济问题，必然会引起学术界对经济史和经济发展规律的深入思考与客观认知，这就又必然要追溯近代经济的历史渊源。而要了解近代经济的源流和发展，又势必离不开对近代商业经济的先驱，即明清以晋商、徽商为代表的商帮，特别是晋商发展兴衰史的研究。明清以来崛起的晋商是明清时期商业经济发展的产物。晋商纵横明清商域五百年，尤其是晋商发明的票号执当时金融界牛耳，以其精明的经营理念和手段，汇通天下，畅行海内外，对近代经济影响巨大。其业务范围迅速发展到全国甚至波及东亚、东南亚、中亚、俄罗斯等广大地域，以至梁启超针对外人批评中国商业能力落伍的言论，自豪地称："独至此有历史、有基础、能继续发达之山西商人，鄙人常以自夸于世界人之前。"(《饮冰室文集》卷 29《莅山西票局欢迎演说辞》)山西商人创办的票号，是由最初商品交换和货币流通之扩大，从商业中分化出来的金融机构，其优越性有五：

一是资本所有权与经营权分离,二是转账结算,资金有保障,三是钱币交易,方便同业拆借;四是票据提现,支票往来,手续简便;五是首创密押,防范欺诈。总之,它已具备了现代银行业的基本性能与规则。正是凭着这一利器,近代中国的商业经济迅猛发展,取得了辉煌的业绩。不幸的是,自1840 年鸦片战争百年以来,列强叩关,坚船利炮,打开了中国的大门,晋商受到前所未有的挑战,日渐萎缩。特别是在抗战时期,日本帝国主义疯狂入侵,对晋商残酷敲扑和打压,使其一蹶不振,最终消歇。

晋商虽然在历史上黯然落幕,却为后世的人们留下一大批精神财富。比如晋商奉行的诚信经营、以义制利的儒商理念,以劳力顶股的合伙经营模式等等,在今天仍有极强的借鉴意义,值得继承。半个世纪以来,对晋商的研究不乏其人,如史学家卫聚贤,当代学者孔祥毅、黄鉴晖、刘建生、高春平等,都付出了大量心血,做出了不俗的成绩。但是,从适应时代要求的高度来评量,人们觉得对晋商研究仍有很多课题有待开掘,也有不少遗留的难题需要解决。只是由于有关资料的缺乏,妨碍了研究的进一步深入。针对这种学术研究的迫切要求,商务印书馆近期推出了这套《山西晋商史料集成》的大型文献系列,可谓春风时雨,可喜福音。这批资料洋洋六十巨册,完全都是不曾面世的第一手新文献,其规模之宏富、内容之新颖,真是令人惊讶不置。这批新材料对于深入进行晋商研究,其意义不亚于敦煌文书的发现之于敦煌学研究、甲骨文的发现之于殷商史研究的重要性。史学大师陈寅恪说过,一批新材料的发现将会为学术史打开一个新境界,掌握新材料必然能创造出新成果,而掌握新材料可称"预流",而失掉这种机会则为"未入流"。足见史料对于史学的极端重要性(所以傅斯年有史学即史料学之说)。相信这批《山西晋商史料集成》的问世,必将为新时期的晋商研究打开一个崭新局面。

写到这里,不能不提到这批史料的提供者,山西收藏家协会会长、钱币学专家刘建民先生,是他倾数十年心血,孜孜不倦收集积累的功劳。刘建民先生是笔者中学时代的同学好友,他是晋商发源地祁县人氏。对于家乡晋商的发迹史及其从商致富、好善乐施的故事,从小耳濡目染,激发了好奇心和浓厚兴趣。所以,一直留心有关晋商的事迹。刘建民早年专务古钱币的业余收藏,卓然成一大家,同时对晋商有关文献留心搜罗积攒,年深日久,终成巨帙。他关注晋商研究的进展,总觉得学界若干现成结论,同自己掌握的史料对照,有许多不相吻合之处,更有一些研究者的工作局限在旧有材料的圈子里翻来覆去打转转,无多新意。于是,他下定决心将手头积累的心血成果整理出来,奉献于世,供研究者使用,以期不负父老乡亲、前辈晋商的辛劳业绩。在业务交往中他结识了出版家、三晋出版社副社长原晋先生,两人谋面晤谈相关事宜,遂一拍即合,着意推动所存稀有晋商史料的合作出书,经过反复磋商,有幸得到商务印书馆的支持,终成正果。

说到这批史料的收集,刘建民先生可谓历尽艰辛。他经年累月,深入坊间四处访求,有时到文物地摊费心搜罗收购,有时不惜巨资倾囊相付,硬是从一堆堆破烂的故纸堆中寻找他人不屑一顾而自己认为有价值的珍宝。就是这样,日积月累,集腋成裘,为汇成这样一部洋洋大观的巨著奠定了基础。这部史料集成在整理工作中,专家学者又为其鉴别、分类下了很大的功夫,其中包括有十三部分,有合约、信函、簿记、票据、规程、商业知识、信息、诉状、广告、著述、商界人物、会馆等丰富的内涵,多姿多彩,不一而足。从中不仅可以使研究者了解晋商经营的组织构成、业务范围、往来手续、票据、凭证、流程细节等实例,还提供了许多晋商日常生活不为人知的内部详情,是活生生的晋商从业及其生活细事的实物证据,对研究者还原晋商原生态活动大有裨益。总之,善于利用这部史料集成,探骊得珠,取精用宏,将会使新时期的晋商研究具有全新的视野和创新的价值。不经一番寒彻骨,那得梅花发清香。面对这样一部沉甸甸的史料集成,今人实应感谢刘建民先生及整理者的无私奉献和辛苦劳绩。相信今后的晋商研究,一定会对转型期中国商业经济发展做出新的学术贡献,有助于中华民族伟大复兴的中国梦的实现。

2015 年 9 月 11 日

精审可靠的创新力作
——评介《山西文明史》

2015 年初,山西省社会科学院推出了杨茂林等著的三巨册、150 余万字的《山西文明史》(商务印书馆,2015),是国内第一部有创新意义的省域文明史。众所周知,山西区域文明是中华文明绵延不断、包容性、多样性相统一的地域性样本,是承载、显示和解释中华文明起源与发展的典型范例。它既有与中华文明始终相伴的丰富内容,也有自身显著的特性。所以,学界有"华夏文明看山西"的共识。《山西文明史》不啻为一部以时代变迁为经,以空间发展为纬,印证山西文明内涵的宏篇巨制,对学界拓展中国地域文明研究,对人们加深中华文明辉煌业绩的认识,具有重要的示范意义和价值。

这部《山西文明史》突破了以往以朝代兴衰划分文明发展阶段的框架,而着眼于文明本体自身历史发展的内容,对山西区域文明的地理环境、经济发展、社会进步、政治变革、文化流动、社会心态六大专题进行了全面梳理和综合思考,形成了文明流变的历史进程与逻辑发展相统一的整体,既具有丰富翔实的史实基础,又富有严谨的科学论证,使史论融合,相得益彰,称得上是当今文明史研究的创新力作。

另一个特点是,这部文明史继承了传统实证研究的学风,而且借鉴了域外新鲜的文明史论成果。主持人杨茂林先生在确定本书为山西省社科院 2010 年重点课题后,曾不辞辛苦远赴法国,与著名历史学家布罗代尔的传人艾马尔教授交流讨论,并征求过 6 位域外专家的意见,借鉴布罗代尔的文明史论,结合山西本土文明研究的成果,科学确定了本书新的撰写体例结构,而后分工协作,集思广益,经 5 年辛勤耕耘,终成正果。他山之石,可以攻玉。正因为著述者有这样开阔的胸怀与眼光,才使得这一研究成果能够出新出彩。

注重吸收考古学研究成果来印证文献资料,也是该书的突出之点。山西是我国文物大省,出土文物是研究古文明最可靠的实证载体。丰富的地下出土文物为印证山西文明史提供了可以信从的实物证据。例如,书中引用了在山西襄汾考古发掘出土的陶寺文化遗址的材料,论证山西晋南一带就是唐尧时代最早的中国所在地,申述考古学家苏秉琦先生关于山西古文明是中华文明的直根所在的科学见解,确证了中华文明有五千年辉煌历史的论断。又如,书中引述了在侯马出土的《侯马盟书》和山东出土的银雀山汉简,分别论述了三家分晋与赵国赋税改革这两件重大历史事件,充实了山西春秋晚期文明史的内容。这种考古研究与文献研究相结合的二重证据法,继承了中国学者王国维倡导的科学方法论原则,使得该书具有了很强的说服力和可信度,值得今天我们发扬光大。当然,金无足赤,该书也未必尽善尽美,难免存在一些瑕疵。比如,述及三晋赵国崛起的史实,对其重要历史人物董安于,说成是被赵鞅(赵简子)处死的,实则是安于为保全赵氏而自缢的。还有在社会心态专题论证篇幅中,山西现藏有丰富的地方志材料,可以从中征引极多的资料,但似乎该书对此有所忽略,这不能不说是一点遗憾。

(写于 2015 年)

丹青妙笔敌化工

——祝焘画赞

祝焘先生（1933—　），笔名竹樵。贵州人氏，却钟情黄土高原，在山西从事美术事业 50 余年，创作中国画人物、山水、花鸟难以数计，且屡获大奖，扬誉中外。尤以发现并创作三晋珍禽褐马鸡艺术形象为代表作，成为中国艺坛领军人物。笔者青年时即在太原南宫欣赏过先生画展，为之惊艳，仰慕久之。先生潜心画艺数十年，淡泊名利，不事权贵，蔬食布衣，安之若素。惟于笔墨华彩孜孜以求，日日精进，技近于道，终成大家。更以八十高龄，三上黄山，西走青藏，得江山之助，实景写生，所作愈精，自谓"八十起步"，堪称老骥伏枥，志在千里。

今兹应吾友张艺兴之约，在麒麟画馆举办山水小品画展，其黄山组画，在在精彩；其分章布白，虚实相生，浓淡相宜。有章有法，笔笔不苟，神形俱出，浑然天巧。观之令人移情神往，惊心动魄，如入山阴道上，佳境应接不暇。噫戏，真大手笔也！祝焘先生洵可谓：纵横艺坛老更成，丹青妙笔敌化工。

（原载《生活晨报》2016 年 7 月 21 日，《麒麟画报》2016 年 6 月 28 日）

命运的考量

——品读东林诗《人祖山、两棵树》

　　古人云:诗无达诂。一首诗好不好,能不能读懂、读出诗味来,确乎难言。因为形象大于思想,形象引发联想,有多少联想就有多少思想解读。但是,好诗肯定会有被赞赏的共识。东林先生近日赴吉县人祖山一游,触发了灵感,带回来《人祖山、两棵树》一首诗,拜读后玩味、思索,觉得饶有诗味,感慨万千。不禁仰天感叹:人生无奈,机缘巧合,死生有命,富贵在天。你不得不屈服于命运的捉弄,顺其自然也矣。

　　通常弄哲学的人,常说客观规律不可抗拒。此语倘言乎历史发展大势,是很真确的哲言。古人言合久必分,分久必合。今人言生产力决定生产关系,经济状况是社会发展的基础,的确是至理名言,无可怀疑。但对渺小的个体生命而言,却总会被偶然性播弄。贫贱富贵往往并不取决于个人的努力。有的人一生下来就口含金钥匙,养尊处优,好不快活;有的人生在贫寒之家,常年不得不为生计奔波操劳。所以世人有富二代、穷二代之别。就像范缜《神灭论》讲的,人如花叶,有的落在茵席之上,有的落入粪溷之中,荣辱大异。东林诗咏唱的两棵树,便富含有这样境遇的巨大反差。子夏曰:"四海之内皆兄弟。"宋儒引而申之,扩而广之,有"民胞物与"之论,是皆仁人之用心,情理之应然,却非事实之必然。人与人视之为兄弟、为同胞,急难相助,休戚与共者有几? 今日所谓"先富者",定能帮助贫穷者致富乎? 有之而实鲜,君不闻有贪腐巨万者已早将资产转移到国外者乎!

　　"两棵树 / 一棵站在高坡 / 一棵站在洼地 / 遥相对望……靠近一些多好啊 / 本是同根的血脉 / 一样的呼吸","可山上山下 / 成了生死的距离／谁想过一种虚妄的日子呢／看见／却不能相依"。既是同根血脉的兄弟，为何不能相依？这是命运的使然，还是情理的必然？都不然。深究下去，不能不令人思考社会出了问题。贫富分化，有其客观因素的制约，或者是凭借先在条件的差别，但绝不是应然必然之理！所以说，富者不愿施善，贫者无法脱贫，底层者被固化堵塞了上升的通道，这便是社会的悲剧，甚然由此引发动乱，最终谁也逃脱不了劫难！面对这样的严峻现实，唯一的解决方法就是必须深化改革，必须把权利关到笼子里！必须打赢反腐倡廉的攻坚战！让劳动致富成为时代的最强音！"只有来路／没有归途／每片叶子是那么干净／怒放的生命／将会终老在此"，"两棵树／一棵树远眺天际／另一棵树／守望着山谷／两棵被放逐的树／都修炼成佛"。是的，改革和反腐始终在路上，只有来路，没有归途。所谓最终修炼成佛，这个成佛的意象，不能理解为看破红尘的独善其身，而是世上有一人未能脱离苦海，我誓不成佛。那是什么境界呢？那就是中国梦实现之日。

　　这就是我对东林《人祖山、两棵树》这首好诗一厢情愿的解读。是耶非耶？有待能定之者。

《文化忻州》卷首语

　　《文化忻州》正式出刊了,希望它成为展示忻州厚重历史文化的名片,成为促进忻州经济社会振兴崛起的推手。

　　创造美好的未来,实现中国梦,就忻州而言,不仅仅是一种期待和愿景,而是忻州本就具有扎扎实实的现实条件和人文历史的浑厚基础。

　　忻州,地处黄土高原山西北中部,表里山河。九曲黄河万里沙,浪淘风簸自天涯。黄河以雄浑伟大的气魄,亿万年奔流裹挟,在晋西北辟开壮美的晋陕大峡谷,顺流南下,在黄河金三角东向朝宗,直抵大海。忻州是三晋母亲河汾河与滹沱河、桑干河的发源地。这里既是中原仰韶文化与北方红山文化的交融区,又是农耕文明与游牧文明的结合部,是北方游牧文化与中原农耕文化的双向通道。早在 20 万年前,忻州就有人类繁衍生息。境内远古文明至夏商两代的遗迹十分丰富。偏关县博物馆收藏的石磨盘、石磨棒,见证了中国上古时期自然采集向农业经济的过渡;而保德出土的 109 枚铜贝,是迄今为止发现的人类最早的金属货币,说明早在三千多年前,这里已产生了早期的商业文明。忻定盆地出土的青铜器中发现了有吴越文化特征的"吴王光剑",又有北方戎狄部落的铜制品,反映了南北文化交流的早期史实,展现出瑰丽多姿的文明图景,成为影响晋文化乃至中原文化的源头活水。

　　忻州素有晋北锁钥之誉。它三关雄踞,咽喉全晋,北控大漠,有三关总要、三河之源、三山并峙之称。天下九塞、雁门为首的雁门关与宁武关、偏头关为中国万里长城之"外三关",引无数英雄竞折腰。仅雁门关下,大小战役就发生过 1700 多次,书写了半部中国军事史。春秋战国时期直至汉唐,这里上演了无数传奇:三义救孤,赵襄子击代,赵肃侯筑长城,赵武灵王胡服骑射,李牧抗击匈奴,秦蒙恬扶苏戍边,刘邦平城脱险回师忻口而欣然开颜,卫青、霍去病捍边建功勋,昭君出塞,文姬归汉,匈奴刘渊起兵建前汉,尔朱氏称雄北朝,佛教文化在芦芽山,五台山蔚然大兴,初唐雁门关鏖兵……到北宋,杨家将一门忠烈,折家将守边抗辽,明代周遇吉宁武关喋血,孙传庭殒身沙场,万世德平倭建功。延至清代,兴起了走西口移民大潮,等等。一连串的历史传说和一桩桩历史大事件,轮番上演。多少英雄的忻州儿女在这块热土,书写了辉煌的历史篇章,留下了可歌可泣的故事胜迹。现代史上的忻州,这里更是闪耀着红色光芒的革命根据地,华北抗战的第一个军事指挥中心,八路军总部,白求恩模范病室,平型关战斗,忻口战役,火烧日军阳明堡机场,雁门伏击战……这些浸染着鲜血的史迹,无一不铭刻着中华民族保家卫国英雄儿女的历史功勋。忻州的一部地域文化史,就是一部民族奋斗史的浓缩再现。

灵山秀水和多元文化的交汇,使忻州人杰地灵,在这块热土上还诞生出多少忠贞爱国的俊彦之士和文化精英!忻州是著名的中国北方民歌之乡、摔跤之乡、民间文艺之乡、秧歌之乡、诗歌之乡,同时也是著名的剪纸之乡和温泉之乡。灿烂的文化让多少风流秀雅之士,留下流芳百世的精神遗产,足以令忻州人提升文化自信。如班婕妤、慧远大师、元好问、白朴、萨都剌、傅山、徐继畲、梁硕光、石子山、宁超武等等;乃至近代以来,又涌现了续西峰、续范亭、陈敬棠、高君宇、薄一波、徐向前等一大批救国救民的坚贞志士和国家领导人。目前,忻州全市拥有历史文化名城一座(代县)、全国重点文物 24 处,国家级和省级非物质文化遗产 67项。这些遗产不仅有极高的精神价值和文化价值,而且有良好的开发价值和经济效益。

新中国建立以来,忻州改天换地,跨入了新时代,发生了日新月异的变化。特别是改革开放的新时期,忻州面貌焕然一新。如今,在忻州市委市政府领导下,忻州人正围绕"煤电钻,林草牧,山水关"三大优秀产业,着力转型跨越,全面实施"创造优良环境,重点项目带动,壮大民营经济,开放引进发展"的四大战略,开拓进取,求真务实,有力加快了告别贫穷、奔向小康的步伐。特别是省内外多个大企业落户忻州,为这里注入了活力,增添了动力,积累了实力。忻州大有希望,正在重铸辉煌。

回望历史,展望未来,忻州人正以开阔的胸襟、进取的精神、高昂的斗志,以开创性的魄力,为实现复兴中华的中国梦奋斗。《文化忻州》的出刊可谓适逢其时,凭借这一方窗口和阵地,定会为忻州的跨越式发展增光添彩。正可谓长江后浪推前浪,一代新人胜旧人。

阎瑞峰《随安堂文存》序

　　瑞峰的这本书画艺术评论集酝酿写作了好多年,一度不见动静。后来见到时,他说有两三个月是醉心于钓鱼养性去了。我知道瑞峰是一位雅兴甚多、肯于享受生活的人,琴棋书画都能弄一弄,这要耗去许多时间。我一向不屑于这些技艺,至今连麻将、扑克也不会打,很是被好心者冷落。我是受了孔夫子"虽小道,必有可观,致远恐泥"的论点的影响,结果是"致远"无成,而小道亦无可观,不免抱愧人生,也难怪友人称不才略无情趣。不过,见到瑞峰又不免替他着急,冒昧斥责他不务正业,还不赶紧将这本评论集完稿问世!不知是否这催促起了作用,又过了不到半年的时间,瑞峰居然完成了书稿,并诚恳地索序于我。

　　这回是教我遭遇尴尬了。我对书画只有喜好,却始终不入道,对这方面的艺术评论真是无法贡献什么意见。只是感动于瑞峰一片厚意,且钦佩他执着用功而不外露的求实精神,贸然答应写这样一篇所谓序言。因为读过瑞峰陆续发表的若干文字,知道瑞峰这本书是论述评介当今山西诸多著名书画家的生平和成就,况其中还有些是我熟悉的师友、校友,如王朝瑞、王如何、张启明、邓明阁、水既生、殷宪、张连瑞、文景明、宋富盛等。也有一些艺坊名宿如董其中、赵球、姚天沐等,因此读此书有十分的亲切感和吸引力。经过瑞峰绘声绘色的文笔,知道这些艺术家是怎样地精心磨炼、刻苦创作,方能有所大名的。他们勇猛精进、锲而不舍,原来也同读书做学问一样付出艰辛甚至痛苦的代价。已故王朝瑞的谦虚好善,水既生先生的临文不苟,殷宪的厚道仗义等,诸先生的迥异性格和卓荦才情,在瑞峰笔下均与其佳作精品融为一体,一一呈现如目前。这哪里只是书画评价,简直就是当代山西艺坊的系列史传。瑞峰此书的殊胜价值,正在于它为当代山西书画史提供了大量的珍贵史料和记录,后人倘有意作山西当代艺术史,这本书是绕不过的案头必备。有此一端,可以推知,瑞峰此书是必传无疑的。这是山西学人对中国当代艺术实录的一大贡献,也是为山西人争光,令我辈足以自豪的。

瑞峰积年的辛苦付出,终成心果,当然不是偶然的。一是处于对艺术的钟爱和淑世的热心。瑞峰是性情中人,一向对朋友豪爽大气,凡认准的真理必践而行之。虽不时对朋友交往或有苟严、少所许可而因偏激引人误会,但我愿相信他初衷的善意。如为此书的奔走,往往冒酷暑,犯祁寒,千百里不辞劳累,一一造访心仪的对象,口问笔录,访求资料,而其中丝毫不杂有一毫猎名谋利的心,纯然一片扬人之善的天真姿心。而且往往不惜自掏腰包、慷慨付出。所谓"吃亏是福","平生不解藏人善",其所得所失又岂是常人平心考量的!佛家所倡"舍得"二字,于此真堪深加玩味。

其二是,瑞峰本人就是一位画家,尤以画竹擅专。虽未见有名家扬誉,只略有报刊文章偶作评点,尚不能侧立于大师国手之列,但他以板桥为楷模,埋头艺事,默默专攻,不求闻达,自甘奉献,是可以期望终成大器的。也正是因为有这样的艺术素养,所以评介同道,颇能精准到位,为诸多师友写心存照,留下可贵的鉴赏文字,供研究者参考资用。我想,如有不足,则是希望瑞峰于翰墨游艺之余,健之以读书,涵养文化,时有所得。如此,则必将百尺竿头,更进一步,大大升华一部作品的品位和境界。这一点期望,颇以为不是奢望,但在如此浮躁的时代,似乎也不易实现。记得我曾为瑞峰所作墨竹题过两首蹩脚的小诗,其一曰:"纵横挥洒意如何,只为江湖骗子多。标格凌云崇节义,冲霜冲雨挽颓波。"我不敢必期瑞峰成为一代画坛巨匠,却祈愿瑞峰能对得起笔下所画的竹子,不知瑞峰以为然否。

是为序。　　　　　　　　　　　　　　　（写于 2008 年）

张颔《作庐韵语》书前赘语

三十年前为颔老作过一篇传文,侧重着笔于先生的学术成果评述,未能就其日常生活情趣风貌加以勾勒,引为憾事。2006 年元旦,中央电视台"大家"栏目报道了颔老治学的业绩,一夜之间仿佛发掘出新出土的珍贵文物,使先生名扬海内外,声价大增。2010 年,学兄韩石山先生以其生花妙笔推出大著《张颔传》,由三晋出版社出版,翔实描写颔老的生平业绩、声容笑貌,文字传神,使读者如见其人。这回三晋出版社又决定出版颔老的《作庐韵语》,颔老命余作序,这不免让我踌躇为难。试想,前有"大家"栏目的现场影像,后有韩传的切近渲染,以余之拙笔再作文字,岂非招"日月既出,爝火不息"之讥乎?

然而,以余师事颔老三十年之久,受益之深,沾溉之多,亦颇有难以尽言者。既受命矣,辞之不恭。忽焉思及所谓作序事,颔老自受此厄本末,亦可缕述一二,俾读者有所感焉。

一是 1980 年颔老为《中山王厝器文字编》一书作序文。名曰序文,实为一篇洋洋近万字的学术论文。时值山西学术界评选优秀成果,颔老即闻命呈送参评。不料评审者一语断案:"此为序言,不合论文要求,撤去!"颔老知之,笑曰:"只一'序'字,即遭否弃,夫复何言!"余亦深讶:如此无知之人,何以竟主学术评审?诚可谓买椟还珠、看朱成碧,你奈他何!岂不知梁任公有名著《清代学术概论》,原系为某学者著述所作序文,只因文长,下笔不能自休,乃终另成一书单行于世者。何以序文便不能作论文,有是理乎?

二是 2004 年,侯马市有请颔老为其晋国文化作赋。颔老学术研究受惠于侯马考古发掘颇多,不便辞却,便耗神数日,作一大文,自觉文采可观,可以复命矣。惟以古人作赋,尚有定格,而己作未必中式。一日就问余,何以命题,余率然对曰:"何妨题为《侯马序》?君不闻王子安有《滕王阁序》乎?仿其例可也。"颔老曰:"善!"不料,越若干日,余问及此序下落,颔老曰:"回信言,此文不合格,已废矣!"余复又深讶:王子安千古名文,既蒙题序,何独今张序便遭弃置?然余按张序,以区区两千言,铺叙晋国六百年间事,提纲挈领,不枝不蔓,有典有则,言有据而词华采,意蕴深而鉴戒彰,是有益世道人心、弘扬文化之鸿篇,奈何见斥于俗世、埋没于尘纷者乎?

序犹如此,诗何以堪?然文人积习,磐石难转。颔老年高自放,寡交游而学文化,寄情学术,一如往昔,诗联隽句,游戏笔墨而已。虽然,亦有可说者在:一可窥见长者犹抱童心,滑稽突梯,片方解颐,又屡用方言俗语,亲切生动,所谓鸢飞鱼跃,活泼泼地,自是长寿之征;二可察见长者非不食人间烟火,国计民生,世情政风,在在关心。每一命笔,刺贪刺虐,入木三分,寄托遥深,见于言外;三可明见长者情怀,敦于友情,加勉后学,殷殷企盼,乐观有成,所谓蔼然仁者之心,溢于言表。古人立德、立功、立言之三不朽,颔老有焉。

鉴于前车,不敢轻言作序,赘语而已。

2012 年 7 月 31 日

李渊涛书艺印象

艺术是一个陷井，从事传统书法篆刻尤其如此。如今骛此者不啻千万，能崭露头角者有几？往往盲人瞻马，入而不返，左驰右突，可怜无补费精神。然置之死地而后生，卷头突起，别领风骚者有人焉，云中李渊涛是其中异数也。

初识渊涛是在其弟泽涛盛鼎轩画廊。初见未识有紫宇之异，寒暄间讷讷无多言，恂恂然如儒者。然三杯茶后，论及世态人情，辄愤然畅叙，滔滔不绝，肠胆开张，颇多见证之言。后屡有杯酒之欢，方知此君习兰多年，深造有得，系"70后"后卓然名家。

得暇拜读渊涛书法大作，略一经眼，颇以稚拙者少之。然再读细读，反复揣摩，乃知如初印象大不然，其中深有意味存焉。论渊涛书者，如王登科，谓之转益多师，出自汉魏，游于元明。顾工云其结构奇肆，气势沉雄。梅墨生君称其意尚险绝，能在纵横点画，殊见奇致。而以我拙见，渊涛书如其人，平易中见真性情，风骨嶒峻，虎虎有生气。盖其致力于碑学，坚实厚重，却又融合帖意，雄俊中潇洒自然，深厚中含灵动之气，饶有超尘脱俗之致。渊涛生长云朔，染塞垣豪侠之风，有北人厚重好义之德，却不乏南人灵秀之思。百炼钢化绕指柔，敢于险中求胜，时时超越羁绊，非技进于道，何克臻此。或曰其书得赵之谦之气格，余则以为尤近倪云林风调。渊涛尝有题唐诗五绝一首："丽日千层绝，孤霞一片光。密来惊叶少，动处觉枝长。"此诗移来评渊涛书艺，颇觉贴切允当。

余于书道荒疏，向不敢妄评他人笔墨，独于渊涛辄破例允许，料难博高人首肯。然由书道悟及人生，于"唯大英雄能本色，是真名士自风流"一语有所感焉。渊涛积年砚耕刀凿，于兰事于作人，不失其赤子之心，难矣！倘健立以学，益以书卷，其所造就，岂可限量哉！勉旃勉旃！

《王惠儒书法选集》序

　　友人送来一本书法集子,让我给做个序。这段时间我正忙于为一部大型历史题材的剧本审稿,手头有点忙,友人仿佛看穿了我的心思,说,您也不必急着定夺,尽管这是人家亲属的慕名请托,但您先看看。并向我介绍了作者的情况。

　　王惠儒,这个名字是有耳闻的,记得前几年一个全国性的书画大赛,获奖者中就有他。抽暇翻看这个集子,一时竟放不下手来,横幅、竖条、扇面……"有容纳百川,志高不言苦""幽兰春晖""宁静致远"……一幅幅书法作品,传递着阵阵墨香。书法的大忌是"巧言令色",在书写上不加修饰,才是美的。而王惠儒先生的作品正是这样,古朴、厚重、少雕饰,多的是真情的自然流露。

　　中国文化人的第一门功课就是识字与写字。王惠儒先生的书法正是由"求工于一笔之内",进到"寄情于点画之间"。我是做文化学研究的,古文字是源远流长的中华文化的信息源与载体,研究中华文化第一门功课必须是研究古文字。惠儒先生深谙其理,由摹古到集字习作,再到创作,先生的书法字字有据而笔笔沉稳,深感其学识修养格调之不俗和书法之功底。

　　写一手漂亮的字是中国文化人的"门面"。学习书法首先应该是爱好,由爱而痴而迷。王先生就是这样,自幼酷爱书法,数十年如一日,临池不辍,笔耕不止。特别是退休后,更有了宽裕的时间。他曾临过欧阳询《醴泉铭》,王羲之《兰亭序》《圣教序》、米芾《离骚经》、孙过庭《书谱》、怀素大草《千字文》等。他坚守最美、最有中和意象的王羲之书法艺术传统,写得阴阳调和刚柔并济。古人讲"书为心画",静静揣摩王先生的作品,儒气、雅气、和气、静气跃然纸上。

王惠儒先生书法注重传统。他的书法涉猎楷、行、草诸体,而以行书见长。书体纵横而不意乱,洒脱而不放纵,气势流畅,遒劲有力。其章法讲究奇正相生,错落有致,作品显得端庄、雅洁。行草舒展、饱满、秀逸,草书雄浑大气,显示出汉字的方正美、韵律美。欣赏其作品,给人以美的享受。这与时下有的人不临帖、不读帖、走捷径,以丑为美,以怪为美,形成鲜明的对比。

惠儒先生书法作品积极传递正能量,他常以条幅"静心致胜"自勉。他的作品很注重书写内容,他写的格言、警句、古训、诗词,都能给人以启迪和教益。

遗憾的是,听友人介绍,王先生不到耄耋已作古,令众同好扼腕叹息。欣慰的是先生的后辈理解先人心曲,编印了这本书法集子,孝心感人。如今这个集子面世,也算是对王先生最好的纪念了。

是为序。

按:《王惠儒书法选集》,北岳文艺出版社 2015 年出版。

张秋怀《秋怀习书集》弁言

　　书乃六艺之一,士人时习之。吾妻秋怀好书法,得益于岳丈张公武成之指授。岳丈昔年勾留于西安碑林,与书友切磋日久,遂善书法。初为佣商生计之具,而渐为终生癖好。秋怀初欲临魏碑,丈曰:"不可,尔力未逮也。不妨由何绍基入手,宜汝性情焉。"于是,秋怀乃肆力于何体,遵虚拳、实指、平腕、竖锋之执笔法,专心临习,久久为功,手熟为能,竟至肖其神形,几不能辨其伪。然时移势易,诸事仓黄,白云苍狗,书道零替,难以深造。时辍时作,惟以养心自乐为也。近年书道日兴,退休以来,秋怀日以校订审读书稿之余,重拾故技,以为自娱之道。岁月流迁,习之既久,积案盈牍,遂选其可看者,集为一帙,期与同好者交流,以求有所进益。不敢言书法,故以"习书集"名之,惟祈方家指正。余知其初衷,缀以数语而嘉勉云尔。

勺斋降大任敬题

2016 年 8 月

张星亮《殷契契阔》序

　　甲骨文自清末由王懿荣发现以来,出土日多,成千累万。经王国维等著名"四堂"(观堂王国维、雪堂罗振玉、砚堂董作宾、鼎堂郭沫若)的精深研究,开辟了一门文史研究的新学科甲骨学。这一研究彻底推倒了古史辨派对中国殷商史虚无化的观点,确立了中华文明史至少已有四千年历程的史实,厥功甚伟。由于甲骨文又具有书写文字的艺术审美特质,故而为中国书法史增添了一种甲骨文书法艺术的门类,成为书法史篆隶楷三体书法的先驱,并涌现了罗振玉等一批专工甲骨文书法的大家,为中国独有的书法艺苑培育了一枝奇葩。

　　据研究,甲骨文书法就其原生态样式可分为五个时期,每一个时期的书法风格各有不同,可分为奇肆形、劲峭形、雄浑形、委婉形、疏放形五种特征,可谓千姿百态,异彩纷呈之多样性统一。近现代以来,书法界人才辈出,甲骨文书法亦显现出百花齐放的局面,书家争奇斗艳,各领风骚。吾友潜斋张星亮先生以篆刻名世,为业界翘楚。有鉴于篆刻艺术与古文字学的密切关系,特别是与甲骨文契刻技艺的渊源,近年以来,特究心于甲骨文书法的揣摩研习。傅山曰手熟为能, 星亮先生以之自励,经年累月,如切如磋,如琢如磨,淡泊名利,心无外骛,广泛涉猎甲骨文学术研究的典籍,从辨体识字开始,进而娴习刀工笔法技巧,心摹手追,用志不分,乃凝于神,终于黾勉务实,而成为今世甲骨文书法的一支异军。日来就其平时临习所得,选其精品力作,汇为一编,付梓面世。细审星亮先生所作,大抵属于罗振玉一路风格,又有其个性特征,不尚恣肆狂放之风,而多秀润隽雅之韵,古意益然,别具心裁,可谓苍劲中寓清丽,端整中见灵动,能方圆相济,疏密相宜,意到笔到,骨肉兼备。于恪守甲骨规范中,生发出契刻效应,正是笔中见刀,刀中见笔,有源有本,别具风神。星亮先生能够达到如此精纯的书法境界,固然有籍于多年寝馈于篆刻艺术的学养积累,当更与其锲而不舍、专精下苦的精进功夫分不开。如今展布佳作,供同道师友共同品赏,以期就正于大方。百尺竿头,更进一步,其造诣当日进于风雅之堂,前途自不可限量也。余不敏,缀以门外感言,无非寄意于劝勉,忻羡于有成,岂敢言序。

　　按:张星亮《殷契契阔》,北岳文艺出版社 2016 年出版。

《刘宽书法集》序

　　刘宽先生,早知名于友人口碑,本系山西省保险业领导干部。先生退休以后,余亲识于篆刻家张星亮先生座中,不拘礼数,多次晤谈。知其人谦默自守,纯诚敦厚,不事张扬,有君子之风。先生多年亲笔砚,有长者指点,乃专攻章草。有幸与之笔会于书家冯向东宝宅,赏其所作,笔意古拙,端整不苟,又不乏灵动之韵。章草之体,兼取篆隶之长,开后世草书之先河。章者,有章可循,自有法度;草者,圆柔活泼,连绵缭绕。自有沉着痛快、动静相宜之美。先生多年临帖,手摹心追,深有所得;又私淑于名家陈巨锁先生,得其奖掖,有作品集问世,书界有出兰之誉。山西书坛,能手辈出,而擅章草者不数人,先生为其佼佼者也。近年,先生集其精品,汇为一编,出版问世。余幸获先睹,深感传统不坠,乃知章草宗师王蘧常先生后继有人,抑且我三晋书坛之大幸也。其所作,可师可法,非徒止于其点画相似者,尤可期于德艺双馨之境也。同道者,勉乎哉! 是为序。

2016 年 11 月

二不庐《金石益寿》册序

　　汉字形体曰真草隶篆,向来为书家所重,以至有专攻一体者,即可名家。然四体,乃大略区分,未可论汉字源流。盖汉字传由仓颉所创以来,以所用载体言,则有陶器、甲骨、钟鼎、简牍、碑碣、绢帛、封泥、量具、瓦当、棨信、造像、玺印、诏版、兵器、牌匾等等,而纸张则仅以东汉蔡伦所造而普及至今,为大众所用,遍于四海。然则,专就四体临习,书艺一道亦何隘矣。是故,以宋代金石学发端,至清人而大盛,更兼殷墟甲骨文发现,书家乃于金石文字多有究心。随现代考古学发展,诸多器用文字遂各呈异彩,书坛乃有百家争鸣之盛。不过,考其蔚然有成者,当以汉魏碑碣文为宗,天下风从,几无异议。而其他器用文字,虽间有能者,仍乏大家宗主,未能别张一军。是可叹也,能无憾乎?

　　吾友二不庐主王志刚先生,积年沉潜汉简,临习不辍,久久为功,卓然而为名家;近年又旁及诸种秦汉器用文字,深研有得,不求人知。或撰为跋语,或临习原文,或选录联语,或题写诗文,每有所作,辄张之素壁,默自品赏。至会心处,则抚案陶然,而意气自得,不禁为之浮一大白,何其乐也!丙申年,志刚先生荣膺山西省书法协会副主席之任,人多称之,而其略无得色,不改布衣低调本色,谨勤勉于翰墨书案,或延二三好友切磋商量,惟求艺道日进,日勤有功。难矣哉,艺文之精,先难后获,有志竟成。近期志刚遴选所作二三十帧,汇为一册,邀余共赏,丐余为序。余知其非鬻艺求显者,无非以身作则,用其践行所得,昭示同道,为书法开拓境界,博取诸长,以守传统而辟新路为鹄的!如此之志节,如此之雅望,岂不可敬可贺也哉!

　　余不敏,不知书,未能为之甲乙,不揣浅陋,谨聊缀数语,忝以为序。

(写于 2016 年)

殷卫东《龙虎绕其指:傅山弟子的艺术人生》序

太原,古称晋阳,这方水土上雄浑深厚的文化感染并陶冶着代代太原人。文化人是一座城市文化的承载者,明末的思想家傅山就是晋阳这块文化热土中孕育出的一代文豪。《太原段帖》是傅山传世的法书,是晋阳历史文化遗存的实物载体之一。作为傅山的弟子,段绦刊印此帖功不可没。

明清之际,太原县文人仕宦颇多,然写入志书者大抵寥寥数字。而段绦虽为一介生员,其载入县志的文字记载远远超过许多取得功名、仕途显赫之人。为什么段绦在县志中记述较多?原因不外乎一点,他为太原的文化做出了突出贡献。本书著者殷卫东先生从史载的点滴中,探幽索微,寻找一切可以搜救的线索,追踪考证,以期还原这位傅山高足的生平事迹。评述段绦必然离不开其恩师傅山。傅山博学多才,为一代文化巨擘,能受到傅山的赏识并收为弟子,说明段绦的人品和学养是出类拔萃的。

史实证明,段绦生平主要功绩有二:一是以精湛高超的镌刻技艺和深厚的书法功底,为晋祠及周边景区和寺庙留下了诸多名贤描写晋祠、天龙山等地诗词文赋的碑刻;二是为傅山镌刻了许多书迹碑碣,并以所收藏傅山书论、诗词的真迹为底本,完整系统地结集成一套《太原段帖》并流传至今,供人们摹拓学习、欣赏研究傅山书法的学术思想。段绦在清初康熙年间乡试中考取了生员,壮年时担任县典史,中老年时一心专注于傅山书法碑碣的镌刻,所接触的人物均为当时山西省府活跃的鸿儒俊彦。可想而知,段绦的学术水平功底匪浅。从傅眉做《为叔玉词兄劝酒》诗可以了解他与这些名贤交往,当也是诗文满腹、学有所成的。可惜的是,迄今尚未发现关于他更多的诗文墨迹的著述。

从傅山遗存的词稿书迹中尚能发现傅山与段绽交往的点滴记录，文字虽少，亦可从中探求段绽的生平，足证段绽是傅山晚年最为亲近的挚友之一。著者下工夫阅览了《霜红龛集》《太原县志》《阳曲县志》《晋祠志》以及全国各大博物馆藏傅山书籍中有关于段绽的文字，细致探微，探其隐轶，梳理史事，庶可钩沉出他的行履事迹。

太原悠久厚重的历史文化，需要全民的文化自觉来传承、发扬光大。当前研究傅山，挖掘傅山的文化遗产，已成为学界的热门。深入了解傅山的文化业绩，不能不联系到他与段绽的一段交往经历。鉴此，著者积年搜集有关资料，颇有所获。由此探研而写成此书，或当有益于对傅山与晋阳文化的进一步研究。如今付梓问世，公诸同道好学之士，或有可采。其中倘有疏失谬误，尚希有识者裁正。是为序。

按：殷卫东《龙虎绕其指：傅山弟子的艺术人生》，三晋出版社 2017年出版。

张勇耀、韩兵强《山西历代名宦传》序

张勇耀、韩兵强《山西历代名宦传》一套三册写作完成了，即将出版之际，勇耀拿来稿本请我过目、提意见，并索序于我。这套书前两册唐前卷、五代宋辽金元卷由勇耀撰写，第三册明清卷由韩兵强先生撰写。读了这套书的稿本，我对勇耀讲了一些不成熟的看法和建议，请她斟酌去取。但对写序一事，颇使我踌躇。因为我历来对古代的官吏没有什么兴趣甚至反感，觉得在今天为之作传，没啥必要。这序要不要写？还拿不定主意。几天来反复考虑这一问题，重新翻读这部稿本，最后决定还是鼓起余勇写一写吧。

改变了想法，是因为对历代山西名宦的评价有了一些新认识，我重新有了一番新的思考。我想到，山西作为一个中国内陆具有深厚历史文化的大省，她是与我中华民族五千年文明史相伴相生、同步发展的地域。这在当今全国是很罕见的，所以文化界有"五千年文明看山西"之说。那么，这么厚重的历史文化积累是怎样来的呢？简单地说是三晋历史上的民众造成的。这当然是唯物史观的观点，是正确的。但是，笼统地说民众创造，包括不包括那些历代山西名宦呢？我想是应该包括的。马克思讲，是人们自己创造自己的历史，这"人们"一词应是包括以劳动者为主体的一切人的，只不过一切人中有推动历史的进步者，也有逆历史潮流而动的反动派。故而历史发展呈现着丰富多彩，前进中有倒退、发展中有逆转的复杂多变的生动图景，这也正是历史吸引今人探讨研究的魅力所在。历代山西主政的官员中，当然有不少有惠政、有作为、有贡献的名宦，也有那么一些助纣为虐、残害人民的恶吏赃官。那么，在我们回顾历史的时候,是不是也该对那些历代名宦抱一份尊敬,给予他们一些肯定的评价,为之留下一份历史纪录,从而为今天的时代进步提供可资参考的借鉴呢?我想是应该的。那么二位撰写这套《山西历代名宦传》自然就有其珍贵的价值,这也就是我决定为之作序的缘由吧。

再看二位撰写的这套书,它不是事无巨细、良莠不分地采录一切有关山西官员的文献。既是写名宦,那肯定是着力讲述对山西历史文化有贡献的精英人士,但对这些人士仍有轻重不同的评量。书中将这些人物分为正文、附录、事略三部分记述。正文部分主要是写那些在历史上惠政显著、贡献较大、值得突出的佼佼者,附录部分则是与正文传主相关的重要人物,这两部分所写均系外省籍的在山西任职者,是所谓"游宦"之类;而事略部分则是简介其他未及详写的名宦,包括了晋籍的名宦,对正文部分作补充,与正文部分相参照。全书这样的安排篇幅比例,看起来有主有次,井然有序,重点突出,详略适当。这想必花了著者不少工夫和心血。这份为读者着想的精神,是值得敬重的。

这部书的另一特点是以近代山西方志提供的材料为线索,其中有最值得重视的名志雍正和光绪版《山西通志》为主要依据,并参以历代正史资料来组织书写的。这要写作者花费大量坐冷板凳的工夫去提炼、搜罗、甄别、选择。勇耀女士与韩兵强先生肯在这方面下苦工夫、笨工夫,这与时髦的速成抄袭能手们是相反逆行的。这一点,我觉得很了不起。这是做学问的正路,尤其在今天这个物欲横流、浮躁泛滥的环境下是十分难能可贵的。我知道勇耀今后还有一些著述计划,兵强先生也有工作计划安排,我真诚希望他们发扬这种坐冷板凳的精神,锲而不舍,坚持下去,是一定会有更大的收获的。

是为序。

2017 年 4 月 22 日晨兴草

第五辑　学术随笔

古诗文中的孟姜女及其名胜古迹

　　游览长城，作为京畿门户、幽燕重镇的山海关，应是必到之地。雄关以东八里处的"姜女庙"，更值得观览拜谒。孟姜女哭倒长城的故事，在中国人中间已是耳熟能详、妇孺皆知了。后世人们深深同情孟姜女的遭遇，为她坚贞的爱情感动，便在山海关附近立庙来纪念她。据传庙周围还有许多有关孟姜女的遗迹，像望夫山、望夫石，相传就是孟姜女当年寻夫时站立的地方；振衣亭便是孟姜女望夫前梳妆打扮、整理衣衫的处所；而海边的两块礁石，就是孟姜女跳海后葬身之地——俗称姜女坟。

　　但是，查考史籍，却并无孟姜女其人。孟姜女的形象是在诗歌中诞生的，最早出现孟姜女姓名的诗歌，是唐及五代《敦煌曲子词集》中的一支曲子《捣练子·孟姜女》，全曲是："孟姜女，杞梁妻，一去烟（燕）山更不归。造得寒衣无人送，不免自家送征衣。长城路，实难行，乳酪山下雪纷纷。吃酒则为隔饭病，愿身强健早还归。"

　　这首曲子大约产生在晚唐时期，无作者名，可知孟姜女之名来自民间创造。曲中所写系孟姜女送寒衣的情节，其中吟叹孟姜女孤苦无依，含辛茹苦冒雪远涉长途，及对亲人饮食的叮嘱，盼其安然早归的心愿，质朴自然，充满动人的深情，有一唱三叹之致。但这首短曲没有孟姜女哭倒长城的情节。有关哭倒长城的诗歌，见于五代前蜀诗僧贯休的《禅月集》。集中有这样一首诗：

　　　　秦之无道兮四海枯，筑长城兮遮北胡。筑人筑土一万里，杞
　　梁贞妇啼呜呜。上无父兮中无夫，下无子兮孤复孤。一号城崩塞

色苦,再号杞梁骨出土。疲魂饥魄相逐归,陌上少年莫相非。

　　诗中有了哭倒长城的事,恸哭者却不称孟姜女,而是杞梁妇。据前曲所述"孟姜女,杞梁妻",可知两名即是一人。将诗曲合起来看,孟姜女传说的时间(秦始皇时期)和送衣哭城的主要情节就都全了,而孟姜女之夫万喜良之名与杞梁之音近,亦可知喜良当由杞梁转化而来。贯休诗的特别处,在其结句"疲魂饥魄相逐归,陌上少年无相非"有浪漫色彩,说明杞梁与其妻是死后灵魂相伴返乡,诗人肯定了他们生死不渝的爱情。

　　贯休诗当然也不是无根的虚造,其所咏杞梁妇的故事,早见于汉朝刘向的《烈女传》中一篇《杞梁妻传》。但所载故事又不在秦朝,而在春秋齐庄公时期。杞梁之名在传文中,又称杞梁殖。杞梁殖是齐庄公的大将,也不是被抓了差的城丁。传文说,杞梁殖为齐庄公攻打莒城而战死。护尸归国,庄公使人在路上吊唁,其妻表示反对,坚持要在家吊唁,齐庄公只好听从了。这是一次礼仪上的争执,但传文又说:"杞梁之妻无子,内外皆无属之亲。既无所归,乃枕其夫之尸于城下而哭,内诚感人,道路过者莫不为之挥涕,十日而城为之崩……遂赴淄水而死。"淄水在今山东淄博市附近,离孟姜女跳海处差得尚远。刘向所传杞梁战死,其妻争礼事,亦有依据,见于《春秋左传集解》,但该书却无其妻伏尸而哭以致城崩和赴水事。

　　综上所述,孟姜女的故事是由春秋时杞梁妻之事迭经历代增饰衍化而来,其嬗变轨迹是:《左传》杞梁妻事——刘向《烈女传·杞梁妻传》——《敦煌曲子词集》——《捣练子·孟姜女》——贯休诗。孟姜女姓名的确立来自诗歌创作,得到了人民的认可。

(原载《人民日报·海外版》1988 年 11 月 11 日)

黄河故道绕名城

今天人们多知黄河由山东东营市入海，但在古代北宋至清咸丰年间，黄河在中原的流向南移，主流注入淮河从江苏入海，治黄史上叫"夺淮入海"。所以广大的苏北地区亦属黄河流域。历史名城徐州即坐落在江苏西北的苏、鲁、豫、皖四省相交处。

徐州古称彭城，有"五省通衢"之称，先秦时吴国邗沟和魏国鸿沟相继开通，扼汴、泗二水汇合处的彭城成为中原通往江淮的水运要道；元代京杭大运河开通，这里又是沟通南北大动脉的必经之地；近代以来，这里还是津浦、陇海铁路的交叉点。可以想见，这里交通何等便利而重要。也许正由于这个原因，徐州成为历代军事重镇。古人云："自古彭城列九州，虎争龙斗几千秋。"实非虚语。

在北宋，徐州地近汴京，"为南北襟要，京东诸郡安危所寄"。但是，黄河屡有水患，徐州一带的治水问题显得特别突出。谈到治水，不能不想到大诗人苏东坡筑黄楼的事迹。东坡在宋熙宁十年（1077）任徐州知州，其时黄河在澶渊决口，大水漫流至徐州城下，七十天不退。东坡忧民心切，增筑州城，于城东门修建城楼。因五行学说有"土实胜水"之说，便将城楼粉刷为黄色，故名黄楼。苏辙、刘攽、秦观均作有《黄楼赋》咏其事。东坡《登望洪亭》诗云："河涨西来失旧洪，孤城浑在水光中。忽然归壑无寻处，千里禾麻一半空。"可见其时洪灾之巨。然而，后来一夜间大风骤起，河水尽退，州城安然，东坡才放下心来。东坡有《河复》诗咏其事，句云："帝遣风师下约束，北流夜起澶州桥。东风吹冻收微渌，神功不用淇园竹。楚人种麦满河淤，仰看浮槎栖古木。"堪作前诗形象的注脚，东坡以洪退归功天帝,颇有迷信思想,但他忧民御洪之志可嘉,留下黄楼胜迹亦令人瞻仰怀念。元人柳贯有诗:"高楼背水压奔冲,影动云虹落水中,土色从黄宜制胜,河声触险听分洪。却思沉璧千年日,欲问乘槎八月风。汴泗交流平似席,南行北播本同功。"元人陈基也有《徐州》诗,句云:"空余苏公楼,突兀倚寥廓。徐人昔恃公,安若山与岳。文章与元气,万古相磅礴……安得不世才,为君拯民瘼。九原何茫茫,可爱不可作。"敬重之意,可谓高山仰止了。

黄楼后来废圮,前些年徐州人民重修此楼,为山河增辉。

在徐州,除黄楼外可游佳处尚多,像城西的云龙公园、云龙湖、云龙山石佛及城内华佗墓、范增墓,市北的茅村汉画像石墓,均可供观赏凭吊。

云龙山上的放鹤亭,系北宋文人张天骥建造。张氏博学多才,不求仕进,养有两鹤为伴,晨飞夕栖,富有清韵。其所作《放鹤招鹤歌》句云:"黄冠草履,葛衣而鼓琴,躬耕而食兮,其余以汝绝。"有自食其力的气节。后东坡作《放鹤亭记》,是脍炙人口的名文,值得游客咀嚼品味。云龙山附近的戏马台,据说是为项羽观看士卒赛马所筑,历代文人雅士题咏极多,如谢灵运、张籍、苏东坡、文天祥均有佳作。明代著名的大臣方孝孺有绝句云:"盖世英雄酒一杯,悲歌只使后人哀。生平费尽屠龙技,今日空留戏马台。"蕴含有无限兴亡之感。仿佛与此对照,在城南凤凰山东麓,巍然耸立着淮海战役烈士纪念塔,庄严宏伟,标示着为人民解放献身的英烈的不朽功勋。他们的业绩在附属建筑淮海战役纪念馆有着翔实的记录,感召着无数后来者。这使我们不能不想起"人固有一死,或轻于鸿毛,或重于泰山"的名言。

(原载《人民日报·海外版》1991 年 7 月 5 日)

外国有的中国未必非有不可

我这个人，性情不大好，固执。虽说有的朋友夸我有主见、不随俗，其实，也许是抱残守缺，不开窍，不通达。

比如说吧，人家认为外国有什么，中国也该有什么，我就有点不赞成。这样说笼统，不妨具体言之。像拳击运动，两个人打得血汗交流，惨不忍睹，周围人却喜欢得嗷嗷叫。这在西方挺热门，我则横看竖看不顺眼，觉得中国不引进也罢。再说所谓健美比赛，男女选手，满身疙疙瘩瘩，油光发亮，西方人以美视之。而我却以为有健无美，没看头，这比赛不引进也罢。我有个道理，体育者，育体也，有利增进健康之谓也。拳击打得骨折齿落，这不是残害肢体吗？

然而，拳击引进了，健美赛也引进了。我自觉没奈何，只好闭眼不看，眼不见心静。

体育与文艺往往有缘，并称为文体。在文艺上也有我的不满。像什么电影"奥斯卡"奖，国内著名的电影艺术家，有不少趋之若鹜，老是要冲出去，想弄个"奥斯卡"奖回来。然而不弄又如何？我们不妨也搞中国式的奥斯卡，与国外的奥斯卡比一比，未尝不可。不过，得赶紧声明，我不反对异国的这奖那奖，而是说不必热衷于那些奖。

还是那句话，外国有的中国未必非有不可。泰国有"人妖"，中国不必有。外国有妓女，中国却以法严禁。因为不合中国国情，且有害无益。

(原载《山西晚报》1993 年 4 月 28 日，笔名常乐)

"吃"古书

"吃"古书属于"吃"古人的范围。吃古人，就是吃前人留下的家产，已经司空见惯，其中有当吃不当吃之分。当吃，叫文化继承和利用。先人留下那么多文物古迹，仅仅封起来、保存好，其实是隐性消耗，费力费钱而无意义。不如修整、陈列、开放，供观赏、做研究、求借鉴。但要讲有偿服务，要收费、赚钱。再用于保护、修整，是良性循环，更有利于文化教育，提高民族自信心和爱国思想；倘研究借鉴取得成果，则是促进精神文明建设，功莫大焉。这种吃，是尊重历史，古为今用，当吃。如果为赚钱，盗墓窃宝，私卖文物，破坏古迹，则是犯罪。不仅不当吃，还应受处罚，以儆效尤。

吃古书，与此相类。将古书整理、出版，拿来研究，做学问，长知识，哪怕是出了几个吃古书癖，也是有益文化建设的好事。这种吃，多多益善，应支持、扶助。典型的例子是《红楼梦》研究，将其不同版本校勘、标点、考证，做探佚，辨真伪，研究讨论，争个不亦乐乎，弄出红学家不知几许，论著车载斗量，超过雪芹先生原作十倍以上。虽说对雪芹先生的胡子长不长，至今没有个定论，也不妨听之任之，没什么坏处。这类吃古书，大抵有益，谁爱吃谁吃，况且也不会滋生什么知识产权之类的纠纷。孰料时下吃古书之风有大盛之势，实为"古已有之，于今为烈"。大部头的二十四史、《资治通鉴》，也被出书的大吃起来。有的摘抄名曰精华选萃，有的重印小字本，有的逐节译白，有的分类重编，其中利弊相杂，难以细论。反正编者、选者、译者、印者、卖者都赚了钱。市场有需求，这生意就不妨一做，哪怕你学者买不起、不屑买，总会有人买。买了或许只为充架炫耀,或只为看故事、图热闹,总比花钱大吃大喝、奢侈浪费要强。对这种吃古书,固应引导求质量、讲实效,使古书转化为文化营养,也就对得起古人了。这种吃法还算有益。

第二等吃法,是专拣明清以来的艳情小说去吃。从旮旮旯旯里搜寻出价值不高却着意描写男欢女爱、才子佳人的东西,出系列,借名目,说是供研究参考,学者却多掉头不顾,倒是对文学史一知半解或懵然不知的小青年、小市民颇为热衷,买来专看其中性感文字,吃得津津有味。然而,出书者赚钱的目的达到了,管它有什么后果。近年,有关房中术的书也抄抄编编,改头换面地上市,销路看涨。你说它"黄"吧,其中还有些分析批判,对性学研究略可参考;你说它不"黄"吧,其中又确有些细节描述,属于"擦边球"一类。这类吃法,需控制和引导。更下等的吃法,是专吃古人的糟粕。什么打卦、算命、相面、风水之类的书,并非批判研究,而是原本照印,不仅非法书商争出,有些出版社也堂而皇之地出,销路据说尤为可观。这类东西根本没有普及的必要,乱吃起来,只能宣扬迷信,破坏精神文明。

由此看来,"吃"古书的现象,我们还要慎之又慎,不可放任自流。

（原载《山西晚报》1993 年 6 月 7 日,笔名常乐）

不可说的"悟"

怎么才能悟？禅宗有些办法，参话头，教你百思不得其解，逼得你无法可想，这时你可能豁然开朗，言下顿悟；也许教你砍柴、担水，到干活中去自悟；还有棒喝法，揍你一棍子，促你猛醒；还有扭鼻子、咬指头等等。然而，这些都是铺垫，都是塔桥，是引导你去悟，却不能代你去悟。功夫还在你自己去"参"、去体验。禅宗便是如此不拘形式，活泼可爱："青青翠竹，尽是法身；郁郁黄花，无非般若。"时时处处可悟，却只有你自己去悟，至于你悟了没有，他人并不知道。也许只有你"拈花一笑"，得大自在，可以透露出些许消息。

禅家的顿悟智慧，本来就不能讲，结果我这里讲了一通，这就有悖禅宗主旨。可见我还是门外汉。

唉，我还是不求那个悟算了。像我这种笨人，八辈子也悟不了禅家的奥妙。然而，不求悟，也许正是大悟。该干什么还是干什么吧：饥来吃饭，困来即眠。不过得加上一句：活着劳动。也就是尽我做公民的本分。况且，不劳动谁给饭吃？

所以，禅宗的书也不必读。禅家不是连佛典也烧了吗？

一道数学难题，久思不得其解，可是，不经意间，忽得一法，求得了答案；写一篇文章，不得如何下笔，写来颇为难，可是，某日灵感顿生，文思泉涌，一挥而就。这叫"顿悟"，我们常能体会到这种"悟"的愉快。中国佛教的禅宗，就是讲求"顿悟"的智慧。不过，禅宗之"悟"，不似上述常人之悟，它要悟的是宇宙之大道、生命之奥秘，这就很玄妙了。

禅宗是一种不可说的智慧，不能用语言表达。这也有道理，以思维把握客观对象的本质,就得用抽象概念。抽象的语言概念只能把握片面的东西,不是对象的整体。再说,以思维把握客体,已经有主客之分,有对立,便有隔膜。禅宗认为,人与自然要融为一体,消除主客对立,要放弃语言概念的工具。你只能用心灵去直接地整体地与对象合而为一,去领悟其中的妙处。这只是一种体验,悟得极为便捷、愉快,但说不出来,说出来的就不是它了。在我们常人,这显然是弄不清楚的、神秘的。或者不妨说,你想弄清楚,这念头本身就偏了。悟,是一种混沌中最大的快乐、最深的体验、最高的领悟。

(原载《山西晚报》1993 年 6 月 16 日,笔名常乐)

名不可争

名者，实之宾也。一个人有名，意味着他在某一方面有独特的社会建树。无建树而有名，叫名不副实，是冒名。这个名便靠不住，迟早要被社会否定。所以，正直诚实的人对名的态度慎之又慎。有的人还要逃名，怕的是受盛名之累，受后人的批评，更不屑于争名。尧帝让位于许由，许由就逃到河边去洗耳朵，认为尧对他的赞语是一种污染，就是一个极端的例子。许由的行为或许过分了一些，但对名不敢妄受，态度却很严肃，所以受后人的敬重。这又是逃名而得名，是他始料未及的，与通过终南捷径猎名者大不同。

所以谈有关名的这一番话，实因有感于眼下一些贪名之辈太多。本无学识，召人编书，自充主编者有之；以到处拜访名人联络感情，然后写文章大谈与名人讲学论道者有之；花钱买通或组织一个名流的评委会，让他们为自己评奖者有之；请名家作序作评，吹捧自己的作品者有之；花钱办展览，人不吹自吹者有之。一时间，这个家、那个星风起云涌，乌烟瘴气。我认识几位有一定地位的师友，资历不浅，年纪一大把，也卷进这股风中。开会坐主席台，他要争位置；出书署名，他要争第一；评职称，抄抄写写一大本要充专著……为争名忙得不亦乐乎，结果身体累垮了，有的还要了命。真是何苦来！往往要争的大名没争到手，原来有的小名也随风而散，无人提及。这种悲剧，原因是忘记了"名者实之宾"这个道理。如果把争名的劲头，用到实际建树上，或许他们本可以出大名的，然而舍本逐末，把顺序弄颠倒了。相反，倒是不争名而乐于埋头苦干的人，自然而然出了名，乃至出大名。劳动模范李双良当年治理碴山时，他哪里想到过出人头地？结果创业有成，居然誉满全球了。我所熟悉的古文字专家张颔先生，淡于名利，只管潜心搞学问，成果累累。他根本没有想到英国权威的世界名人录的主持者，会来信找他，并将他载入名人录中。可见，名不能争，争不来，争来也枉然。不争名而务实反倒可能名自归之，这叫名可遇而不可求。

有理由说，争名之辈其实是些傻瓜或无聊之徒。然而，这种人总是有的，你拿他没什么办法。争来争去，无非争个"透心凉"吧。

（原载《山西晚报》1993 年 9 月 27 日，笔名常乐）

我读张中行先生之"长"文

近时,《文汇报》载张中行先生一文,谈及有读者指责他写文章的"毛病",啰唆了一大篇,其实道理可以一句话说完,不必写那么长。张先生自省一番,却仍然是那样"长"法。依我看,他那"毛病"很难改。

这很容易教人联想到苏东坡的名言:文章长短,当行则行,当止则止,如风行水上,自然成文。这当然是一种高功夫、化境,很难企及的。那位读者希望文章短,符合为文的一般要求,有一定道理。但他忘记了,无论篇幅长短,都要是"文"——即文学作品的根本前提。假若一句话可说完是道理,那是理论阐述,不是"文"——文学了。用理论作品的要求去套文学创作,那就凿枘不相容。读者的法眼瞅错了地方。

张中行先生的散文很老到。他出了几本书,我几乎全买了,读得津津有味,似没有繁赘之感。尽管张先生自谦为不三不四的文字,仍使我大受教益。也许他有的文章,其中道理可以一句话说完,但我主要着眼于他怎样以轻灵温雅的语言去说那道理,而并不专注于道理本身,虽说道理自然而然地被我接受了。这就是文章手段,是张先生独到的工夫,我是十分敬佩的。况且,张先生的文章似乎并非只用一句话的道理就可以说完。张先生有一本《文言和白话》的书,主要讲古今文章之异同,净是道理,哪里是一句话解说完的呢?即便是短短数百字之本,也十分耐读,哪里会一句了之呢?再退一步讲,即或能用一篇文字讲出一句话的道理,这也不简单。君不见,眼下有许多连篇累牍的说理文字,不仅没有讲清一个道理,反而教你愈看愈糊涂哩!

不过,我还挺佩服那位读者,能从一篇文字中看出"只是一句话"的道理来。这究竟也还需要高度的概括力,善于抽象思维。我读了大半辈子书,往往是看不出多少道理来。比如有人写书说,当前新时期的指导理论,在哲学上是"一分为多"和"合多为一",我反复捉摸,就弄不清这道理。那不是小孩子放起火吗?点燃了,"嗤"的一声起火升天,"啪"的一声一个整体就炸成许多碎片片。这里或许也有什么奥妙的哲理吧? 我想。只怪自己没头脑,解不开。没办法,这类洋洋数十万言的专著读不了,还是去读读张中行先生那"只有一句话道理"的散文,更愉快些。

（原载《山西晚报》1993 年 10 月 1 日,笔名常乐）

吃蝗虫与忆苦饭

　　文艺创作允许东拉西扯,移花接木,合理虚构。比如,太平公主是由唐玄宗赐死于私第的,但电视剧《唐明皇》中却写成是,她面对玄宗的追兵,逃到悬崖上慨然自刎。又如,天下闹蝗灾时,是太宗皇帝忧民心切,活吃了一只蝗虫,但该剧中却变成了玄宗吃蝗虫。不过,对观众而言,没有"历史癖"者大抵不去追究此类史实细节,只要戏演得有意思、有看头就成。

　　说到吃蝗虫,记得小时候有过一次体验,那是把蝗虫烤焦来吃。蝗虫的大腿脂肪多,烤熟后嚼起来挺香的。但这只是偶一为之,闹着玩儿。据说国外流行吃蚂蚁、蜗牛等高蛋白食品,而且认为是上品佳肴。蚂蚁,又名玄驹,还是一味中药,据说古人善吃者可求长寿。然而帝王活吃蝗虫,想来味道不大好,这似可证明中华饮食文明之悠久且富创造性?然按其本意,无非是帝王表示体恤民情,爱民如子,是一种政治姿态。但居然肯一快朵颐,也算难为了。

　　古代帝王食必山珍海味,那是常情,社会上却往往"朱门酒肉臭,路有冻死骨"。诗人杜甫有亲历:"朝随肥马尘,夜扣富儿门。残杯与冷炙,到处潜悲辛!"煞是可怜。时代虽然变了,老饕之风却仍有残存。据说去年全国公款吃喝旅游,消费达一千亿元,着实惊人。又据说有的大腕一掷三十万,只吃一顿大宴,想来古代帝王不过尔尔吧,那真是潇洒得过了头。对比一下大片未脱贫的农村,温饱尚未解决,不能不令人发出噫吁兮之叹,这反差确实太大了。

　　不由回忆起 60 年代困难时期,搞忆苦思甜教育,经常提倡吃吃野菜、谷糠之类的忆苦饭,叫人不忘本。如今此举恍若隔世,大概是吃忆苦饭在"文革"时流于形式,带上了"左"味,人们便厌弃而至于淡忘了的缘故。但追究原本动议时的本旨,是教人富不忘贫、艰苦朴素,也还有良苦用心,别有寓意在焉。古代开明帝王尚能一品蝗虫风味,以示不忘民瘼,说他是故作姿态也可!然而今天我们要表里如一地为人民服务,有意去尝尝忆苦饭,似未尝不可。有些大腕非要肥吃海喝,那就该课他一笔"宴会税";倘是用公款吃喝,则处之以法纪,尤属当然。依我看,最好还是杜绝此风,奉劝有吃喝瘾的大腕们收敛一点。古训曰:"一饮一食,当思稼穑之艰难。"现如今并不过时。有鉴于此,我以为,偶亦吃一顿忆苦饭,总是有益的。质之诸君,不知以为如何?

(原载《山西晚报》1993 年 10 月 4 日,笔名常乐)

女性文化的崛起
——由《北京人在纽约》说开去

　　看电视剧《北京人在纽约》中，姜文演的王起明和王姬演的阿春这两个角儿，可以说是光彩照人，同样地好。但是，就演技而言，我总觉得王姬更好一些。姜文显得剑拔弩张，演来费力，而王姬则游刃有余，演来举重若轻、从容潇洒。要知道，姜文是被捧为"影帝"的大腕，而王姬原先不过略有名气而已。这很有某种文化对比意义，似乎反映出女性文化较之男性文化显出了优势。说来也巧，在《北》剧中，两位男角王起明与大卫，无论在文化修养上还是道德品质上，就都比女角郭燕和阿春差得远。

　　意味深长之处在于男女主角仿佛有一种文化抽象意义上的表征性，折射出当今两性文化之差异。干脆挑明了，我以为，这标志了当今文化水准上男不敌女的趋势。一部《北》剧不足以立论，姜文与王姬的艺术水准之别，也许只是笔者的臆断，未为公论。但是，从总体上来看，国内早已有人在惊呼现实存在的阴盛阳衰。在音、体、美方面，女性新秀屡在世界上夺标，其进步之速远过男性，是有目共睹的。

　　恩格斯早已明言，女性的解放程度是人类社会进步的标志。然而，这不意味着女性的解放以男性的退化为代价。我不是女权主义者，不知道西方女权主义运动在搞些什么。我是男女平等主义者，面对阴盛阳衰现象，就觉得男人们应当向女人们学习些什么，很有必要。记得西方有位女学者理安·艾斯勒提出一种"文化转型"理论，意思是原始时代是两性平等文化，以两性合作为特征，只是进入文明时代才变成了男权中心模式。如今人类已进入向两性合作模式回归的新阶段。我很怀疑,从两性文化的均衡和差异关系找依据,以此作为解决现实社会纷争的基础,究竟有多大合理性,这究竟算不算一种科学理论。但是,我却知道,历史上确有"女娲论",后来也有人反其道而提出过"女子治国论"。事实证明,这两论一者是胡说八道,一者是善意的空想。作为现实主义者,我们须正视的是面对女性文化的崛起,不妨为社会进步而自慰,但男子们是否应反省自身,奋起直追,与自己的"半边天"并驾齐驱?

不过,另一方面,应清醒地看到,女性文化的代表大抵是知识女性,至少是识文断字的妇女。女人们从整体上看,社会地位、文化程度还比不上男人。拐卖妇女的罪犯时而得逞,就是利用一些妇女的愚昧弱点。因此,解放妇女的任务,仍是需要花大力的长期过程,这应当成为一种社会自觉。知识妇女作为这一过程中的积极力量,显示了她们的充分自信和实际能力,正向男人们施加影响。这既是刺激,也是挑战。

(原载《山西晚报》1993 年 10 月 27 日,笔名常乐)

痛失唐城之后

　　太原市副市长杨季春同志一次去无锡公务，观赏了那里新营造的旅游景点——唐城，且得知它为无锡带来了可观的经济效益和社会效益，不禁慨然感叹。因为此景点原本拟于太原修建，但因种种原因被放弃了。杨副市长遂有痛失唐城之感。

　　另一个相对照的例子是：秦皇岛市1988年发现了在"文革"中被推入海中的明代石碑，上有"秦始皇求仙入海处"的碑铭。该市领导人立即组织史学家考察后，遂决定投资兴建了一处以石碑为中心的旅游文化景点，由此而带来的是经济效益、社会效益的双丰收。

　　无锡与秦皇岛市立足于市场经济建设，繁荣文化，使之相互促进、协调发展，可谓有远见、有魄力。两市的领导人舍得文化投资，尤可称道。我省的情况如何呢？三晋古来多名士，然而他们的"待遇"怎样呢？太原的王维、白居易分别移居陕西蓝田、河南洛阳；河东柳宗元搬家到了广西柳州；河曲白朴寄身于河北正定；忻州元好问的祠堂破败，他只好四处流浪；夏县的司马光被抬举了一阵子，如今少人问津；傅山先生倒有太原的祠堂可居，亦门前冷落车马稀；关汉卿是早已改户口成了大都人，在河北出名；罗贯中被发现为太原人，却无经费去研究；文水人武则天为一代女主，为她开过会却无可纪念的踪迹。只有太原王氏立了辉煌的宗祠，但大约一半要靠海外华裔的推动与捐资。这些名人在历史上贡献赫赫，人所共仰，山西亦多专家研究，但比起同级别的名人在他省的待遇便相形见绌了。看来，不是什么条件问题，而是头脑中的观念更新问题。倘若当年建唐城之议请社科方面的专家论证一番，杨副市长也不会有今日的痛憾吧。好在痛定思痛,仍可亡羊补牢。其首要之举,便是放宽眼界,不要以为社会科学没有用,舍不得下本钱。文化遗产也是一笔巨大的财富,需要慧眼识珠。有此前提,才能开发它、利用它,掘出滚滚财源,而其更广泛的教育意义亦自不待言。

(原载《山西晚报》1993 年 12 月 2 日,笔名常乐)

弄笔的人别趴下

在文艺作品中,表现小人物的内容多了;而在纪实性文字中,却是描写大人物的作品多起来。书店报摊上,一眼望去,就有形形色色的关于大人物的传记、秘闻、逸事,且多婚恋、情爱的特写。凡人故事热与伟人纪实热对立统一,相映成趣。

道理亦可推知。文艺作品允许虚构、夸张、渲染。写大人物须慎重,编瞎话、造情节,涉及大人物,有歪曲、污蔑之嫌,弄不好要吃官司、惹麻烦,这是没事找事,不如掉过笔锋,拿小人物开涮。写他是能人、好汉,固无妨;写他是奸佞、痞子、三花脸,亦随便。反正是玩虚的,谁也不能对号入座。文艺之真非同生活之真故也。

然而,要写东西赚钱、博名,最好是写大人物,因为英雄豪杰影响大,举世瞩目,写出来尤易使猎奇者心喜,诱他掏腰包。但是,对大人物的事迹不宜虚构,不敢捏造,于是就纪实,下一番翻资料、查书,编编抄抄的工夫。肯花力气的,更不妨采访知情者或找到本人挖点桃色秘闻,这样弄出来的东西,保准热门、快卖。

两种用笔的走向,看来相反,却有内在契合点。写小人物,虽然不免编得稀奇古怪,但一多一滥,就粗俗、卑污、穷极无聊,闹出凶杀或色情的粪秽。写大人物,虽然慎重求实,至多只在内心活动的描写上,有克制地想当然来一段,或者在私生活细节上略加点缀;但从大处上剪裁,却有弃取,有侧重。凡属英雄豪杰一类,就极力突出其嘉言懿行。至于出问题、有偏差,对不起,淡之又淡,或者笔尖绕开。所以,所谓纪实,其实是部分纪实或不很纪实。那结果,是英雄无处不英雄,吃喝拉撒都仰慕,这也是一种乖巧的神化。创造历史的人民群众相形之下,仍然不过是英雄的分母,他们的英雄气概同样不见了。可见,上述两种走向,骨子里是一种走向:崇拜英雄,戏弄百姓。

不过要声明一句, 上述所举并非说凡属写小人物或大人物的书皆然,其中也确有佳作,那要靠读者的慧眼去甄别。之所以有感于两种走向,鄙意仅仅是提醒弄笔的人,要有主心骨,站直啰,别趴下!

(原载《山西晚报》1993 年 12 月 17 日,笔名常乐)

四大美人未必美

　　时下所谓历史上的四大美人挺抢眼。歌星大赛出考题，就问："请回答四大美人是谁？"戏曲大赛有载歌载舞对四大美人颂扬的表演。但四大美人未必美，鄙人对四美就提不起兴趣，甚至反感。四大美人真有什么历史功绩么？想来想去说不出。四美中貂蝉史无其人，说她搞离间借吕布杀董卓纯粹是捏造。虽说董卓确实是被吕布杀死的，却绝无貂蝉拨乱其间的事；况吕布也不过是个心胸狭隘、残忍好色之徒，没干过什么好事。西施呢？所谓"沼吴"之功也是民间传说，史家考证认为，西施之名本系先秦对美女的代称，本无其人。诗人吟咏、戏曲搬演、小说描写，无非是虚构的文艺创作，当不得真的。再一位是昭君王嫱，和蕃一事见于史书，倒是真的。但历来评价不一，赞之者或曰："为君一笑靖天山"（南宋·刘子翚），或曰："旁人莫讶腰肢瘦，犹胜嫖姚千万兵"（元·赵介），或曰："美人一曲安天下"（清·王峻)，或曰："琵琶一曲干戈靖，论到边功是美人"（清·郭润玉），或曰："何如一曲琵琶好，鸣镝无声五十年"（翦伯赞）；嘲之者则曰："社稷依明主，安危托妇人"（唐·戎昱），"君王莫信和亲策，生得胡雏房更多。"（唐·苏郁）。诸说褒贬不一，各有理由。鄙人是从来不相信靠一美女就能使邦族友好的，虽说也不乏不爱江山爱美人的君王，但实现和平交往从根本上取决于双边的政治经济及军事实力的均势以及必要的外交妥协。用美人计可能成为睦邻的一个因素，却绝非决定性的因素。尽管史称昭君和蕃是她"自请行"，客观上仍不过是政治外交的工具，如此而已。鄙人昔年有诗："愿倩史家疏凿手，雄才笔削赞边丁。"愚以为卫国捍边主要还应归功于边防将士的忠勇与牺牲。夸大昭君的作用,是不符合历史实际的。最后一位美人是杨贵妃。说到这位杨妃,不管《长恨歌》写她与唐明皇如何卿卿我我、恩爱异常,也不能不说她是引起安史之乱、民生涂炭的重要帮凶。杜牧诗"霓裳一曲千峰上,舞破中原始下来",真是慨乎言之。连一向忠君爱国的杜甫也讽刺:"不闻夏殷衰,中自诛褒妲。"把她直截了当地比作祸国的褒姒和妲己。

如此评价上述四大美人,并不是想重复陈腐的"女祸论",只不过是强调在封建男权政治体制下,美人无非是政治工具,是以色参政乃至乱政的角色。而四美之所以出名,无非是当时千千万万的民间佳丽没有她们那样的侥幸而已。从人性解放的观点看,四美卷入政治未必均系心甘情愿(昭君自请行想必也是出于邀宠不得的激愤),但其身份均是权贵,平时吃香的、喝辣的,锦衣玉食,绝不会有百姓的衣食之忧与身遭战乱之苦的。清人袁枚诗:"石壕村里夫妻别,泪比长生殿上多。"自是平允之论。按四美的传说,她们均以姿色换虚荣,与妓女只是五十步百步之别,况且本没有多少正面的历史功绩,故而没有必要大加捧场。只是在笑贫不笑娼的小市民眼中,四美居然成了风流人物,津津乐道不已。这种丑陋心态折射的是国人那种崇拜权贵的势利观念,正是一种民族性的耻辱,与优秀的传统文化根本不沾边。

古人云:"以貌取人,失之子羽。"子羽,是孔子高弟澹台明灭,貌丑而品端,极有作为。以貌取人,就会埋没子羽的才德,是不应当的。在"天子非常重颜色"的古代社会,对妇女往往重其容貌而轻其才德,这是剥削阶级的一种偏见,连儒家对之亦不赞成。孔子说:"吾未见好德如好色者也。"他是以德重于色来要求弟子的。汉代刘向编《列女传》就贯彻这一主旨,其中专列"孽嬖传",记载十几位祸国殃民的美女的恶行,颇寓惩戒之意。当然,历代美女中,也有杰出的人物,如西汉追求婚姻自由的卓文君、宋代助夫抗金的韩世忠夫人梁氏,都是值得表彰的正面人物。同样,在历代丑女中也有许多有作为的佼佼者,如先秦齐宣王后钟离春,齐闵王后宿瘤女,东汉梁鸿妻孟光,三国诸葛亮妻,乃至朱元璋发妻马皇后等等,或贤于政治,或品德高尚,或治家有方,都值得在史书写上一笔。所以,评论历代女性之贤否,讲"女祸论"固然错误,但惟美是崇也是不正确的。我们今天实无理由推崇四美,而应坚持具体分析,以其德才的实际表现、社会效果判其优劣高下,至少不要连刘向也不如。

（原载《晋阳学刊》2001 年第 3 期,笔名老姜）

民族英雄问题再思考
——从岳飞、文天祥的评价说起

据报载，前不久以利于民族团结为由，教育部基础教育司编写的中学历史教科书中不再称岳飞、文天祥为民族英雄，只称像郑成功、林则徐这样的历史人物是民族英雄。原因据说是岳飞、文天祥从事反抗金元统治的斗争是历史上中华民族内部的兄弟民族之争，而郑成功、林则徐从事的斗争是反对外来民族，即荷兰侵略者或英国帝国主义侵略的斗争。也就是说，确认历史上的民族英雄主要以中华民族与其他民族的族别来划线，作为历史上中华民族本民族内部矛盾斗争中涌现的志士仁人，就不能称为民族英雄了。

以民族族别作为民族英雄划线的标准，看来是简单省事的办法，但是这样一来，反而会引出一系列的混乱认识。比如毛泽东评价鲁迅是空前的民族英雄就难以成立了，因为鲁迅的业绩并非主要是民族矛盾领域中的所作所为；又如历史上被斥为汉奸、民族贩类的秦桧、宋高宗、贾似道、吴三桂、洪承畴、钱谦益之流又当如何看待呢？这些反面人物曾经奴事历史上也是中华民族中的兄弟民族即周边某民族的统治者，出卖汉民族利益，奴颜婢膝或开门揖盗，奴役祸害本民族的人民，是不是也因属于"兄弟之争"性质要为他们平反，从而洗刷其罪名呢？再往远处想，将来总会有一天实现世界大同，"环球同此凉热"，世界各族人民成兄弟，到那时历史上的民族英雄是不是都要重作评价从而一笔勾销，不再有其历史价值和意义呢？显而易见，按上述那种以民族族别来认定民族英雄的简单化标准，就会导致得出荒唐的结论,是不可取的。难怪上述那种民族英雄观一出来就遭到不少学者的反对,被认为断断以为不可。

可见,关于确认民族英雄的标准,确实有必要认真讨论一番。在笔者看来,历史上的志士仁人谁个称得上是民族英雄,似乎不能仅以其族别来判断,而主要应以这些志士仁人是否做出了对本民族以及中华民族整体利益的独特贡献为标准来判断,也就是从其所属兄弟民族利益与中华民族整体利益相一致的观点来判断。而这种中华民族各兄弟民族的相一致的共同利益是什么呢?从根本上来说,那就是有利于推动当时社会生产力的发展进步,简言之即以是否有利于生产力的发展为标准。按照唯物史观,历史的发展从根本上来说取决于生产力的发展,生产力的提高促进着历史的文明和进步。所以,凡是历史上有利于生产力的发展,有利于解放生产力的,就符合各族劳动人民的根本利益,就应当肯定和赞扬;反之,则应否定和谴责。所以毛泽东说过这样的话:判断一个政党是不是进步的,要看它是不是促进了生产力的发展。我认为,这个生产力标准,移之于评价历史上的民族英雄也是正确的、科学的。也就是说,确认历史上民族英雄的标准,主要是看贡献(即看其是否有利于社会生产力的发展),而不是看其所属的族别。

拿这一科学标准来评量岳飞、文天祥,可以说他们理所当然地称得上是民族英雄。岳飞、文天祥所处的时代是民族矛盾非常尖锐激烈的宋金战争和宋元战争时期。这些战争,在今天看来固然属于历史上中华民族内部的兄弟之争,但战争毕竟不是不分青红皂白的混账,它是有是非之分,是有着正义与非正义、奴役与反奴役的区别的。这个界限不可以一概用"兄弟之争"来抹煞,而需要从具体情况出发做具体分析。比如金元发动的对宋朝的战争,实质上是双方统治者争夺土地、人民和资源、财富的战争,这些战争是金元统治者蓄意挑起的,他们是发动战争的罪魁祸首,而金元和宋双方的劳动人民之间并无根本利害上不可调和的对抗性冲突。在双方劳动人民而言,他们都企盼安居乐业,期望能够和平共处、友好往来,绝不希望相互仇恨、相互屠戮。他们只是由于处于被压迫的无权地位,才被迫绑在统治者战车上,被驱赶上战场厮杀。所以,双方的劳动人民不应为战争承担主要的历史责任。但是战争毕竟是残酷的,毕竟是一方对另一方的征服与奴役,这显然又有正义与非正义之分。就金元对宋的战争而言,本质上是以代表落后生产方式的北方游牧民族,向代表先进农业生产方式的中原南方的汉民族等发动的非正义战争,战争的结果大量摧毁、破坏了中原南方的先进生产力,阻碍了社会文明进步的发展,造成历史的倒退。如金朝末期的南攻,就是因受北方蒙古族军事压力,屡吃败仗,损失惨重而企图"取偿于宋";而元之灭金灭宋则出于掠夺财富的目的,兵锋所向,实行残暴的"屠城"政策,企图化农田为牧场。中原南方的汉民族等不甘被屠戮、被奴役奋起反抗,故而是属于正义的一方,理应被肯定和赞扬;相反,金元发动的战争就是非正义的,应被否定、被谴责。这个是非界限朗若白昼,不可含糊。即使在金元统治者上层内部也有反对战争的正义呼声,比如金廷重臣杨云翼就明确提出过反对"取偿于宋"的主张,蒙古国的中书令耶律楚材也极力反对并改变蒙古军的"屠城"政策,提出实行"以汉法治汉地"的开明政策。从生产力标准来衡量,岳飞、文天祥从事的反征服战争维护先进生产力,不仅代表当时中原南方汉民族等的利益,而且也代表着中华民族的整体利益,所以称之为民族英雄是适当的;同理,称杨云翼和耶律楚材是当时进步的仁人志士,也是合情合理的;谴责金元统治者中的主战派,指责宋朝秦桧、宋高宗、贾似道之流为汉奸、民族败类也是恰如其分的。这个历史的铁案不能翻。笔者认为,只有这样具体分析历史上的民族矛盾、民族战争问题,以是否有利于生产力的发展和历史的文明进步的标准来区分民族英雄和民族败类,才是符合历史唯物主义的观点,也是符合历史实际的,因而是正确的、科学的。只有这样的标准才能体现包括汉民族和各兄弟民族在内的中华民族大家庭共同的根本利益所在。

有了这样一个科学标准,不仅便于人们正确地认定岳飞、文天祥这样的民族英雄，也有助于正确评价其他与民族矛盾有纠葛的历史人物。比如像十六国时期前秦的王猛,五代时期的冯道,金元之际的元好问,元初的刘秉忠、郝经等忽必烈麾下的一大批汉臣,清初的范文程等人。对这些人物,如按旧史家严于君臣华夷之辨的观点看,他们的民族气节都不同程度地受到讥评。而这里的所谓民族气节问题,无非是指责其未能忠于某一姓的帝王而臣事过周边某一民族的君主，这种帝王正统崇拜沦实质上是大汉族主义、狭隘民族主义的观点。具体考察这些人物的政治主张,他们大抵奉行的是传统儒家的王道仁政,反对或抵制滥杀无辜,注重恢复发展社会经济和文教事业,以有利于尽可能减少战争的祸害，有利于人民的休养生息和社会安定,总之是有利于生产力的发展。所以尽管这些人物中也有不同程度的个人道德品质上的缺点(如冯道贪图个人权位和物质享受),但他们的政治主张在客观效果上是有利于国计民生的，所以都应当予以客观公正的正面评价。像元好问这样金元之际的文坛盟主,其先系拓跋鲜卑族人,一生也没有做蒙古国的官,金亡之际曾上书耶律楚材,推荐 54 位精英人士请予保护,后又与张德辉北上觐见忽必烈,请忽必烈为儒教大宗师并免除儒户兵赋,均被采纳。他还联络了一大批中原才士，竭力推进蒙古国上层统治者实行适合于中原农业文明的制度改革,是当时先进文化的杰出代表。结果他的这些历史贡献不为史家承认,而且不少旧史家囿于君臣华夷之辨的陈腐教条,斥责他是什么"境外之交"(相当于"里通外国"的罪名),是屈事"蒙面异性",与清初钱谦益之类汉奸成了一丘之貉,这岂不是天大的冤枉！·唯有王国维曾力排众议,指出元好问的作为是"仁人之用心",应以"知人论世"的原则肯定其历史功绩(见《耶律楚材年谱》)。现在看起来,王国维说的才是公道话。综上所述,离开生产力标准,不做具体分析,而打算解决历史上复杂的民族矛盾、民族战争及有关民族英雄定性等问题,只能导致混乱。

史学界的同仁们,现在该是拨乱反正的时候了。

（原载《晋阳学刊》2003 年第 4 期）

近现代文化遗产亟待重视

近年来,对传统文化遗产(无论是物质的还是非物质的)的保护和开发,社会各界都开始多予关注和重视,这无疑是值得庆幸的大好事。但是,笔者感到有一点不足,就是各界关注文化遗产往往是侧重古代的东西,特别是明清两代之前的文物古迹等,而对百年来先人创造的文化遗产却不够关心重视,甚至有时是视而不见,不以为意。这也算是一种厚远薄近的奇怪现象吧。

由于这种厚远薄近观念,就往往导致人们对历史文化传统的传承和弘扬发生"断层"现象,比如学术界和游人往往较多有组织地考察、游览古雁门关战场,发思古之幽情,谈论当年杨家将抗辽的功绩。人们追怀先人功德,不忘先烈业绩,有助鉴古知今,激励创新。这比起数典忘祖、短视逐利,总是大大的进步。但是,只局限于古,拘泥于雁门关古战场一处,而不知其邻近地区还有平型关大战遗址、阳明堡夜袭日军机场遗址以及国共两军联合血战忻口的沟垒阵地,这就有点令人遗憾了。要知道,所谓古,不单是指古代,还包括有近现代,我们不应当割断历史看问题。中华民族几千年的文明史、文化史,本来就是生生不息、前后相继的长江大河。以往的历史文化是一个源远流长、新陈代谢的整体,而近现代的文化遗产又是我们今天活文化的直接继承对象,岂能溯源忘流,舍近而求诸远乎?况且,中国百年来的曲折历史进程,又是那样风云激荡,波澜壮阔,充满惊心动魄、天翻地覆的沧桑巨变。其中中华民族排除万难、百折不回的大无畏精神尤其惊天地、泣鬼神,值得今人纪念和传承。其间出生入死,壮烈报国,为民族独立,为人民解放的民族英烈不知有多少,我们岂能忘怀?

当然,也不能说对近现代的文化遗产我们就没有一点保护和开发。1949年以来,政府也做了大量的工作,投入大笔资金,像武乡八路军纪念馆、文水刘胡兰纪念馆、太原双塔寺烈士陵园和牛驼寨解放太原战役纪念碑,等等,均系半个世纪以来创辟的历史文化胜迹,成为爱国主义教育基地,发挥了极大的革命传统教育作用,这都应当大加肯定。但是,这些大多是20世纪的作为,近十几年来在这方面可以说乏善可陈。那么,是不是有了上述这些亮点就够了呢?应当说,不仅很不够,而且还大有开发的余地。比如近期笔者到太原市小店区一游,了解到这里乡镇建设面貌一新,心情颇为快慰,同时却也了解到小店区没有什么可纪念的文化遗迹,令人不乏感叹。然而,我们知道,小店区正是1949年发起解放太原战役的人民解放军的前线指挥部,正是从这里打响了战斗的第一枪,而胡耀邦、徐向前、彭德怀等老革命家都在这里战斗过。然而,在小店区如今一点也看不到这些伟人留下的痕迹。如果说,在太原连先秦的唐叔虞都有晋祠这样的名胜纪念地,有赵国正卿、北齐虞弘、徐显秀等人的墓葬成为考古文物保护重点,连远古光社的石器文化遗址都保存完好,那么,为何厚此薄彼,对解放太原的英烈遗址却反而漠不关心呢?这是不是有些令人尴尬、令人不解呢?就是从开发旅游资源考虑,小店区修复或仿建一处解放太原前线指挥部的景点,发挥其爱国主义教育作用,不是也很应该吗?这也只是笔者一时心血来潮,生发感触而已。不过,将眼光再放远一些,笔者觉得百年来文化遗产可以列入保护工程并科学开发利用的项目还所在多有,指不胜屈。比如娄烦的高君宇故居,大同宋世杰故居,太原的彭(雪枫)公馆、三桥街近代第一座火柴厂故址、西北实业公司故址、《晋报公报》社旧址等,在全省范围内还有中条山抗日战场遗址,临汾的民族革命大学旧址等等,都是值得考虑的项目。这里还应当提到的是,对阎锡山其人的历史评价问题。阎氏统治山西38年,其历史罪过人多共识,但其人也办过不少有益于山西建设的实业,应当客观评价。从唯物史观立场来考察,阎氏主政时期的业绩从根本上来说是山西人民劳动血汗积累起来的。这就有历史价值和教育意义,所以对这一时期的山西经济社会发展所取得的成就,仍有必要择其典型,加以保护和科学说明,且同样可以作为旅游景点来开发。因为,这不仅是对历史、对山西人民业绩的尊重,有其不可替代的历史借鉴意义,而且,对新时期扩大爱国统一战线,对招商引资,均有特殊作用。可见,对历史文化遗产,包括政治、军事、经济、文化诸方面的文化遗存,我们应当有高屋建瓴的阔大眼光和海纳百川的宽容胸襟,要看到长远的历史发展,而不能过分强调意识形态之异同,片面狭隘地取舍。须知,再过几十年、几百年,上述诸项文化遗产也就成了弥足珍贵的历史文物古迹。对此,我们有责任有义务向历史、向后人有个说得过去的交代。

（原载《山西日报》2007 年 5 月）

对书法艺术的反思

近日，与老校友王生闲谈，说及书法。他忽发一语："依我看，书法本来就不是什么艺术。书法一成为艺术就弄坏了。"此语令我吃惊，犹如当头棒喝！一直以来，我没有怀疑过书法艺术，因为周围就结识了一批书法家，人人皆以书法艺术相标榜，有不少就是靠这门手艺吃饭的。社会上也办了许多书法学习班，教青少年习字，都是当艺术爱的，何况大学还专设有书法艺术系。倘不承认书法是艺术，岂不是要砸人家的饭碗！这问题真的是很严重的。

且听王生从容道来。他说自古以来所谓书法，就是写字嘛。写字是干什么的，是记述思想感情以供交流的应用工具，目的只在实用，这里面没有什么艺术不艺术可谈。请问颜真卿写《祭侄文稿》，他是为创作一幅艺术精品而写么？不是。颜真卿根本没有想到这是艺术创作，他只是为写一篇祭文，寄托沉痛的哀思，悼念亲人。这是特定环境、特定心境下写一篇文稿而已。至于后人认为《祭侄文稿》是一篇行草艺术绝作，那是后人的推崇，在颜氏下笔时是根本没有考虑这是什么艺术创作的！如此，后人所尊书法艺术云云，完全脱离了书法实用的本体，根本就是自己的偏好，与书法本身无关。所以，书法压根儿就不是什么艺术。

王生这番高论，听起来很有道理，我不能不佩服他慧眼独到，一语破的。

是呀，书法就是写字，写字是记述自家的思想、感情，是作为信息交流、人际沟通的工具。辞，达而已，有交流沟通之用而已矣，何关艺术？那么，一旦把书法弄成艺术，书法怎么就坏了呢？

　　王生继续分析说:作为艺术,书法成为一种审美作品,是作用于精神的,是陶冶情操,提高素养,讲究审美效果、审美情趣的。艺术本无作。但艺术品在市场经济条件下成为用货币购买的产品，就不能不标价流通,这就带上了功利性质。人们拥有书法作品,或展卷观摩,或挂壁鉴赏(为牟利或专事收藏者除外),使书法自然有了审美功能。这种功能一旦发生社会效应,便很容易成为少数人的嗜好,从而引领时尚,成为时髦品。书法的功利性愈来愈突出,便会有猎奇,有炫赏,有作秀,有炒作,有做格的哄抬,有拍卖的暗箱,也使书法家为名为利而奋斗,一味追求展览效应,成为专门的卖字人。请问,这种书法艺术品还能体现书法本体的固有价值么?艺术岂不是离书法本体愈来愈远么?这种书法艺术还叫书法么?因此,可以断言后来的书法家永远不可能写出像《祭侄文稿》那样的精品!试问,书法何有于艺术?

　　这真是发聩之谈。是呀!颜真卿写《祭侄文稿》,完全是没有什么艺术考虑的率性之作,哪里有什么笔法、墨法、章法、用纸、装裱之类的考虑?亲人的横死,使他完全沉溺在巨大的哀痛中,要抒发积郁,提笔抻纸,一挥而就,有什么审美与否的考虑?只是因为他平时写字时的训练使然,有那样修炼的底功,所以写来得心应手,洒洒落落,连绵不断,挥毫立就。是所谓技进于道,游刃有余,自然而就,便具有审美价值。然而,这个客观效果根本不预艺术的经营，或根本就没有考虑过什么审美不审美。其所谓艺术性,完全是浑然天成,妙手可得。正如苏东坡所言:"书初无意于佳乃佳尔。"这与书法艺术家们的苦心经营、表现气韵等等的讲究毫不相干。可见,书法本不是什么艺术,一讲艺术,便没有了书法,彻底地颠覆了书法。后世的写手时时以艺术功能的追求为己任,为名为利,以艺术之美取悦于市场,希求以作品博个好价钱,这能像颜氏那样写出好作品来么?所以书法日益败坏、书道之沦亡便成为必然的了。

　　关于书法不是艺术的道道,说了这么多,确乎颇有理由。但是,书法家大可不必担心或愤然。因为从书法本源而言,其基本功能是应用性的工具,但这并无碍于书法可以发展成为一门艺术。今天已成为艺术的书法脱胎于实用性写字,却不能等同于写字。从艺术发生学观点看问题,所有的艺术都不是从天上掉下来的,几乎都是从生活实用性事物中产生、升华从而发展为一门独立的审美形式的。比如草帽是用来戴在头上遮阳的,但杂技家玩草帽,左抛右接,或戴或脱,就是不让它落地,表演得上下翻飞,令人眼花缭乱,这就是一门杂技艺术,你能说它脱离了实用就不能表演观赏了么?许多舞蹈最初是来自人们的劳动行为之模仿,但已与打粮食做工等实用无关。难道舞蹈不是艺术?可见,对艺术不必神秘化理解。艺术是生活的形式化审美活动,早已从实用功能升华为审美功能,其独特的功能是作用于精神,而非物质生活。书法也是这样,作为艺术的书法与一般写字也有了这样的区别,这已是毋庸争辩的共识。但主张书法不是艺术的看法,实在是有鉴于今日书法之混乱,良莠不齐,鱼目混珠的现象与牟利媚俗之作太多太滥,因而有激而发。对于这一观点,书法家必不认同,但对其警戒意义却不可忽视。这不啻一帖猛剂,对医治书法之乱象、病症,不失为苦口良药,书法家们应对之认真反省,择善而从,以免流于邪道而不自知。

（原载《太原日报》2009 年 2 月 23 日）

民间秘传验方医技亟待抢救保护

"土方治大病"，是民间口传的一句谚语。我向来不以为然，因为缺乏科学性，也有不少民间土方荒唐无效者，如用供神的香灰治病，出于迷信，根本不可信，信了反而有害。但有不少民间秘方，专治杂症，确有奇效，至今广受病家欢迎，值得珍视。我以为这些秘传验方医技是一项极其珍贵的非物质文化遗产，理应重点保护，使之有效传承，造福大众。

本人遇到过两次治病经验，证明民间秘方医技的奇效。一次是请太原的樊成瑚大夫治痔疮。樊大夫用祖传医术和自创的针剂等施治。他不开刀，不扎线，不用住院，治疗后次日即有良效，迅速痊愈。我治愈至今十多年未复发，因此向有肛肠病的友人推荐，均有良效。另一次，在近期，忽患分泌性中耳炎，听力下降。入院请西医治疗，效果不佳，又有复发。我知道文化名人郭沫若即因患中耳炎致聋，邹韬奋先生竟因此病去世。我今罹此疾，着急无奈。但吉人天相，恰有友人孟养玉先生介绍，请太原王汉高大夫秘方施治。王大夫用的家传秘方，是一种粉剂，隔日用药一次，便使本人耳病迅速消炎，听力有所恢复。这两位退休大夫均获得医界认可，卓有声誉。外地远至新疆、近至周边各省的患者纷纷来并求医，可见非通常游医之辈可同日而语。他们治病并不求获得厚利，完全出于治病救人的人道精神。患者花费不多，一朝沉疴顿起，何等快慰。其医德高尚，令人尊敬。医乃仁术，诚非虚言。

这两次治病经历，使我深深认识到祖国医学确实是一大宝库，是先人医疗经验的智慧结晶。作为民间秘方，医术是其中一笔极有价值的非物质文化遗产，至今发挥着现代医学不可替代的显著疗效，绝不可忽视。但人们往往将之与一些迷信的东西混为一谈,任其散佚,无人过问,实在可惜。正确的态度应当是经过临床验证,加以分析,通过专家学者论证、鉴定,去伪存真,取其精华,加以慎重保护,对其传承人大力支持或赞助,俾其永世流传,使这一大批埋在尘土中的珍宝重放异彩,造福于人民。这在当前求医难、药费高的情况下,尤有重大现实意义。可喜的是,山西已有牛黄安宫丸、定坤丹等传统名药列入保护名录,为其传承开了个好头,希望继续多加发掘,列为专项普查,扩大保护范围,为保障人民健康做出贡献。

（原载《生活晨报》2010 年 7 月 12 日）

对"父乙就是傅说"的一点质疑

　　傅幻石先生关于"父乙就是傅说"结论的文章认真拜读后,由于本人水平有限,有些地方不理解,引发了一些疑问。现提出来,请教傅先生及大方之家。父乙与傅说是不是一个人? 傅文提出"父"与"傅"古音通,可以说得过去,但仅凭声训孤证就说"父"是傅说之"傅",似难成立。关键在"乙"和"说"的关系。

　　傅文认为,"乙"字在殷商享有至高独尊的特殊身份,"乙"有通天达地之神力。这一观点缺乏力证。傅文解释说,"乙"是十天干的第二位,表示自然现象的雷鸣闪电,这也似不错。但又说"乙"是天地之气、阴阳之气,是人与天道沟通交流,"乙"意通神。这就很难讲得通。天地之气是阴阳之气,古人有此观点,但说这能显示人与天道沟通,似乎从来未见有这说法,傅文何所据而云然? 天地之气即阴阳之气,又表示人神沟通,这里缺乏逻辑推论,也没有书证实证,是难以成立的。傅文又举例甲骨文有"贞父乙"与"贞王父乙"之辞,认为父乙即傅说,那么"王父乙"一辞,便是父乙即傅说称王了。请问王是傅说可以随便称的么? 按说"王父乙"应是殷王小乙(即武丁之父)才对,怎么能把王安在傅说头上呢? 傅说能随便称王么? 这些问题讲不通,那么傅幻石提出"父乙就是傅说"的结论就不能成立。以上疑问,供傅先生及诸学者参考。

（原载《三晋文化研究》2015 年 12 月总第 54 期）

编者按：

傅幻石先生《傅说就是父乙》一文，原载《山西日报》2013 年 7 月 17 日，又刊发于《晋阳学刊》2018 年第 1 期，题为《父乙就是傅说之考证》。

在《晋阳学刊》刊发此文之前的 2017 年 12 月 4 日，先生于医院病榻上，写信给山西省社科院院长，再次表达了对这一观点的看法。先生书信其中一段为：

父乙是商王世系中各乙的其子对他的尊称。(故)铭文有"王父乙"之词。商王名"乙"的有多位，如武丁可称其父小乙为父乙，文丁也可称其父武乙为父乙，还有商汤又名天乙、大乙。运城出土汤时铜器有"祀父乙"之词。傅说是武丁从民间提拔的相，怎能说傅说是父乙呢？傅说敢称商王吗？再说，"乙"字也不是幻石说的有通天地的功能，"乙"是干支字，其他解释都非确论！

落款："大任　病中恳告　2017 年 12 月 4 日。"

此日，先生入院已有十七天，日夜呕吐，饮食俱废；而距先生病逝，亦仅有十一天。故此信为先生逝前以文字形式所谈的最后的学术问题。

谈中秋节的人文内涵

中秋节是同春节、端午一样的中国三大传统节日之一。中秋年年有,节日年年过。为什么中秋能成为传统节日?它有怎样的魅力吸引国人年年张罗过节呢?因为中秋节富有深厚久远的传统文化的人文内涵,这些人文内涵具有培育民族精神,促人尊重劳动,热爱生活,追求幸福和构建社会和谐、增进人伦亲情的积极作用,有利于社会历史的文明进步,有利于今天对民族文化的传承和提升民族文化素质以及落实科学发展观。是故,国人欢度中秋节,年年操办,乐此不疲。所谓"一年月色最明夜,千里人心共赏时"(林光朝《中秋月夜》)。

中秋节的人文内涵有如下重要特点:

1.传统的中秋,亦即历史悠久、渊源古老的中秋,是我们民族独特的节日。

中秋节虽说在唐代流行,宋代盛行确定下来,起源却非常古老久远。"悬象著明,莫大乎日月"(《易·系辞上》),日月崇拜始于原始自然崇拜。日月象征阴阳,有阴阳才能化生万物,所谓太极生两仪,两仪生四相,四象生八卦,八卦叠为六十四卦,以类万物之情(《易·系辞上》)。《老子》:"一生二,二生三,三生万物。"二指阴阳,亦同理。古人云:"日者,阳之主;月者,阴之主也。"日月代表阴阳,时间上分属日夜,同时也是构建农历体系的基础,是关系着以农为主的古代中国农业生产大事。两仪、阴阳在季节上分属春秋,空间上属东西,五行上属水火,皆相互对应,相互依存。《礼记·祭义》称:"日出于东,月出于西,阴阳长短,始终相巡,以致天下之和。"据说殷人称日月为东母与西母。周代有"为朝夕必放(仿)

于日月"之说(《礼记·礼器》)。唐孔颖达解释,意思是春分早上在东门外祭日,秋分晚上在西门外祭月。"祭日于坛,祭月于坎。"春秋时日月分别称东皇公、西王母(见《吴越春秋·越王阴谋外传》)。沂南汉画像石有王母与王公形象,王母旁有捣药的玉兔。月神嫦娥即由西王母(常羲)演变而来。月祭在秦汉时为皇家祭祠,有专门的祠庙。东汉至隋唐明清,历代皆秋分祭月。

随着人们科学知识的提高,理性认识丰富,具有迷信神话色彩的内容淡化,人们从祭月、拜月转化为对月的观赏,有了赏月的审美习惯,尤多见于诗词的歌咏。宋至明清时,中秋成为时令大节。

中秋节有团圆节、月夕、仲秋、八月节等名称。每月十五日称月半,始于西周,见《仪礼·士丧礼》:"月半不殷奠。"古称月初为朔,月尽为晦,半月为弦,满月为望。《帝王世纪》称尧时有冥荚草(历荚、仙茅),说此草月初生荚,月半生十五荚。十六日后,日落一荚。据说农历是依此而编制。这显然是神话的附会。

唐代的中秋赏月已为社会流行习俗,北宋正式定为中秋节,有了吃月饼、赏桂花、尝鲜果之惯例。南宋时尤重中秋,参见孟元老《东京梦华录》、耐得翁《都城纪胜》、吴自牧《梦粱录》。《纪胜》中增有中秋钱塘观潮的活动。《梦粱录》描述当时无论贫富均有"安排家宴,团圆子女,以酬佳节"之盛况,是中秋为团圆节之实录。明清时中秋与元旦齐名,仅次春节,各地有拜月、卖兔儿爷、树中秋、舞火龙、走月亮等活动。

关于中秋的神话传说,最著名的是嫦娥奔月(《搜神记》)、玉兔捣药(道教神话)、吴刚伐桂(《酉阳杂俎》)、唐玄宗游月宫等,此略。

月饼作为时令食品盛于明代,宋代盛行品尝水果和饮新酒。传说元末有"八月十五杀鞑子"之习。月饼为供品、食品,此时成为传递信息的工具,是刘基(刘伯温)下令起义的暗号。而传说月中有桂树,故"蟾宫折桂"成语成为士子中状元的典故,以形容科考中式之难。

以上说明中秋来源古老和独特的传统文化流变之内涵,皆为他国所无。

2.丰收的中秋,亦即喜庆的中秋、幸福的中秋,富有农业文明色彩的中秋。

中秋时季属秋,五谷丰登,瓜果丰盛。农民终年辛勤,付出艰辛劳动,终有收获,难得休闲。有此佳节,合家欢聚,分享劳动果实,济济一堂,感受生活之幸福。苏东坡有诗:"小饼如嚼月,中有酥与饴。"是所谓"秋赏"遗意(春曰祠;秋曰尝,用黍,后转为秋报,报谢农神)。水果有石榴、枣、橘、葡萄、西瓜,以西瓜为要,取其大而圆满之意。祭月拜月盛于宋代,请月神保佑,男子早登科,女儿更靓丽。明清以后拜月成为女子专事,请月姑赐福,表达民众对幸福生活之向往。

上古有秋收后"合男女"习俗,祈求多生子嗣。夜游玩月出现于宋代,清代称走月亮,妇女盛装出游,踏月访亲,是女子解禁日,有寻找性伴侣的隐情。南京游夫子庙,湖南游宝塔,西湖有"偷瓜"等习俗,均含有祈子求健康的内涵,也是追求幸福的愿望表达。

3.和谐的中秋,也是爱情的中秋,浪漫的中秋。

前说上古有中秋"合男女"之习,即是说允许男女自由恋爱、喜结连理的情缘契合。女子盛装走月亮,在朦胧月色中尤显美丽,明显带有吸引异性的意味。不少地方有出嫁女儿中秋回娘家团聚,但当天必须返婆家的习俗,语云:"宁留女一秋,不许过中秋。"这显然是照顾小两口团圆之意。

中国古代美学特重团圆。中秋月最圆,象征团圆。古代有圆成、圆满、圆熟、圆润、圆通、团团圆圆等词,人们至今有这一审美情结。人伦团圆、花好月圆,是农业社会的良风美俗,是增强亲情、和谐家庭的社会心理反映。工商人家以中秋为还债结账的时限,此时化解了焦虑,消除了矛盾,无债一身轻,尽享天伦之乐。中秋提供了联络亲情,和睦乡里(互赠月饼)的时机,具有调节人际关系,促进社会和谐的重大意义。

4.诗意的中秋,亦即审美的中秋、艺术化的中秋,提高生活品位的中秋。

中秋节是诗人咏月的题材,大发诗兴在中秋,古人咏月、咏中秋之诗词,数不胜数。其中最普及的是李白《静夜思》与苏东坡的怀弟之作《水调歌头》。苏词为:

> 明月几时有,把酒问青天,不知天上宫阙,今昔是何年。我欲乘风归去,又恐琼楼玉宇,高处不胜寒,起舞弄清影,何似在人间。
>
> 转朱阁,低绮户,照无眠。不应有恨,何事长向别时圆。人有悲欢离合,月有阴晴圆缺,此事古难全。但愿人长久,千里共婵娟。

更有一些杰作篇章,人或不知,兹介绍如下。

清平乐
刘克庄

风高浪快,万里骑蟾背。曾识姮娥真体态,素面原无粉黛。

身游银阙珠宫,俯看积气蒙蒙。醉里偶摇桂树,人间唤作凉风。

念奴娇·过洞庭
张孝祥

洞庭青草,近中秋、更无一点风色。玉鉴琼田三万顷,着我扁舟一叶。素月分辉,明河共影,表里俱澄澈。悠然心会,妙处难与君说。

应念岭表经年,孤光自照,肝胆皆冰雪。短鬓萧疏襟袖冷,稳泛沧溟空阔。尽把西江,细斟北斗,万象为宾客。叩舷独啸,不知今夕何夕。

木兰花慢(送月)
辛弃疾

可怜今夕月,向何处,去悠悠?是别有人间,那边才见光影东头?是天外,空汗漫,但长风浩荡送中秋?飞镜无根谁系?姮娥不嫁谁留?

谓经海底问无由,恍惚使人愁。怕万里长鲸,纵横触破,玉殿琼楼。虾蟆故堪浴水,问云何玉兔解沉浮?若道都齐无恙,云何渐渐如钩?

王国维评:"词人想象,直悟月轮绕地之理,与科学家密合,可谓神悟。"

太常引·建康中秋庙为吕叔潜赋
辛弃疾

一轮秋影转金波,飞镜又重磨。把酒问姮娥:被白发欺人奈何?

乘风好去,长空万里,直下看山河。斫去桂婆娑,人道是,清光更多。(用杜甫句:"斫却月中桂,清光应更多。")

或曰"桂婆娑"是暗指秦桧当政,阻挠抗金。

以上几篇,字字玑珠,咏中秋非常到位,耐人寻味。

(原载《生活晨报》2016 年 9 月 22 日)

"停灯"小议

《温州读书报》2016年第10期载陈增杰《"停灯"何解》一文,认为"停灯"一词,作点灯,点烛解,举出一系列古诗文为例证,并指出朱金城先生解为停留、不吹灭或停放、放置着等,"不免牵强"。我认为,朱金城先生的解释恰恰是对的,而陈先生的推而演之,认为"停灯,犹言点灯,唐人口语"反倒有些牵强。在我晋人今方言中,停一停(读去声)即有停留、等一等的意思。如过马路,遇到车流不断时,晋人言"停一停再过",即等一等、等会儿再过之意。晋方言中保留古音古义之词语甚多,如"夜来"即昨天,"前晌"即上午,"荷上"即拿上等,"旋旋地"即慢慢地,停灯,即留着灯、放置着灯不吹灭也是此类意思。以停为停留义,解陈增杰列举诸古人句,也无所不通。如"睡少夜停灯",即"睡少夜留灯";"停灯温饭",即"留灯温饭"之意。再说,"停"之释义,古来绝无"点燃"之意。如有,能举出书证来吗?

(写于2016年)

先秦彻法之管测

　　林鹏先生《彻法论稿》探讨的先秦彻法，是一个史上聚讼不休的问题。林先生说，"彻"就是把百姓的产品全部取走，连锅端，这在春秋战国时代往往实行于战争时期。对这一理解，我完全同意，认为是林先生历史研究的一项空前发现，意义重大。彻字，古字从"取"，有取义。孟子说："彻者，彻也。"前一彻字，是税名；后一彻字，是动词，即彻底、全部取走。收税者当然是公侯，为应付战争，征收全部产品，集中使用，然后按人头统一分配起码口粮，余则用于战争消费。孟子的话简洁明了，容易理解。但后世经学家穿凿过深，歧义纷出，反而愈说愈糊涂了。

　　林先生认为，孟子讲彻法是宣传，不是实行。我在这里有点质疑。孟子说，贡、助、彻，"其实皆什一也"，是对的。早期原始民主制时的彻（古彻法），与春秋以降的彻有不同。古彻法，在尧舜时，生产力低下，产品少，实行彻，是把集体劳动所得的产品集中到公社或氏族，以十分之九分配民众享用，剩下十分之一，供祭祀等公共活动使用。所谓"国之大事，在祀与戎"，这在尧舜时期即是如此，并非只有春秋才这样。但到春秋时，生产力提高，产品总量增加，平时或贡或助，公侯们就够用了。但遭遇战争的危机时期，应付征伐战争，就要集中财力物力，统一筹划，于是就搬用古彻遗法，实行一下彻法。这里的关键是，主持彻法的公侯不再是原始时的公仆式的大家长了，公侯们为私利，剥夺百姓，予取予夺，公侯中占有的份额由他们的意志和需要，就不是只取十分之一，而是他们想拿多少就是多少，所谓"民三其力，二入于公，而衣食其一"（晏子语）。三分之二，大约等于十之六七。所以，公侯们极其贪婪，极尽搜刮之能事，说是应付战争，其实是穷竭民财。甚至没有战争，也会制造战争。

一有战争的借口，公侯们就能大发其财，大行其彻。但是，这种搜刮民财毕竟不是常规，彻法就不常用了。而到秦始皇时就不管人民死活，又全面实行彻法，为其征服六国聚财强兵。

总之，古彻法大体是取产品的十分之一，如孟子说其实是取十分之一的比例。孟子讲的是古彻法，考虑的是百姓利益。春秋公侯讲的彻法完全不考虑什么十分之一了。到汉初文景之治，有二十税一、三十税一之制，便是轻徭薄赋，与民休息，仍有古彻之遗意。不过，基层豪民仍贪婪盘剥，汉武帝时便出现了"或耕豪民之田，见税什五"。这是土地私有后，地主们对佃户的剥削，又回到秦皇的路子上去了。

可见彻法虽名词未改，而远古与春秋、秦皇时实质内容早已改变多了。远古是集体所有，春秋与秦是公侯地主所有。所有制变了，主持彻法的权贵们挂羊头，卖狗肉，名曰彻，实为盘剥而已。其他如贡、助也不例外。

那么，《论语》载有子对哀公建议"盍彻乎"，难道是让哀公盘剥百姓么？不是。有子为孔子高足，是坚持祖述尧舜，他是想恢复古彻法，轻徭薄税，为民着想，中心意思是"百姓足，君孰与不足？"让百姓丰足，以什一税也能使君主足用。他着重考虑是百姓足。而哀公则是考虑用盘剥百姓的彻法行事，是君足，出发点不一样。况其时没有战争借口，鲁国力薄，他也不敢轻易发动战争，要按公侯通例行彻，就是拼命搜刮。他与有子不是一股道上的车。所以，他感到十分之二仍不满足："二，吾犹不足，如之何其彻也？"这是新彻与古彻的不同历史背景下的差别！总之，是不同所有制下税法之不同。这样理解，似乎郑玄、朱熹、姚文田诸说也不能说没有各自的道理。

以上是我的管测之见，不敢自是，谨就教于大方。

关于辽金文学与文化研究的三点浅见

自20世纪80年代以来,以元好问课题的研究热点为契机,国内辽金文学和文化研究呈现出一派勃勃生机,打破了前此学术界轻视这一重要领域研究的冷清局面,涌现出一支以周慧泉、张晶、胡传志、狄宝心、赵维江等为代表的学术精英队伍和一批新的研究成果。但是随着研究的深入和拓展,眼下这支队伍颇有后继乏人、力不从心之虞。在新世纪如何进一步培养研究骨干,提高研究质量,开拓创新,值得认真思考。对此,作为一名这方面研究的老兵,提出一点浅见,供同道方家参考。简单地说,我期望在拓展研究的广度和深度方面,我们的思路,应当想得更深远一点,宽广一点,细致一点。这样,或将有助于使我们的研究更全面、更客观、更具科学性和创新性。

一、思路更深远一点,意思是对辽金文学与文化研究要追根溯源,用史的观点、发展的观点看问题。在辽金时代的主导意识,前人已经指出:"苏学盛于北,程学盛于南。"辽金文化人推崇苏氏父子,特别是东坡。清人翁方纲有句:"遗山接眉山,浩乎海波翻。效忠苏门后,此意岂易言。"为什么苏学盛于北,苏学对北人为什么有那么大的魅力?这就要了解一下辽金主导意识继承发展的演变过程,由此寻找其思想渊源。我们知道,儒学是中国古代社会的主导意识,但是,孔子死后,儒分为八。这些儒家的后继者,在秦汉以后的思想发展中,大体可以分为尊君派和民本派两大潮流。尊君派以吸收韩非思想的董仲舒为代表,直到东汉的《白虎通》提倡三纲、六纪,推崇的是维护皇权的忠君之道,而以贾谊、郦食其为主的另一派提倡以民为本。郦食其就说:"古之王者以民为天,民以食为天。"他们直接继承了思孟学派的"民为贵"思想。这两派在思想界分别对忠君、爱民各有侧重。显然后一派更具进步性。盛唐以来,民本派思想活跃,由隋代王通继承和弘扬的重民思想,被李世民接受,形成了贞观之治;而尊君派则被韩愈加以发扬。当然这两派思想并不单纯,有互相渗透的现象。经过五代战乱到辽金,民本派的思想逐渐占据上风。这是由于辽金两朝,相对于南方的宋朝,处于兴盛时期,是强势集团。而辽金统治者都羡慕中原文化,思想上比较开放,在忠君与爱民的矛盾上不太排斥后者。相反宋朝始终处于守势,是弱势集团。所以,南方的宋朝推崇理学即程朱之学,比较倾向尊君一派。所以以追求个性自由、体恤民艰的苏东坡为代表的苏学在南方不甚得势,却能在北方大行其道。从上述儒学发展的历史趋势和继承关系看,辽金的儒学主导意识便有明显的民本派的进步性。比如金元之际的大儒赵复曾劝遗山要以"博溺心,末丧本"为戒,勉其读《易》,求文王、孔子用心。而遗山却不以为意。赵复尊程朱,自然要宣扬心性之学,而遗山却爱民而不尊君。如遗山自言:"自少日有志于世,出死以为民。"这就不难理解他虽自称亡金遗民,却在 1232 年围城之际,弃金投书于蒙古国的中书令耶律楚材,后来又与张德辉北上晋见忽必烈。因为他的宗旨是"保社稷,救生灵",爱民而用世的思想占了上风。综上,从儒学思想渊源与发展来看遗山的学术主张,便能对其民本精神及其人格与作品的本质特征,得出较为客观的看法,不至于陷入含混的儒学概念的混沌之中。

二、思路更宽广一点,是指要对辽金同时代的文坛大家作横向比较。辽金处于强势阶段时,他们的文化人大多思想开放,能博采众说,丰富自己。比如辽人虽然尊儒,但崇佛尤甚。金朝的赵秉文、李纯甫是一代精英,领袖群伦。但这两位大家都不是理学的正统派。赵一生尊儒,晚年究心佛学,李对儒、释、道三家均精研有得,更以佛学为尚。他们主导一代学风,兼采三教,都没有形成像宋人那样一套理学思想体系。比较辽金与宋不同的学术风气,就能比较准确地把握辽金文学的思想脉络。比如金朝的名宿刘从益就自豪地宣称,以往的人才多出于东、西、南三方,而在金朝则人才多出于北方(见《归潜志》)。只有像上述这样的横向比较研究,我们才容易理解为什么宋朝虽然人才不少,多为忧国之士,崇尚忠君气节,而辽金文化人的忠君气节却比较淡漠这样一种现象。

　　三、思路更细致一点,这是指对辽金两代的文化人不能仅仅从事单纯的作品艺术成就的研究,而应进一步分析考察研究个案的典型事例,从其个人一生思想意识的发展变化来看问题。正如一个时代的思潮有不同的发展阶段,一个作家、文化人的思想也不是僵死的、一以贯之的,而是随着时代发展有着阶段性的变化。当然也许有的人一生始终坚持一个坚定的理念,有一条贯穿始终的主线,但多数人一生少年、中年、老年的思想意识总是在不断地变更着。这其中变与不变是相对的,变是绝对的。以刘祁为例,他在青年时期是勇于用世的,尊崇孔子"知其不可为而为之"之教,勤奋攻读,求取功名;但时逢金末衰势,他抱负难展,1232年在开封围城中受遗山等名家牵扯,起草过《崔立功德碑》,成为他一生受人指责的"污点"。实际上,刘祁当时只是一个20来岁的太学生,不谙世事,又受暴力胁迫,还有遗山这样的长者的嘱托,他不想撰碑也不可得,何况崔立投降蒙古能使一城的百姓免于屠戮之祸。后来崔立恶行累累,也不是刘祁可以阻止和支配的。在这一时期,刘祁始终处在思想矛盾的焦虑之中,所以围城脱险后,刘祁辗转回乡,隐居多年,临终前才出仕蒙古。这时蒙古已占据了北中国,刘祁出仕也是想有所作为,推动蒙古上层施行王道仁政,这并不能说明他仅仅是受个人功名利禄的诱惑。总之,刘祁一生的思想充满矛盾,发生了重大的变化,他的遭遇虽可悲,亦可以理解。他内心的矛盾不安表现在晚年做《归潜志》详述撰碑始末,以志"少年之过",说明他还是襟怀坦白,颇有隐痛的。无论后人斥其有失臣节,还是赞其为"一代伟人",都不免评价有偏。今天我们评价刘祁其人其作,就不应拘于纲常愚忠的教条,而应将其置于当时的历史条件之下,抱以同情的理解,主要看其行事的客观后果,而不是在一枝一节上苛求。对刘祁的研究,要看到时势推移下,其人思想发展变化的前后异同。对其他辽金文化人和作家的评价也应进行这种具体的分析,以期避免形而上学的偏弊,不至于攻其一点不及其余,陷入片面。我以为,这样的研究才符合唯物史观的要求,才能实事求是地把研究工作推进一步。

以上三点浅见,或许都是老生常谈,见笑于大方。舍此而外,还能不能找到深化研究、有所创新的更好途径呢?这里,我无非是抛砖引玉,敬盼高明之士的指教。

《史记》何以为"史家之绝唱"

鲁迅称《史记》是"史家之绝唱,无韵之离骚",此"史家"是指二十四史(加上《新元史》《清史稿》,则为二十六史),是指清末民国之前官方所修的所谓正史。

《史记》之伟大,集中体现在立意高远,即史公自言"究天人之际,通古今之变,成一家之言"。而其修史原则则是"贬天子,退诸侯,讨大夫"。此语本出自董仲舒论孔子作《春秋》之宗旨,司马迁师从董氏受《春秋》,所以,司马迁遵《春秋》,以此为修史的基本原则,矛头直指刘汉皇权专制,而极力张扬民主意识。继承了孔子等先秦原儒的民主理念,站在平民立场上,宣扬从尧舜以来的原始民主精神的精华,控诉社会的黑暗政治,抨击汉武的极权暴政,为民众苦难发出不平的呐喊,反映了民众的利益和呼声。总之,显示了鲜明强烈的人民性。这种明显的倾向,在《史记》中十分突出(皆用孔子"春秋笔法":如晋文公召周天子曰"狩",称吴楚之君曰"子")。

1.在内容分类中,首先确立了纪传体修史体例,为后世修史开了先河,二十六史皆仿之。其中本纪记帝王事,但《史记》中立《项羽本纪》;世家记贵族王侯事,但史公作《陈涉世家》,相对于"贬、退、讨"而赞扬反暴政的起义者、英雄、农奴。列传中以《伯夷列传》为首,歌颂隐者的政治不合作、反暴力,称赞伯夷斥武王"以暴易暴,不知其非"的儒家大同之伟大理念。以吴太伯为世家之首,宣扬其"三以天下让"的伟大风范。皆系当时最先进的政治主张,充满公天下意识。

2.突出反暴政、敢于犯禁的自由精神。如《刺客列传》之写荆轲刺秦,《留侯世家》写张良博浪沙刺秦,列传中有鲁仲连义不帝秦,歌颂农奴匹夫反秦大起义,伍子胥之倒行逆施复仇事,《游侠列传》写聂政等平民英雄义士、天下士豫让、田横五百士等。

3. 揭露帝王昏庸残忍的黑暗政治,反强权、斥奴性的正义仁勇立场,勇敢而尖锐。如《秦始皇本纪》言秦皇之病态人生。有主文谲谏的谴责,更有史实确证,是班固所谓"其文直,其事核,不虚美,不隐恶,故谓之实录"。如秦皇汉武本纪。又如《万石张叔列传》写太仆石庆以策数马,以细节描写显其奴才相,反映汉武之淫威与石氏人性之扭曲。又揭露文景二帝之丑行,如文帝不容淮南王之寡情,景帝以私心封王信为盖侯,逼死周亚夫,以及刘邦无赖杀功臣,吕后残忍,武帝黩武用酷吏等。还特称魏信陵君为公子,列传多称"魏公子",而对其余三公子只称君而已。此传又特写侯嬴抱关者,表彰人格平等和窃符救赵之大义。又独标"李将军"(李广)为传,不同于直呼其名的白起等传题。

4. 特别注意民生与民族精神,如专作《货殖列传》,关注经济生活;又如介子推、赵氏孤儿事,皆不见前史,取之于民间传说,是艺术真实更高于现实生活,反映民众的人心向背和爱憎情绪,折射民心是天下之心、可载舟覆舟的伟大历史作用。在孝文纪中写睦孟谏文帝让位,以显公天下的伟大理想,在郦食其传中揭示原儒王者"以民为天,民以食为天"的伟大真理。史公尊儒,是皆从原儒的民主理念继承而来。

《史记》之难读与易读

易读在丰富生动的人物故事、高超的艺术手法和民间俗语的娴熟运用(如天下熙熙……刺绣文不如倚市门,夥颐等,周昌口吃,范增口语"竖子")反映丰富的社会生活,人物包括有贤相、名士、策士、说客、文人、学者、刺客、游侠、隐逸、豪强、医卜星相、俳优、侏儒,无不入史。艺术性如写项羽乌江之诗。但文艺性不掩史实,反而更好地烘托史实,以彰显修史的倾向性、人民性,并非闲笔。

班马异同

班固《汉书》有司马迁传,不录"贬天子"等九字,只记"贬诸侯,讨大夫"六字,称史公"是非颇谬于圣人",后世乃以史记为谤书。因班固只为"润色鸿业"而已,为刘汉歌功颂德。而史公受大辱于武帝,一腔愤懑,又亲察民苦,故以史笔贬其皇业,尤表高帝之无赖种种。但班书也另有不可否认之优长与价值。

清明节的由来及文化内涵

清明节在中国民间，与中元（农历七月十五）、下元（农历十月十五）为三大冥节，即鬼节，以清明为重。古人于此节日有扫墓之习，故又称扫坟节。

清明一词为农历二十四节气之一，最早见于《淮南子·天文训》，其所说有八风，中有清明风。此风到来的时间，或说冬至后135日，或说春分后15日。二说一致，即清明节的大体时间段落。

清明，顾名思义，即天清气朗、春明景和之义。宋人陈元靓《岁时广记》云："清明者，谓物生清净明洁。"另《岁时百问》云："万物生长，此时皆清洁而明净，故谓之清明。"大抵早春大风沙天气过去，民间有清明风定之说，此时节风和日丽，桃红柳绿，鸟语花香，万物欣欣向荣，气候宜人，适于农作物生长。东汉崔寔《四民月令》载：此时农事繁忙，桑树发芽，蚕农亦开始劳作。

清明节定在农历三月，原无确切日期，按农历多定于上年冬至后第105日或106日，阳历则在4月4日或5日。今年（2015）在4月5日。节期在5日前后约20天左右。

清明节原本为二十四节气之一，为农事所设，没有更多深意。但因农历三月有寒食和上巳两个另有来源的节日，时间近于清明，后人将三者混为一个节期，于是清明节与上元（元宵、正月十五）、立夏、端午、中元、中秋、冬至、除夕（春节）一起构成民间重要传统节日"八节"之一，其文化内涵便愈加丰富。清明节现已纳入第一批国家级非物质文化遗产名录。

寒食节,古时定在上年冬至后 105 日,或曰 103 与 106 日,故有三种说法,即在清明节前两日、一日或同一天三种日期。寒食节由来,自古传说始于春秋晋文公时介子推的故事,见《史记·晋世家》。《古文观止》有"介子推不言禄"一节,人共所知。但《晋世家》与《左传》只说介子推隐居事,没有文公焚山逼介子推出仕受赏的故事。较完整的故事说,介子推背老母亲隐居在绵山之上,文公焚山逼之,子推与母宁肯抱木焚死而不受赏,文公省悟而悔,下令以此日为国中禁火之日,并将子推被焚之树锯下,做木屐,穿在脚下,每日呼"足下",以表哀悼怀念。据说此为后人以"足下"作人尊称之来源。《后汉书·周举传》便引此传说,并说这是并州人民的风俗习惯,所谓"旧俗以介子推焚骸,有龙忌之禁。至其亡月,咸言神灵不乐举火,由是士民每冬中辄一月寒食,莫敢烟爨,老小不堪,岁多死者"。周举体恤百姓,"使还温食。于是众惑稍解,风俗颇革"。唐人徐坚《初学记》则称东汉时已将寒食一月改为三日。三国魏曹操、后赵石勒、北魏孝文帝都有政令,禁民冷食,以利保健的史例。寒食节一直沿袭到宋代,唐宋人的诗文将清明与寒食都看成一个节日的同义词,不再另过寒食节了。

这里需要说明,据说介休绵山因介子推焚死,故而改绵山称介山,今介休定寒食清明为文化节日的非物质文化遗产保护项目。据顾炎武《日知录》考证,介子推所隐介山,当在今万荣的一座小山,本不在今介休一带。因文公时晋国疆域只在霍山以南的晋南一带,不可能到达介休地域。不过,从东汉以来并州太原地域人民怀念敬仰介子推,一直指认介休绵山即介山,这反映了晋中人民表彰志节、鄙视利禄的高尚精神和良风美俗,这确实是宝贵的精神遗产,理应肯定并发扬光大。

另一点,应说明,所谓寒食禁火的原因,据学者考证并非起于文公焚山后的禁令,乃是继承了周朝的旧制。按《周礼·司煊氏》云:仲春(二月)禁旧火,季春(三月)出新火,在新火未出之前,国中禁火,有"木铎循火于国中"之旧制规定。意思是熄灭过去用的火,重新钻木取火,开始用新燃的火，是谓"改火"。据说周朝四季取火所用木材各不同（学者认为是春季、夏至、冬至三次改火），所取之火在新季之始要分送各地燃用。秦汉之后取火技术进步，不再钻木而取，但换火之俗仍流行，于是便有东汉周举的那次小改革。唐人韩翃《寒食》诗："春城无处不飞花，寒食东风御柳斜。日暮汉宫传蜡烛，轻烟散入五侯家。"讲的就是汉代皇宫改火，以蜡烛分传与贵戚五侯之家的典故，唐人作诗惯于用汉朝比本朝，可知唐朝时亦有此风俗存在。如窦叔向有一首《寒食日恩赐火》，韩濬也有《清明日赐百僚新火》诗，讲的就是唐朝改火事。为什么要赐火呢？因为钻木取火比较麻烦困难，所以皇室取火后赐与贵戚表示宠幸。在宋赐火范围更宽，赐给一般大臣，如欧阳修有《清明赐新火》之诗，写自己受火感恩的心情。另据考，改火之俗欧洲也有，如篝火节即其遗风，见弗雷泽《金枝》一书。关于周朝的改火之制，顾炎武考证，可能与远古传说中的炎帝烈山氏（或作历山氏）时火耕之俗有关。介山即烈山、历山，所谓焚山即烈山氏时"古之稼穑，其先在山坡以避水潦，烈草木而火种，曰菑畬。故神农又称烈山氏，后既以烈山为历山、介山，乃误及于介子推，因以炎帝之烈山误传为介推之焚山也"（《日知录》卷三）。炎帝神农氏是远古农业之神，其子柱，"为稷，自夏以上祀之。周弃亦为稷，自商以来祀之"（《左传·昭公二十九年》）。所谓稷，即是农官，主掌农业之事。那么焚山是为什么呢？因为焚草木可以肥田，草木灰中钾含量高，古人有此经验，况焚草木可杀病虫害，有利作物生长，又能驱除瘟疫、野兽等，也可去毒，这有科学道理。古人还认为有免遭雷击、免火灾（火烧后不易再燃等作用）的祛灾功能。正因为有焚山之风俗，在此历史背景下人们附会了介子推的故事，将焚山的实用性农事功能转化为崇敬先贤的精神性功能，这也是体现了文明进化的规律。

再说上巳节（三月第一个巳），即"三月三"。这本是农历三月初春季搞卫生的一个节日。《后汉书·礼仪志》："是月（三月），上巳，官民皆洁于东流水上，曰洗濯祓除，去宿垢，为大洁。"《续齐谐记》载挚虞云："汉帝时,平原徐肇以三月初生三女,而三日俱亡,乃相携之水滨盥洗,遂因流水以滥觞,曲水起于此。"但也有传说认为"曲水流觞"起于周公的曲水宴会，还有说起于秦昭王时（见《文史知识》2009 年第 4 期谭忠国文引）。本来上巳于河边水浴有洗去疫病之意,但在《兰亭序》中曲水流觞的却主要是文人雅集欢聚之举,二者含意已有所不同。另一说见晋干宝《搜神记》云,是汉高祖的戚夫人"三月上巳,张乐于流水",是一次游乐活动。三月上巳,是指三月上旬的巳日,通称三月三,不再称上巳。这个节日也近于清明,到唐宗之后便与清明、寒食都合为一个清明节了。(以上参裘锡圭《寒食与改火》,载《中国文化》1990 年第 2 期)

三月三似乎还有情人节的意味。《诗经·溱洧》:"洧之外，洵訏且乐!""维士与女,伊其将谑,赠之以勺药。"韩诗注:"三月桃花水之时,郑国之俗,三月上巳,于溱洧两水之上,执筒招魂,祓除不祥。"是说三月上巳日郑国士女到两水沐浴,祛疫防疫。但详诗意是男女相召,到水边嬉戏并相赠以花,这就不只是搞卫生、讲清洁,还有男女自由交往之俗。周朝时有仲春时节会男女,"奔者不禁"的习俗,也就是自由恋爱,对私奔者家长不能禁止。那么三月三就有这样的内涵,故孔子以为郑风多淫,这也是古代人性解放的特定时日，与正月十五元宵节一样可视为中国古代的情人节。但今三月三在南方少数民族多有此节,如壮族三月三歌会,而黎族三月三,已定为海南五指山市重要的非物质文化遗产,列入第一批国家级名录。

清明节既是中国民俗的重要节日,各地流行,故不同地域在此节安排有诸多节庆活动。古人的定例有扫墓祭祖、踏青郊游、植树插柳、庙会赶节、文体游艺(包括荡秋千、蹴鞠、拔河、斗鸡、放风筝、祓禊(水边沐浴,专以妇女参与)、曲水流觞、吃饴糖麦粥、吃醴酪(一种冷粥)与杏仁粥及各种名目的糖饼。相关的食品,叫寒具(即可冷食),后来也称馓子、环饼。有的地方吃粽子、荠菜、花菜等。今人保留的不少古俗有禁烟(防火)、扫墓、插柳、冷食、赏花、品茶、踏青(放春假)、斗鸡、拔河、祭祀。介休一带有生黑豆芽、蒸面塑蛇盘兔、子推燕（亦称寒燕）、小孩头戴柳圈、肩挎牵牛花，胸别红兰兰纸、唱戏、赶会等活动。2008 年以来，中央文明办在介休举办首届清明寒食文化节，今后年年举办，成为定例。

古人极重清明节，故自魏晋以来诗文作品多有反映。王羲之的《兰亭序》和杜牧的清明诗（清明时节雨纷纷），人多熟知。兹再举几首古诗的典型佳作。

唐人宋之问《途中寒食》："马上逢寒食，途中属暮春。可怜江浦望，不见洛桥人，北极怀明主，南溟作逐臣。故园肠断处，日夜柳条新。"

宋魏野《清明》："无花无酒过清明，兴味萧然似野僧。昨日邻家乞新火，晓窗分与读书灯。"

南宋高翥《清明》："南北山头多墓田，清明祭扫各纷然。纸灰飞作白蝴蝶，泪血染成红杜鹃。日落狐狸眠冢上，夜归儿女笑灯前。人生有酒须当醉，一滴何曾到九泉。"

明高启《送陈秀才还沙上省墓》："满衣血泪与尘埃，乱后还乡也可哀。风雨梨花寒食过，几家坟上子孙来。"

恶搞先贤的垃圾学者请闭嘴

近日,颇有一些没来由的愤怒。说没来由,是因为同我个人的利害无关;但愤怒却是由衷的。这愤怒来自看了几则关于媒体学者辱没先贤、信口雌黄的讲述。比如:

有的学者诬蔑李白是街市混闹的"古惑仔";

有的学者妄指大禹"三过家门而不入"是因为他"包二奶",有"婚外情";

有的学者(据说是什么美女学者)诬称杰出词人李清照是好色好赌又好酗酒,因为李词中有描写小两口调情的字句,李又撰写过一本有关博弈的书,还有过"沉睡不消残酒"的词句;

有的学者还嘲讽孔子、诸葛亮、岳飞、文天祥。如此种种,不一而足。

这些学者(?)的言论,其初衷或许不过是为博人一笑,并非严肃的学术研究。但这样做,从本质上看却是在辱没先贤,厚诬古人,是对优秀传统文化的奚落和鄙薄。是可忍,孰不可忍。

李白是古惑仔么?李白性情狂放,粪土王侯,杜甫曾有问句:"飞扬跋扈为谁雄?"本是朋友间亲切的调侃,何况"飞扬跋扈"在诗中未必是贬义,又何况杜甫还有"世人皆欲杀,吾意独怜才"惺惺相惜的慨叹,评李白"笔落惊风雨,诗成泣鬼神"的高才,推崇之意溢于言表。现代学者何以反其意而行之,将李白诋毁得如此不堪!

大禹本是传说时代的治水英雄,对华夏人民其功甚伟。后人评大禹:"微禹,吾其鱼乎!"(《左传·昭元年》)孔子称:"禹,吾无间然矣。"赞之无异词。所谓大禹的婚外情,所据皆传说中难以证信之词的想当然推测,况其时婚姻状况非如后世的制度化,婚外云云不知从何谈起。某学者沉迷于捕风捉影的"考证",大放厥词,可谓穷极无聊、哗众取宠!

关于李清照,固然其笔下颇有疑似之词,但其所写亦日常生活情趣,无伤大雅,岂不知现实中"有甚于画眉者"。倘将作者的文字全作自叙状看待,则鲁迅写阿Q则鲁迅为阿Q,托尔斯泰写妓女则托氏为妓女。如此"小儿科"逻辑,值得有识者一哂乎?

国学研究也好,传统文化讲述也罢,总是一件有益世道人心的善事。倘或其宣传说教之词有错误不当,理应郑重地提示或纠偏,高明者更不妨考证发掘,发挥新意,予人启益。但首先对先贤、对传统要抱敬畏之心,有实事求是之意。做人要厚道,多宽容,对先贤和传统尤当如此。岂能抓住旋风就是鬼,张皇邪怪,逞臆妄说,污人耳目,欺世盗名乎? 这种不负责任的胡乱引申,非但有违求实存真的科学精神,而是要拔传统文化之根,流于"下三滥"的恶搞。请问,这些学者究竟想干什么?你们还是炎黄子孙、华夏之人吗?中国人有这样尊重传统,爱我中华的行为么?

老实说,这样恶搞先贤、鄙薄传统的行为,不仅辱没了学者专家的名声,而且十足暴露了这些媒体学者自己戴上有色眼镜看待文化遗产的卑劣心态。鲁迅批评有的人专门着眼于脐下三寸,一见白胳膊便联想到大腿,联想到性行为的丑陋意识,不意复见之于今日,可谓民族之耻。郁达夫评鲁迅时说,凡不知尊重爱护本民族的杰出人物者,是没有出息、没有前途的民族,确实值得我们深思。恶搞先贤的学者实在算不得什么学者,要说学者,他们也只能是垃圾学者。

网络时代,人们自由言论的空间极大,但至少要有一条道德底线,不可无节制地个人宣泄,不容制造精神垃圾,污染人们的心灵。古人云:仰天唾天,自污其面。杜甫诗云:"尔曹身与名俱灭,不废江河万古流。"诚哉斯言。

恶搞先贤、诋毁传统的垃圾学者,请闭嘴!

第六辑　散文书信

实至名归说大家

——有感于张颔先生论学

日前(2009 年 11 月 23 日)在张颔先生九十寿诞亲友会上,我发言提到张老对我耳提面命的教诲,如对我讲《周易》谦卦的意义,勉我谦虚向学,而我未能做到,十分惭愧。发言中,张老插话说他一辈子遵循谦卦精神,获益良多。但他还补充说:谦虚一定要坚持,但也不能没有自信。此语使我不禁憬然有悟。

谦虚而又自信(谦而不自卑,自信不自满)这是一个很辩证的命题,富有人生哲理。由此,我又联想到中央电视台"大家"栏目主持曲向东君采访张老的谈话内容。《大家》节目访谈的对象皆是海内外著名学者,诸学者在各自从事领域均有高深造诣,成就卓越。张老名列其中,自属当然。但张老认为自己不过小学毕业,全凭自学,成就不够大。于是,采访结束时他吟诵了龚自珍涉及《周易》终篇"未济"卦的一首诗"未济终焉心飘渺,万事翻从缺陷好。吟到夕阳山外山,古今谁免余情绕"作为节目的结语,表达对学无止境、活到老,学到老、生命不息奋斗不止的追求和执着态度。这一精彩的结尾,可谓曲终奏雅,意味深长!

张老所言,引我深思。首先想到的问题是:什么是大家?有怎样的道德文章、学术成就才算大家?今日之大家可谓伙矣,"大家"节目访谈的对象均有籍籍之名。然而大家倘过多,也就难显其大,无所谓大家了。回眸"大家"节目受访者,大抵是硕学之士,重点介绍其专精治学,成就如何如何,其人生经历何等丰富,令人敬佩,教益实多云云,似乎多未言及学海无涯,生命有限,学者将如何面对人生的终极价值问题。而在众多受访者中,唯独张老专引龚诗,提出了治学没有终点的人生要义,那就是孔子所说:"圣则吾不能,我学不厌而教不倦也。"(见《孟子》)尽管人们称赞"大哉孔子,博学而无所成名",子贡称孔子"固天纵之将圣,又多能也",但孔子不以圣人博学多能自许,却只是时时自问:"默而识之,学而不厌,诲人不倦,何有于我哉?"始终自勉曰:"十室之邑,必有忠信如丘者焉,不如丘之好学也。"他担心"德之不修,学之不讲,闻义不能从,不善不能改,是吾忧也",还说:"朝闻道,夕死可矣!"张老以孔子为榜样,以龚诗表抒自己不懈探索、锲而不舍的治学态度,体现了学术生命阶段性与无限性的辩证统一。我以为,这才是学者情怀的高境界,才是学术大家的真精神所在。

由此可以悟出:什么是大家风范?只有像孔子那样不满足于已有的成就,好学不厌,不知老之将至,才称得上大家风范,而张老做到了这一点。那种小有所得便沾沾自喜,以巧言令色自炫欺人者,滔滔者天下皆是也,何足算也!

所以,可以进而言之:所谓大家,其治学成果之丰硕固可见称于世,令常人惊佩,但任何成果都只见证着过去,都只记录着以往的功业,可博誉于当时,却难以垂范千古。因为必有后继者青胜于蓝,后出转精,有所超越之。可见,大家之大,不仅在于既成业绩之大,而且在于有绝不固步自封,永葆学术青春,不断超越自我的伟大精神。古往今来,多少仁人志士正是凭着这一精神前赴后继、生生不已的奋斗,继往开来,推进民族的文明进步,学者大家亦然。前人云:战士死于沙场,教授死于讲台,而学者死于书桌。这些人才是社会的精英、民族的脊梁,岂可以区区得失横亘胸间自满或自弃乎？张老亦常以"实至名归"律己诲人,然盛名难副其实者所在多有。这"实"为何？此实非但指其既有成就,更是指坚持不懈攀登、不停息地探索这一精神的落实过程。实至名归,岂徒然哉！故而可以说,以丰硕成就奉献于社会,虽可见称一时,而唯有以不断创新、不断进取的精神嘉惠学林、激励后人、沾溉久远者,方可称"实至名归"的大家。

（原载《山西日报》2009 年 12 月 12 日）

文献学宗师张一纯

回忆起我的大学生活,总觉得没有什么可怀念的,因为自己在那段时日里没有学到什么东西。这倒不怪当时的授课教授、讲师没有更多地传道、授业、解惑,而是由于 20 世纪 60 年代政治运动不断,什么革命化、搞社教及至"文革",而我又不属于"红五类"出身,常常是成为班里的"运动员",挨整不断,哪里还敢专心学业!但是,也不能说山西大学历史系里没有几位良师,让我至今印象深刻。比如张一纯先生,虽然没有给我亲授课业,但他的博学和特立独行确实是极富个性特征的。

张一纯先生身量不高,黑黑瘦瘦的样子,两眼却炯炯有神。平时有点衣衫不整,有时甚至裤腿上绽开了缝,他似乎也不在乎。据说张先生是讲究美食,不顾及衣装整洁的。他对学生说,平时一定要吃好,保证身体健康,衣服打扮嘛,可以不必计较的。现在想来,20 世纪 60 年代,普遍遭逢饥馑时期,挣点工资可不是要先顾肚子,哪里能考虑衣装打扮呢?就这样,张先生只好优先考虑饮食之道吧。张先生在当时不善交游,似乎也不多与历史系的先生们来往,课余往往只见他在校内踽踽独行,像是一只孤雁,默默前行。我的朋友上一届的杨光亮学兄一次要带我拜见张先生。他说,张一纯先生被人称为历史系的活字典,学问很大,咱们不妨去拜访一下。我说好,就相伴去了张家。到了张寓门前,敲门,问候,寒暄,张先生一脸慈祥和蔼的微笑,把我们迎进屋内。当时张先生不过五十来岁吧,但看起来似六十多岁的老者。进门后一看,靠右手的墙边整整一排书架,满满的都是书籍,但几乎都是小册子。问后方知是一整套《丛书集成》。据称这套书历史系里只有张先生这一套,别处还没有。

记得光亮兄问了一个专业问题,张先生首肯,便在书架上眼睛一扫,迅速抽出一本, 翻开指着书上的一段话, 说:"你要问的这书上都有,你看!"同时还介绍了相关的几种书目,让光亮兄去寻找,参考研究。当下,我就吃了一惊,这么多种书,张先生如此精熟,问什么问题,他随手就能找到答案,可见其博闻强记的功夫了得。他曾对光亮兄说:"你当学生的,课要上,讲义要学。但这是远远不够的,还要经常向老先生们请问,这才能学到真本领啊!"后来光亮兄照此问学,终成为卓有成就的晋阳文化学问家,张先生的教泽之深,可见一斑。后来,我得知张先生精通文献版本目录学,是其拿手一绝,可见冰冻三尺非一日之寒也。

再后来,校内运动日繁,就没有机会也不敢去请教了。赶到"文革"风暴初来,张先生被划为"反动学术权威",七斗八斗,被扫进历史垃圾堆,我等与他就不敢不疏远了。所幸,张先生久被系里边缘化,他为人低调,似乎在系中多他一个不多,少他一个不少。几经批斗,系领导成为"斗批改"的重点,张先生不过陪着挨斗,靠边站,似乎无人顾及,算是躲过一劫。到1967年"文革"时期,突然听同学说,张一纯先生去世了。我听了一惊,急忙打听,原来是一次张先生去附近坞城路上街时,在路上遇到一辆电车跑偏方向,张先生侧身走避,已经躲到路旁的沟渠,无奈此电车随着惯性也朝偏向撞来,张先生避无可避,被碾压身亡。一代学人,就这样同我们永别了,时年54岁。

我同张一纯先生的缘分就这样结束了,回想起来,我大学期间错过了这样一位良师,再想得到他的教益而无从,真是求学之路的大憾。但是我没有忘怀这位恩师,总想更多地了解他的生平业绩。在光亮兄的协助下,得到了当年山大历史系整理的一本《道德文章寄春秋》,书中收有一篇张先生的公子张路桥回忆令尊的文章,算是弥补了遗憾。现将该文参照所闻撮要介绍如下。

张一纯(1913—1967),原名张崇,曾用名张煦,浙江瑞安县人。六七岁时就读于瑞安县一小学,后在瑞安中学、瓯海民立中学读书,其后又转入上海国立劳动大学附中学习。1933年考入上海大夏大学史地系。
1935年毕业,先后在上海新亚中学、温州百景德助产学校、浙江省立温
州中学、温州师范、平阳中学、济时中学等任教,主讲历史、地理等课程,
一度任温州平阳中学教务主任。1943年8月至1945年9月,任福建协
和大学历史系讲师。解放战争期间,返乡在瑞安中学、温州师范教史地。
据悉与考古学大师夏鼐先生友善,得其提携,得专素业。但在1952年则
是由其师史学大家梁园东推荐,来山西任山西大学史地科讲师,继在山
西大学历史系任教。

　　青年时期的张一纯接受了"五四"以来新思潮的影响,就读过当时
进步刊物《响导》,对马克思、孙中山的学说表示敬仰。在上海求学期间
半工半读,与进步学生多所交往,开始究心社会科学和文艺的研究。大
夏大学毕业后,曾由欧之怀师引荐至上海新亚中学任史地教师,期间一
星期要担任24—28课时的繁重教学任务。1937年,在天津《大公报》发
表文章,引起师友关注和好评。1938年任教时曾与同学自筹资金创办过
《游击》半月刊。1949年后,张一纯先后参加浙江省华东革命大学浙江
分校进修,思想学识有了进一步的提高,打开了他治学的新局面。进入
山西大学历史系后,他教学认真,对学生循循善诱,授课生动活泼,旁征
博引,对学生提问不厌其烦地解答,对登门求教者,更是热情指授,有问
必答,极力相助,使之满意为止。张一纯先生治学严谨,对研究项目,必
究根溯源,言必有据,考证精审。著作甚多,却未能珍惜,散佚实多。有为
唐人杜环的《经行记》作《经行记笺证》(中华书局版)一书为其代表作。
曾致力于宋代永嘉学派代表人物叶适的研究,他竟从《永强族谱》中发
现叶适之子所作《叶适墓碑记》,撰成《关于叶适墓碑记介绍》(见于
1958年《文史哲》第四期)一文,补正了《宋史·叶适传》的疏误。张一纯
先生不愧为一代文献学宗师,一生从事教书育人的崇高事业,他的治学
业绩和成果,是后人不应忘记的。

文化担当　义不容辞
——怀念李元茂先生

记得梁实秋写过一篇题为《中年》的散文，列举中年人的生活常事，说中年的表征除了忙于生计和事业外，往往会时不时收到亲友熟人的讣音。看着这些前辈或同辈一个接一个地逝去，心情郁郁不欢累日。像我年已古稀的俗人对此早已惯见而麻木了。但人非草木，孰能无情？想起那些永诀了的好友，自然不能不激起心澜，黯然神伤。老友李元茂先生的辞世已逾周年，回想他那朴实诚恳的相貌和亲切和蔼的表情，总骤然引来内心十分的痛惜和怀念。

实在说，与元茂兄并未时相过从，不过见过有数的几面。记得在张颔先生府中有过匆匆一晤，他对我甚表敬重，握手、寒暄、问候，相当的持重、温良。因了张先生介绍他是文物工作者，令我肃然起敬。虽然我只是文史爱好者，没有研究文物的经历，窃以为文人相亲，应引为同道之伦吧。以后，他那清瘦的面容便深深印在心中。后来，是隔了数年突然接到他的请柬，邀我聚餐，省城文化界诸公少长咸集，济济一堂，蒙他热情招呼，安坐一隅。只因人多口杂，也没有清谈几句，饭罢致谢，便各奔东西了。

算来我与元茂兄只是浅交，初步的印象是：这是一位敦于友情的实诚人。使我感动的，是聚餐前彼此一次长途电话通讯，起因是为了张老被聘为西泠印社社员的事。那是在 2005 年春天吧，元茂兄尚在海南博物馆任馆长，突然远隔千山万水给我家里打来一通电话，意思是他主动向西泠印社主事方推荐聘请张老为该社社员。张老是海内外文化名人

（2005年中央电视台"大家"栏目有专题报道），完全有资格加入西泠。但元茂兄几次与张老沟通，却因张老一向淡于名利又谦抑过甚，自认为篆刻不过是业余爱好，致力的专业是文物考古和古文字学，非治印的当行里手，所以不欲强忝为西泠中人。元茂兄与张老交往多年，深知张老篆刻的功力深厚，治印风格古朴典雅，又精于古文字，与篆刻联系紧密。特别是考虑到西泠印社名扬中外，为中华艺林之重镇，而其间名家多南人，北人则颇寥寥，为振兴山西篆刻艺术，特以张老为代表参与社事，以推进晋省文化事业。因此，元茂满腔热忱，深望助成此事。他想到我与张老有二十余年的深交，因缘时会，希望我出面进言，力劝张老入社。负此嘱托，想到元茂远在海南，竟如此热心乡邦文化，且张老足有资望和声名，无愧于西泠，便冒昧承应下来。于是，相机亲赴张府，探询张老意见。张老态度依然模棱。我就说，这本是一件雅事，入社并不影响你治学，无非便中与闻其事，就像业余活动，调节精神，何况你早年也热衷艺事，治印的水平为众公认，能为山西人争印坛一席地，鼓励后进，这也不是什么坏事，何乐而不为？张老沉默久之，终于开口说：好吧，就按你说的办。但张老又犹疑，说该怎么回信呢？我说，你只写一句"同意入社"即可，客气话就不必多言了。就这样，得到张老的承诺，交代了元茂兄的托付，算是了了一件心事。我想，大概是对我的奔走表示谢意，才有了后来的赴宴之请吧。

这本来算不上什么大事。令我感动的是元茂兄对山西文化事业的一往情深。他早已远离家乡，赴海南任职，张老能否加入西泠印社，与他本人并不相干，何况他已是国内知名的书法家、文物收藏家和书画鉴定家，后来还不断在中央电视台"鉴宝"节目做鉴赏嘉宾，赢得声誉，可谓功成名就，为众敬仰。但他系念乡邦，主动为西泠推荐名贤，一而再，再而三，不厌其烦，甚至从万里之外求助于我这老朽，力荐张老，体现出钟情传统文化的高度热情。在这红尘滚滚、商潮汹涌、文事凋零的时代，他仍一心致力于文化建设，这是何等难能可贵！倘若没有相当的文化自觉与高尚的责任担当,何克臻此? 我想这必是得力于元茂兄自幼积累的深厚文化素养。我知道,元茂兄自幼生长在一个文化收藏世家,其父辈便是文玩界收藏鉴定的名宿, 曾携他到山西巨贾祁县常家大院受聘为之品鉴名家书画与藏品,耳濡目染,庭训有年,也练就了一双甄别文物的敏锐眼光。他经过长期深厚的文化积淀,才涵养出对传统文化的深沉热爱。由此想到元遗山有一段关于文物收藏的高论。遗山反感"世之人玩于物,而反为物所玩,贪多务取,巧偷豪夺",提倡正确的收藏观:"备物以致用,守器以为智,惟得之有道,传之无愧,斯可焉! 亦何必即空以遗累,矫情以趋达,以取异于世邪!"元茂兄精于收藏鉴定之道,非但不以此取异于世,反而不避繁难,大力推荐当世名贤,尽心竭力振兴乡邦文化,是较元遗山所赞者又高出一筹,岂能不被我辈敬重钦仰! 然而,正值盛年,当大有作为之际,元茂溘然仙逝,斯人而罹斯终,山西文化界痛失如此英才,真令人悲叹不置。孔子"疾没世而不称名",元茂兄岂徒扬名于世,其于文化担当、义不容辞的执着精神,相信会激励后人,传承于世。如此,元茂兄亦可谓死而不死了。

"寻花问柳"说孟争

　　初见孟争在闲轩茶堂,那是十年前了。猛一看,仿佛遇上了猛张飞。他一部络腮胡子,两只杏眼,炯炯有神,倘手执一支丈八长矛,不用化妆就可以上台演《三国》戏"长坂坡"。其时他与友朋正在牌桌上搏战,大约是牌运不济,出牌偶一闪失,就大呼小叫,怨天怨地,令人惊诧。兴余斟一杯碧螺春,饮之咂咂有声,陶然乐之。口叼一只名贵烟斗,填上上好的烟丝,燃之品吸,直至满室喷香,熏人欲醉。这种印象,使我觉得像是遇到了一位豪侠之士,心想这大抵是一位豪放的虬髯客。

　　然而,一来二去,相交日久,才知道他并非粗鲁的匹夫,而是一位心细如发的丹青家。孟争幼师名家,研习画艺,尤擅牡丹白荷,终成大器,评者谓为实力派青年花鸟画家,誉其作"大气""打眼"。我见其新作花卉四条屏,满纸春色,丰润秀雅,那繁花正开得紧,灼灼然刺人眼目。古人论画有取神写意,生气远出之目,愚以为孟争所作可以当之。后来才知孟争作画,并不固守成说,而是直接师法造化,以写生为功底。他家中供一古瓶,插几支枯荷莲蓬,日日静对观摩,其夭娇态度,阴阳欹侧,光影向背,枝条叶理,一一烂熟于心,然后再揣摩下笔。是故,所绘墨荷,生意满眼,翠珠欲滴,真名笔也。其细心默察,非仅于斗室几案间,孟争不时外出野游,如偕夫人赴原平梨花节,邀同道者远下洛阳赏牡丹,去白洋淀看荷花,均不辞劳苦。每至花前,孟争便留连不去,左看右看,上看下看,前看后看,仰看俯看,看个没完,久久不去。手中的相机"咔咔"地拍摄,刻刻不停。如此用心,如此专注,旁若无人,似乎要将那花朵吞进眼睛里才作罢。一次赴杭州观瞻吴昌硕画展,更是凝神专注,目不转睛,一幅条屏直看了 15 分钟。同行者可能产生了审美疲劳,催他移步,但他还没有看够,去而复返,再三再四,详其形态,辨其墨色,察其线条,审其布局,始终依依不舍。于是,在下才悟出友人何以特为他制"寻花问柳"一方钤印的寓意。如此心细如发的专注工夫,岂常人所能?哪里是什么趔趔莽夫!正是有这般专精下苦的执着与痴心,方能成就其画坛的造诣。古人云:用志不分,乃凝于神,岂虚言哉!孟子云:"今夫弈之为数,小数也,不专心致意不可得也。"孟子所言指棋艺之精所以然,而移之于笔墨丹青,孟争有焉。

孟争本孟子远裔,祖述先贤,不负所宗,然此岂徒于绘事所取,而于一切大成就者无不皆然。孟争有此专心致志之功,自能卓立于画坛,而在下尤期其有大成就于将来焉。

祝福你,我的孩子

　　"生子当如孙仲谋",古人所羡,不敢奢望。然吾子足令我自得意,想起他,便感舒心、快慰。虽然不能向人夸耀:"此吾家千里驹也!"但"凤雏清于老凤声",他确已成了千里之外的驹——千里之外者,因他已留学大洋彼岸也,名副其实。所以称"雏凤",倒不是为自高声价,有"附凤"之嫌,这里的小秘密是:当初入学时,为他起学名"于桐",有招致凤鸟之意,图个吉庆,没想异日他定要奋飞。

　　鲁迅有诗"怜子如何不丈夫",实获我心。然怜爱之心虽有,怜爱之举却寡。因我向来采取"无为"政策,对儿子的事不多过问,对他并不管束,任其自由发展。有人说我教子有方,敬谢不敏,从来不曾操过心。这大概是缘分,孩子反而自尊自爱,没有给我添过大麻烦,品学颇优,令我宽怀。有的人家亦"无为",子弟放纵恣肆,任所欲为,尽出乱子,使为父母者焦头烂额者多矣!我子却例外,抑或出于侥幸,无法诠释,只好归之于天性,我有此善缘。

　　我这孩子忠厚、心眼好、讲文明。有一次,我从楼上向窗外倒东西,他看见了,变脸斥我不讲道德。还是上初中的时候,下学街头遇见一位老太太,从农村来,钱包被小偷偷了,回不了家。孩子动了恻隐之心,赶忙跑回家,向妈妈要了 20 元钱,送那老太太上火车站。这件事,他不让我们对人讲。老实说,我没有教他这样,是学校教师的栽培,我要感谢他的老师。

"文革"中,我是"臭老九",收入菲薄。孩子四五岁,该有他的玩具。他看见人家儿童骑童车,挺想要。那童车当时也就是二三十元一辆,然而我买不起。领他上街,他站在玩具店的橱窗前不肯走,缠着要我买。我只好左劝右劝,告他咱家穷没有钱。他仍然纠缠,但抬头看看我的愁容,忽然脱口说:"那是人家当大官家的娃娃的,咱们不要啦!"牵着我的手扭头就走。我禁不住泪流满面:"懂事的孩子,爸爸对不起你。"这事始终叫我萦怀,二十年了,遗憾至今,一念及此,便觉怆然。我以为,四五岁的孩子在物欲面前竟如此绝然。当年荆轲入秦时,"风萧萧兮易水寒,壮士一去不复还!"其慷慨大度,登车不顾而去,亦不过尔尔吧!

也奇怪,愈是他小时候的事情,我记得愈清。我记得有几次冤枉他。一次是我妻所为。那时我们住在一个县城小院的角落里,中午正在做饭,忽然有人跑进来告状,说他放在大门对面商店前的自行车上的气门嘴被拔了,是我孩子干的。我妻一听大怒,找到他声色俱厉地,让他交出来。他一看我妻的脸色,吓坏了,怕挨打,就不承认。我忽然想到前不久,他看过电影《小兵张嘎》,很可能是仿效嘎子拔汉奸自行车的气门嘴。于是,带他到僻静处,问:"你是不是学嘎子呀?"果然,他拿出了拔掉的气门嘴,我赶紧找那车主赔不是,送人家走了。孩子模仿能力强,不懂得行为看什么条件该或不该,为父母者倘失于细察,就会把事情看偏了,以为他存心不良。再一次是我的误会。那时他刚上学,一天下学回来抱回一大堆瓶子,是班里同学的,家长们为孩子上学带饮水用的。我看了很生气:小小年纪,胆敢拿人家的东西回家,这还了得!登时将他狠狠训斥一顿。事后,我妻问明了情况,原来他是想做好事,见下学后教室里没有人,他想暂时代小朋友保管瓶子,怕丢。孩子有可贵的责任心,他只是不知道瓶子之类,人们是不会偷的。这使我认识到,理解儿童心理,要设身处地分析他们的行为动机,不然,就会挫伤他们的上进心。

由于"无为",孩子也乖,我从来没有打过他。记忆中,只有一次例外,打他下手也狠。大概是他 6 岁吧,有一次晚饭后带他到县剧团大院玩儿。那时剧团演的是样板戏《沙家浜》,演郭建光的演员同我熟,他有一把道具手枪。孩子见了拿起来玩,跑来跑去,口里喊着"乒、乒",学打仗。可是,刚玩了几分钟,剧团人员急着要登台,没有道具当然不行。向他要枪,他正玩得高兴,死活不给。我又劝又哄,不济事。剧团里的人催着要,马上要开戏了。我急得不得了,孩子抱着手枪不放,我立时怒从心头起,恶向胆边生,按住他痛打一顿,硬掰开他那紧攥的小手,把枪夺下来。他于是号啕,哭声震天。这时矛盾解决了,我才抱他一路哭回家。这是无可奈何的事,在这样的场合,娇惯不得。然而,在我心中,留下了深深的痛苦,我当时太穷,无法满足他拥有正常的玩具。

孩子懂事是在我一人远调西藏工作之后。我在外,妻和他在家,有时朋友去家看望,戏称:"你就是家里的男子汉了,要照顾好妈妈。"他大概记住了这话。每天一早起来,自己热牛奶喝,并坐一壶水在火炉上,对他妈妈说:"妈,你多睡一会儿吧,我走了。"妻子对此感慨不已。

孩子平时学习勤苦,上高中时课业重,玩的时间不多,缺乏运动,身手不敏捷。一次在校打篮球,左臂摔伤骨折,我们在家不知道。孩子没有想自己的伤痛,却怕回家挨骂,硬是一个人端着胳膊跑到医院。我们闻讯赶去,只见他面色苍白,照透视时嘴唇哆嗦着,身上发抖。我忙搂着他安慰:"骨折是常事,没关系,会长好的。人家说长好的骨头比原来的还结实!"这次养伤,误了几个月功课。只是由于在班里人缘好,同学们常到家来主动补课,他的功课后来补上了,我们算松了一口气。

人常说,孩子是自己的好,老婆是人家的好。我没有什么体会。我该说明,孩子并非我亲生,是一岁时妻子带他来随我的,所谓"螟蛉之子",贬称"拖油瓶"者是也。然而,我虑及孩子不能没有父爱,不应因我是继父让他心里有创伤,有生分之念。所以,我决计不生孩子,以免有前家后继、厚此薄彼之虞。我想待他成人后,再把他非亲生的事告他,然而一直开不了口。心想,告不告,无所谓,就这样吧。常言"生子不孝不如无,孺子可教亦胜有"，自小背之腹之，顾之育之，亲情如许，不可替代。至今他远在台湾的奶奶也蒙在鼓里，只认为有个亲孙儿，我也怕他奶奶有心理隔阂。我有诗中几句："忍我艰难际，抚儿成长时。岂因非己出，便使受人嗤？"算是写此一段情缘的记录。年前远行，我将送他赴上海乘飞机去留学。虽说这次出国手续繁杂，主要却是他一人奔走，我为之劳神而没有费力。同行在火车上，我又胃口闹病，让他分心。随身行李笨重，搬运转移困难，我便未能措手，送他其实是累了他。在虹桥机场，临到分手作别，我这个多少年没有下泪的汉子，抱着他竟大放悲声，百炼钢化为绕指柔，不得不咬牙放他走了。

这一去，云山苍苍，大海茫茫。人以留学为荣，我却以为这是将孩子推出国门，去以廉价劳动力挣血汗钱，以促其自立、自励。

亲情之痛事小，孩子总算赶上了好年头。在这开放的时代，由你闯荡去吧。总有一天，祖国强盛起来，让外国的孩子纷纷争到中国留学来，那时中国的父母们就不必这样打发孩子了；即或中国的孩子要出国，也不必像我们这样牵肠挂肚。

祝福你，我的孩子。

（原载《九州诗文》1993 年第 4 期）

我这个叫不出名堂的姓名

说起我的姓名降大任,许多友人都说有文化含量,随即口诵孟子那句"天将降……"云云,且会奉承令尊一定是读书人,是书香门第吧?更有人会问这是笔名吗?我回答说,这名字不是父亲起的,我父亲没有那么高的文化水平,他不过是个小职员。这名字也不是笔名,我向来行不改姓,坐不更名,降大任即是鄙人本名。

我的名字和姓联读起来,是母亲在我出生的战乱年代(1943),拜认的一位义父起的。老先生是苏州一位文化人。母亲是四川江津人,从小离家讨生活,备尝艰辛,时时往依亲朋接济,聊以度日。偶然遇到的苏州这位老先生,对她颇为关爱,过往日久,便为她所生的我这个不孝子起了这个名字。七十年来承受此名,历尽坎坷而不改,也有侥幸苟全的自持自重。后来读了一些书,从《颜氏家训》中得知,起名字同姓氏联在一起发生意义的办法,在姓名学中是不规范的,名字自可有其意义寄托。姓氏却自有渊源,二者不可相联一体解释。然而,对于我,这却是无奈,长辈既这样起名,也不得不认可,就这样,稀里糊涂地叫了下来。

有一种弄姓名学的人,故弄玄虚,认为姓名大有神秘性,可以定人一生祸福吉凶。起名要讲究五行、讲究笔画多少等等。我对此是不相信的。从浅显的字义讲,降大任,"天降大任于斯人,必先苦其心志"云云,我一定是肩当大任的。其实呢,我一辈子只是个文字匠,当了近三十年编辑,谋生糊口而已。退休之前,顶了些头衔如文化学首席专家、研究员之类,其实自觉浅陋无知,名不副实,根本不够格,不过是学术界的"票友"而已。但要说"苦其心志",却是确确实实的。那也只是时势使然,遇到了运动,痛失青春,又以身单力薄,不胜劳役之重,往往是被鄙斥、被凌辱又不敢喊冤叫屈,一味隐忍下来,身心俱创。幸而熬到改革开放,才能够在学术界混口饭吃,这也是不幸之大幸。复何言哉!如果说在学术研究中有点小成就,那也是顶着"白专"帽子,在夹缝中偷偷读了点书的结果。没有什么好显摆的,倒是聊以自慰的是,一辈子偷闲读书,算是享了这方面的清福。比起整日追名逐利、大言欺世之徒,尚能自律,自我感觉良好吧。

我这个名,人说少见,似亦不然。以往山西省领导人中有叫王大任的,据知天津有位叫刘大任的。历史上参与修《金史》的有陈大任,与我同名,但姓不同。自以为鄙人姓名出于孟子成句,他人难以雷同,却不料,张颔先生说,他们老家介休有个村叫降家花园,该村在清代就有一名叫降大任的文人。这真是无独有偶,天下之大,无奇不有。介休这位降大任不知何等样人,可惜他已作古,不能使我与之一握相晤,诚令人闷闷。

说到名字,联想到姓氏。我这个降姓,在传说黄帝十二姓中不载。古人言:"因生以赐姓,胙之土而赐之氏。"在先秦,姓、氏不是一回事,姓是母系社会的遗留,氏则为天子所封,或以地,或以官,或以职业等等。如秦始皇嬴姓,却是赵氏(造父之后),故称其赵正亦可。我这个降氏,有考其源渊者,或说出于辽宁、内蒙古,或说出于山西某地,或说出于史上少数民族。韩石山先生开玩笑,在其大著《张颔传》中说,是古代投降了某帝王的群族。实则鄙姓应为炎黄正宗,是传说中的炎帝之后。据山西大学文学院刘毓庆先生考证,山西长治屯留一带的漳河支流有降水,是炎帝发祥地。《国语·晋语》云"炎帝以姜(降)水成",即指此。更明确的考证见胡渭《禹贡锥指》卷十三中下:"宋张泊云:降水即浊漳也。字或作绛……绛水发源屯留,下乱漳津,与漳俱得通称也。"(《上党神农氏传说与华夏文明起源》42页,人民出版社,2008),故而可以说,降水是吾降氏所出之源头。降氏后人迁徙何处?是否融入他族?则一概不知。吾门忻州降氏何时定居？没有见过家谱，亦不了然。我所知者，河南、湖南、四川皆有降氏。有一位叫降云的，在湖南，是搞文献学的；又有一位降某，担任北京市委宣传部要职，算是降氏中的高官。现今降氏，据近年人口统计资料，人数不少，似乎还是大姓，这也颇使人不敢相信的。

降大任，我叫了七十年，也没有叫出个什么名堂来，很让我郁闷。因为这三个字都属仄声，叫起来不大顺口。张颔先生有时称呼我降大，说是略称。其实，作为长子，以古人行第之序而称，也是没问题的。所以，有时拜访张老，他家人问是谁，我就应答："降大！"不过，此名也有让我受益匪浅者，主要是好记，一望即知，不易忘记。所以，我如发表一篇署名文章，有人看了不记得文字内容，却能记得姓名；相比之下，别人写文章，往往会知其文而遗忘作者姓名。我常常说，鄙姓名使我容易出名，我写一篇文章可顶他人写数篇。当然，也是浪得虚名而已。总之，是虚名，叫不出什么名堂，以此应《名堂》期刊约稿，想必会贻笑大方。

（原载山西省戏协《名堂》杂志 2012 年第 3 期）

就医小记

以往最不愿意上医院。由于生性好动，尤其不愿意住医院，认为那是要人命的地方，何况时见报端有医患矛盾的报道，对医院就更是敬而远之了。但是2015年夏季十天住院就诊的经历，彻底纠正了我的这一偏见。

关键是，生病不由人，该看病还得看病。事情是这样的：大约是初夏的一天，我偶尔望了一眼窗外："看，那里有两只小狗！"老伴顺着我的手指看去，说："什么呀，是一只小狗！刚生下没几天时间。"我揉了揉眼睛，不对，还是两只！心里一下着了慌。我患糖尿病已年余，虽然平时注意按时服药，节制饮食，但也许难免会引起并发症。当天下午，就直奔医保指定的山西省人民医院就诊。

门诊大夫详细问了病情，给我做了必要的各种检查，认为是脑梗引起了眼睛的复视，要我立即住院。遗憾的是当下没有病床位，但大夫答应尽快安排。我带上药，惴惴不安地回家等待。心想，年纪大了，退休了，就是不中用，各种毛病不请自来。我们这代人，年轻时生活条件差，更不懂什么养生保健，我又从事看书写字的工作，成天爬格格，时间长了，身体就像一架过度运转的机器，哪能不出毛病？

好在大夫很讲信用，两天后便安排我住进了省院的神经内科病房。刚一住院，遇到的是主任大夫吴琴医生。吴大夫是位沉稳、和蔼的中年女子，她非常耐心细致地为我诊断，嘱咐我安心看病，不要紧张，让我一下子稳定了情绪。她因为要忙着出门诊，就派专人陪同我去做各种询诊和检查。那位陪我的助手，照顾我十分周到，一个部门一个部门地联系专职科室,其耐心细致和亲切让我十分感动。直到我都觉得厌烦了,她还是微笑着按部就班地为我引导服务。

在吴大夫的准确诊断和精心治疗下,输了五天液,使我复视的病情有所好转。为了进一步治愈,我又遵嘱去眼科门诊。届时,挂了眼科主治大夫计小玲医生的号,等待诊治。计大夫的诊室门庭若市,求治者人多拥挤,但不少病人一进门,都会像老熟人似的跟她打招呼,而计大夫总是面带微笑一一应答接待。只见她一刻不停地为病人检查,像母亲对孩子那样深情周到,一一问病情,讲病理,讲治疗方案,吩咐注意事项,多问而不烦,繁忙而不乱,气定神闲,有条不紊地接待,送走了一位又一位求医的病人。看到这情景,我心里顿时踏实了许多。计大夫一丝不苟地给我做了几个检查,又安排我做了几个检查项目,最后做出结论:"复视是轻微脑梗引发的,眼睛没有什么别的毛病。"这下让我悬在心中的一块石头落了地。

回到病房,继续治疗,心情也舒畅了许多,午饭也吃得格外香。医生的态度,直接影响着患者的心情,而患者的心情又直接关系着医疗的效果。又过了五天,我的复视症状完全消除了,于是,心情愉快地出了院。我又能轻松地看书写字了,这前后十天的就医经历,使我深深感到省人民医院尽心尽力救治病人的温情和体贴。是的,医生是一个崇高的职业,担负治病救人的天职。唐代大医家孙思邈说:"凡大医治病,必当安神定志,无欲无求,先发大慈恻隐之心,誓愿普救含灵之苦……勿避险巇,昼夜寒暑,饥渴疲劳,一心赴救,无作工夫形迹之心,如此可做苍生大医。"(《大医精诚》)此言不谬。我遇到的省人民医院的吴琴、计小玲两位大夫和她们的助手就是这样的苍生大医,我衷心感恩于这些医生和护士。我想,只要病人能懂得主动配合,医生能像吴琴、计小玲这样对患者一心赴救,哪里还会发生什么医患矛盾呢?

面貌一新古籍书店

说起同太原古籍书店打交道的历史，那可是有些年头了。记得我上中学的时候，课余常跑的地方就是古籍书店。至今所存一套单行本鲁迅作品，就是从那里一本一本凑齐的。那时是 20 世纪 60 年代，家中清贫，温饱难继，挤出余钱买书，实有长安居、大不易之感。然而，就这样，来来往往，同古籍书店结下了情感。店中的老曹（曹朴先生，版本鉴定家，1949 年前便是进步文化人，2002 年去世，愿他安息）、老陕（已退休）都成了朋友，都是我古典文化启蒙的老师，我至今感激他们、怀念他们。

古籍书店店址几经迁移，记得先在西华门，又迁南肖墙，又迁柳北，倒来倒去，现在到了解放路 132 号。在印象中，古籍书店好像是后娘养的不受待见的孩子，穷嫌富不爱，同北京中国书店的待遇不可比。店面逼仄，设施陈旧，很不起眼，总是见老曹手拿鸡毛掸子在书架上掸来掸去的。但是，爱书人仍然络绎不绝，许多书友是在店中翻书时结识的。现在这些书友有的成了教授，有的成了学者，我算是文史爱好者，大概同他们一样受惠于此，从而走上了做学问之路。

改革开放以来，倡导科教兴国，有所谓文化热，古籍需求量大增，读者益伙，书店的面貌大为改观。古籍书店整修了门面，图书种类丰富，店内窗明几净，所见插架琳琅，层层叠叠，虽然仍显逼仄，但此逼仄非彼逼仄，是今非昔比之况，不可同日而语了。前不久，古籍书店新换了牌匾，还举行了隆重的揭幕仪式。大书法家姚奠中先生亲题店名，悬挂于店门中央上方；又有著名学者、古文字专家张颔先生为题篆联："开书肆，播德启智；通古籍，温故知新。"木刻精雕，古色古香，甚是醒目。这一来，仿佛是见猎心喜,我跑书店就更勤了。

　　跑书店当然是意在淘书,更乐意之处是店员热情好客,服务周到。我淘书买的多是小册子,厚重的精品买不起,只有及时快览,以慰饥渴。但是店员从来不嫌麻烦,任你翻阅。古籍书店似有开架售书的老传统,就是在以往未开架时也允许老顾客进去查书找书,因此隔三岔五我就要去那里消费消费,尽管也有阮囊羞涩、望书兴叹的时候。更令人感动的是,书店乐于为读者找书,在知其书而无货的情况下,为你主动联系访求。近日有一套江苏版权威性断代史,就是由经理刘荣慧等店中人为读者增订回来得偿吾愿的。也有时路过书店却不买书,而是为歇脚聊天,甚至讨杯水喝的,店员仍一如既往,笑脸相迎。所谓"宾至如归",想必就是这种感觉吧。国营古籍书店在太原仅只一家,似乎太少了,但它如闹市中的一方绿荫,给我的身心休憩的享受。几天不去,还挺想的。

编研十年　风雨兼程

——我与《晋阳学刊》的十年（1983—1993）

建院（指山西省社科院，编者注）十年来，我长期在《晋阳学刊》编辑部担任编辑工作，直至1992年下半年担任编辑部副主任以来，亦很少脱离具体编务工作。另一方面，十余年来又始终从事业余科研工作，并于1987年被评聘为副研究员。可以说，长期以来是编研兼做、一身二任。

多年来，由于对做学问、当编辑方面的专业热爱和长期的业务学习、训练，在实践中我认识到本职工作特殊重要性及困难性，所以我不慕升官发财，甘于坐冷板凳，视自己的岗位为安身立命之地，为追求真理、捍卫真理和宣传真理而奋斗。

在编辑工作中，我积极完成承担的任务，先后从事学刊历史学、文学、经济学、哲学等重要学科及其他学科的责任编辑，已完成了二百万字的编稿发稿任务，基本上保证了稿件的高质量。1992年担任学刊副主编以后，协助主编完成了三期刊物的编审任务。主编调离后至今，我又代理主编了六期刊物。总的看来，在编辑工作中我没有发生过政治理论原则上的失误，坚持了办刊的党性原则，保持了编稿的较高的科学水平，得到了良好的客观评价。

在担任责编的八年里，特别是1987年评定职称之前，主要负责史学与文学稿件的编辑。在领导支持下，这一阶段，我主持开办了"夏文化""晋国史""北魏史""元好问与金元文化"研究专栏，精心编发了一批好的来稿，在学术界引起较大反响，和同志们一道为学刊增了光彩。"晋国史"专栏促进了省内外有关学者对该专题的深入研究,激励了这些学者拿出专著,为三晋文化研究打开新局面。"元好问与金元文化"研究专栏吸引了国内外学者的关注和支持,促成了中国元好问学会的成立。该会迄今已举行了三次全国性或国际性的研讨会,成果累累,蔚成声势,成为三晋文化研究的劲旅。其他各学科的文章也不断受到读者好评,被转载、摘介和列入索引者不暇枚举。

从 1988 年下半年起到 1990 年下半年,我因故被停止了编辑工作。而在这两年里,我思想上的收获却是很大的,在科研方面也有较多成果。1991 年重新回到编辑岗位,但由文史稿编辑转为综合类稿的编辑。这类稿件包含有文史哲之外大量的学科内容,内容新,难度大。我埋头苦干,边学边编,在新任主编康文斌同志帮助下,顺利完成了任务。1992 年任编辑部副主任后,又在完成责编任务之外,协助主编承担刊物全稿的二审工作。因有主编指导和同志们的支持,在实践中我逐步适应了岗位要求,提高了工作自信心和能力,做出了一定成绩。继康文斌同志调离我刊,我代理主编负责编审全稿,至今已出刊六期。在此期间,在刊物的内容上进行调整,使之更加面向实际,切合市场经济的要求。同时还新辟了纪念毛泽东的研究专栏,重点突出刊发研究邓小平理论的文章,为改革服务。在选题上,为改变科研队伍青黄不接的局面,注意扶植我院的青年,认真细致地帮助他们提高论文水平,耐心修改其文章,在刊物上拨出篇幅来发表。在内部队伍建设上,抓紧了新同志业务技能应知应会的指导和培训。特别针对在商品大潮冲击下出现的新问题,提倡甘坐冷板凳精神和以质论稿、认稿不认人的严肃态度和廉洁风尚。这样就促进了刊物向高水准、高品位发展,巩固了这块舆论阵地和学术园地。

在科研方面,十年来确也付出了大量心血,取得了一定成果。其中发表专书 8 种(包括有专著 5 种,共 120 万字;撰写专书 1 种,4 万字;主编或合编 2 种,8 万字);参与编审辞典一种,30 万字;论文约 60 篇,约 48 万字;其他文章约 60 篇,约 10 万字。总共见诸文字者 220 万字。

所有这些成果的取得,固然出于个人的勤奋劳动,但同院党组的领导和支持是分不开的。

概括以上所述,我认为十年历程中最重要的经验有五条。一、不断学习,坚持正确的编研方向,提高社会责任感。二、刻苦自励,钻研业务,不慕名利,甘坐冷板凳。三、服从领导,团结同事,严守组织纪律,执行岗位责任制。四、严谨的科学态度,求实进取,解放思想。五、廉洁奉公,谦虚谨慎。做到这几条,就能不断进步,为社科事业做出应有贡献。

教训和缺点也是一笔财富,需要认真总结和检查。我的不足是:性格急躁,方法简单,过于直率,不利于协调人事关系,往往激化矛盾。其次是作风不够严细,未能杜绝办刊的校对错误。其三,学然后知不足,知识不够,特别是理论不深。这些都极大地妨碍了进步。今后一定要更多地接受领导和同志们的监督和批评,纠正错误和缺点,努力使自己成为一个党性强、业务精的编研工作者。

1993 年 11 月 20 日

愿作为人作嫁的孺子牛

——《三晋历史文化丛书》编写说明

在丛书的编写过程中，我虽也习作了两本，但主要是从事编辑工作，为作者在学术水平和文字加工上把把关，出点力。虽说本人水平不高，学问有限，但当编辑也可谓甘苦尽尝，颇费心机。说来比较深的体会，有两点。

一是学术上的查证订对。由于丛书是通俗本，不要求注明出处，但必须下笔有原材料的依据，有必要考订准确，以免贻误读者。哪怕是一句俗语的引用，也须翻阅资料和工具书。这就要花费很大工夫，不容马虎从事。

二是文句表述，要通俗易懂，不能过多引用文言。这也非常麻烦，因为是将学术成果转化为大众读物，语言必须平易近人，为众易晓。完全要求口语化确实不易，但要求少用僻语僻典却是可以办到的，这样就加大了工作量。

回顾这一段工作，我体会到要写出一本有学术含量的通俗读物确实不易。这项工作从本质上讲，是把学者苦心钻研的成果交给大众，使之转化为民众的认知，真有点费力难讨好。但这项工作的意义是重大的，非有甘作嫁衣、淡泊宁静、不求名利的孺子牛精神不可。我依此为自己的座右铭，自觉基本没有辜负作者的心血和读者的厚望，这是于心无愧的。我愿以此自勉，以期来日更有新的贡献。

为探亲致台湾海基会函

台湾海基会诸公台端：

　　鄙人系大陆山西一退休的文史研究员（附上历年所著述书影，请参），吾妻张秋怀系退休编审。近期正办理赴台探亲事宜，乃知入境时贵方将勘对证明我兄妹血亲的公证书。经联系在台中的吾妹张小屏，由知贵方通常不主动向大陆海协会索取大陆所出公证书，希望大陆方向贵方先行寄送此件。鄙人为此询问山西有关机构并提出请先寄送的要求。而此间主事者称，两岸有协定，非贵方来函索取，此方不能寄送。否则，违反规定，他们将承担重大责任，有碍两岸正常交流。对此，鄙人深感困惑无奈。倘一方不能主动寄送，一方又不主动索取，形成相持隔绝情状，则我辈大陆百姓将何从办理赴台合法手续？隔离年久的两岸骨肉亲情势必探问无缘、团聚无方。人非草木，情何以堪！吾母邹兴志早年渡海赴台，竭其一生精力与青春贡献于台湾建设，至老死而埋骨宝岛，是亦无功劳而有苦劳者，自仳离即今六十年矣，母子难期相见，兄妹至亲隔绝无以存问，实堪为人间一大悲剧。凡有人道同情者能不兴悯恻之心而一施援手乎？今我夫妇与亲妹隔在两岸，茫茫云水，远望不知所顾；滔滔白浪，仰天竟向谁陈！我夫妇均年近古稀，唯此探亲一念，夫复何求！耿耿此心，天日可鉴。古云君子成人之美，想海基会诸公心同此理，谨祈体恤下情，怜吾兄妹孤苦，以一举手之劳，助此骨肉相聚，了此宿愿，是为大幸。故敢冒昧驰函,唯望诸公亮察私衷,惠然相助,能尽早发一纸公函向大陆海协会索取有关我夫妇与亲妹之血亲公证书(此间主事者表态,一俟接到信函,将尽快奉寄此件),为鄙人赴台开放通道,且抑尤可彰显贵方以人道亲情为重之公心善政,其有益两岸和平交流当何如哉!

鄙人一介寒士,敢以区区之情累诸公,深企鉴谅,不胜惶悚之至。在此,谨致衷心感谢。

专此奉闻 切盼佳讯

山西省社会科学院文化学首席专家

降大任 携妻张秋怀 拜

2010 年 1 月 22 日

致胡传志先生

传志学兄：

　　大著《交融与演进》(注：指胡传志教授《宋金文学的交融与演进》，北京大学出版社 2003 年出版)奉悉，连日细读，觉尊作新锐可喜，开宋金文学研究一新境界，补学界治文学者之一大空缺，是当前极有分量的一大收获。细读内文，卓见处处可见，篇篇生新，道前人所未道，其学养深厚处，为我辈所不及。所征引故籍，尤为繁富，倘无二三十年积累之功，绝不易到。喜何如之，钦何如之！有幸得交学兄，洵有知交之慨。前辽金文学开会，无缘与闻，未能亲聆教益，不甚憾意，令人闷闷。(不知何故张晶兄未曾通知？)

　　如今商业社会，俗人奔竞名利，余性疏懒，退休十年，学植荒落，睹兄佳篇，深愧于心。仅有应时之作，不足以言学问，呈上《症结》(注：指降先生《中国现代化的症结》，台湾秀威出版公司 2010 年出版)一种，时人有"观点陈旧"之讥，敢请有所示教，则甚幸矣。余自号"勺斋"，取意"人有半瓶醋晃荡"，而余仅有一勺而已。见笑大方焉尔。但愿日后有相见之机，杯酒论文，一畅衷怀，是为至盼。

　　敬颂

著祺

弟　降大任拜

2013 年 10 月 28 日

就收集、整理、选编山西近世文化学术著作
致三晋文化研究会李玉明会长

李会长：

从中华人民共和国成立至今，半个世纪以来，学界对清末民国以来山西学术文化著述，多不重视。近年来研究民国史很热门，而山西的民国文献大量散失，亟应抢救。昔年我曾有意编一套"山西近世文化学术著作选萃"，专门重出山西清末民国学术文献，但未能如愿。我会是否能注意此事，完成这一工程？选萃中可包括景梅九、景耀月、王用宾、柯璜、张瑞玑、卫聚贤、榆次常家、洪洞董家、代县冯家、张贯三、郭象升、阎宗临、班书阁、李歧山、李亮工、陈受中、陈敬棠、赵铁山、常乃德等文化人的学术成果，加以精选，由您和雅安主编，我协助（但《山右丛书》和已有零星出版的排除在外），庶可使民国学术珍品有所保存、有所继承，是为一大善事。由于此事须有搜求文献的过程，不妨从容商量，逐步实行，请您酌定如何？

降大任

2013 年 10 月 18 日

读《善居》等大著致马旭书

马旭兄：

惠赠《善居》《大地方》《血祀:红与白》三本大著,相继拜读。读罢思绪万千,感慨无已。兹将点滴感受写下,供兄参考。

《善居》长篇描写解放初土改至"文革"吕梁农村波澜壮阔、善恶相争的长时段历史画卷,真实揭示了人性深处的矛盾斗争,具有深厚的农村生活气息。人物形象饱满生动,有血有肉,令人感动,启人深思。我以为就题材的广度、复杂性而言,堪称建国以来第一部大幅度历史纪实小说,这是国内小说界罕见的巨制,对今天改革开放事业具有很大的借鉴意义。而这是国内农村小说诸大腕均所不能望其项背的。对此,我表示衷心祝贺。

《大地方》长篇,描写改革以来文化界思想碰撞和经济大潮下诸文人心态的剧烈裂变心理和道德堕落的心路历程,以及正直知识分子的不懈抗争,均有典型意义。特别是人物心理活动的描写,颇有深度,细腻生动,为当今文人提供了一面自我反省的镜子。这些都有很强的现实针对性,堪称当今文化小说的大手笔。

《血祀》一篇,写晋绥二次暴力土改试点,依兄所定为"报告小说",可谓名副其实的历史实录,对后人重新认识评价当年土改的斗争具有极高的历史价值。小说所写的暴力土改的前因后果脉落(络)清晰,主要人物血肉丰满,有立体感,只是觉得铺垫过程曲折丰富,而结尾收束稍嫌仓促,有虎头蛇尾之感。当然就历史过程而言,此点不足为病,但就小说艺术而言,则不免遗憾。

　　《红与白》一篇描写开放的新时期农村村官与土豪争权夺利的斗法，虽变诈百出，终为黄雀在后者胜出，为解读农村大变革的复杂性，展示了惊心动魄的实力较量场景，这些都是该小说的成功之处。如有不足，则是对农村变革未能暗示出矛盾解决的进步出路(如规范经营、土地流转、多项发展之类)。

　　以上优长处皆赖吾兄长期生活积累和生花妙笔，只是倘能对《血祀·红与白》一稿在细节上再加推敲，则臻于尽善矣！

　　以上是弟的一孔之见，未必妥当，谨供兄参考而已。

　　专此布复,颂

笔祺

降大任
2015 年 6 月 10 日

《元遗山论》增订出版致三晋出版社

三晋出版社

张继红社长

落馥香副总编及勇耀责编与同仁：

    拙作《元遗山论》按时出版，赖诸君操劳。至感荣幸，十分感戴。何乐如之！

    旧作《新论》经诸君精心审订、增补、纠误，工作量巨大，诸君付出了大量心血，始成为今本全新面貌。这种对作者及著述十分敬业和体贴的精神，在当今浮躁时代，洵可谓难能可贵。本人感激之情，实（难）以言表。何时择一雅室，与诸君杯酒论文，以了谢忱之情。

    恭候佳音。谨颂

业祺

降大任　叩上

2017 年 11 月 20 日

第七辑　诗词楹联

奉和少林寺延王上人《少林赠客》七律三首原韵

秋来随喜谒山门，展拜虔诚一片心。
万丈红尘迷去路，一天皓月绝烦尘。
禅机顿启逃禅意，慧剑初抽感慧音。
担水砍柴皆可悟，存留端在寸衷真。

青青翠竹满山川，郁郁黄花禅境宽。
欲界原非欢喜地，灵心足具自由天。
偶逢白鹿衔残果，屡见红英坠乱禅。
一上嵩高山顶望，群峰罗列各妍然。

遗山故里隔千重，极目危峦似翠屏。
到寺不知孤客境，登门恍接昔年声。
山间浩渺饶生趣，潭底澄明见素心。
归去来兮来处路，闲云挥手且辞君。

题《映像》期刊

映像名刊集大成，文明三晋赖传承。
溯源尧舜公天下，开济汉唐创伟勋。
表里山河多俊杰，沧桑岁月跨新程。
改革频增正能量，复兴中华共奋争。

吊自行车文

近日心情不爽,心忽忽若有所亡。此所亡即鄙人自行车失盗。每当劳碌之余,月白风清,不禁感慨系之。或亦自慰,权当吾车已逝(死),遂为文吊之,聊以遣怀。文曰:

嗟尔单车,本系杂牌。前叉不直,后轮稍歪。红尘碌碌,相伴数载,左驰右突,骑之自在。探亲访友,打油买菜,上班下班,优哉悠哉。嗟尔单车,无君不快!

恨我不慎,致尔变迁。漫漫旅途,骤失良伴。布衣之士,难比大款,的士小巴,非我可办。搭乘电车,庶可敷衍。不妨徒行,权当锻炼,安步当车,亦能保健。车其逝矣,惟此自宽:物质不灭,轮回大千。塞翁失马,福有可盼。

(原载《山西晚报》1993 年 8 月 19 日)

新朔州赞

塞上雄城数朔州,欣逢盛世逐风流。

雁门耸翠旌旗壮,桑水熔金禾黍稠。

百业精调供给侧,万家和睦喜增收。

宏图激发正能量,勇夺雁同更上游。

——七十四叟 降大任敬献

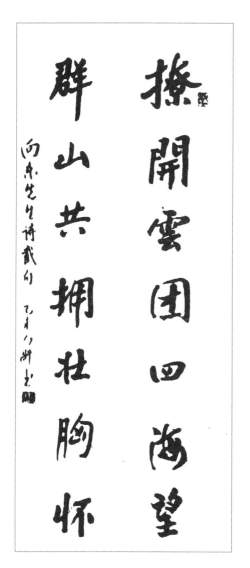

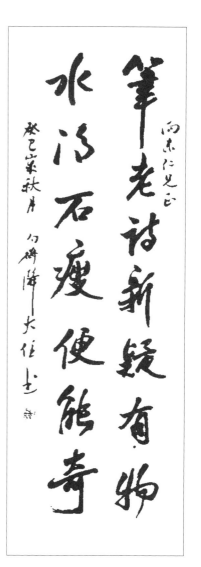

与冯向东先生二联，降大任书

新朔州赞

塞外雄魁数朔州欣逢盛世显风流雁门耸翠旌旗壮桑水潺金禾香稠百业精调供给侧万家和睦喜增收宏图激发三能量勇夺雁同更上游

七十四叟勺斋降大任敬献

《新朔州赞》，降大任书

题冯向东《风雨》诗集

宁武骄子，马邑雄才。

术承端木，诗尚元白。

民生苦乐，轸念情怀。

发为心声，传布大爱。

警醒世人，尚德勿怠。

2012 年 8 月

拟太原马吉掌村五龙祠联六副

五龙正殿

龙飞九天　虔心祈愿甘霖降

福佑百姓　恤念谨存惠泽深

盛世崇庙貌

灵明焕神威

三福堂

佑寿佑财佑众

修祠修德修身

送子娘娘

但使民人添丁喜

便教继世有后贤

钟　楼

危阁振起青云志
钟声唤醒溺惑心

大　门

进得门来　应皆是善男信女
离开阶下　均可能顺意遂心

拟太原唱经楼联二副

听经聆唐晋风韵
登阁览表里山河

博古通今尊先哲
返本开新待后昆

赠友人联三副

人生百岁不言老
喜看夕阳红满天
　　　　——敬题阳乐老干部活动中心
　　　　乙未年夏　勺斋降大任书

六十权作从头越
太行诗星正青春。
　　　　——顺荣诗家雅正
　　　　乙未年夏　七十二叟勺斋书

太行从来天上脊
桃河汹涌流诗香。
　　　　——银兔诗家雅正
　　　　乙未年夏　七十二叟勺斋书

第八辑　电视脚本

圣 殿

——文明中国巡礼(电视文化片)

引 言

中华文明的伟大生命力,生生不息,源远流长,至少已有5000年的历史。按照德国哲学家雅斯贝斯的说法,在公元前500年前后的轴心时代,在希腊、以色列、印度和中国几乎同时出现了伟大的思想家,即古希腊苏格拉底、柏拉图,中国老子、孔子,印度释迦牟尼,以色列犹太教的先知们。他们对人类的关切问题提出了独到看法,并形成了不同文化传统,即现今的欧美文化、东亚文化、南亚文化、中东北非文化(阿拉伯文化)。这四大文化传统经过2000多年的发展,已经成为人类文化的主要精神财富。雅斯贝斯指出,人类至今靠轴心时代的精神财富生存,每一次新的飞跃都回顾这一时代,并被它重新燃起火焰。轴心期潜力的苏醒和对它的回忆或曰复兴,总是提供着精神动力。

遗憾的是,轴心时代的四大文化传统,除了东亚的中国文化传统,其余的三大文化传统在历史进程中都发生了断裂,而中国的历史文化传统5000千年来长期延绵不断地存续到今天,是世界上罕见的、具有千古不灭的强大生命力的伟大文化传统。历史实践证明,并不是上帝特别垂青于东方的中国,而是这里有一个伟大的中华民族,以其海纳百川的胸怀、坚韧不拔的意志、勤劳勇敢的精神、前仆后继的斗争,维系着、弘扬着、发展着这一伟大的文化传统,使中华民族以其恢弘的气度和强大的凝聚力挺然屹立在世界的东方。

伟大的中华文明哺育一代又一代的华夏儿女,像鱼离不开水,生物离不开空气,它渗透在每一个中国人的血脉里,形成了中国人特有的生活方式、人生理念、道德伦理、风俗习惯、观念形态和思维特点。它潜移默化地改变我们的社会生活,开拓我们的视野,提升我们的人生境界,丰富我们的阅历知识,启发我们的人生智慧。它就是中华民族之魂,是我们的精神家园。

中华文明对我们如此重要,使我们不可须臾离开。但在如今信息时代,科技发展日新月异,生活节奏不断加速,世态变化应接不暇,让人们难以静下心来,从容淡定地细细品味传统中华文化的韵味,离我们的精神家园愈来愈远,这不得不让人感慨。这是一个文化常识、文明认识稀缺的年代!

只有知古才能鉴今,回顾来时路,才能头脑清醒,展望未来。我们每一个人的思想始终取决于其血液和灵魂中所具的几千年的民族文化基因。每一个人都被它浸染、熏陶和化育。正是由于它这种不离不弃的先在性质,中华民族才能在世代漫长发展史中得以发展和延续;正是这种性质,决定了中国人不能将它遗忘或淡化,才能使中国人在一次次冲击和劫难中浴火重生,焕发新的生机,我们也才能在挫折与失败中找到重新崛起、奋发图强的精神力量。重温传统中华文化,是应对当前巨变的时代浪潮,汲取智慧、洞明世事、排除困扰、化解冲突、安顿心灵的迫切需要,是每一个中国人不愧为中华民族成员的精神渴求。让我们停下忙乱的脚步,回归家园,平心静气,来一番中华文明的巡礼。

一、溯源篇

轴心时代的伟大中华文化是从哪里来的,又是怎样产生的呢?这就不能不通过考古学和历史学研究的成果来追寻和考察。考古学家、历史学家公认,中华文化在中华大地上远古以来就存在有六大文化区系,分别分布于燕山南北长城地带、山东地区、黄河中游地带、环太湖地带、环洞庭湖与四川盆地地带和鄱阳湖至珠江三角洲地带。正是以这六大区系的远古文化双向碰撞、交流、汇合、互动,凝聚为多元一体的中华文明,它世世代代哺育着中华民族发展壮大,成为世界民族之林的一支举足轻重的和平力量。

通过对多元一体中华文明的整体宏观考察和内在构成的具体剖析研究,不能不承认中华文明的精华内核,其产生的中心地区是处于黄河中下游一带的中国中原地区。就是以当今晋南的风陵渡为圆心,以300—500公里为半径画一大圆周,在这一广袤的黄土地上诞育了伟大中华文明的母体——华夏文明。华夏文明蕴含着不朽的中华文明的精华。它从黄河金三角地区即晋南、晋东南、陕西关中及豫西的圆周地带不断向外辐射、传播,扩散到其他五大文化区系,并同其他文化区系的远古文化相互交融,彼此吸收,互动交流,取长补短,最终熔铸为多元一体的轴心期中华文明。正如考古学家苏秉琦先生所说:"把黄河中游以汾、渭、伊、洛流域为中心的地域,称作中华民族摇篮并不确切,如果把它称作在中华民族形成过程中起到最重要的凝聚作用的一个熔炉,可能更符合历史的真实。"黄河金三角的黄河大拐弯,正如母亲温暖的臂弯和怀抱,哺育着伟大的中华民族。

曾有一些西方思想家认为,华夏文明不是中国固有的文化,而是从西方传来的文化。这就是喧嚣一时的"中国文化西来说",这是一种世界文明起源"欧洲中心论"的变种。这一观点曾一度使我们一些国人扫兴、遗憾从而失掉自信和自尊。但是,不断发现的考古学成就无情地驳倒、颠覆了这种毫无科学依据的谬论。

远古人类学考古成果确切地表明,中国黄河金三角地带的今山西晋南就是人类最早发源地之一。1997 年,中美考古工作者联合组在晋南垣曲县发现了类人猿"世纪曙猿"化石,表明早在 4500 万年前,这里就可能出现了人类的远祖,晋南大地就是人类最早发祥地之一。这且不论,从 20 世纪 20 年代到 70 年代,山西境内就发现旧石器时代遗址 272处,数量为全国之冠,其年代由旧石器时代早期、中期、晚期完整的编年系列,为中国其他地域发现的旧石器文化提供了科学参照的坐标。有研究者认为,东亚和北美的细石器文化源于晋北桑干河流域。接下来,考察山西新石器文化遗址,此类型文化在山西也发现了从早期到中期、晚期的大量系列性遗址。考古学家苏秉琦认为,这里的古文化具有中华民族历史文化的直根性,一直延续发展到今天。至于黄河金三角的关中至豫西一线的广阔地带,远古文化遗址星罗棋布,仰韶文化和其后的龙山文化遗址密集丛聚,为考古学家高度关注。仰韶文化就以首先发现于河南渑池县仰韶村而得名。龙山文化虽发现于山东章丘,但此类文化在这一带的遗址也密如蛛网。典型的龙山文化类型的山西襄汾陶寺文化遗址就是南北文化交融的交集地,这已进入司马迁所记的五帝时期的唐尧文化时期。尧舜禹属传统时代的三王时期,已明确见载于《尚书》《史记》和先秦典籍,史称"尧都平阳,舜都蒲坂,禹都安邑",皆在山西,后来迁往中原。在五帝时期的炎黄蚩尤,皆早于唐尧,被公认为中国人的远祖。炎帝发明农业,教民耕稼,为古代中国成为农业经济国家奠定了基础,功莫大焉。农业最早起源于太行山区西侧的台地,然后传播四方,而至今太行山区所产优质小米和杂粮仍是国人的主要口粮品种。黄帝则是属于北方游牧经济文化类型,进入西部黄土高原,与炎帝部落融合,汉族人自称"炎黄子孙"源远有自,而蚩尤族则是被炎黄战败,辗转迁于南方,成为许多少数民族的远祖。炎黄蚩尤都是中华民族英雄的代表,虽然还不能确认他们究系单个部落领袖个人的名号,还是部落联盟的通称,但这一时期人们的多项发明创造极为丰富。如黄帝之妻缧祖教民养蚕织丝,以制衣服;炎帝神农氏教民播种五谷,炎帝时伐木购材,筑为宫室,使人安居,还发明了舟车,以便交通;在原始科技方面,包括制陶、冶金、医药、乐器、天文历算,始行商贸,发布贸币,普遍应用于日常生活的各个方面,成就之伟大,至今如数家珍,为人乐道。考古研究证明,这些发明不免有后人夸大、附会,难以考实的成分,但是从文化发展的规律来看,可以判定炎黄蚩尤时期已经产生了中华文明的萌芽。比如,

5000 年前仰韶文化母系氏族社会晚期的陕西半坡仰韶文化就发现了窖藏 1000 公斤粟类谷物遗物的窖穴,相当于此期的山东胶县大汶口文化遗址也发现这种穴坑,可储存粟类达三四千公斤。神农时所种粟类由野生植物驯化培养而来,上述发现农业文明已走出太行山区,传播到黄河中下游的广大地域。至于陶器作坊,在这一带的仰韶文化遗址中更是大量发现;有的地方还出现了青铜刀,这使人联想到史载黄帝采首山之铜,铸鼎于荆山下的传说,说明当时已进入金石并用时代。在河南舞阳贾湖裴李岗文化遗址,出土过 16 支竖吹骨笛,能发出七声音阶,说明人们已懂得一定的乐理知识,也印证了黄帝时"伶伦造律"之说并非虚言。黄河金三角地带的远古文化以其多项卓异的成就成为中华文明最早发祥地的铁证,这是不容置疑的定论。但它不是自我封闭的圆圈,而是不断扩大呈放射性地向四周传播,同时吸纳了周边其他远古文化区系的文化成果,如中原的粟作农业与南方的稻作农业就相互交织,彼此受益,构筑了中国农业文明的基石。黄河金三角的远古文化只是中国古文明源头的一个突出亮点和核心地区。

谈到中华文明,不能不关注几千年塑造中华民族性格和思想文化主干的儒学。儒学创始人孔子诞生在今山东曲阜,孟子、墨子、孙子等不少先秦精英也出生在东部,但追溯儒学产生的渊源仍然要聚焦于黄河金三角。《世纪·封禅书》说:"昔三代之居,皆在河洛。"三代即夏、商、周三代,孔子学说是直接继承三代之学的集大成者。儒家就自称"祖述尧舜,宪章文武",尧舜文武都崛起于黄河金三角地带。孔子倾慕的周公是制礼作乐的创始者,周公之礼、文王之德为孔子赞不绝口,孔子晚年还以不复梦见周公为憾。老子出生于苦县(今河南鹿邑县),孔子赴周学礼,曾拜老子为师,又周游列国,取百二十国宝书,可见孔子创立儒学多从黄河金三角地带汲取思想资源,金三角是孕育儒学的摇篮。这里的古代贤哲创造的文化成果,主要见载于《诗》《书》《礼》《易》《春秋》等典籍,便是儒学最基本的教材。孔子尊崇、效法的先贤精英主要是尧舜禹、成汤、伊尹、傅说、吴太伯、周文王、周武王、周公、伯夷、叔齐、柳下惠、子产等，都是黄河金三角地带的志士仁人。如孔子称赞唐尧："大哉，帝尧之为君也！巍巍乎，唯天为大，唯尧则之。荡荡乎，民无能名焉。巍巍乎，其有成功也。焕乎其有文章。"司马迁极称唐尧"其仁如天，其智如神"。大舜是出身下层平民的士人，是孔子称颂的大孝之人，是后世孝文化《二十四孝》的第一位最可称道的孝子。大舜通过"禅让制"成为天子，又以同样方式传位于大禹，孔子赞曰："舜禹之有天下也，而不与焉。"是天下为公的楷模。特别是大禹领导的民众治水，三过家门而不入，吃苦在先，与百姓同忧患、共命运，孔子称："禹，吾无间然矣。"这批人物，都品德高尚，心怀天下，特立独行，垂范后世，皆为儒门称扬而为中国人永久称道的典范，都为儒学注入了丰富的精神营养，使儒学成为后人抗拒暴君暴政的思想武器。至于秦始皇以后，儒学被历代帝王曲解利用，以之愚弄民众，维护极权专制，原儒的真精神被歪曲而政治化，那是一种思想文化的异化，是不能怪罪和苛责原儒的。我们不能用后世强凌弱、众暴寡的斗争观念来看待和评估原儒，因为原儒毕竟提供了有利于人类文明进步，值得我们向往、为之奋斗的大同愿景和普世原则，这才是我们理应追慕和珍惜的精神遗产。

轴心时代先贤创造的文化，是中国成为礼仪之邦的灵魂，是民族文化之根。它扎根于黄河金三角的黄土地，不断发育生长，与周边的诸区系的文化双向互动、融合，汇为多元一体的中华文明巨流，随着历史的演进，不断丰富壮大，譬如九派汇流，万水朝宗，不舍昼夜，奔腾向前，汇成汪洋大海。在这漫长的历史过程中，中华文化继续吸收境内外进步文化的营养，使自身呈现出多彩多姿、辉煌灿烂的景观，渗透在自古以来的思想、政治、经济、军事、外交等众多领域，可谓异彩纷呈、洋洋大观。一部中华文化史就是世界东方的中国人文明进步独特而瑰丽、波澜壮阔的巨幅画卷。

二、思想篇

轴心期的中国思想家,也就是我们常说的先秦诸子百家。诸子的思想学术是从西周的官学继承而来的, 而西周官学又是从尧舜禹夏商那里流传下来的,可谓渊源有自,历史悠久。先秦思想家的代表人物有老子、孔子、孟子、墨子、庄子、管子、邹衍等等。这批精英人物,面对礼崩乐坏、战争频仍、生灵涂炭的残酷现实,纷纷提出各具特色的治国方略和伦理道德规范,以求社会郅治。其中儒家是最具普世价值的思想派别,历史影响直达后世两千余年,成为中华文明发展的主干,塑造了中华民族的民族性格和风范,培育了一代又一代的民族脊梁和志士仁人。秦始皇以来,由于帝王文化主导了社会意识形态,统治者利用尊孔旗号,使之异化为政治性的儒家,专以愚民为能事,造成极其恶劣的深重影响,原儒的民主性精华隐没而不彰。特别是"五四"前后西风东渐,一次又一次的批孔思潮,使原儒的思想受到极大的歪曲和误解。但是,原儒为民请命,力主以人为本、以民为天的理念,毕竟代表了弱势平民和士人的利益,所以形成了抗拒暴君、暴政的思想潜流,而为广大民众所崇信和遵行。正由于此,两千年来儒家成为中华文明珍贵的遗产,始终是人民群众争自由、求平等的思想武器。因此,有必要着重对原儒的思想学术价值,重新估定和评述。

儒家的创始人孔子,出身平民,博学多闻,是第一个打破学术垄断,把教育推向民众的开拓者。这是一件有划时代意义的事件,孔子的这一功绩,无论怎么评价都不为过分。孔子等原儒先贤的思想内涵,极其丰富,其中有人文礼治、以人为本、以民为天、尚和反暴、取财有道、中庸辩论等亮点,值得认真反思和继承。

人文礼治是原儒的核心理念。孔子最尊周礼。针对春秋大国争霸、礼崩乐坏、社会失序、道德败坏的严酷现实,孔子认为只有恢复周礼的规范,才能重建和平安定的社会秩序。为此,孔子提出了"仁者爱人"的观念,他引用古语"克己复礼为仁",主张"以礼让为国"。仁者,人也。只有仁,才合乎人的本性。这是孔子在率兽食人的社会环境中对"人"的伟大发现,是对人道主义和人文关怀的深刻洞见。为此,孔子主张"泛爱众而亲仁(人)"。子夏云:"君子敬而勿失,与人恭而有礼,四海之内,皆兄弟也。"这是中国人早在两千年前就提出的博爱观,可见博爱精神并非法国大革命提出的"平等、自由、博爱"的专利品。这种博爱,正是礼的基本内涵。对这种爱,原儒不流于空洞说教,而主张推己及人,从自己身边的亲人做起,这就是"孝",孝为人本。孟子说:"老吾老,以及人之老;幼吾幼,以及人之幼。"《弟子规》云:"凡是人,皆须爱;天同覆,地同载。"这就是修齐治平的起点。推而广之,"己欲之而立人,己欲达而达人","己所不欲,勿施于人",这同《圣经》所谓:"己之欲邻人之待我者,即应以此待人"的说法完全一致,至今为人生道德金言。

礼是从符合人情好恶之天性立言的。孟子言"人性善",不是说人性天然是善,而是说人心有善的种子,要培养这种善因,使之发扬光大,要扬此善抑其恶,人需要教化才能成为善人。《毛诗序》云:"发乎情,止乎礼义。发乎情,民之性也。止乎礼义,先王之泽也。"先王之泽,即先王之教,非礼教不能使人成为正人君子。故孔孟始终重视教育,是所谓"化民成俗"。《周易》称:"观乎人文,以化成天下。"原儒讲礼,始终把个人道德修养与治国平天下联系起来,也只有从人情出发,施行教化,礼方切实可行,才能达到天下太平。

原儒讲礼,有内外兼修、文质彬彬、礼乐并重、知行合一、礼尚往来等原则要求。孔子意识到礼仪繁难琐细,教人不要斤斤于细节讲求,要抓住礼的根本:"礼,与其奢也宁俭;丧,与其易也宁戚。"还强调,礼要与时损益,不必固执一端,提倡节俭和按多数人意愿行事(从众)。中国的人文礼治传统与西方人的行礼仪式不同,中国走上礼乐兴邦之路,不靠暴力、权势,而靠教化。这是远古农业经济以农为本治国的必然选择。礼,是中国传统文化之魂。钱穆先生说:"要了解中国文化,必须站到更高来看中国之心。中国的核心思想就是'礼'。"这是对中国文化本质的精确之论。这种礼乐文化,对中国的政治、文化、经济、民俗产生了不可估量的影响。中华民族的复兴,既要向外学习吸收他国的优秀文化,更必须找回本位文化的价值。这一文化回归和复兴是第一位的要务,否则,中国人还能叫作中国人吗?!

中华文化是以人为本、直面现实的文化,与西方文化大不同。西方文化是宗教文化,以上帝为本。《圣经》里说,上帝创造了人,人的先祖亚当和夏娃偷吃了禁果,有了智慧,被赶出伊甸园。上帝与亚当签订契约,规定人有原罪,人性本恶,因此人的灵魂要由上帝管束。中国文化里没有上帝这位救世主,没有这种超世存在的"唯一者",认为人性有善。人间的事情不求诸超自然的力量去解决,而是诉诸人本身,人的事情人来办。为什么马克思主义容易被中国人接受? 有一个内在的原因,就是马克思主义也是关注现实的个人,立足于现实社会,立足于人的实践(劳动)来解释世界、改造世界。佛教原来也是有一个万能的佛祖释迦牟尼存在,佛祖指导解决人生问题,但传入中国后,也完全演化为一种为人生的佛教,尤其是禅宗,完全中国化了,与原始佛教截然不同。中国的本土道教,虽有成仙一说,也是着眼于人的修炼,以求长寿成仙,而不是寄希望于彼岸世界。注重现实,相信人自己的力量来顺应自然、改造世界,造就了中国人实事求是、不假外求的务实精神。这从"愚公移山""精卫填海""夸父逐日"的神话寓言中,不难体悟出这种人的主体性的张扬,这是中国人最具勤劳勇敢、艰苦奋斗的民族性格的深层精神根源。客观上,由于中国向来是以农立国。在宜于农耕的黄河金三角地带,我们的先民要生存、发展,固然希求自然风调雨顺,但老天爷往往靠不住,要靠实实在在的勤劳耕作。人勤地不懒,勤有功,所以中国人相信人定胜于天定,人的奋斗才是最切实最可靠的保障。这就是以人为本。

以人为本,人的灵魂要靠自己管束,而且可以管好。人间事情由人来办。因为人不同于畜生,而是万物之灵长。在中国文化里,天地之间有道德,有正义,有公道,有良知,它是维系社会健康发展的真理,也是人管束自己灵魂的准则。孔子说："人能弘道,非道弘人也。"人应该自强不息,这是天道的要求。人是天地之心,人道即天道,离开人的主体,一切都无从谈起。

以人为本,最初见于《管子·霸言》:"夫霸,王之所始也,以人为本。本治则国固,本乱则国危。"这一理念与孔子"仁者,人也""泛爱众而亲仁"思想一脉贯通。孔子之学就是仁学,人文礼治就是化育人成为人、成为文明人的根本途径。以人为本,就排斥了鬼神的主宰地位。"子不语怪、力、乱、神","敬鬼神而远之","祭,如在;祭神,如神在"。这两个"如"字,鲜明地表述了孔子对鬼神的疏远态度。"未能事人,焉能事鬼?"对流俗鬼神之事,孔子明言,先办好人自己的事情吧,人是第一位的,鬼神之事暂缓;对以人俑陪葬死者的做法,孔子严厉谴责:"始作俑者,其无后乎!"先秦的文化精英像这样的现实主义者不只孔子一人,而是形成一种社会思潮。如申繻言:"妖由人兴也。人无衅焉,妖不自作。"(《左传·襄公二十三年》)子产言:"天道远,人道迩,非所及也,何以知之?"(《左传·昭公十八年》)闵子骞言:"祸福无门,唯人所召","国将兴,听于民;国将亡,听于神"(《左传·庄公三十二年》)。在《左传》中两次记载有"夫民,神之主也"的话。这些观念都是彰显人的主体性,是对原始迷信及殷商巫风大盛的颠覆和否定,是人的伟大觉醒。

仁者爱人,强调行为主体必须具备克己的自觉:克己复礼为仁。具体地说,从对亲人之孝悌做起;孝悌是为人之本。克己的另一面是利人:"志士仁人,无求生以害人,有杀身以成仁。"这当然是一种很高的道德要求,孔子自谦本人也难以做到:"若圣与仁,则吾岂敢!"但仁并非高不可攀,人通过努力可以接近这一目标,孔子说:"我欲仁,斯仁至矣。"孟子也说:"人皆可以为尧舜。"这就给平民众庶树立了一个人生自我完善的方向,成为人类文明循序渐进的阶梯,即修齐治平,达到大同社会。以利人为己任的仁者风度,自然会得到众人的尊重;以此原则施政,自然远者来,近者悦,会得到天下万国的友好拥戴。孟子多次申明"仁者无敌",不是打遍天下无敌手,而是能化解敌意,化干戈为玉帛,化敌为友,得到天下人的敬重。仁者无敌,是伟大真理。

以人为本,出发点和落脚点都在人。这个人,不是抽象存在,而是指庶民百姓。正由于有这样的前提,以人为重,不以天地鬼神为本位,所以儒家有"以民为天"的名言。"以民为天"之语见于西汉儒者郦食其之语:"古之王者……以民为天,民以食为天。"是王者,都要以民为天,霸者则绝没有这一信念。为什么要以民为天?因古人一向敬天,农业经济是靠天吃饭的经济,是否遇上风调雨顺的年景决定着农业的丰歉,所以从根本上说还得靠民众自身的勤劳,人才是生产力最重要的因素。西周初,周公否认了殷商迷信上帝鬼神的巫风,提出"敬天保民"的大政方针,固然期盼老天的眷顾,同时主要依靠民众力量与天奋斗、与地奋斗,就要以保民为敬天的前提,以民为天。但是,这就产生了一个为历代统治者不愿接受的逻辑推断:以民为天,那么高高在上的统治者为天子,作为天的儿子就必须听命孝顺于天,而民就是天,天子岂不是就应该孝顺于民?这就意味着天子要服从民意,做民众的公仆。周公就有这样的高论,认为天子应当"以父母之礼,以加于民"(《逸周书·本典解》),在《尚书·泰誓》中也有"民之所欲,天必从之","天聪明,自我民聪明;天明畏,自我民明畏","天视自我民视,天听自我民听"的格言,《尚书·五子之歌》亦称:"民可畏,不可下(轻视)。"古人说:"民心即天心,得民心者得天下。"也是源于这个道理。这也就是孟子"民为贵,社稷次之,君为轻"的思想来源。而这个源头,还可以追溯到尧舜时期的远古禅让制的原始民主制遗风。如周公制礼作乐,也依据的是"稽古三王之道"(《荀子·杨序》)。儒家说自家的思想学术,是"祖述尧舜,宪章文武",孔子称自己是"述三代之法,明周召之业"(《史记·孔子世家》),"周监于二代,郁郁乎文哉,吾从周"(《论语·八佾》)。再以忠的观念来说,在原儒那里并没有臣民必须绝对忠君的意识。忠,本来是指人际关系之间的忠诚信义。《论语》称:"子以四教:文、行、忠、信。""子曰:主忠信,从义,崇德也。"曾子曰："吾日三省吾身，为人谋而不忠乎？"都是讲对弟子、常人的忠。特别要指出，还强调上对下、君对臣要忠。《左传·桓公六年》称："上思利民，忠也。"郭店楚简载子思语："恒称其君之恶者，可谓忠臣矣。"又说："友，君臣之道也。"君臣关系是朋友关系，可以合则留，不合则去，不是主仆关系。所谓忠君，不是臣下对君主逢迎拍马，而是要经常指出他的过恶。这都明显不同于后世奴儒"君要臣死，臣不得不死"，韩愈所谓"天王圣明，臣罪当诛"的愚忠。从什么时候，忠变成了对君主的愚忠呢？查历史典籍，可以知道，那是秦始皇时期商韩法家的流毒。《韩非子·忠孝》提出："臣事君，子事父，妻事夫。三者顺，则天下治。"西汉董仲舒继之倡导君权至上，尤其到东汉班固作《白虎通》才确立了"三纲论"的"君为臣纲"信条。这是后人的曲解，是从法家思想中传承下来，一直流毒两千年之久的帝王文化。这是不能归咎于原儒的。从汉初郦食其所言"以民为天"就可以看到，西汉早期人们并不认可"君为臣纲"的谬论。原儒以民为天的伟大思想，是中国传统文化中最可宝贵、最有价值的精神遗产，"以民为天"一语足可一扫"五四"以来批孔派诬称原儒是封建主、奴隶主贵族思想，要彻底打倒孔家店的妄说，我们绝不能把原儒和后世政治化奴儒混为一谈，不加明辨。学界今有所谓儒家是民本主义之说，其来源不过是《尚书·五子之歌》"民为邦本"一句而已，不足为据。儒家不是什么民本主义，而是地地道道的远古民生制继承者、弘扬者，是对抗帝王文化的古代民主思想的前驱。当然也应当厘清，儒家民主观是产生于古代农业经济社会的产物，与今天我们倡导的现代大工业社会的现代民主政治不可等同。儒家民生观是中华先民对民生政治生活探索的可贵成果，有其历史局限性。这是不可苛求于前人的。

农业经济的发展有赖于和平安定的有序环境。正因为和平关乎国计民生，所以儒家是坚定的和平主义者，坚决主张尚和反暴。孔子说："礼之用，和为贵，先王之道斯为美。"只有万物和谐共存，协调发展，才能实现共赢，社会才能可持续发展。《国语·郑语》载史伯的名言："和实生物,同则不济。"这是世间万物存在的客观真理。儒家的尚和理念,一以贯之,强调世界的多元化,反对极权专制,具体原则是"和而不同",允许有对立面存在,而不是强求同一,把自己的意志强加于人。任何强求同一的极端做法都是不可取的。中华民族就是多元一体的和谐大家庭,中国人自古热爱和平,在历史上中国很少有主动出击周边民族的征伐行为。正由于我们民族有博大的胸怀、宽容的气度,才能厚德载物,有容乃大,兼收并蓄,博采众长,中华文化才如此灿烂辉煌、异彩纷呈。直至如今,中国崛起仍是维护世界和平的举足轻重的力量。

也正是有这样真理性认识,所以原儒反对暴力、暴君、暴政。孔子愤怒地控诉:"苛政猛于虎。"孟子强烈谴责列国争战是"率兽食人",坚决反对滥杀无辜。《尚书·大禹谟》对刑事惩罚有这样的要求:"与其杀无辜,宁失不经。"因为"好生之德,恰于民心"。同篇载大禹的遗言:"德性善政,政在养民。正德、利用、厚生,惟和。"尚和,只有和,才有正义道德,使物质生产为人所用,使民生丰裕、天下太平。《论语》载,季康子问政:"如杀无道以就有道,如何?"孔子回答:"子为政,焉用杀?子欲善,而民善矣。君子之德,风也。小人之德,草也。草上之风必偃。"意思是首先要求当政者,率先垂范,民众也就会向善。孟子认为:"以力服人者,非心服也。"故而强调:"杀一不辜而得天下,不为也。"孟子特别痛恨非正义的战争,造成"征城之战,杀人盈城;征地之战,杀人盈野"的惨状,他大声疾呼"善战者服上刑",对战争狂人要处以重刑。先贤一向告诫:兵者,凶器,圣人不得已而用之(《老子》)。因为凡有战争,大量死亡的是平民,是家破人亡,真是"一将功成万骨枯",是人类之大不幸。制止战争,消弭战祸,固不失良好愿望,但进入文明时代,在阶段矛盾激化阶段,战争也往往不可免。在这种情况下,对逼上梁山的民众来说,就不得不揭竿而起,替天行道,奋勇抗暴。孔孟都强烈地反对暴力,孔子愤言:"军旅之事,未之闻也。"儒者不道齐桓、晋文之事,反对诸侯争霸的暴行。孟子认为"五霸"是"三王之罪人",反对"以暴易暴"。但在春秋无义战时代,善良的人们不能不奋起自卫。原儒清醒地认识到,不幸发生战争,也不能束手待毙,必须未雨绸缪,尽力清除战祸于未萌,所以主张"有文事,必有武备",文武并重,才能有备无患,维护国家的主权和尊严。而这也正是"仁者无敌"的首要前提。在春秋末的夹谷之会中,正是由于孔子事先做好了军事防备,才化解了两国冲突,维护了鲁国的权益。对于残民以逞的暴君,孟子表示了鲜明的反对,如对武王伐纣的评价,孟子论:"贼仁者谓之贼,贼义者谓之残。残贼之人谓之一夫,闻诛一夫纣矣,未闻弑君也。"就是说,对暴君是应该杀的,不能说这是弑君的非礼行为。反对暴力需要顽强坚忍的抗争。国家就是暴力工具,也必然会有法制和刑律。原儒并不反对法治,而是主张礼治为主,法治为辅,所以孔子主张施政要"宽猛相济",要"刑政相参"(《家语·刑政》),认为原儒是迂腐的东郭先生,那是对原儒的误解。

原儒的思想学术极为丰富,涉及了社会生活的方方面面,难以一一列举。比如关于教育方面的精彩论述,至今为人乐道;关于取财有道,孔子说:"不义而富且贵,于我如浮云","君子固穷"。孟子倡导"富贵不能淫,贫贱不能移,威武不能屈"的大丈夫精神,等等。关于生态保护的"天人合一"观,《论语》载:"子钓不纲,弋不射宿。"孟子强调"不违农时",反对竭泽而渔、要斧斤以时入山林,同今天提倡保护自然资源、退耕还田、适时休渔的意义是一致的。在思想方法上,原儒倡导中庸的辩证思维,均极富智慧。原儒提出了许多至今闪耀光彩的普世原则,其思想学术是一座极有价值的文化宝库。我们中华民族生生不已地发展到今天,实现了和平崛起的伟业,有赖于传统文化的精神家园的依托和支撑,岂能数典忘祖,不思其反!

在轴心期的中国先秦先贤中老子、墨子、孙子、庄子、荀子、韩非子、杂家、农家等诸子的思想学术,蕴藏着极为丰富的无价珍宝。有识之士理当认真深入地鉴别和采择,联系现实,取精用宏,从而发扬光大,与时俱进,以构建社会主义先进文化,推进复兴中华、富民强国的现代化事业。

三、政治篇

中华先民在黄河金三角地带由尧舜禹时代继承炎黄时代的文化，发展进步而产生了国家，便进入了文明时代。这一文明又被夏、商、周三代充实丰富，发扬光大，创造了中国轴心时代的灿烂文明。然而，创造这一灿烂文明的却是阶级对立、矛盾和斗争的结果，国家便是阶级压迫的工具，是维护家天下、私有制的暴力机器。从此以后，文明的进步总是伴随着血腥、欺诈和战争。恩格斯说："由于文明时代的基础是一个阶级对另一个阶级的剥削，所以它的全部发展都是在经常的矛盾中进行的。生产的每一进步，同时也就是被压迫阶级即大多数人的生活状况的一个退步。对一些人是好事的，对另一些人必然是坏事，一个阶级任何的新的解放，必然是对另一个阶级的新的压迫"，"卑劣的贪欲是文明时代从它存在的第一日起直至如今的动力，财富，财富，第三还是财富……这就是文明时代唯一的、具有决定意义的目的"。从"家天下"开始，按照《礼记·礼运》的说法，当时已是"大人世及以为礼、城郭沟池以为固"，"谋用时作而兵由此起"。就是说，统治阶级开始了"家天下"的世袭政治和集权垄断，以维护本阶级的特权，并建立了城池屏障保卫自身的权益，而且运用智谋，强化了军事武装等国家机器。这与原儒追慕的尧舜时代远古禅让民主制的公天下有了本质的区别。所谓政治文明，本不过是"管理众人之事"而已，从夏代开始，便成为统治者少数人的特权，是维护私有制，攫取社会资源、财富和经济利益的暴力手段，正如列宁所说，"政治是经济的集中表现"。

在夏商周至先秦时代，中国的文明社会结构是以血缘为纽带为基础、家国同构的宗法制。这一时代的政治是贵族垄断政治，由天子、诸侯、卿、士大夫构成统治阶级或统治民族的诸阶层，而被统治阶级的农奴、奴隶和被征服的民族则成为最底层的大多数庶民。在先秦时代，整体社会已形成家国同构的特征,国是家的扩展,家是国的缩影,天子便是整个社会的大家长,诸侯则是诸侯国的家长,卿大夫亦然。这种家国同构特征在后世一直延续下来,一直到帝制时代几千年来没有改变。底层的劳苦大众臣服于统治集团的阶级压迫,就像儿女必须服从父亲的权威,必须战战兢兢、惟命是从一样。

统治集团的政治垄断是为了维护自身的权益,待民众如牛马,而统治集团内部也为争权夺利相互厮杀,充满刀光剑影的血腥。在尧舜时代,虽然实行禅让制的民主方式,但也或许有篡夺权位的活动,如《古本竹书纪年》《韩非子》等典籍中就有舜逼尧、禹逼舜之类暴力篡位事件之说。这些说法虽不为原儒采信,但凭借政治优势和军事实力而被拥戴继位为天子也未必没有可能。至于商汤灭夏、周武王灭商,则完全是以暴易暴的军事征服,更是不可否认的史实。这与后世历史学家何为正义、何为人道的评价,与原儒对历史资源的价值取向及其天下为公理想的追求,是性质不同的两回事,不必混为一谈。

先秦西周衰落以后,到东周春秋和战国时代,更是杀伐不断、战争不止的时代。史家向有"春秋无义战""战国无忠臣"的定论。春秋无义战,是说春秋时礼崩乐坏,诸侯争霸都是利益之争,本无正义可言。战国无忠臣,无非是说七雄争霸,为赢得胜利,延揽游士,人才投靠强权者不专为一方服务,这反映出从底层庶民或没落贵族中产生的精英士人有选择事主而参与政治的时代风气,这就打破了世卿世禄的贵族政治垄断,并为处士横议、百家争鸣提供了学术大繁荣的前提条件,造成了春秋战国游士活跃、竞争霸权的局面,如:

晋国重用异族人才、尽杀群公子

齐桓公重用管仲称霸

韩赵魏改革

商鞅变法

荀子改变孔孟礼治仁政而倡隆礼重治、法后王

荀子弟子韩非子为代表的法家

韩非子弟子李斯以大一统之说助秦始皇行帝制独裁

秦始皇开创帝制独裁,使帝制延续二千余年

秦以暴政二世即亡

秦始皇严刑峻法,开创帝制独裁,实行郡县制,基本终结了贵族政治,实行中央集权的郡县制,构建了地主官僚政治体系,但仍然是少数人垄断政治统治。

秦始皇以暴政而亡,天下逐鹿,乃有陈胜吴广起义和楚汉相争。由起自民间的刘邦集团称帝,继续实行皇权专制,此后两千年政权更迭或由造反者取代,或由上层统治者内争夺位,或由边族入主中原,从根本上来说始终是以少数权势者垄断政治,而广大民众处于无权地位。所以梁启超说,一部二十四史,是帝王将相的相斫书。两千年来,帝制时代的统治者作威作福、横征暴敛的暴政建立在无数劳苦大众的辛酸血泪和累累白骨之上。

历史学家统计,在秦朝以来二千年中直线相承的 22 个王朝中,出了皇帝 170 个,假若五分之一的皇帝算事业型、有所作为的,以一个皇帝在位十二三年计,这类皇帝统治中国不过 400 年,而其余 1700 余年,我们这个古老的祖国就是在一大群腐败者、残虐成性者、弱智者、未成年孩童以及病患的平庸人等专制统治下,蹒跚前进。即就所谓有为的少数皇帝而言,在他们的统治期里,真正能推动社会前进的功业究竟又有多少? 这也大成问题(参周良霄《皇帝与皇权》,上海古籍,1999)。

暴君代表有:夏桀、商纣、秦始皇、东吴末帝孙皓、南朝刘宋废帝刘昱、前赵刘曜、后赵石虎、前秦苻生、北齐高洋高纬、隋炀帝、辽穆帝、朱元璋、明成祖等。

鲁迅先生说:"自有历史以来,中国人一向被同族和异族杀戮、奴隶、虏掠、刑辱,压迫下来,非人力所能忍受的荼毒,也都身受过,每一考察,真教人觉得不像活在人间。"(《且介亭杂文·病后杂谈之余》)

正如马克思所言："专制制度必然具有兽性，并且和人性是不相容的。"清初思想家唐甄一言以蔽之："自秦以来，凡为帝王者，皆贼也。"文明进步确实是在血与火的不文明斗争中发展的，历史文化就是这样退一步、进两步，再退一步、进两步，在否定之否定中循环扬弃，螺旋提升，有所扩展，不断丰富累积着。每一代人都继承着前一代人创造的成果，又有新的创造。所以，尽管历代统治者都实行了不同制度的剥削压迫、残暴掠夺，但与之对立的反暴政斗争仍持续不断，人民群众的辛勤劳动和创造也始终连绵地递增。在政治领域，代表底层平民利益的进步政治文化和有作为的明智政治家及其业绩就像暗夜里的灯火，照亮了前进的道路。这不绝如缕的亮点连接起来，彰显了中国历史文明进步的轨迹，如：

尧舜禹时代的远古民主制

大禹治水中体现的大公无私精神和治水业绩

商朝创立者成汤的仁政

周文王之德政与周公制礼作乐（简称文王之德、周公之礼）

晋文公开明政治

三晋改革

孔孟主张的仁政礼治，以人为本、以民为天的政治伦理

墨子的兼爱非攻政治思想

老子的慈、俭、不敢为天下先

荀子的隆礼重法治国之道

汉初的休养生息与文景之治，贾谊的治安策与晁错的削藩策

汉武帝对穷兵黩武忏悔的《轮台诏》

东汉光武帝的惠民文治

魏孝文帝的汉化政策

隋文帝统一中国与隋初政治改革（确立三省六部制与创立科举制）

唐太宗与贞观之治（《贞观政要》与魏征等政治精英）

开元盛世的出现与社会财富的惊人增长

五代时期的明君后唐明宗李嗣源、后周世宗柴荣的善政

北宋皇帝与士大夫共治天下、庆历新政、王安石与司马光的政争

明代张居正改革

明清形成多民族大一统国家的文治武功

任何政治都是对人的统治,社会管理必不可少。历代王朝都有一套选官任人制度,为社会管理提供人才支持和保障,形成了制度化日益完善的选才机制:

先秦时期,在尧舜禹时代通常是民主荐举,即《尚书》所谓"明明扬侧陋"

在两周时期是世卿世禄制度,春秋战国是游士的择君而仕

秦始皇时期"以吏为师"与军功爵制

两汉时期的察举制

魏晋南北朝时期的九品中正制

隋唐开创科举制一直沿用到晚清(这种制度到 17 世纪为英国仿效形成文官制度,沿用至今),开辟了下层精英参与政治的通道,具有重大的历史意义。

人才的选拔充实了行政管理人员及官僚队伍,相应的历代王朝都设立了一套官僚制度,官制在皇权与官僚的利益博弈中不断调整完善,向合理化简约化趋近,最终将为实现民主普选制取代。

中央官制的历史演变

地方官制的历史演变

毛泽东有句名言:政治路线确定之后,干部就是决定的因素。历代官制虽然在帝王与官僚、中央与地方权益的调整分配格局中不断变化,最终无法冲破私有制社会的局限,存在着难以调和的矛盾,但是毕竟为颠覆帝制独裁与官僚集团的特权统治,实现现代民主政治做好了历史铺垫,提供了历史借鉴,导致现代民主政治最终破茧而出,这是不以人

的意志为转移的客观规律。

国都建设。

城市是社会文明的标志,是政治、经济、文化的中心。而首都则是国家城市群中举足轻重的最高政治中枢所在。任何一个国家无一例外,首都是最有权威的政治中心。中国古代的首都,直至元明清之前又别无选择地都建造于黄河金三角地带。

传统"尧都平阳,舜都蒲坂,禹都安邑"均在晋南,后来才迁到河南西部。商代的首都无论在亳还是在安阳等地,也都在河洛地区。西周崛起于周原,最先经营镐京,而后周公又创建洛邑。秦国崛起于西戎,大力经营咸阳为都,是以此地攻守两便,遥控东方为目的。西汉因之,到东汉鉴于天下统一,为便于统治,经营四方,移都于"天下之中"的洛阳,后人有"八方风雨会中州"之赞。在唐代,有李白"天王三京,贤者所居"之论,三京即指西都长安、东都洛阳、北都晋阳。晋阳北都之设是由于这里是北方边族与中原汉族的融合之区,为边防最重要的军事重镇和大本营,是李唐与五代的后唐、后晋、后汉、北汉起家的根据地。这三座伟大的都城都在金三角的大范围之内。班固著有名篇《两都赋》,张衡有《二京赋》,就是对长安、洛阳的宏大颂歌。而晋阳城为华夏名都,尤有英雄主义精神,2500 年来有多少惨烈战事丛集于斯,抒写了一首首中华民族抗御强暴的爱国主义壮丽诗篇。

四、经济篇(上)

历史的发展和文化的进步,最根本的原因在经济基础之中,而经济发展的根本动力在生产力的提高。人的劳动,人的体力与智力的支出是提高生产力的不竭动力,正是由于人民群众的辛勤劳动缔造了人类的物质文明和精神文明的基础。

中国的古代文明建立在先民的农业经济基础上,中国自古以来是以农业经济为主要部门,是以农为本的国度。在黄河金三角地带,由于四季分明的气候条件和广袤的、肥沃的黄土地的地理环境,最适于农业生产的发展。在远古炎帝神农氏于晋东南太行山区发明农业以来,先民一代接一代的辛勤劳动,获得了足以维生的物质生活资料,使粟作农业不断扩大到黄河中下游的中原地域和北中国,并与长江流域以及岭南地区的稻作农业相伴并生,构成了中华农业文明的主体,一代接一代地哺育着中华民族的成长壮大。

中华农业文明是以黄河金三角为摇篮向四周拓展、辐射并容纳了北方牧业文明、南方农业文明,从而形成多元一体的多民族互利共生、独立发展的伟大文明。考古学研究证明,黄河金三角地带是原始社会仰韶文化与龙山文化最密集的区域,可以确定无疑地证明,黄河金三角的农业文明是最终融汇成中华文明的熔炉,这一结论已是学术界的共识。

农业的发展在原始仰韶文化、龙山文化直至商周时代,以旧石器、新石器、铜石并用的生产工具为标志,到春秋战国时期以铁质农具发明为标志。西汉时桓宽作《盐铁论》称:"农,天下之大业也;铁器,民之大用也。器用便利,则用力少而得作多,农夫乐事劝功……其功相什而倍也。"铁农具的普及,使农业几千年相继发展,在汉武帝期国力强盛,以至"太仓之粟,陈陈相因,腐朽不可食"。

农业的耕作技术也相应不断改进,汉武帝时赵过发明了代田法,"用力少而得谷多";成帝时有氾胜之总结出一套区种法,能集中使用水肥,精耕细作,提高产量。东汉崔寔作《四民月令》使精耕细作普遍推广,牛耕又传到江南;北朝时贾思勰作《齐民要术》,使农业科学臻于成熟。据唐太宗言,隋文帝末年,粮食储备,可供五六十年之用。唐太宗特重农业生产,注意不夺农时,休养生息,贞观年间"使民衣食有余"。唐代农业工具进一步改进,由直辕犁改为曲辕犁,便于深耕,可调节入土深度,操作简便,灵活省力,水利灌溉中传统的辘轳、橘槔、翻车已普遍使用,北方还出现了水车;南方则有筒车,可水浇高地。杜甫《忆昔》诗赞开元盛世:"忆昔开元全盛日,小邑犹藏万家室。稻米流脂粟米白,公私仓廪俱丰实。"五代十国时期经济重心转移江南,以南方为主的区域经济优势日益发挥。宋元时期尤重开荒拓地,南方经济长足发展,经济作物品种繁多。明初洪武永乐年间,因元末战乱,华北江淮土地荒芜,人民稀少,政府采取了移民政策,这就是著名的大槐树移民,先后大规模组织移民18次之多,有力地缓解了各地民力缺乏的急需,促进了农业生产的恢复和社会安定。清初康熙年间调整土地占有关系,禁止旗人无偿圈地,奖励垦荒,整顿赋役,特别是明清之际玉米、土豆、番茄的从国外引进,扩大了种植面积,解决了仅靠中原小麦杂粮和南方稻米产量不足、人口日益滋长的粮食缺口问题,在康乾之际出现了经济繁荣的新的高峰。

土地是农业生产的基本要素,历代的土地分配关系着农业发展的进程。原始社会地广人稀,不存在土地匮乏问题。在黄河金三角地带及周边文明繁兴的先秦时代,土地与人口成为诸侯列国争夺的对象。早期的土地分配与赋税制度往往匹配施行。先秦早期实行井田制,分公田与私田两种,农夫、农奴分田而耕,田地为国有,即天子诸侯所有,是多层次的贵族土地私有制,具体情况如孟子所言:"方里而井,井九百亩,其中为公田,八家皆私百亩,同养公田,公事毕然后敢治私事。"《诗经·大田》描写农夫喜雨的心情:"雨我公田,遂及我私。"有关的赋税制度,孟子说:"夏后氏五十而贡,殷人七十而助,周人百亩而彻。"三者的税额,孟子说:"其实皆十一也。"大抵相当于交纳收获的十分之一左右。这是税,至于赋则是平民以人徒、车、辇、牛马等,以供军用。此外有役法,即是从事公共事业劳作即徭役,服兵役也是役法的一种。

先秦晚期的春秋战国之际,由于铁农具与牛耕的使用,提高了农业生产率,农民开辟私田,不屑尽力于公田,上层诸侯贵族又争夺公田,井田制日渐破坏。经过一系列改革如晋作爰田,鲁国"初税亩",楚国"蒍掩书土田",秦国"初租禾",使土地私人占有变为私人所有,导致了土地私有制的确立。

秦国孝公时商鞅推行变法,废井田,开阡陌,民得买卖;到秦始皇时期,又诏"令黔首自实田",从法律上巩固了土地私有制,赋税剥削则是"见税十五"。随后秦皇下令统一文字、度量衡和币制,从客观上有利于经济发展。

秦以后,汉代实行土地国有(公田、另有屯田)、地主所有、自耕农所有三种所有制,文景时期曾"限民名田",主要限制官僚地主占有土地数量。农夫佃户租种地主土地,"耕豪民之田,见税十五"。政府对土地所有者征土地税主要是粮食、谷物,汉初为十五税一,文帝时减半,为三十税一。两汉后期改征货币。征人头税有算赋、口赋,为国家财政主要来源,但官吏地主有免征特权。徭役有兵役、力役、徭役三种。

曹魏时有屯田制,北魏有"均田令",赋役有曹魏的租调制,西晋有占田制,有课田(征田租)。北方十六国与南朝梁陈皆行租调制。徭役有兵役、吏役、私役,负担有加重的趋势。

隋初改革均田制,取消了对豪门奴婢、牛的授田,炀帝时又规定妇女不授田,也不承担课役。

唐初继续推行均田制和租庸调制,其中庸法全面推行,农民可以绢、布代役,以不误农时。太宗和高宗、武后时期轻徭薄赋,对农业发展均有利,至开元时达到繁荣盛世局面。盛唐之后,均田制受到破坏,玄宗进行检括户口,整顿色役,改变地税、户税,分别征粮与钱;德宗时采杨炎建议,行两税法,分夏税与秋税。宋代因之,有王安石方田均税法等。

明朝实行一条鞭法,清雍正时实行摊丁入亩,巩固了土地私有制。清初官田已很少,90%以上皆为自耕农的民田。明清两代,已形成自耕农小土地所有的汪洋大海,成为农业经济的主体。直到1929年,中国半数以上的农民全为自耕农(黄仁宇说)。毛泽东1928年作《井冈山的斗争》一文指出,边区土地,由地主占60%,农民占40%,农民地少或无地,引发了土地革命战争。

土地问题附带的赋税徭役问题,是关系到中国历史发展、社会安定的关键问题,在私有制下这其中的阶级矛盾始终存在,这个问题困扰社会文明进步几千年,直到新中国成立之前,经过土地改革,继之实行土地国有化,才基本得以解决。

在农业经济持续发展的同时,另一重要方面是工商业的发展。中国古代以农为本,工商业发展极受限制。但由于民族生存发展的需要,工商业又必不可少,所以,工商业仍有自身存在发展的空间。

工商业的起源,最先来自原始的家庭手工业和物物交换。在原始的仰韶文化与龙山文化时期,石器制造、陶器、玉器制作都已十分成熟,在龙山文化和夏代已发明了青铜器,史上有"禹铸九鼎"之说。先秦以前,青铜器冶铸十分普及,技艺高超,这由大量出土的青铜礼器与河南安阳商代青铜铸造遗址可以证明。

采盐业关系民生饮食,晋南的池盐在远古就已采制,相传黄帝炎帝与蚩尤的涿鹿之战就起因于对晋南盐池的争夺。相传黄帝妻嫘祖发明养蚕缫丝,家庭纺织业由是产生。商代以官营的手工业青铜铸造为主,大型铜器需上万人乃至几万人共同协作生产,代表性的器物有大盂鼎、后母戊鼎等,陶瓷器的生产品种繁多,色彩丰富(黑陶、灰陶、白陶与灰白瓷、青绿瓷)等。骨器、玉器、漆器产品多样。西周时期,接管了商代的手工工匠,青铜器数量大增,有礼器、车马器、武器等形制不一。西周中期发明了一模翻制数范的方法,提高了生产效率,还出现了带金属锋刃的耨草农具。木器制作已很普遍,《考工记》所载"攻木之工"就有七种。而酿造业酿酒在夏代已产生。

商业萌芽于远古时期的以物易物,其时货币有海贝与仿制的骨贝、石贝(见二里头遗址)。商周的商业由官营,西周中期土地买卖已经出现(见格伯簋)。西周已有固定的市场(《考工记》《周礼·司市》),但规定贵重的礼器不准买卖,而日常器用、兵车、布帛、五谷、禽兽可以上市交易(《礼记·王制》《兮甲盘》铭)。

春秋战国时期手工业的大宗为冶金、盐业、纺织、漆器业四类,采矿冶炼业发达,有的矿井达地下 50 米,初步解决了通风、排水、提升、照明等复杂技术(如湖北大冶铜绿山遗址)。采掘工具为铜、木制造,战国中后期有了铁制的斧、锤、耙、锄等(同上)。此期还发明了锻铸铁。晋国的铸铜业规模宏大(见侯马遗址),铜器铸造采用了失蜡法。盐业在池盐之外,产生了海盐(齐),井盐生产在四川也已出现。漆器、木器、玉石雕刻、金银骨器的加工制作均有新的进步。春秋战国之际手工业生产已不限于官营,私营手工业已出现,《史记·货殖列传》所载有邯郸郭纵以冶铁、猗顿以煮盐、秦国巴寡妇清以丹砂、蜀卓氏与宛孔氏以冶铁,皆致巨富。个体手工业者更是大有人在。

"天下熙熙,皆为利来;天下攘攘,皆为利往。"商人的逐利冲动导致了先秦贸易的繁荣。据说"商人"之称出于西周初,当时有一部分商朝的残余贵族专门从事贸易的谋生活动。春秋晋文公曾实行"通商惠工"政策,商业繁荣为晋国争霸中原提供了物质基础。晋太傅叔向称:"夫绛之巨富……而能金玉其车,文错其服,能行诸侯之贿。"可见晋商聚财之道,已影响到政治活动。晋悼公时,魏绛建言:"戎狄荐处,贵货而易土,予之赏,获其土,其利一也。"以财货与戎狄交换土地,成为晋国的国策。这些晋国商贾就是近世闻名中外的晋商帮会的鼻祖。考古出土今存晋国各地的铸币有 290 多种,足见商业何等畅达繁荣。《史记》载,晋国富商猗顿向陶朱公范蠡求致富之道,以贩盐与畜牧业致富起家,"资拟王公,驰名天下,可与王者埒富"。周人白圭至三晋,以"人弃我取,人取我予"之道致富,辅助魏国变法图强,自称是效法伊尹、吕尚之谋及孙吴用兵。中原郑卫地区乃较早出现商业交换之地。子产说:"昔我先君桓公与商人皆出自周……有盟誓以相信也,曰:'尔无我叛,我无强贾。毋或匄夺。尔有利市宝贿,我毋与知。恃此质盟,故能相保,以至于今。'"(《左传·昭公十六年》)《左传》载有郑国巨商弦高贩牛,在滑地(今河南偃师)遇到偷袭郑国的秦军,便假称自己是使者,向秦军献上千张皮革和 12 头牛,使秦将孟明误以为郑国有备而灭滑班师,使郑国免于战祸。另一位郑国商人在楚经商,曾打算营救被楚俘获的晋国大贵族荀罃。可见,这两位郑国商人财力之富，竟能发挥巨大的政治参与之效。齐鲁之地，商贸发达，有鱼盐之利。《管子·侈靡篇》畅论消费刺激生产的关系，齐国称霸中原取资于这里雄厚的物质基础。在齐鲁等国的盟誓中尚有"毋遏籴""毋壅利"的信约，是专为保证商品流通而做的专项规定，为行商坐贾的贸易提供了便利。远距离的商品交换，如从晋国归来的楚使声子所言"杞梓皮革，自楚往也；虽楚有材，晋实用之"之句可以为证。春秋末越国大臣范蠡化名陶朱公称巨商，他认为："陶，天下之中，诸侯四通，货物所交易也。乃治产，积居，与时逐而不责于人。"(《史记·货殖列传》)范蠡是坐贾，能囤积居奇，乘时谋利，可见精通财贸，高人一等。商业的发达促进了道路水陆交通和城市的兴起，齐都临淄、赵都邯郸、燕下都、楚郢都，都是当时繁华之区。举凡大城邑皆设有市，市区四面有市门，以便出入，且有市吏管理。韩上党地区便有17邑设市，魏国30余县也有市。市沟通城乡，活跃商贾，成为经济发展的标志。

秦汉时期工商业的发达超过先秦。汉武帝好大喜功，一度财政困难。采取过盐铁官营政策，颁布算缗令向工商业主征收财产税，对不交税或隐瞒财产者，举报者奖励所没收财产的一半，名曰"告缗"。据史载，没收财产以亿计，奴婢以千万数，田地大县数百顷，小者百余顷，还有很多豪宅。可见从事工商者占有何等巨大的物质资源。武帝又统一货币发行权，令郡国和上林官铸五铢钱等。上林所铸五铢钱称"上林三官钱"，质量优良，是中国货币史上颇负盛名的币种。又行均输法和平准法，是调整物流和商品有无的经济政策，以法律保障朝廷财政的收入。

五、经济篇（下）

在两汉中期以前，全国形成了山西、山东(以河南崤山为界)、江南、龙门碣石以北四大经济区，或以农业为主，或以鱼米为主，或以半农半牧为主，各以资源之不同，突出其特色经济。手工业在汉代主要表现为冶铁、纺织及漆器业的发达，已发现的铁器出土址有60多处，以河南南阳、巩县冶铁遗址最大,铁的柔化技术比西欧早出现了 2000 年左右。铁兵器和日用具已在各地普遍生产,南阳地区发明了便于冶铁的水力鼓风炉(水排),此项发明,在欧洲迟至 12 世纪才应用。西汉的纺织业,特别是丝织品十分精美。巨鹿人陈宝光之妻纺织技艺高超,所织蒲桃锦和散花绫,用 60 天才能完成(《西京杂记》)。在长沙马王堆出土的绢、纱、绮、锦、起毛棉、刺绣、麻布、蝉衣,均有惊世的华美与精巧。据分析,当时已掌握了提花织物的技巧和机具。东汉的蜀锦驰名全国,齐与襄地的刺绣与织锦特精,有的产品已运送到今新疆地区。东汉蔡伦改进的造纸术是众所周知的中国四大发明之一。

漆器工艺精湛,从长沙马王堆汉墓出土的耳杯、盘、盒、奁、屏风等可见实证。手工艺制造为 1968 年河北蒲城出土的"长信宫灯""金缕玉衣"以及他处出土的透光铜镜,都反映了汉代劳动人民的高超智慧和惊人技艺。

汉初商业一度被抑制,但吕后、惠帝以后逐渐解禁。史称,当时"富商大贾,周流天下,交易之物,莫不通其所欲"。在大城市中,经营的行业至少有三十几种,大商人年收入堪比千户的封君。商业活动集中于都市,但都市分布尚不平衡。全国大都市有 20 个左右,分布在黄河中下游与巴蜀、吴越。当时长安城规模比西方的罗马还大三倍(《三辅黄图》),长安以外,洛阳、临淄、邯郸、宛(南阳)、成都、寿春、会稽、番禺等都是一时名都大邑、商业繁盛之区。

魏晋南北朝时期手工业主要有冶金、纺织、制瓷、造船、造纸和制盐等。曹操首设官营冶铁机构并置官专任,蜀汉孙吴已然。西晋设 39 个冶令。北方十六国时期后赵、南燕皆营冶金业。东晋设东冶、南冶两处,郡县或置冶令。北魏铸铁质农器、兵刃,所在有之。南朝生产的"横法钢",与东汉"百炼钢"类似,并发明了"灌钢"冶炼法,有生铁、熟铁相混而冶。东魏綦母怀文以此法制"宿铁刀"。此项的发明与推广,有利生产力的发展。铜镍合金而制白铜也是一项新成就。纺织业品种可观,北方有常山细缣、赵国之编、许昌之总、沙房之绵,官工善制绫罗锦绣。成都的蜀锦运销天下。北朝纺织品种尤多,扬州之"丝绵布帛之饶,覆衣天下"。南北朝新疆高昌地区已植棉,用以织布,是一大进步。纺织技术之改进,有马钧的新织机创新,此机传到江南,织造技术日益精湛。制瓷是新兴手工业,孙吴时青瓷工艺水平很高,与北方有别。北朝晚期有白瓷,工艺分类非一。造船业主要在江南,有专业部门主事,西晋所俘孙吴船舰达五千艘以上。刘宋荆州作战造舰上千艘,"舟航之盛,三代二京无比"(陶季直《京邦记》)。祖冲之发明千里车,可日行百余里。造纸业发达,取材广泛,可用者有麻、藤、树皮、竹。东晋用麻纸抄写《羯摩经》距今已 1500 多年而未黄脆。东晋范宁以藤纸写公文,颇便书写。北方有五色花笺,南方有防蛀的染潢纸和皎洁的白纸;还采用压光技术,质地优良。制盐分海盐、井盐、池盐,江南吴郡盐田相望。河东盐产量最大,还有凉城、漠南盐池,井盐则产于益州。已能用白盐精制花盐、印盐,"白如珂雪,其味又美"(《齐民要术》)。

魏晋南北朝时期商业发达限于洛阳和长江流域,"永嘉之乱"使北方经济停滞,商业不振。北魏孝文帝改革后,洛阳市场恢复繁荣,但洛阳之外地区尚局限于谷帛交换。南方的商品经济远胜北方,钱币使用量甚多,流通于吴、越、江、湘、梁、益数州,并有民间草市出现。建康(今南京)成为当时商贸中心,行商舟楫盛于一时,另一处是京口,为一大都会。

隋唐五代手工业有官营私营两类。官营者由少府监掌管,百工伎巧与各地冶监、铸监属之,此外有将作监、军器监、都水监分管建筑、军器、水利工程。监下设属,下有各类作坊。工匠世袭任事,有杂匠、短番匠、长上匠和雇匠。官营手工业规模大,分工细,专业化高,技术娴巧。私营业者为作坊,如纸坊、毡坊、酒坊、染坊、织棉坊等,据《朝野金载》定州何明远"家有绫机五百张"。纺织业主要是丝麻品,盛于南方。棉织品产于岭南与西州,毛织品产于西北。波斯绵传入中国,国人已能仿造,印染技法有夹缬法、腊撷法、绞缬法等。陶瓷有青瓷、白瓷,古代琉璃,是陶瓷史上杰出的成就,西汉就有记载,山西汉墓多有出土,简称釉陶。建筑所用,创于魏晋,隋代何稠推广使用能制十种颜色的琉璃,继之有著名的"唐三彩"。采矿业以铸钱业最大,玄宗时有铸钱炉99处,又用灰吹法取纯白银,纯度很高,扬州铜镜之"方丈镜""江心镜"最有名。五代时茶业畅销南北,茶园称盛,贵州有官僚自营者。楚地向中原贡茶年达25万斤,江陵是五代最大的茶市。百业发展均呈现不同的地方特色。

商业经济发展的特色,一是中心城市为盛,二是南方超越北方,三是集市兴起,出现夜市。西京长安城规模宏大,有东市、西市,商人云集,交通中外,有宫城、皇城和外郭城三大区别,人口达百万以上。东都洛阳、南方扬州、西南益州以及洪州、鄂州、杭州、苏州、广州皆为大商会,泉州、明州是对外贸易城市。大城市出现了专司存汇兑业务的柜坊和飞钱,有异地取货之文卷,类似汇票。外贸便利有通往中亚、欧洲的丝绸之路,海上商路有港口城市广州、扬州、登州、楚州、明州、泉州,可到达东南亚、新罗、大食、日本和波斯,输出丝绸、瓷器、药材,输入香料、珠玉、犀角、象牙。史书载,对外商路有七条,四通八达。造纸业在唐代已传到阿拉伯国家。

宋元时期手工业持续发展,民间有大规模作坊,徐州利国监有铁冶36处,每处工匠有几十人至百余人。矿冶也在北宋有场所201处,英宗时增至271处,已采用大风箱鼓风,开封居民用石炭(煤)为燃料,神宗时向利国监征铁课38万斤,磁州达到197万斤,金、银、铜、铅开采数量可观,神宗时产铅900余万斤,锡为230万斤。南宋炼铜、炼铁赖于江西、两广,采煤重在江西。纺织业在北宋开封设"绫锦院",河北之绢、亳州之纱、越州之寺绫、定州之刻丝皆为名品。南方出现了柜户、机户,为专业户;元朝增有织毡业。松江黄道婆向海南黎族学成棉纺技术,擅长提花,普遍推广。陶瓷业长足进步,有定、汝、官、哥、钧五大名窑。宋代造船业发达,出现了七八个造船中心。北宋毕昇发明活字印刷,促进了造纸业兴盛,文房四宝的生产日趋精致,余如制糖、制盐、制茶均繁荣发达。

　　商业在宋元时期进一步活跃,北宋开封、南宋临安最为繁华(见《东京梦华录》《梦粱录》、柳永《望海潮》词),各地有集市、草市、虚市、药市之设。南宋与北方辽金边贸频繁,与西南边族互通有无。货币出现了券和交子、会子,元代称钞。对日本、高丽、东南亚、南亚、西亚、东非沿岸均有大宗贸易往来。元朝拓展大运河,直接沟通了大都与东南地区,方便了南北物流。

　　明清两代民间手工业高度发展,纺织业最为突出。万历间嘉兴沈氏创制"纱绸机",制造尤工,擅绝一时,织品繁多,巧变百出。冶铁以河北遵化最著,日产铁 1200 斤。

　　全国产铁地增至 100 多处,福建造船业提供了郑和远洋巨舰。明后期手工作坊分工更细,详载于宋应星《天工开物》,书载景德镇的制瓷,工艺流程复杂,产品扬名中外。清代的纺织业精益求精,遍布南方。由于分工扩大,商业进一步兴盛,民间贸易更为活跃,全国流通。晋商起于明初期的盐业开中制,晋人以地利之便致富,其后叶淇改制,改纳粟中盐为纳银中盐。清初对蒙古开禁,随着大批贫农走西口,晋商深入蒙地,开辟茶叶之路,通向俄罗斯与西欧。又走南闯北,与徽商并称为中国两大商帮。晋商开创了票号,执全国金融之牛耳,又依傍清廷为军需供应,获利极丰,垄断皇商,纵横五百年。全国设会馆约 700 余处,商贸达到俄国莫斯科、西亚及日本、朝鲜、东南亚。明后期贸易通用白银与铜钱并行,豪商大贾甲天下。由于市场需求扩大,清初出现了资本主义萌芽,出卖劳动力的雇工形成了最早的中国无产阶级。此期的城市,除了首都为政治经济文化中心之外,出现了星罗棋布的工商型城镇,北有库伦、恰克图、多伦诺尔、张家口,西有打箭炉、伊犁、哈密、叶尔羌等,南有无锡、芜湖、景德镇、郴州、厦门等,形成纵横交错的商贸网络,直到民国依然。

六、军事篇

中国以农业为本,由于农业生产是以年度为周期的循环过程,需要和平安定的有序劳作,不能任意打断,所以,中国人自古就是爱好和平的民族,很少对外征战伐。世界奇迹万里长城历代增修,便是以防御侵袭而设的。但是,在文明时代统治者的贪欲导致争权夺利和严酷的剥削压迫,注定要引发战争,给社会带来灾难和痛苦。面对战争和军事活动的难以避免,先秦贤哲总是告诫人们:"兵者,凶器,圣人不得已而用之。"(《老子》)孔子愤怒地控诉:"苛政猛于虎。"《论语》载,季康子问政:"如杀无道以就有道,何如?"孔子回答:"子为政,焉用杀?子欲善,而民善矣。君子之德,风也;小人之德,草也。草上之风必偃。"力主德治仁政,反对滥杀无辜。孟子强烈谴责列国争战是"率兽食人","征城之战,杀人盈城;征地之战,杀人盈野"。大声疾呼:"善战者,服上刑。"对战争狂人要处以极刑。即使是专门研究军事理论的兵家,也始终强调珍惜和平,慎用武力。兵圣孙武明言:"兵者,国之大事,死生之地,存亡之道,不可不察也。"主张:"不战而屈人之兵,善之善者也。"以不战而胜,为上上策。是故,后人言"自古知兵非好战"。倘不得不用兵,要力求减少损耗:"凡用兵之法,全国为上,破国次之……"孙膑也言:"乐兵者亡,利胜者辱……事备而后功。"即使战不可免,要以防御为主。儒家也力主"有文事者,必有武备",文武要并重,以求有备无患。孔子尤其反对任意把人民驱赶上战场,批评"不教而战"之罪,又说"善人教民七年,亦可以即戎矣"。认为"善人为邦百年,亦可以胜残去杀矣"。就是通过善政来消除战祸。

但是,战争往往不以善良人们的意志为转移。纵观历史,无论是统治阶级相互厮杀,还是人民群众奋起抗争,战争总是不绝如缕地发生。中国历史上发生大大小小的战争,无虑千百次,为世少见。至今全球也不太平,世界大战在 20 世纪发生过两次,局部战争更是此起彼伏。先贤的愿望和告诫不免落空。而对这种人类的不幸,爱好和平的中国人也不得不考虑如何应对,以最大的忍耐和理智处置战争问题,尽最大可能维护和平,并以和为贵,和而不同的理念来呼吁世界安宁的实现。

　　研究军事问题,从历史上汲取经验和教训,必不可少。形势强过人,战争有时不可免,但战争并非一概应受人诅咒和否定,因为战争毕竟有正义与非正义的不同性质。从历史战例来看,统治者以强凌弱,以众暴寡,挑起战争,就是非正义战争;被压迫民族反抗压迫民族的战争,人民群众的抗暴战争,就是正义的战争。区分战争正义与否,根本的标准就是要看其是否有利于生产力的发展,是否有利于维护人民的福祉。这就是今天我们必须坚持的战争观,正义的战争应当得到肯定和支持,即使战败亦虽败犹荣;非正义的战争则应受到坚决的反对和谴责。

　　战争由于其一决生死的残酷性,使对峙的双方都竭尽全力,极大地调动起将士的勇气、智慧和潜能,因此中外历史上演出了一幕幕威武雄壮的话剧。得民心者得天下,战争的伟力存在于兵民之中。在许多战例中斗智斗勇,充满了转瞬即逝的变数,两强相遇勇者胜,兵者,诡道,人的勇敢和智慧发挥到了极致, 涌现出了众多勇敢善战的英雄和可歌可泣的故事,使后人津津乐道,从中获得难以期遇的教益和借鉴。因此,不可一概地以胜负论英雄。在这方面,中国人的传统文化中从来不一味地颂扬成功人士,相反却十分尊敬,崇拜那些坚守正义、誓死抗暴的志士仁人。如兵败乌江的项羽,抗击匈奴的刘琨,中流击楫的祖逖,忠义仁勇的关羽,足智多谋的诸葛亮,以孤城抗击安禄山叛军的张巡、许远,抗辽名将杨业,受谗冤死的狄青,尽忠报国的岳飞,抗元殉国的文天祥、陆秀夫,被离间计残害的袁崇焕,扬州抗清的史可法,壮志未酬的郑成功等。

　　还有许多著名的战例,以保家卫国、奋勇抗暴的信念,表现了崇高的爱国爱乡气节。如南宋王禀领导的太原抗金之战与太行王彦领导的八字军,五台僧众宝真等抗金斗争,岳飞朱仙镇与韩世忠黄天荡抗金大捷,合州钓鱼城抗元战役,清初傅青山领导的交山军抗清斗争,阎应元江阴抗清之战,郑成功抗清与收复台湾等。

历史上还有不少出奇制胜、以少胜多的战例,提供了丰富的军事斗争经验,其妙算之准、奇巧之谋,体现了惊人的智慧,为历代兵家重点研究的战例,成为中国军事文化的宝贵遗产。如:春秋鲁齐长勺之战,晋楚城濮之战,战国齐国的围魏救赵之战,战国齐魏马陵之战,秦末韩信破赵之战,楚汉成皋之战,刘秀灭王莽主力的昆阳之战,东汉末曹操败袁绍的官渡之战,吴蜀联军破曹赤壁之战,东晋淝水之战,唐太宗霍州之战,李光弼破叛军太原之战,唐中期李愬突袭吴元济蔡州之战,后唐后梁夹城之战,明代王阳明平宸濠之乱,均充分展现了军事家的天才谋略,堪为兵家用武的明鉴。

中国传统文化以"止戈"为武,倡导"仁者无敌",不得已用兵也主张以暴制暴,反对以暴易暴。先秦用兵,两军对垒有"军礼"之制。发人深省的有春秋宋楚泓水之战。周襄王十四年(前638)宋楚对峙于泓水(今河南柘城西北),楚军渡河迎战,宋将目夷劝宋襄公于其半渡突击,襄公拒绝说:"君子不乘人之危。"楚军过了河,未成列阵,目夷又请出击,襄公说:"君子不重伤,不擒二毛,不鼓不成列。"仍不出击。结果,宋军决战大败。后人评论认为襄公讲蠢猪式的仁义而致败。襄公固然指挥失策,但他提倡的不再次加害伤员,不俘虏老者,不乘对方混乱取胜,反映了早期战争中尚有人道主义因素,是一种贵族文明风度,值得批判继承。如后世有不虐待俘虏的政策,便是一种明智的军事政策,未始不是来自此役的启发。后世西汉名将李广冤死,有人就批评这是他杀降过多的报应。

七、外交篇(上)

中国人自古以农为本,安土重迁,一般少有长途涉远之行。但中国人并不固步自封。文化交流的特点,总是趋向于彼此互利,吸收外部的有价值成分来丰富自身。所以,中国古代的外交主要是和平方式,很少有对外武力征服(如汉武帝穷兵黩武是个例),这是一种吸纳式的开放。

人们熟知,汉武帝时张骞通西域,是中国外交史上一件沟通中外的重大事件,意义重大。但是,中外文化交流是一种客观历史要求,早在远古时期便已然存在。如石器时代的细石器,研究者认为东亚和北美的细石器文化即源于晋北的桑干河流域。也有学者认为早在张骞通西域的丝绸之路之前,就有一条北方的草原之路,是连接中西交通的大道。考古发现的山西吕梁市柳林高红村,石楼二郎坡、后兰家沟、义牒,灵石县旌介村等地的青铜器形制特殊,与中原形制不同,有动物图案和带铃铛的刀具,具有草原文化特色,说明它受斯基泰文化的影响。也有学者指出,中国西北地区出土的青铜器,在时间上均早于中原地区,说明青铜工艺技术或是从西欧传入的,有一条青铜之路的通道。史载大禹时期在涂山召集诸侯,有"执玉帛者万国"(《左传·哀公七年》),禹的影响"东渐于海,西被于流沙,朔南暨声教,讫于四海"(《禹贡》),可见中原对外交往之盛。春秋时期,秦穆公征服西戎 8 国,向西北拓疆,至战国西戎 8 国被先后吞并,河西走廊的丝绸之路已开启通道。原居于敦煌的游牧部落塞族人,春秋时被大月氏族驱向西方,散居天山以北,大抵皆操伊朗语系。天山以西到帕米尔高原分布着斯基泰人。一部分塞人世居中亚北部,后迁往黑海西北,与希腊人颇有贸易往来,出现了天山北部与中亚和南俄罗斯的道路,塞人以游牧方式在中国与遥远的希腊城邦充当丝绸商人的角色,而在公元前 3 世纪,斯基泰人也充当了中国与西方丝绸贸易的最大中介。中西交往可见何等历史悠久。西方人称中国为"支那",就源于丝绸的运输。

在春秋时期,诸侯争霸,外交主要表现在诸侯国之间和中原华夏族与夷狄的交往。外交成为一种文化传输。春秋时期中原有着很高的文明,列国交往盟会,都有引诗问对的礼仪,所以大夫士从事政务,必先熟读《诗》,以备专对应酬。在外交活动中使者往往引诗明志,《左传》中有大量例证。所以孔子说"不学诗,无以言"。

秦朝之后,皇权帝制贯彻两千余年,中国帝王自认为是天下中央之国,妄自尊大,认为周边国家无非蛮夷,视之如臣仆。外交上认为中国为宗主,四边为附属,便以居高临下态度对待,四方各国要定期向中国朝贡,奉献方物特产,中国财政对其大量赏赐,以炫耀中国的富强,直到1840年鸦片战争,列强侵入,这种傲慢态度才有转变。不过,在这一漫长时期,中外交往始终不断,中国受惠于外部世界良多,而域外也从中国获得了不少当时先进的生活必需品,如丝绸、瓷器、茶叶即是大宗商品。交往的方式除了礼尚往来的朝贡与恩赏,一是战争,一是商贸。中国基本采取守势,实行和平外交,很少主动向外征伐,始终希望保持自己的强势和社会的和平与安定。

汉武帝元狩四年(前119),张骞第二次出使西域,携带金、帛价值数千巨万,为馈赠礼物。汉使不仅到达了大宛、大月氏、大夏、康居,还到达了奄蔡,安息、条支、犁轩等国。此后,中亚西亚各国也经常派使节到汉朝长安,进行贸易和文化交流。汉朝修筑了令居(今甘肃永登)以西的道路,设置亭驿,便利商旅。当时有两条商路,南路从长安,向西越葱岭到大月氏,通往安息(今伊朗),再西可往条支(伊拉克一带),最后到大秦(罗马帝国)。北路从长安出发,经车师(新疆吐鲁番)、龟兹、疏勒、越葱岭西至安息、大秦。这两条道路,即后世盛称的丝绸之路。此外从蜀地(四川)西南可达印度。1959—1969年,在民丰出土有"汉司马府印",证明汉朝当时在此设有行政机构,当地还发现有汉代的毛毯,毛毯图案有花纹、边族人物形象和葡萄纹样,也有属中原传统的龟甲四瓣花纹,具体说明当时文化交流和往来的密切。中国与日本的关系,有光武帝刘秀赠"汉倭奴国王"金印在日本九州志贺岛崎村发现,其时日本来中国的使者多达30余国。中国与朝鲜在公元前1000多年就有交往,燕、齐之民因受欺压大批迁到朝鲜,西汉初燕人卫满奔朝鲜,被立为朝鲜王,都王险城(今平壤),汉与卫满孙右渠因汉人逃亡朝鲜众多,曾发生战事。武帝时在朝鲜设立了四郡。东汉时,朝鲜有高句丽、百济、新罗三部,朝鲜南部有三韩中之马韩已知养蚕织布,受汉的影响很大,三韩因此而走上封建化道路。与南亚的关系，汉武帝灭越南北部的赵佗政权，置交趾、九真、日南三郡。中国的铁制品与越南的象牙、犀牛、玳瑁、珍珠相交换。东汉初，锡光任交趾太守，任延任九真太守，教越人耕种，设学校，传播先进汉文化。但后来，越南人民受剥削严重，引发了征侧、征贰的起义，起义被镇压后，东汉在越南调整政策，注重水利，发展农业，废除残暴"越律"十余年，越南的社会安定下来。中国与印度在公元前2世纪就有交往，张骞第一次出使西域，曾在大夏见到从身毒(印度)运过来的中国产的邛竹杖和蜀布，后张骞的副使也到过身毒。东汉时，中国与印度、缅甸交往密切。缅甸北部的掸国曾向朝廷"献乐及幻人(杂技魔术师)"。秦汉时海运口岸是番禺(广州)，可达印度尼西亚、马来半岛及印度东海岸，汉武帝派使以黄金、杂缯换取印度的明珠、璧、琉璃、奇石等珍品。汉使最远的国家还有不程国(今斯里兰卡)。

西亚一带通过丝绸之路传入了许多新的物品，如中亚的毛布、毛毡、汗血马以及石榴、芝麻、核桃、蚕豆、胡萝卜，丰富了中国人的经济生活，大秦入汉的魔术师"吞刀吐火"之类技艺和中亚的乐器、乐曲、舞蹈丰富了汉人的文化活动。汉哀帝时，佛教传入，楚王英"为浮屠斋戒祭祀"，受到明帝赞许，传说明帝派蔡谙去印度，以白马驮经回到洛阳，并同印度僧人摄摩腾、竺法兰在洛阳译经。中国正式翻译佛经，在东汉桓灵二帝时，此后佛教在内地开始广泛传播。

魏晋南北朝时期外交事务继续活跃。此时战乱频繁，似不利正常交往，但战争和生活需要也往往刺激中外沟通的进行。此期，中国与海东诸国的关系主要是高句丽、百济、新罗与日本。汉魏之际，高句丽崛起，建都丸都(今吉林集安)，与汉及鲜卑多有战事。在曹魏回击下，高句丽转向朝鲜半岛，攻占平壤，后移都于此。高句丽与中国北方十六国政权与东晋南朝交往频繁，每年互派使者。高句丽一次赠刘宋马800匹，每年向北魏赠黄金200斤、白银400斤，当然也获得大量回赠。高句丽受汉文化影响很深，派员从中国取得典籍五经三史，国中设太学，中国医药、历法传入其国,前秦时,佛教也传到那里,中国文化由此传到百济、新罗和日本。4世纪中,百济兼并马韩等部落,建立了国家,与中国南北政权友好,遣使入洛阳、邺城、长安及东晋、南朝,从梁武帝处获准取得《毛诗》《涅槃》经义,并工匠、画师以及大量手工业品。新罗继百济之后,派使者3次入洛阳,互赠礼物,南朝时,曾4次过洋访建康(今南京)。日本在3世纪前半叶,建立邪马台国,其女王使者到洛阳多次访问。3世纪后半叶该国衰落, 由大和国取代, 中国人朝鲜人流移日本甚多,《论语》传入日本,双方使者往返频繁。南朝宋、齐、梁遣使,授大和国王以王、都督称号。刘宋时,大和国请聘"汉织、吴织及衣缝兄媛、弟媛"(《日本书记·雄略天皇记》),此时,汉字汉文开始成为日本记录工具,其《帝记》《帝皇日继》皆以汉字书写。

中国与中亚诸国关系,主要是大宛、大月氏、嚈达及波斯、大秦,彼此互派使者,或有商人往来。大宛于曹魏时赠送名马到洛阳,两晋时又赠汗血马。北魏时大宛使者3次到达魏都平城。今太原发现北齐娄睿墓、徐显秀墓有壁画,绘有外国人物形象,十分生动逼真。1世纪中,大月氏在大夏(巴克特利亚)建立贵霜王朝,称霸中亚,统属罽宾(克什米尔)、大夏、高附(今阿富汗)、天竺(指北天竺,今巴基斯坦),派使访问洛阳,互赠礼物,魏明帝赠其王为"亲魏大月氏王",名僧支谦、支谶入中国传教译经。嚈达本小国,南朝称滑国,地处丝绸之路必经之地,与中国南北政权并多交往。魏时波斯建立萨珊王朝,亦地处丝路,中国商贸由此运往天竺、西亚、东罗马,波斯的毛织品、武器、珠宝、丝绸也行销中国。史籍载,波斯使者访北魏达10次之多,同时送礼、上书表示敬拜,并到过南朝。南北朝时,波斯引进中国纺织品与桑蚕丝织技术,其精良的铠甲、马铠传入,武装了中国军队。绘画雕刻艺术彼此交流频繁,太原曾出土波斯戒指一枚,在吐鲁番、广东英德、河北定县等古墓或塔中均发现有萨珊银币。罗马帝国在中国古称大秦,丝路使双方连接,贸易不断。太康二年(281),大秦来献"众宝既丽,火布(石棉布)尤奇"(《艺文类聚》卷

85)，洛阳北魏时设"四夷馆"，大秦等国"百国千城，莫不款附。商胡贩客，日奔塞下"(《洛阳伽蓝记》卷 3)，许多胡人宅居洛阳，达万余家。养蚕术此时由波斯传入大秦，从此欧洲始知养蚕。中国输出主要是丝绸、铜器，输入者则为火浣布、水银、玻璃、药材。

　　与东南亚的关系，主要是天竺、狮子国、林邑、扶南。中天竺摩羯陀兴起笈多王朝，该国于前秦时遣使长安访问，赠火浣布。此后中国高僧晋地襄垣人法显西行求法到笈多王朝都城华氏(今印度巴特拉)，历 15 年始归国。北天竺的犍陀罗国 5 次派使入洛阳，乌苌国 6 次派使入洛阳。北魏西行取经者有宋云曾到乌苌国，受到隆重接待。华僧至北天竺尼婆罗(尼泊尔)国，均往释迦牟尼诞生地朝拜。中国的养蚕、丝织术和纸此时传入天竺，而佛教传入中国亦迅速发展。狮子国(斯里兰卡)与中国往来甚早，法显于此见到过中国产的白绢扇。东晋初，狮子国派人送来玉佛，经十载乃至(《梁书·狮子国》)。刘宋时，狮子国王写信给宋文帝称："虽山海殊隔，而音信时通。"直到萧梁，该国使者、僧尼都远道来华。林邑(今越南中部)，原属汉交州，两晋时与中国有使者相通问。林邑用兵扩张，边境不安，宋文帝派兵讨伐，大败林邑，又恢复朝贡。扶南(柬埔寨境内)，在三国时，孙吴有康泰、朱应为使前往，归来分撰《吴时外国传》《扶南异物志》。扶南所贡有象牙佛像、珊瑚佛像、犀牛、驯象、琉璃盘、古贝(草棉布)等，中国则回赠丝织品。

八、外交篇(下)

　　隋唐五代时期对外交往异常频繁，交往之国增至 70 多个。唐朝设有鸿胪寺接待各国宾客使节，各地设有商馆接待外商，有互市监、市舶司掌管外贸，长安、洛阳、扬州、广州、兰州、凉州、敦煌，也是外贸重镇，长安尤为著名，为世界性大都会。外商在长安两市多年居住，国子监接纳大量外国留学生，居于长安的胡人多达 5000 家。唐代是中国古代中外交流的高峰期。唐代对外交通以长安为中心，北经蒙古至额尔齐斯河流域以西;西经丝路到新疆,有三条路可通中亚、西亚、南亚;西南经西川到吐蕃,可达尼泊尔、印度,或经南韶、缅甸到印度;往东经河北、辽东到朝鲜半岛。海路方面,去日本有三条航线,分别从登州(蓬莱)、楚州(淮安)、扬州出发;到南亚,由广州出发,经东南亚至波斯湾,可至埃及与东非。外交之盛,首先是由于唐代国力强盛,经济实力雄厚;次之唐太宗政策开明,对华夷一视同仁;其三是因国人对汉文化为主的中国传统文化有高度自信,积极实行对外开放。

与新罗交往,新罗商人入唐人数众多,山东有新罗坊、新罗所,为接待其驻足之地。新罗的牛黄、人参、海豹皮、朝霞绸、金、银涌入中国,为唐进口货物之首。唐开成间新罗学生有万余名,不少人参加进士科考。长庆元年(821),中举的新罗生达 58 人,有的在唐做官(《唐会要·新罗》)。新罗人向慕华风,设机构研究中国医学、天文、历法,仿唐制设官、订礼仪和刑律,借汉字作音符标注朝鲜文,仿唐人种茶。五代雕版印刷传入新罗,唐玄宗认为新罗"颇知书记,有类中华"(《旧唐书·新罗传》)。与日本交往,隋开皇二十年(600)日本遣使访隋,大业三年(607),日使小野妹子携国书访隋,炀帝派闻喜人裴世清出使回访,受到日本国王接见,小野妹子又随同回华,并命 8 人入隋学佛法。唐朝时,日本不断派遣唐使、留学生、学问僧入唐。从贞观间至乾宁初(630—894),日本派遣唐使达 19 次,人数多时达 550 人以上,有的留学生在唐生活三五十年,最知名的有吉备真备、阿倍仲麻吕(汉名晁衡)、空海大师。李白有诗悼阿部,感情深挚。鉴真和尚精律宗,冒死东渡传法,在日本修建唐招提寺,留日十年死后葬此。他曾向日本人传播寺庙建筑、雕塑、绘画、医药,为中日友好贡献甚巨。日本文化教育官制刑律赋税均仿唐朝,吉备真备、空海利用汉字创造了"片假名""平假名",日文词汇、文法、诗赋均受唐影响,各门艺术学习唐朝,文化造诣精深者不乏其人,茶道于此时兴盛于日本,皆受惠于唐人,在日本还形成端午、重阳、盂兰盆会等节日风俗。

在东南亚、南亚的经济文化交流进一步密切,方物特产交流品种大增。终唐之世,林邑300年间使臣入唐15次,佛教、典章制度传到林邑,大诗人刘禹锡、韩偓都到过越南,越南人姜公辅曾任德宗时翰林学士。真腊(柬埔寨)使者入唐,双方贸易频繁,真腊乐、扶南乐传入唐朝,丰富了唐朝的歌舞艺术。骠国(今缅甸)、印尼苏门答腊、爪哇、尼泊尔等国,印度、巴基斯坦、孟加拉国,当时统称天竺,皆与唐通好。造纸术传到印度,中国的敦煌、麦积山、云冈、洛阳龙门石窟的艺术受到印度犍陀罗艺术风格深刻影响,遗迹至今犹存。著名的唐高僧义净、玄奘西行求法,走访天竺名僧,带回大宗佛经。玄奘有《大唐西域记》传世,译经74部,计1300万言。不少天竺高僧携经来华,亦参与译述。

与中亚、西亚、北非各国交往频繁。唐灭西突厥后,中亚"昭武九姓"国附属。九姓是康、安、石、曹、米、何、史、火寻、戊地,虽为附属,内政自主,九国善贾,与唐关系密切,其胡旋舞、胡腾舞、柘枝舞传入,其人在唐做官立军功,人数不少。隋文帝后独孤氏,唐太宗后长孙氏,皆系鲜卑人。唐初名将史大奈、阿史那社尔、尉迟恭等皆系胡人。诗人白居易之祖则系龟兹人,其从弟白敏中有诗自夸"十姓胡中第六胡,也曾金阙掌鸿胪"。唐宣宗说白居易诗:"胡儿能唱琵琶篇。"中唐时宰相崔慎猷说:"近日中书尽是蕃人。"中亚吐火罗(今阿富汗)与唐遣使通好。西亚大国为波斯(今伊朗)和佛菻(即东罗马),波斯萨珊王朝与隋唐关系密切,波斯王卑路斯与其子因国灭于大食,先后定居长安,卒于此。波斯流亡者,多人落户中国,其商人散居各地,长安、洛阳、扬州、广州均有波斯胡店,李白诗中提到卖酒的胡姬,即波斯女子。波斯的菠菜、波斯枣传入中国,所产宝石、珊瑚、玛瑙、香料、药材驰名中土,唐朝则向其输出丝绸、瓷器和纸张。佛菻曾7次遣使入唐,贞观中向唐献赤玻璃、石绿、金精,太宗回馈有书札、丝织品,这些织品受到东罗马皇族喜爱,该国的医术和杂技也传到唐朝。唐时称阿拉伯为大食,中唐时伊斯兰教创始人穆罕默德统一了阿拉伯半岛,东灭波斯,西克开罗,建立了大帝国。此后36次遣使入唐,在唐定居和散处各大城市的人数众多。纸和造纸术因唐工匠在战事中被大食所俘,大食于撒马尔罕、大马士革建造纸厂,从而使造纸术传入欧洲。唐后期中国雪(硝)这种火药成分也传入阿拉伯,医学、医术亦然。宋元时期中国逐渐形成了统一的多民族国家,特别是元代使西藏成为中国一个行政区,又在台湾、澎湖设官施政,并管辖了南沙、西沙群岛,中国幅员广阔,横跨欧亚。在外交方面,丝绸之路继续发挥沟通中西的重要作用,海上贸易主要是广州之外,浙江的明州、杭州、温州、秀州、江阴军、密州,与日本、朝鲜往来。宋仁宗时外贸机构市舶司年收入53万贯,英宗时达63万贯,高宗时增至200万贯。元朝时华商远至东南亚、南亚、西亚、东非97个国家和地区。西方传教士此期来到中国传教,在大都建立了教堂。元朝是蒙古族入主中原,蒙古族成为中华民族的统治民族,成为中国人,各边族也纳入中国的行政管理。中国造纸之外的三大发明,火药、印刷、指南针向域外传播,为世界文明做出了伟大贡献(分见《梦溪笔谈》《萍洲可谈》),1123年徐兢出使朝鲜的海船便使用了指南针(《宣和奉使高丽图经》)。西方伊斯兰教、景教(基督教)继唐传入中国并有进一步发展,信徒颇众,以大都、杭州、泉州为多。

明清时期的边防有新的形势,明朝初年,太祖、成祖征伐漠北,使蒙古诸部臣服,后期则双方或战或和。清前期平定了准噶尔叛乱,全面推行盟旗制。东北女真族于明末以大军入主内地,清廷取代了明廷,使中国复归于大一统帝国。明后期,西方列强侵凌中国,先是葡萄牙殖民者强入广州,侵扰福建、浙江,被明军击败,但一部分葡萄牙人在澳门取得了居留权。之后,西班牙、荷兰入侵者相继侵略台湾,至明末荷兰人占据了台湾。清初反清的郑成功奋击荷兰入侵者,宣示"台湾者,中国之土地也",收复了荷军盘踞的地区,结束了荷兰在台38年的殖民统治。清代时期,英、法、比、瑞典、美国殖民者相继入侵中国,特别是英国以东印度公司为依托,伙同列强向中国人大量输入鸦片,导致白银外流,激起了中国朝野强烈义愤,道光时林则徐受命在广东禁烟,最终引起了中国

"二千年来大变局"，使中国沦为半殖民地半封建社会，遭受了极大屈辱。这种局面经历了洋务运动、戊戌变法、义和团运动、辛亥革命、北伐战争、土地革命战争、抗日战争等一系列重大历史事件，直到1949年新中国成立，才彻底改变。中国终于成为实行独立自主、和平外交政策的主权国家。

九、科技篇（上）

科学技术是第一生产力。科技萌芽于人类生存发展的需要，科技的发展又反过来极大地提高了社会生产力，造福于人类的文明进步。中国自古是以农业为基础的国度，所以早期的科技主要服务于农业生产和日常生活需要以及军事和交通等方面的应用，非实用的科技往往不受重视，何况在古代儒家一向反对"奇技淫巧"的不急之需，科技的进步就受到很大的限制。在远古时代，中国先民在石器制造，特别是细石器制作方面已显示了很高的智慧，在陶寺龙山文化遗址中发现了精制的陶器、木器、特磬、鼍鼓等礼器，从远古文化的六大区系中反映出的农业栽培技术（北方粟作农业、南方稻作农业）、房屋建筑、玉雕工艺、工具制造、日用陶器制作等多方面都有成熟的水准。在传说的黄帝时期，中国人就多有发明，如黄帝妻教民养蚕织丝，神农教民播种五谷，黄帝伐木构材，筑作宫室，发明舟车、指南车，以及原始科技有制陶、冶金、医药、乐器、天文历法等，又发明有文字。开始商贸、发布货币，特别是黄帝制定了礼文法度，兴事创业，使百姓有序安居。这些发明虽有后人附会，但考古发现从多方面证明这些发明，并非虚构，只是肯定不是个别人的建树，而应归功于那个时代我们伟大先民集体的聪明才智，值得我们自豪。

在先秦的夏代，已出现了铜器制造技术，如山西东下冯遗址曾出土铜镞、铜凿等兵器和工具，还有4块铸造铜斧的石范；河南二里头文化中发现的铜器种类更多，有用合范法制成的铜爵，可以代表当时的铸造工艺水平。青铜铸造工艺在商周最为发达,郑州商城遗址出土有铸铜、制陶、制骨器等专业化作坊,还发现了原始瓷尊和青铜大鼎,商周的青铜礼器已发现的带铭文的有四五千件之多,纹饰繁富,后母戊、后母辛鼎铭文多达 40 余字,而"毛公鼎"更多达 497 字。天象观察早在夏代产生,《礼记·夏小正》即据夏历编成,至今为中原农业区参考使用。商代观象授时制定历法,属阴阳合历,以干支纪日,有明确的十天为一旬的概念。西周则采取太阳纪年,以月亮盈亏变化纪月。商代有对日食的最早记载,卜辞中有关于火星的记录。最早有确切日期的日食记录,见于《诗·十月之交》。乐器制作在商代有铜鼓、铜铙、铜钟、石磬、陶埙多种,也有弦乐器琴、瑟。铜铙系旋律乐器,已有十二律的音乐体系。西周的乐器种类益多,制作精良。商周青铜冶炼技术对铜、锡配方比例及效果有较明确的认识,见于《考工记》。数学的勾股定理传为周公发明,有《周髀算经》的记述传世。

春秋战国时期,已由青铜时代进入铁器时代,铁农具的铸造在《左传》中有明确记载,采铁铸铁工艺逐渐普及,水利灌溉更被人们重视。西门豹引漳灌邺,李冰都江堰治水,关中郑国渠的开凿,都是水利建设工程史上的显例。农业生产实践中,民众懂得了粪肥和草灰肥的使用,见于《吕氏春秋》《周礼·秋官》,对不同土壤施用不同肥料的方法已经掌握。手工业有了木、金属、皮草、陶的细致分工。铜矿采掘在地下有竖井、斜井、平巷、斜巷的通道,并初步解决了通风、排水、提升、照明的复杂技术。铸铁发明了熟铁工艺,早于欧洲一千多年,漆器、玉雕、金银骨器制作工艺都有很大提高,手工工艺在舟车、兵器、纺织、葬具、竹器、制鞋诸行业中各有特色。天文学在春秋时期已有二十八宿的测定,可靠的彗星观测见于《春秋》鲁文公十四年(前 613),是世界上最早的哈雷彗星记载,早于欧洲 670 多年,对日食、陨星的出现也有准确记录,战国时出现了天文学专著即楚人甘德《天文星占》、魏人石申《天文》,合称《甘石星经》。春秋已通行九九乘法口诀,春秋末已有了度量衡器,当时通行筹算法,一直使用到元代出现珠算法为止。医药学在春秋末有了专著,见马王堆出土的帛书。战国时在实践中总结了切脉、望色、听声、写形等理论,医疗工具有箴(针)、石、熨之分,《山海经》记有药物百种以上,治病已有内、外、小儿、妇、针灸的分科,当时涌现的名医有医缓、秦越人(扁鹊)为佼佼者,医著有名作《黄帝内经》。先秦也涌现了一批能工巧匠,如鲁班被后人尊为木匠之祖。相传周穆王时有名偃师者制造出与真人相仿的机器人,能歌善舞,眉目传情;春秋时墨子制造出会飞的木鸢。

秦汉时期天文历法与宇宙学成绩突出。历法有前后相继编制的武帝时《太初历》,西汉末《三统历》,东汉《四分历》,刘洪所订《乾象历》,形成了体系,皆为阴阳合成历,形成了后世沿用的历法框架内涵。天文测量有汉武帝时落下闳改进的浑仪,宣帝时耿寿昌以铜铸天象仪,名浑象,东汉张衡发明水运混天象仪,使浑天说为世认可,在天文仪器史上占有重要地位。两汉对天象记述趋于完备,有了准确的太阳黑子记录,并对新星和超新星首次有了记录,对日食过程的观测更加精细。在数学方面,有第一本数学专著《九章算术》问世,实用性内容十分广泛,以算筹为工具,有包括算术、代数、几何等知识的内容体系。包括《素问》和《灵枢》两部分内容的《黄帝内经》,编撰于战国,写定于西汉。另有《难经》和《神农本草经》问世,是医药学的经典作品,《神农本草经》是第一部完整的药物学著作。著名医家有淳于意(仓公)、张仲景、华佗。张仲景被后人尊为医圣。他的《伤寒杂病论》至今是中医权威医著。华佗精于医术,擅长麻醉和外科,还编了一套健身操"五禽戏"。在王莽时进行过一次人体解剖试验,惜记载不详。地理学方面,《汉书·地理志》是对全国行政区沿革、户口、山川、物产的详细记述。马王堆出土的帛书有地形图、驻军图、城邑图,为世界地图史所罕见。张衡制造的地动仪,可测知地震方位,留下世界最早的地震记录。纸的发明是中国人对世界文化发展的伟大贡献,最早的植物纤维纸是西安发现的灞桥纸和新疆罗布泊及居延发现的麻纸。东汉蔡伦改进了造纸法,人称"蔡伦纸",使纸的生产更加便利普及。元后纸与造纸术传到域外,为人类共同采用至今。在飞行术方面,王莽时曾有人进行过单人飞行试验,虽然飞行距离很短,但毕竟是一次空前的飞行演示。

魏晋南北朝在数学方面有重要突破。魏晋时刘徽著有《九章算术注》和《海岛算经》,计算出圆周率为 3.14。祖冲之精于数学、历法和机械制造,有《缀术》一书,后为唐人算学课本,惜已失传。继刘徽之后,他算圆周率到小数点后 7 位数,此值到 1427 年才被阿拉伯数学家阿尔·卡西以小数点后 16 位的精确度超过。祖冲之还研究出有关二次、三次代数方程。冲之之子祖暅之发现了计算球体积的公式。在天文历法方面,隐士虞喜著有《安天论》,发现了岁差,祖冲之依此制订了新历法。历法的改进,如三国魏明帝有《景初历》,刘宋时何承天改制为《元嘉历》,祖冲之改进为《大明历》。祖冲之还改革了置闰法,梁武帝时颁行全国;祖冲之还制作过指南车、千里船、水碓磨和运输机械。据说诸葛亮制造出自动运输工具木牛流马,但已失传。在医学方面,西晋医家王叔和将张仲景的《伤寒杂病论》,分别编为《伤寒论》和《金匮要略》两部,流传至今,他还著有《脉经》一种;皇甫谧撰有《针灸甲乙经》,论述人体 654 个穴位,并发明如何操作和注意事项。葛洪著有《肘后卒急方》。经梁代陶弘景编为《肘后百一方》,对急性传染病防治都有记载,陶氏还撰有《本草经集注》七卷,著录药物 700 余种;陶氏还有一套按摩法及气功疗法。葛洪等人是道士,讲究炼丹术,其《抱朴子》一书有记述炼丹的反应过程,包含有化学的最初内容,其所作《养性延命录》有健身价值,还有火药产生的现象描述。在农学方面,北朝贾思勰著有《齐民要术》,是北方农业生产经验的全面总结,其中还有手工业技艺的介绍。另两部著作是嵇含的《南方草木状》、戴凯之的《竹谱》,皆有名。在地理学方面,西晋裴秀作《禹贡地域图》,总结出制图六体的理论,被称为中国地理图学之父。北魏郦道元的《水经注》是经过实地考察的水道河流详细实录,至今犹有很高的科学价值。

十、科技篇（下）

隋唐五代之天文历算有新进步，隋初刘焯制定《皇极历》已相当精确，僧一行（张遂）与梁令瓒合作创造黄道游仪，发现了恒星移动现象，比英国哈雷的恒星自行观点早了近千年。一行实测了地球的子午线，属世界上第一次。一行完成了《大衍历》的制订，为后世历法所本。在数学上一行也有多项成绩。在医学领域，名医巢元方有《诸病源候论》50卷，是综合性病理学专著。针灸名医有唐初的甄权，医术高超。名医孙思邈提出"人命至重，有贵千金"的伟大人道理论，著有《千金方》，集验方5300多副，以妇科、儿科为卷首，体现了崇高的人道精神。其治脚气的方法早于欧洲千余年。《千金方》所记药物达800余种，其中有火药配制的方法。孙思邈被后人尊为"药王"。在建筑工程上，工匠李春设计的赵州桥，名传四方；长安城的建筑群、大小雁塔均有很高水平，现存五台山的南禅寺、佛光寺大殿，是现存唐代木结构古建筑的珍贵遗产。雕版印刷在唐代已出现，民间板印历日已流通。在敦煌发现有咸通间刻印的《金刚经》，现存国内最早的印刷品有成都后蜀墓出土的《陀罗尼经》，后唐后蜀开始有刻印的经书。雕版印刷术，使书籍卷轴式改变为书册式，便利保存、携带、阅读，是中国人对世界文明的划时代贡献。

宋元时期科技发展突出。医学方面，有宋初《太平圣惠方》，唐慎修编《经史证类备急本草》，王惟一的《新铸铜人腧穴针灸图经》，宋慈的《洗冤录》是法医学上的名著，曾公亮编《武经总要》，沈括著《梦溪笔谈》是科技史上的重要书籍。数学方面有贾宪、秦九韶、杨辉的专著，蔡襄作有《荔枝谱》，是培植荔枝的专书。苏颂的《新仪象法要》，记有他创造的水运仪象台，是世界最古老的天文钟。陈旉《农书》、王祯《农书》，是农学要典。喻皓《木经》、李诫《营造法式》是土木工程的名著。元朝郭守敬修订的《授时历》，精确度很高。四大发明中的火药、印刷术、指南针都在宋代发明或改进并得以广泛应用。有记载说，元代有一位叫作"万虎"的人曾试验用火箭驱动载人工具，不幸身亡（李约瑟）。但这种冒险试验揭开了人类借助高速动力飞行的序幕，万虎的名字首次标示到月球的一座环形山上，为后世永久的纪念。

明清的科技较前有所进步，航海、纺织、制瓷、印刷、造纸、建筑、冶铸、水利等生产技术普遍发展和提高，晚明还出现了一批科学巨匠。明前期航海、造船业居世界领先地位，郑和三下西洋，远达非洲东岸，早于哥伦布远航近 90 年，一次出海人数多达 2.7 万人，大船 62 艘，船长 151.8 米，宽 61.6 米。只是此次大规模远航局限于扬国威、通友好，没有在商贸和生产力上转化为优势，局限于封建经济范围。李时珍《本草纲目》是大型药物学著作，积 30 年编写完成，被译成多种外文广泛传播。朱载堉是明皇室人，在数学、天文学、音律学、物理学以及音乐舞蹈、乐器制作等多领域都有较大贡献，其中最突出的贡献是创建了十二平均律及计算原理新发密律，成为科学的音律体系。他还精确测完了水银密度、计算出回归年长度值、测量了北京的纬度和地磁偏角。上海人徐光启，师从西洋传教士利玛窦学科技，著《农政全书》60 卷，分 12 目总结历代农业手工业经验，达到传统农业技术顶峰。徐霞客用 30 年时间，行程数万里，考察了 14 省区，著《徐霞客游记》，是地理学诸科知识的总汇，记录了最早的石灰岩丹霞地貌。明末宋应星著《天工开物》，是一部全面系统总结历代农业手工业技术的百科全书。入清以后，有名的科学家在天文历算方面有王锡阐、梅文鼎、明安图、王贞仪等，农学水利学方面有鄂尔泰所编《授时通考》，张履祥编《补农书》与《陈潢河防述言》等，医学有王清任的《医林改错》。在帝王中康熙帝注意学习西方科技，旨在开辟个人眼界，却不重视生产力转化，直到鸦片战争之后，才有一批开眼看世界的人物出现如魏源、林则徐、徐继畬等，介绍地球五大洲的近代文明。在洋务运动中南方最先诞生了中国的无产阶级，但资本主义生产方式在列强入侵后才产生于沿海大城市。只是由于清廷腐败，拒绝改革，而终被辛亥革命推翻，此后国内战争，抗日战争爆发，中国仍陷于半殖民地半封建的落后社会，直到 1949 年新中国诞生走向社会主义道路,步入了中国社会划时代的现代转型时期。

十一、教育篇(上)

远古的原始社会时期,没有专门的教育场所、机构和设施,但有知识与技能的传承,因为这是人类生存发展之必需。如果说这也是教育,那无非是家庭、氏族、部落中长者对幼辈,或有技能知识者对无知者口传心授、耳提面命的指教或生活劳动实践中的训练。

中国是世界上十分看重教育的国家之一,至今犹然。在进入文明时代之初的尧舜时期便有学校存在, 只是尚乏实证而已。文献称:"夏曰校,殷曰序,周曰庠,学则三代共之。"(《孟子·滕文公上》)校,就是学校;序是演习射箭即军事训练处;庠,则是养老兼教育的场所。学者考证,庠之称沿袭了舜时的称谓,可见起源之早。商代教育发达,其时使用甲骨文,出土发现卜辞单片录有 160 多字,用字已达 4672 个,此外尚有陶文、金文;文化专职人员有祝、宗、卜、史等。商代的学校与文物相印证,有庠、序、学、瞽宗四种。庠,由养老机构,演化为教化机构,序以为司射为主,但渐以习礼为主,而学与瞽宗则以对贵族子弟进行礼乐教学为主要内容。其时已有固定的校舍,教育为贵族培养接班人所垄断。西周建立了宗法制度,为适应这一制度,教育分为国学、乡学两类。国学中有小学,天子与诸侯均有。有大学,分为天子大学、诸侯大学。天子大学以辟雍为中心,东有东序,西有瞽宗,南有成均,北有上庠。大学辟雍与宗庙、明堂均在一处,诸侯大学三面临水曰泮宫。在王都郊外,六乡行政区中的地方学校,总称乡学,乡学有家塾、党庠、州序、乡校之层次。这时的教育,偏重于道德教化,不重知识传授。教育传习,就是以感化、熏陶为主要方式,所以直到战国有"孟母三迁"的传统,为子弟选择好的教育环境,这与当今学校教育中忽视音乐美术的状况形成对照。西周"官师合一"的教育特点与当时社会发展的制约有关。当时的教育设备是"惟官有书,惟官有器",书写材料用简牍、刀笔,历代典籍由官府收藏,有才能的人是官员,所以贵族子弟有享用教育资源的优势,一般平民是没有条件的。也因此,官员兼任教员成为世袭职业。后来,春秋战国的诸子学出于官学也正是出于这一原因。从教育内容来看,西周的教是"六艺",即礼、乐、射、御、书、数。这是一种在注重实用的基础上发展起来的德、智、体皆重的教育体制,但随着贵族统治的稳固,六艺中的射、御教育,也由实践训练变成礼乐教育的形式化演习。

春秋时期,由于诸侯争霸,周天子政权衰落,"礼乐征伐,自诸侯出",甚至卿大夫专政,权位下移,一些贵族沦为士,也有一些庶民上升为士。所谓百家争鸣,正是由于士阶层人士造成的。随着阶级分化和争霸战争的激烈,士成为诸侯争相罗致的对象。士是有智谋才艺的知识分子,也是政坛的活跃分子,成为教育最主要人才资源,于是就造成了对贵族垄断教育的冲击和突破,以往的学在官府便下移为学在民间。孔子就是在这一过程中成为伟大的教育家,是士人中最杰出的代表。

孔子的教育思想影响了春秋以降两千多年的教育发展,有丰富的有价值的宝贵内容。由于社会政治斗争的需要,此时教育成为政治的形式。孔子主张"道之以德,齐之以礼",痛心礼崩乐坏带来的生民涂炭,所以力倡德治、礼教,反对以单纯的政令、刑杀对待民众,他说:"不教而杀谓之弃。"同时孔子主张通过教育培养君子儒,实行君子参政的精英教育,以此来恢复周礼仁政,在人才选拔上以道德为主,以达到修齐治平的大目标。为此,主张教育向平民开放,实行有教无类,文武兼学(所谓有文事必有武备),以诗、书、礼、易、乐、春秋"六书"为经典,进行全面教育,为治理社会提供德才兼备的杰出人才。在教学上,孔子提倡不耻下问、勤学敏行、举一反三、思学结合、教学相长、身教重于言教、不惮改过、启发式、学而不厌、诲人不倦、谦虚好问等等一系列科学性很强的方式方法,特别注意学生的道德修养,发挥其学习的主体性,以成为仁人志士为宗旨。可以说,正是由孔子构建了一整套中国特色的教育体系,对中华民族成为礼仪之邦具有极为深远的历史意义。孟子也是一位杰出的教育家,他从性善论出发构建了道德内发说的教育理论,主张教育要启发人自求自得,注重存心寡欲,尚志养气,反求诸己,在艰苦环境中磨炼自己,培养大丈夫精神,志存天下苍生,服务社会民众。荀子、墨子和法家也都有各自的教育思想体系,为后世的教育发展提供了可借鉴的丰富资源。战国时期,齐国的"稷下学宫"是由官学向私学转化的重要环节。稷下学宫起源于诸侯用士养士的时代风气,是以齐国官方操办、私家主持,集教学、研究、咨询为一体的特殊教育机构,其特点是对外开放、兼容并包、学术自由,对学者优礼有加,荀子就曾在此三为祭酒(学术主持人)。稷下学宫自齐桓公创立,历六代,经 150 年之久而止于齐亡。

秦始皇灭六国,统一天下,为巩固皇权暴政,实行"以法为教,以吏为师",二世而亡。汉代之初鉴于亡秦,推行黄老之学,休养生息。到武帝时国力强盛,用董仲舒之策,实行罢黜百家,独尊儒术的文化政策,提高了儒学教育的地位。武帝在公元前 124 年,设太学于长安,学生由官府选拔,免其徭役赋税,标志着古代官立大学建立。太学初立,规模不大,有生员 50 名;西汉末,学生数千人;东汉初,光武帝设太学于洛阳城南,太学扩大,至东汉末,学生达三千人。太学的管理,是政教合一,但管理较松散,学生可以自由研究学习,定期考试(汉初为每年一试,东汉时两年一试)。及格者可授予官职。太学是官僚队伍接班人的培养基地。两汉太学的教师是博士,资格甚严,需"明于古今,温故知新,通达国体",道德、体质、年龄皆有要求,对教育质量有保障作用。学生称弟子或博士弟子,由太常选于京师或地方荐举,学习期限无明确规定。太学的特点是专经教学,博士研究的是儒家的五经,注重师法、家法,以口耳相传教学。太学之外,宫廷教育有朝廷权贵的贵族学校和为宫人设立的女校。东汉末灵帝时创立了鸿都门学,设在洛阳鸿都门附近,主要学习辞赋、小说、尺牍、字画等,是宦官借重皇帝爱好而创设的。在地方上,只有郡国一级设太学,发端于景帝时蜀郡太守文翁的提倡,早于中央官学。汉武帝时,下诏天下郡国均设太学,促进了地方学校的发展,史称平帝时"学校如林,庠序盈行",可见其盛。

魏晋六朝的教育以玄学、佛学的兴起有了新的变化。魏晋重儒学,魏文帝立太学于洛阳,将太学通经考试与官员选拔相结合,齐王芳曾刻石经立于太学门外。曹魏还专设律学,置律博士,以授法律诉讼之学。地方学校,则因社会动乱,视地方官员的兴趣兴学。其时,蜀有太学,吴有国学,均为权贵者垄断。两晋时期与魏的情况相仿佛,兴废无常。南朝宋文帝时教学以玄学、史学、文学与经学并列,是古代学制史上的一次变革,宋明帝立总明观,设儒、道、文、史四科,系一种多学科的大学。南宋沿其制,设国学,以玄学影响为大。梁武帝时,调和儒、释、道三教,设五馆,置五经博士各一人,聘大儒 5 人各主一馆,并派员赴州郡之学,陈隋的教育体制因梁制,多讲玄学。

北朝在十六国时期,虽然战乱频繁,但边族向慕汉化,也有重视教育的帝王,如前赵刘曜设太学、小学,选百姓子弟入学,是古代面向大众设官立小学之始。后赵石勒在京城设小学,于郡国设学官,开办地方学校。前燕有东庠,学生达千人。这些措施为北魏教育发展奠定了基础。北魏政权存在有 136 年,教育进一步发展。北魏分裂为东魏、西魏,后分别为北齐、北周取代,至隋统一中国,教育事业均有作为。如北魏明元帝设中书学与太学,孝文帝建皇宗学,又设四门小学,在地方则有州郡学。北齐令郡学设立孔庙,学官每月朝拜,开启了古代庙学制度之先河。北周设专于文学的麟趾学,又设小学性质的露门学(又称虎门学),建学校礼制,规定学生入学行束脩礼于师,释典为学成祭祀之礼。北朝还有律博士、书学、算学、医学等专门学校,拓展了教育职能和形式,允许学术争鸣。这都对北朝汉化起到推动作用。

魏晋南北朝的私学蓬勃发展。在汉代私学已有书馆(书舍)、经馆(精舍、精庐)两类,前者为蒙学,后者为儒学,由于官学招生人数限制,私学人数大增,有的经馆门人达上千,也涌现了如董仲舒、王充、马融、郑玄等私学大师,内容则主要是儒家经典教学。私学不仅有固定场所,在教学中且有高足转相教授其他弟子的类似"导师制"的方式。与此同时,还出现了传授非儒学如黄老、法律、天文、图纬、医学之类的私学。魏晋的私学由于官学不振,成为社会上占主导地位的教育形式。私学扩大到边陲如酒泉、敦煌等地域,授业内容不限于儒学五经,百家言与文史之学皆在教授之列,道家、占卜、天文等,也均可在私学中讲授。南朝的私学有隐士和权贵开办者,非儒学的玄学大兴,也有传授佛学的私学,又出现了家学,注意家风的培养,颜之推说:"吾家风教,素为整密"(《颜氏家训》)。家训、家诫一时繁兴。私学中的童蒙教育也盛于一时,如至今流传的《千字文》,即由齐梁时的周兴嗣编撰,传播四方。北朝的私学一度被禁,但北朝迁都洛阳后反弹昌盛,有办学"比肩""成市"之况。北朝私学的规模,数量超过南朝,主要是受汉儒的影响,较少玄学的成分,教学内容在儒学、天文学之外,还有医学传授。

十二、教育篇(下)

唐代中央官学发展较为完善,有隶于国子监的国子学、太学、四门学、弘文馆和崇文馆等,学生大抵为官家子弟。各类专科有律学、书学、算学,亦隶属国子监,只是医学隶属太医署主管。地方官学适应科举要求有经学、医学、崇文学三类,地方官庶民子弟皆可入学。考试合格的学生可参加科举,或升入中央四门学。在管理制度上,有入学仪式、教学内容与年限、考试、假期、学官等方面的规定。唐代的私学特重蒙学,民间有小学、冬学、乡校、家塾、私塾、业馆等不同名称。教材有《太公家教》等。

宋代的官学,中央有大学,又有小学;有儒家,又有其他专科学校。具体而言,有属于国子监的国子学、太学、四门学、广文馆、武学、律学、小学等。朝廷主管的有宗学、内小学、诸王学宫、资善堂;朝廷各部主管的有医学、算学、书学、画学等。国子学的学生皆来自官僚子弟,但规定为七品以上官员,较唐限制放宽。太学的学生资格限于八品以下子弟及庶民俊秀者,盛时达 3800 人,主要以儒经为教材,南宋后期增加程朱《语录》等。崇宁间,太学设分校辟雍,安置各州学所选新生。唐代官学经费无保障,宋代则有专款办学,还拨给土地、废寺庙充作学田,经费有了着落。宋代的地方官学,州、县两级有学校,还有专门的地方教育行政机构提举学事司。地方官学实行"三舍法",考试上等者入太学上舍,中下等者充内舍,余为外舍,与中央官学相衔接。经费有政府资助,民间献田、捐款等多种渠道。宋代的私学发达,其蒙学除官办,有大量民办者,规章系统,有《京兆府小学规》。蒙学主要是识字、习字、背书、作文,还要受道德训诫,如朱熹作有《童蒙须知》,王应麟(一说区适子)所编《三字经》,还有《百家姓》《童蒙训》等。"三、百、千"是最流行的教材。唐宋的大学教育,就私学而言,主要是书院,又称书舍、精舍,是这一时期特有的藏书与教学相结合的教育组织。书院自此存在 1000 余年,影响深远,至今可为借鉴。书院一词最早见于唐玄宗时中央所设立的正修书院,后更名集贤殿书院,实为皇家图书馆,尚非教育机构。唐后期,随着雕版印刷术推广,民间藏书增多,在五代时成为教育单位。到宋代,就形成了以讲学为主的书院,盛极一时。这一方面由于官学衰落,战乱干扰,在野士人避往山区,随处设立书院以传道授业,成为议论政治、批评朝政的场所,同时也受到佛教禅林制度的影响,书院机构、管理、讲经方式上参照施行,形成模式。宋代的书院有最著名的六大书院。即白鹿洞、应天府、岳麓、石鼓、嵩阳、茅山。北宋统治者注意借用民财民力发展教育,给予种种褒奖。南宋书院最为鼎盛,北宋有书院 37 所,到南宋则增至 136 所。书院之盛,一是因官学衰落,又鉴于太学生干政,统治者便倾力扶持,二是因科举腐败,有识之士另辟蹊径自行讲学;三是理学发展受宁宗之前"伪学"之禁,学者转而入书院自由研讨。印刷业的发达也为书籍流通提供了方便。书院中涌现了一批如理学大家张载、朱熹、吕祖谦、陆九渊等著名的山长、主持,书院由此往往成为论政与思想斗争的策源地和活动中心。书院的讲学有升堂讲说和学派讲会等形式,畅论其学派主旨与交流辩论相结合,形成地区的学术讨论会。讲会制度继承百家争鸣精神,最能体现书院制度的特色。书院也有一套组织管理制度,作为德育的保证。书院还实行祭祀活动,北宋书院供祀孔子,南宋之后,除供祀孔、孟外,还祭祀本学派的大师和书院功臣。

元明清的教育对唐宋继承又有损益。元初世祖忽必烈推行以汉法治汉地,重儒兴学,置集贤院主教育事,学校六七十年间诵声相闻,颇为发展。元代中央官学由蒙古国子学、回回国子学和国子学组成。蒙古国子学招收蒙汉官员子弟,培养高官接班人,后来也有少部分庶民子弟入学。学员有正额生与陪堂生,正额生有钱米发放,陪堂生给以纸笔。教学以蒙古语为主,教材为蒙古文译写的《通鉴节要》等,有余力则学算学,毕业可任官职。回回国子学培养翻译人才,以波斯文(亦斯替非文)进行教学,是一所外国语学校。国子学,系用汉语教学,百官及蒙汉子弟皆可入学,有所谓升斋等第法和积分法的考核制度,督促学生。这三所中央官学分别隶属蒙古国子监、回回国子监、国子监管理。元代的地方官学有路学、州学、县学及诸路小学、社学,以儒学教学为主。此外尚设有蒙古字学、医学、阴阳学等专门学校。农村社学是一种创新,规定50家为一村社,以年高通晓农事者为社长,传授农桑知识技能,于农闲开学。地方上还设有医学、天文、术数之学。这种社学,延至明清仍存在,在元代多属私学,明清则有官学性质。元代私学仍以书院为大学主体。在燕京有著名的太极书院,由名儒赵复主讲。元初,儒学名流不愿与当局合作,退居山林,建书院讲学所在多有,忽必烈采取宽容政策,不予干涉。据统计,元代书院有400余所,其中193所是新建、再建的。书院中学有成就者可因地方官推荐任官职。教学内容,多以理学为主。

明代太祖朱元璋尤重教育,中央官学有国子监、宗学与武学。明初国子学在应天府学(南京),明成祖迁都北京,更名为国子监,设在北京,遂有北监、南监之分。国子监管理人员齐备,有祭酒、司业、监丞、博士、助教、学正、学录、典簿、典籍、掌撰等不同职分。学生称监生,来源有举监、贡监、荫监、例监四类,入学身份大加放宽,庶民捐资于官者,子弟皆可入监读书。监生待遇优厚,伙食、衣帽、被褥由官方提供,节假日有赏钱,还供养诸生之妻。学生有过失,记在前愆簿中,积犯四次即受严惩。升级考核有六堂制、积分法,是继承元代而来的。学习内容主要是儒经,同时读《性理大全》《说苑》《御制大诰》《大明律令》等,还有习射、习字。习射是一项创新,当系由西周传统而来的。国子监学生到一定学年后,分拨中央各部门实习,时间3月至1年不等,以习练实际才能,经考核可任官职。宗学专为贵族所设,武学则是军事学校。地方官学主要是儒学和社学。儒学分府、州、县三级,多仿元制。社学带有强制性,优秀生员可补入儒学,正如上一级的儒学优秀者可补入国子监。地方官学中还设有医学、阴阳学、武学等专门学校。明代私学书院一度受禁,但中后期发展迅速,达1200余所。兴办书院的名家有王守仁、湛若水等理学大师。清代的中央官学以国子监为主干,以宗学、觉罗学、八旗官学、算学、俄罗斯文学为辅翼。与明制相仿佛,地方官学也仿之。清初期,厉行文字狱,思想控制严格,私学的地方书院一度沉寂。雍正后期始加扶持,一是各省省城设书院,相当于省立大学;二是经费由官方拨给;三是书院主持人和教师由官方"学政"聘请;四是学生须考试入学;五是官方要查核所创办的书院,教学内容一以程朱理学为本。

中国近代教育制度开始与19世纪60年代之洋务运动。其时列强入侵,西方教会开办学校,为国人提供了借鉴。教会学校初设在通商口岸,多办学于教堂中,有的教会学校为学生提供膳食费、衣服、路费,免学费,吸引国人入学,教学内容多为《圣经》、读写知识、算术等。教会办学在19世纪70年代后数量骤增,规模扩大,达到2000余所,学生4万多人,其中中学占10%,大学也已兴办。学生多吸收富家子弟,由于教学设备精良、师资水平高,教学质量有所提升,并注重介绍西方近代学术。戊戌政变后,教会学校发展一度受挫,但在庚子赔款后更加发达,名校有天津中西书院、辽宁文会中学、太谷铭贤中学、汉口博学中学、上海麦伦书院等,1914年基督教中学达184所,学生12699人。1915年学校增至216所,学生13369人。这种新式学校,颇为国人羡慕。洋务派人士目睹国势衰弱,列强侵凌,积极提倡改良政治,兴办实业,尤感人才缺乏,便开始创办新式学堂,并派留学生。如在容闳推动下计划4年分4批,每批30人留学美国,名人唐绍仪、刘玉麟、詹天佑,皆出于此列。洋务人士的新式学堂共有三类:方言学堂(继京师同文馆而办),是外语学校,军事学堂和技术学堂。军事学堂又分水师学堂和武备学堂,技术学堂主要是采矿、航运、电报、铁路等专门学校,为实业教育打下基础。各类学堂不仅北京有,天津、南京、武昌、福州、广东均有。近代学制由于1901年清廷诏开新政而产生。如1902年的《钦定学堂章程》,亦称《壬寅学制》,1904年又颁《癸卯学制》,之后加以完善规范。如,规定实施女子教育,缩短小学年限,中学文实分科,教员短期培训,都有先进的成分。但总的说来,这些学制带有半封建性,主张以中国经史为基。1912年民国初期,蔡元培任第一届教育总长,着手改革,倡导共和,废除忠君尊孔教育,实行新学制,体现了近代教育理想,对民初教育起到积极作用。近代教育模仿西方教育体制,受殖民主义和西化思潮影响,有其历史的局限,但毕竟引入了民主、科学的理念,对五四新文化运动提供了思想资源。这种状况一直延续到新中国建立以前,新中国建立之后面貌大有改观,教育成为为人民大众服务的事业,但历史的经验教训仍值得今天办教育反思和借鉴。

编者按:

此文为先生受某单位所请,所撰关于中华文明之纪录片脚本,未见拍摄。题目《中华文明巡礼》后有括注"暂定名",又有说明文字:"此文本仅供撰写电视解说词所需素材参考。参考时可以就此文本选择,可以增删,取其精华,择善使用。必要时可以另行参阅其他有关文献,不必拘泥此本。"先生之谦逊、一切考虑对方方便之精神,由此可见一斑。

附录

降大任先生文章存目（本书已收录者从略）

董小英　整理

说明：

1.文章起止时间为 1979 年至 2016 年。

2.本书已收录者从略。

3. 个别文章已收入作者所著《勺斋论札》（三晋出版社 2014 年出版）。

《一本有特色的通俗史话读物——读刘集贤、文景明〈杏花村里酒如泉〉》（山西人民出版社《出版通讯》1979 年第 3 期,笔名臧明）

《试论圆的美》（《社会科学战线》1980 年第 3 期）

《历史活动是千百万群众的事业》（《西藏日报》1980 年 9 月 6 日）

《浅谈社会效果》（《西藏日报》1981 年 1 月 15 日）

《古代历法和年、月、日记录》（《编辑之友》1981 年第 2 期）

《〈垓下歌〉的真实性与倾向性》（《编辑之友》1981 年第 3 期）

《才华出众的满族词人——纳兰性德》（《民族团结》1981 年第 3 期）

《诗歌形式发展的历史趋向：自由体与逼近口语》（《诗探索》1982 年第 2 期）

《龚自珍〈尊隐〉浅探》（《晋阳学刊》1982 年第 3 期）

《古代咏史诗初探》（《晋阳学刊》1983 年第 5 期）

《再谈杨业晚节的疑点》(《山西大学学报》1983 年第 4 期)

《永不凋谢的艺术芳华——彭斯的一首诗与三首古诗比析》(《名作欣赏》1983 年第 6 期)

《怎样理解恩格斯论述的"现代的性爱"——小说〈静夜〉引出的讨论》(《山西青年》1984 年第 4 期)

《再谈阶级论》(《史坛纵论》1984 年)

《晋国史研究综述》(《新华文摘》1984 年第 1 期)

《论元好问的气节问题》(《光明日报》1985 年 9 月 18 日)

《元遗山与太原》(上、下)(《经济改革理论研究》1985 年第 1、2 期)

《遗山诗对李杜苏黄继承之例析》(《名作欣赏》1986 年第 5 期)

《也谈元好问〈太原〉诗写作年代》(《城市改革理论研究》1986 年第 2 期)

《求异求同辩》(《太原日报》1986 年 5 月 19 日)

《何来自然美》(《中州学刊》1987 年第 2 期)

《元遗山金亡后社会交游考》(《忻州师专学报》1987 年第 2 期)

《论元遗山的教育思想与实践》(《教育理论与实践》1987 年第 3 期)

《论元遗山诗歌理论的局限》(《艺术审美丛谈》1987 年第 9 期)

《对文化史研究的一些反思》(《光明日报》1987 年 12 月 23 日)

《科学地对待非理性意义》(《太原日报》1987 年 8 月 17 日)

《且莫枉罪元遗山》(《元好问研究论文集》1987 年 11 月)

《论元遗山的哲学思想》(《山西大学学报》1988 年第 1 期)

《试论编辑的预见性》(《编辑之友》1988 年第 2 期)

《目标在下一个世界大奖》(《太原日报》1988 年 6 月 13 日)

《慢议书评》(《新书报》1988 年 11 月 15 日)

《关于现实主义的认识论等问题》(《批评家》1989 年第 1 期)

《论当代中国的造反黑潮》(《山西社科通讯》1989 年第 1 期)

《解开艺术美之谜》(《火花》1989 年第 1 期)

《〈聊斋〉与现代派文学》(《火花》1989 年第 3 期)

《为赵树理辩护》(《批评家》1989 年第 5 期,笔名贲然)

《评李厚泽的"文化心理结构"说》(《美学论丛》1989 年第 5 期)

《坚持马克思主义文化观,建设社会主义新文化》(《晋阳学刊》1989 年第 6 期)

《新文化——评文化上的"西方化"》(《山西日报》1989 年 4 月 24 日,笔名李平)

《为脸厚心黑者戒》(《太原日报》1989 年 3 月 22 日,笔名矢稿)

《流氓纵横谈》(《太原日报》1989 年 4 月 12 日,笔名向开)

《平乱之后话民主》(《山西日报》1989 年 5 月 5 日,笔名向开)

《纪念五四 发扬民主》(《山西日报》1989 年 7 月 10 日)

《"全方位开放"质疑》(《太原日报》1989 年 7 月 26 日)

《钱能通神?》(《太原日报》1989 年 9 月 18 日)

《学术倒爷》(《太原日报》1989 年 9 月 18 日,笔名矢稿)

《对历史上的艰苦奋斗传统要具体分析》(《社联通讯》1989 年第 4 期)

《论儒学道德论的批评继承》(《理论探索》1990 年第 1 期)

《1990 年文化发展流向预测》(《文化信息报》1990 年 1 月 10 日)

《揭开人学之谜》(《山西日报》1990 年 2 月 4 日)

《黄河文化千古流芳》(《文化信息报》1990 年 2 月 10 日)

《黄河之水天上来——赏析十篇》(《人民日报·海外版》1990 年 2 月 12 日)

《繁荣儿童文学事业的奠基石》(《太原日报》1990 年 2 月 19 日,笔名斯人)

《说"围观"》(《山西文化信息报》1990 年 2 月 25 日,笔名蓉子)

《书法界四病》(《太原日报》1990 年 4 月 25 日)

《读书"热点"转换与现实反思》(《山西文化信息报》1990 年 6 月 25

日,笔名向开）

《说"创作疲软"》(《山西文化信息报》1990 年 9 月 25 日,笔名景方）

《美国学者研究评价徐继畬》(《山西日报》1990 年 10 月 22 日）

《别开生面解疑难》(《太原日报》1990 年 10 月 24 日,笔名蓉子）

《元遗山年谱要编》《元遗山研究论著目录索引》(《元遗山生平事迹专辑》1990 年,笔名大刃）

《一生心事杏花诗——元遗山咏杏诗漫赏》(《名作欣赏》1990 年第 3 期）

《唐宋元小令鉴赏辞典五条》(北岳文艺出版社,1990 年 3 月）

《是搞意识形态多元化,还是坚持以马克思主义为指导》(《理论教育通讯》1990 年第 8 期）

《傅山书论"人奇字自古"说辩证》(《山西大学学报》1990 年第 4 期）

《元好问研究与祖国统一》(《人民日报·海外版》1990 年 8 月 13 日）

《遗山故乡情》《元好问探乡行踪》(1990 年元好问生平事迹专辑）

《一生奋斗求统一——纪念元好问诞辰 800 周年》(《山西政协报》1990 年 8 月 10 日）

《元遗山与五台山因缘二则》(《五台山研究》1990 年第 4 期）

《繁荣话剧艺术的新契机》(《山西日报》1990 年 10 月 14 日）

《变形,现代派的玩火魔术》(《火花》1990 年第 12 期）

《八方风雨会中州》(《人民日报·海外版》1991 年 2 月 11 日,笔名春绮）

《黄河故道绕名城》(《人民日报·海外版》1991 年 7 月 5 日,笔名常悦）

《洛下风流尽才子》(《人民日报·海外版》1991 年 9 月 11 日,笔名白乡）

《中国古都开封》(《人民日报·海外版》1991 年,笔名念愈）

《再论儒学道德论的批评继承》(《理论探索》1991 年第 1 期）

《用科学态度对待马克思主义》(《理论学刊》1991 年第 2 期)

《"跳舞热"透视》(《火花》1991 年第 9 期)

《论马克思主义真理的普遍性》(《理论探索》1992 年第 2 期,笔名向开)

《学习和研究毛泽东思想的宝典》(《学术论丛》1992 年第 2 期)

《炳灵寺石窟巡礼》(《人民日报·海外版》1992 年 8 月 21 日,笔名慧青)

《论明清之际的文学环境和三大家散文成就》(《晋阳学刊》1992 年第 4 期)

《兰州古城》(《人民日报·海外版》,1993 年 1 月 29 日,笔名忻仁)

《特异功能可疑》(《山西晚报》1993 年 2 月 23 日,笔名常乐)

《做鬼亦文化》(《山西晚报》1993 年 4 月 4 日,笔名常乐)

《智慧走俏》(《山西晚报》1993 年 4 月 21 日,笔名常乐)

《好花开在半开时》(《山西晚报》1993 年 4 月 27 日,笔名常乐)

《我要当官》(《山西晚报》1993 年 5 月 11 日,笔名常乐)

《卡拉 OK 的异化》(《山西晚报》1993 年 5 月 11 日,笔名常乐)

《一封海南来信》(《山西晚报》1993 年 6 月 5 日,笔名常乐)

《"学者化"与现代巫教》(《山西晚报》1993 年 6 月 11 日,笔名常乐)

《领导者的文化品位》(《山西晚报》1993 年 6 月 11 日,笔名常乐)

《女星情结》(《山西晚报》1993 年 8 月 3 日,笔名常乐)

《〈废都〉的浮躁》(《山西晚报》1993 年 9 月 3 日,笔名常乐)

《死而不死之愿》(《山西晚报》1993 年 10 月 4 日,笔名常乐)

《出名有道》(《山西晚报》1993 年 10 月 5 日,笔名常乐)

《顾城杀妻不可恕》(《山西晚报》1993 年 10 月 18 日,笔名常乐)

《必赢的官司不能打》(《山西晚报》1993 年 10 月 27 日,笔名常乐)

《打雪与放"炮"》(《山西晚报》1993 年 11 月 12 日,笔名常乐)

《挣钱正当不正当》(《山西晚报》1993 年 11 月 16 日,笔名常乐)

《推荐好书20种》(《山西晚报》1993年12月17日,笔名常乐)

《从自选说起》(《太原日报》1993年10月15日)

《把门开大些》(《太原日报》1993年10月21日)

《指路导航 功德无量》(《山西日报》1993年9月4日)

《祝君足下生辉》(《山西日报》1993年9月4日)

《有关鹳雀楼的四首唐诗》(《黄河少年》1993年第1期)

《取精用宏 足备览要——评〈毛泽东选集大辞典〉》(《太原日报》1993年12月20日)

《〈大铁椎传〉评析》(《名作欣赏》1993年第6期)

《诗歌"诚本"说辨析》(《上海大学学报》1994年第3期)

《山川非旧观 松柏见贞心》(《文史研究》1994年第3期)

《论杰出人物不能决定历史及其发展的快慢》(《理论探索》1994年第2期)

《板桥画竹与典型化规律》(《晋阳学刊》1994年第6期)

《爱情体验》(《晋阳文艺》1994年第6期)

《毛泽东究竟怎样评价秦始皇》(《河北学刊》1995年第1期)

《论文化扬弃律》(《晋阳学刊》1995年第5期)

《中国人文科学研究的危机》(《山大师院学报》1996年第1期)

《评"马克思主义冷淡论"》(《理论探索》1996年第6期)

《"中庸"的变通性》(《社会科学战线》1997年第5期)

《关于伪学术问题的思考》(《编辑之友》1997年第6期)

《关于"集体无意识"的随想》(《晋阳学刊》1997年第3期)

《关于评价历史人物宜用"阶段论"的答辩》(《晋阳学刊》1997年第4期)

《权:儒家文法论之最高原则》(《晋阳学刊》1997年第5期)

《议论风生与文采风流》(《太原日报》1997年2月24日)

《等价交换与道德建设》(《理论探索》1998年第4期)

《傅山的乡土情缘》(《晋阳学刊》1998 年第 1 期)

《异哉,如此史学"新论"》(《晋阳学刊》1998 年第 1 期)

《史学与政治》(《晋阳学刊》1998 年第 3 期)

《认真兴邦　马虎误国》(降大任执笔)(《人民日报》1998 年 12 月)

《宽容与谩骂》(《晋阳学刊》1999 年第 1 期,笔名常乐)

《大力提高对迷信的识别能力——二批李洪志"法轮功"的歪理邪说》(《晋阳学刊》1999 年第 3 期)

《关于咏史》(《晋阳学刊》1999 年第 5 期)

《关键在于确立科学的世界观》(《山西日报》1999 年 8 月 20 日)

《深入进行马克思主义世界观的教育》(《山西日报》1999 年 9 月 2 日)

《论法轮功滋生蔓延的根源》(《晋阳学刊》1999 年第 5 期)

《坚挺的小辫子》(《朝夕新闻》1999 年 6 月 23 日)

《辜鸿铭:"在德不在辫"》(《中华读书报》1999 年 6 月 2 日)

《呼吁兴建山西历史名人纪念堂》(《人民代表报》1999 年 7 月 1 日)

《每月理论点评三篇》(《领导者》1999 年第 7 期)

《汉代铜奔马应名"飞燕骝"》(《山西晚报》1999 年 10 月 15 日)

《自古帝王皆流氓——读周良霄新著〈皇帝与皇权〉感言》(《黄河》1999 年第 6 期)

《拿来主义另一解——谈对传统文化首先要保守》(《晋阳学刊》1999 年第 6 期)

《中国旅游图案标志有新说》(《人民日报·海外版》1999 年 11 月 5 日)

《古迹莫假造》(《山西日报》1999 年 11 月 12 日)

《平常心看圣诞》(《山西晚报》1999 年 12 月 24 日)

《请拿出真凭实据》(《山西日报》1999 年 12 月 24 日)

《对儒学仍须辩证分析》(《领导者》1999 年第 7 期)

《指头不可妄动》（《朝夕新闻》1999 年 3 月 24 日）

《关于范文澜"失误"的辨析——向李新先生讨教》（《理论探索》1999
年第 6 期）

《千古钓台咏严光》（《名作欣赏》1999 年第 5 期）

《飞廉与铜马　毕竟是两物》（《山西晚报》2000 年 1 月 27 日）

《愈描愈黑》（《山西日报》2000 年 2 月 18 日）

《假造古迹之风不可长》（《史志研究》2000 年第 1 期）

《争名夺利者，你们忏悔吧》（《三晋都市报》2000 年 5 月 10 日）

《多来些辩证的否定》（《九洲诗文》2000 年第 10 期）

《四大美人未必美》（《晋阳学刊》2000 年第 3 期）

《张中行先生，收起你的"顺生论"》（《山西文学》2000 年第 4 期）

《学术讨论要闻过则喜》（《山西晚报》2000 年 5 月 9 日）

《拿来主义另一解》（《人民代表报》2000 年 2 月 12 日）

《也说批评界的批评》（《太原晚报》2000 年 2 月 28 日）

《"得脑"的本字及其他》（《语文研究》2000 年第 3 期）

《民族血性　黄土精魂》（《山西日报》2000 年 7 月 27 日）

《好汉王朔》（《山西文学》2000 年第 8 期）

《古籍今译难评量》（《晋阳学刊》2000 年第 2 期）

《文人批"左"的三不智》（《黄河》2000 年第 4 期）

《彻底的唯物主义者是有所畏惧的》（《晋阳学刊》2000 年第 1 期）

《善待狂狷》（《山西晚报》2000 年 3 月 6 日）

《中国人·挺起脊梁来》（《人民代表报》2000 年 3 月 16 日）

《寡欲与禁欲》（《山西晚报》2000 年 4 月 11 日）

《"字以表德"辩正》（《山西晚报》2000 年 5 月 19 日）

《孔雀为何东南飞》（《三晋都市报》2000 年 4 月 18 日）

《庸劣的店面文化》（《太原晚报》2000 年 6 月 29 日）

《可怕的文化遗忘》（《山西晚报》2000 年 6 月 15 日）

《古诗词鉴赏》(《点燃智慧》,中央党校出版社 2000 年 9 月)

《张颔先生的学术风格》(《晋阳学刊》2000 年第 4 期)

《戏剧改革:根本出路在剧本》(《戏友》2000 年第 3 期)

《品味孤独　消解孤独》(《名作欣赏》2000 年第 3 期)

《民族血性　黄土精魂》(《山西日报》2000 年 7 月 27 日)

《文人批"左"的三不智》(《黄河》2000 年第 4 期)

《孔子"五罪"质疑》(《社会科学战线》2000 年第 2 期)

《中镇霍山考辨》(《晋阳学刊》2001 年第 3 期)

《不待谈也要谈》(《中华读书报》2001 年 7 月 11 日)

《电视剧〈黑冰〉求疵》(《太原日报》2001 年 9 月 7 日)

《中国史研究在历史观上的三大误区》(《学术界》2001 年第 3 期)

《徐志摩的隔代知己》(《太原晚报》2001 年 2 月 11 日)

《借鉴优秀传统文化的人才观》(《晋阳学刊》2002 年第 6 期,笔名丁朴,与张成德合作)

《天蓝其人其诗》(《大众诗歌》2002 年第 11 期)

《肩负起中华民族伟大复兴的使命》(《山西工人报》2002 年 12 月 15 日)

《佳联妙对启益多》(《太原日报》2002 年 12 月 18 日)

《如此考证谁能信，屈原竟是山西人》(《太原日报》2003 年 3 月 5 日)

《半价买书乐何如》(《太原日报》2003 年 5 月 14 日)

《"科学小买卖"的倒灶》(《山西青年报》2003 年 6 月 27 日)

《从制度上强化对公务员的监控》(《晋阳学刊》2003 年第 5 期)

《试论晋文化的渊源与特征》(《山西社会主义学院学报》2003 年第 9 期)

《侯马盟书的研究及其价值意义》(侯马古都文化节会议 2003 年 11 月)

《古籍书店淘书乐》(《太原日报》2003 年 11 月 5 日)

《一本芳香四溢的书》(《太原日报》2004 年 2 月)

《侯马盟书的历史价值和意义》(《山西日报》2004 年 3 月)

《三晋古塔壮山河》(《生活晨报》2004 年 6 月 25 日)

《文化产业开发要讲科学》(《生活晨报》2004 年 6 月 29 日)

《天蓝同志其人其诗》(《黄河》2004 年第 4 期)

《"名都自古并州"疏误质疑》(《学术论丛》2004 年第 6 期)

《书法与读书》(《太原日报》2005 年 10 月 26 日)

《赵树理是"五四"以来新文学的又一座里程碑》(赵树理研究座谈会,2005 年)

《傅山与佛教》(山西宗教研讨会,2005 年)

《元遗山与太原》(《晋阳文化研究》第一辑,山西古籍出版社 2005 年)

《赵简子与侯马盟书》(《太原日报》2006 年 8 月)

《侯马盟书的有关历史背景》(《太原日报》2006 年 9 月 11 日)

《请教于丹:去兵去食何解?》(《山西商报》2007 年 5 月)

《近现代文化遗产亟待重视》(《山西日报》2007 年 5 月)

《明清之际的布衣奇士傅山》(《文史知识》2007 年 7 期)

《点击傅山之一——之十》(《山西商报·北方周末》2007 年 6—8 月连载)

《傅山的反常之论》(《太原日报》2007 年 8 月 10 日)

《唐诗中的"春闺梦"》(《名作欣赏》2007 年第 8 期)

《北方文雄元好问》(《太原日报》2007 年 9 月 3 日)

"三晋学人专题"连载五篇:《经学大师卜子夏》《乐圣师旷有高论》《兵家宝典尉缭子》《净土宗师昙鸾》《文化世家的中都孙氏》(《太原日报》2007 年 10 月—12 月)

《良知呼唤,人文关怀——评介〈马晋乾诗歌精选〉》(《山西日报》

2007 年 10 月 16 日）

《爱国主义、科学发展观与名城太原建设》（山西人民出版社 2009 年 8 月 31 日）

《先秦儒家的民主理念与上古民主制》（《学术论文丛》2009 年第 2 期）

《双脚立足煤乡　视野超越煤乡》（《市场导报》2009 年 6 月 11 日）

《文史杂议二则》（《太原日报》2009 年 6 月 22 日）

《国学综议》（《太原日报》2009 年 9 月 14 日）

《原儒定性》（《太原日报》2009 年 10 月 19 日）

《先秦民主》（《太原日报》2009 年 11 月 16 日）

《以民为天》（《太原日报》12 月 14 日）

《人权个性》（《太原日报》2009 年 12 月 17 日）

《君子以自强不息》（《太原日报》2009 年 12 月 28 日）

《魏晋北朝并州（晋阳)地区各民族大融合述略》（《晋阳文化研究》第三辑，三晋出版社 2009 年）

《布衣奇士傅山的人格魅力》（讲演文章，山西人民出版社 2010 年 9 月）

《略论三晋历史文化的特质（一至十三)》（《生活晨报》连载，2010 年 7 月 30 日、31 日、8 月 2 日、5 日、6 日、7 日、9 日、12 日、13 日、19 日、20 日、21 日、23 日、26 日）

《原儒法制观》（《太原日报》2010 年 1 月 11 日）

《仁者无敌》（《太原日报》2010 年 3 月 8 日）

《孝为人本》（《太原日报》2010 年 4 月 19 日）

《直面人生》（《太原日报》2010 年 5 月 10 日）

《中庸变通》（《太原日报》2010 年 5 月 24 日）

《止于至善》（《太原日报》2010 年 6 月 7 日）

《〈尚书〉疑案》（《太原日报》2016 年 6 月 28 日）

《易道辩证》(《太原日报》2010 年 7 月 12 日)

《周易史影》(《太原日报》2010 年 8 月 9 日)

《中国智慧》(《太原日报》2010 年 9 月 20 日)

《楚简〈老子〉》(《太原日报》2010 年 10 月 11 日)

《谈中秋节的人文内涵》(《生活晨报》2010 年 9 月 22 日)

《元遗山金亡后社会交游考论》(《晋阳文化研究》第四辑,三晋出版社 2010 年出版)

《论元遗山多方面的历史文化贡献》(《五台山》2010 年第 10 期,2011 年收入《三晋历史文化研究》第五辑,三晋出版社出版)

《天下为公赞傅山》(《山西日报》2011 年 1 月 14 日)

国学短论 21 篇(《太原日报》2012 年 1 月 1 日——12 月 12 日)

《急公好义　薪火相传——略述太原市城市核心价值之尚德》(《太原日报》2012 年 4 月 23 日)

《略说大家张颔几篇文章》(《文坛春秋》2012 年第 1 期)

《北方文雄元好问》(《映像》2012 年第 2 期)

《唐诗为什么好:以几首春梦诗为例》(《山西经济日报》2012 年 12 月 6 日)

《黄河金三角的文明——原儒摇篮》(《映像》2013 年第 3 期)

《傅山的价值观与当今道德建设》(《傅山论坛》第二辑,2013 年)

《太原辛亥志士的高风亮节》(《晋阳文化研究》2013 年 2 月)

《傅山的天下观与〈六韬〉的关系》(《傅山论坛》第 3 辑,2016 年;《太原日报》2016 年 8 月 22 日)

《勺斋诗书选刊》(《麒麟画报》2016 年 4 月 22 日)

作者简介　董小英,《晋阳学刊》编辑部编辑,副编审,研究方向为编辑学。近两年来发表有专业论文《以品牌建设保持期刊活力》《大数据时代传统期刊与数字媒体融合思考》《我国学术期刊评价体系对学术期刊发展的影响》等。

后　记

降先生是位读书写字的人，或者说，他是一位通过读书写字，找到与世界相处方式的人。因而当先生逝去，我们除了对先生言谈行实的点滴记忆，便只能通过阅读先生留下的文字，想见其人，体会其心。换言之，诚所谓立功、立德、立言，虽然立言只是功、德之余绪，然除了有交游者的个体回忆，更多的人只能由其言而反观其功，照见其德。

先生一生之著述，结集成书者亦已多矣。此番整理者，为先生在诸书之外之散作。或为对学术之点滴思考，或为应约而作的题记书序，或为对生活之零星感悟。此外，还收录了先生早年发表于各报刊的部分"豆腐块"小文章，略可见先生早年所关注之人事、所思考之问题，为知交好友存念。

谢泳先生在《大任先生》(见《降大任先生纪念文集》)中说，降先生是一个错生了时代的人，他所经历的时代，使他的学术思想、学术造诣均未得到充分发挥、臻于完善。而作为后辈学人，我更想说的是：降先生是一个有用世之心、用世之才而未大用于世的人。未大用于世而将热情转用于学术文字，学术文字才颇有可观。明隆庆五年(1571)，山西孝义人赵讷在为其师汾州孔天胤所写的文集序言中，写了这样一段话，分享于诸同道，或可对降先生其人其文，有更真切的感受：

> 君子不能用，非君子之不幸，而斯民之不幸也；君子之用于文，非君子之幸，而学者之幸也。故吾于先生，论其人，既为斯民惜，独为先生喜；论其文，复为先生惜，转为学者喜。然则学者读先生之文，尚知斯人哉？抚卷咨嗟，奚啻三致意焉。(赵讷《文谷孔先生文集序》)

抚卷咨嗟，不知所云。作为后学，我属于曾亲聆教诲并能读到先生诸多文字而获幸窃喜的那一类人。唯愿更多的人，能读其文而"知斯人"，知斯人而更重其文，以期能继先生之风，开学术新境，使山西、中国甚至世界，向更美好的方向发展。

傅山曾说："人无百年不死之人，所留在天地间可以增光岳之气、表五行之灵者，只此文章耳。"降先生有诗"为人最爱傅青主"（《检点》），那么傅山所说的这句话，或亦可作为对先生一生所重之文字的一个注脚吧。正因为留下了文字，傅山不死，先生亦不死。

先生遗著集之出版，得益于诸多师友的帮助。先生生前之手稿，多由三晋文化研究会的王岳小友录入；本书中收录的诸多文章，王岳亦多有整理。此外，先生生前好友胡传志、马旭、阎瑞峰、张星亮、冯向东、刘永杰等先生也提供了先生的多篇文章与书信。而降夫人秋怀老师亦为先生整理遗著并躬亲校雠，出力尤多。尤其感谢三晋出版社张继红社长与落馥香副总编，给予极大支持，使《降大任先生纪念文集》与本书得以同时面世。由于时间仓促，个人能力所限，在文章编排及文字校勘上或有不当不精之处，还请读者见谅。

张勇耀

2018 年 3 月